일본 논어 해석학

지은이 황준걸

대만대학 역사학과, 미국 워싱턴 대학 졸업, 문학박사.

현재 대만대학 역사학과 특임교수, 인문사회고등연구원 원장.

저서 : 『孟學思想史論』(1991), 『東亞儒學:經典與詮釋的辨證』(2007), 『臺灣意識與臺灣文化』(2007) 외 다수.

옮긴이 이영호

성균관대학교 졸업, 문학박사.

현재 동아시아학술원 조교수.

저서 : 『조선중기 경학사상연구』(경인문화사, 2004).

역서 : 『이탁오의 논어평』(성균관대학교출판부, 2009).

논문 : 「이탁오의 논어학과 명말 새로운 경학의 등장」(한국학중앙연구원, 2008) 외 30여 편.

일본 논어 해석학

초판 1쇄 인쇄 2011년 8월 23일

초판 1쇄 발행 2011년 8월 31일

지은이 | 황준걸

역 주 | 이영호

편집인 | 신승운(동아시아학술원)

　　　　성균관대학교 동아시아학술원 02-760-0781~4

펴낸이 | 김준영

펴낸곳 | 성균관대학교 출판부 02) 760-1252~4

등 록 | 1975년 5월 21일 제1975-9호

주 소 | 110-745 서울특별시 종로구 명륜동 3가 53

ISBN　978-89-7986-884-5　94340

　　　　978-89-7986-833-3 (세트)

＊본 출판물은 2007년 정부(교육과학기술부)의 재원으로
한국연구재단(구 학술진흥재단)의 지원을 받아 수행된 연구임
(NRF-2007-361-AL0014)

일본 논어 해석학

황준걸 지음 | 이영호 역주

동아시아자료총서 03

성균관대학교
출판부

『일본 논어 해석학』(원제: 德川日本論語詮釋史論)의 중문판은 2007년 대만대학교 출판센터에서 출판되었는데, 이제 성균관대학교 동아시아학술원 이영호 교수의 수년간의 노력에 의하여 한국어로 번역 출판을 하게 되었다. 이에 충심으로 감사드린다. 나는 이 책을 통해 한국 학술계의 학자들에게 간곡하게 가르침을 청하며 몇 마디 말로 서문을 대신하고자 한다.

　21세기 지구화 시대를 맞이하여 동아시아의 인문사회과학 연구는 새로운 관점이 요청되고 있다. 많은 학자들은 동아시아로부터 사유할 필요성을 느끼고 있는데, 이 동아시아 문화의 전통적 가치 중에서 동아시아 유학은 주류라고 할 수 있다. 여기서 말하는 '동아시아 유학'은 중국, 일본, 한국의 유학을 포괄하는 개념이지만, 각국의 동일하지 않은 유학을 짜깁기한 것이 아니다. '동아시아 유학'은 국경을 초월하여 동일한 공간, 동일한 시간적 개념을 가진다. 동일한 공간개념으로서의 '동아시아 유학'은 유학사상과 그 가치 및 이념이 동아시아 각국으로 풍부한 의미를 지닌 채 발전되어 나간 것을 가리킨다. 그리고 동일한 시간개념으로서의 '동아시아 유학'은 동아시아 각국의 유학자들의 사상에 의해 수시로 변화 발전된 것을 가리킨다. 그런데 이것은 각국의 독자적이고 불변적인 유학 전통에서 추출한 것이 아니다. 때문에 내가 말하는 '동아시아 유학'은 다원성(多元性)의 정신적 전통을 지니고 있다.

동아시아 각국의 유학전통은 지역적 특색이 있다. 예를 들어 보자. 유학적 가치를 전승한 주체는 중국에서는 '사대부(士大夫)'이고, 일본에서는 '유자(儒者)'라고 불렀으며, 조선에서는 '양반(兩班)'이라고 하였다. 이들은 모두 유가의 지식을 전수한 지식인들이었는데, 그 사회적 지위와 정치권력이 반드시 동일하였다고는 할 수 없다. 그러나 중국, 일본, 한국의 유학전통에서 살펴보면 그 다른 가운데에 공통점이 있으니, 그것은 바로 이들이 모두 유학의 인문주의 사상을 근간으로 하고 있다는 점이다. 『논어』는 유학의 인문주의 정신의 결정체로서 일본과 조선에 절대적 영향력을 미쳤다. 이 책은 일본의 덕천시대 300년간의 일본 유학자들의 『논어』 해석을 분석하면서, 그 실학사상의 특징에 관하여 탐구한 연구서이다. 『논어』는 일본의 전 시기에 걸쳐 광범위하게 읽혔을 뿐만 아니라, 조선에서도 군신(君臣)의 필독서였다. 나는 조선의 『조선왕조실록』에 기재된 『논어』에 관한 군신 간의 토론을 살펴본바, 『논어』가 조선의 정치권력에 미친 영향력을 알 수 있었다. 조선의 군주와 신하들은 정치적 맥락에서 『논어』를 이해하고자 하였고, 『논어』를 근간으로 하여 정치적 주장을 펼치기도 하였다. 그들은 『논어』를 일종의 문자적 유희로 읽지 않고 경세치용(經世致用)의 학문서로 여겼는데, 이는 바로 '실학(實學)' 정신의 표현이라고 할 수 있다. 조선의 군신들은 경전을 해석할 때, 그 해석된 측

면을 바로 현실에서 운용(運用)하고자 하였다. 때문에 『논어』는 조선의 조
정에서 인도(引導)와 평가(評價)의 정치적 작용을 하였다. 이는 『논어』가
조선의 조정에서 서가에 걸려 있는 전적이 아니라 현실정치를 인도하는
복음서의 역할을 하였음을 의미한다. 한편 조선의 군주와 신하들은 『논
어』의 내용을 토론할 때, 그 내재적 의미뿐만 아니라 『논어』의 외재적 의
미에 대하여서도 깊이 탐구하였다. 이러한 점은 깊은 흥미를 자아내는
데, 나는 아직 이러한 조선의 『논어』 해석사에 대하여 심도 있는 연구를
진행하지 못하였다. 이는 차후의 과제로 남겨 두고 있다. 정성스러운 마
음을 담아 이 책을 한국의 동학들에게 바치니, 많은 가르침을 주시길 간
곡히 바란다.

2010년 2월 28일
대만대학교 인문사회고등연구원에서 황준걸 삼가 씀

이 책은 나의 최근 5년 동안의 동아시아유학 연구 성과의 일부분이다. 책이 마무리되어 출판되는 시기에, 이 책을 쓰게 된 배경을 간단하게 설명하여 독자들의 가르침을 받고자 한다.

중국과 일본 두 나라는 지역상으로 서로 인접해 있으니, 1898년 강유위(康有爲, 1858-1927)가 "바닷물 산처럼 밀려와 일본에 이르렀네."[1]라고 말한 것은 실로 적당한 표현이다. 당나라 이후 천여 년 동안 중일의 문화관계는 밀접하였다. 특히 『논어』는 덕천(德川)시대(1600-1868) 유학사에서 중요한 위치를 차지하고 있는데, 중국에서 실전된 『논어』 판본을 보존하고 있기도 하였다. 양(梁)나라 황간(皇侃, 488-545)이 편찬한 『논어의소(論語義疏)』가 남송의 우연지(尤延之, 1127-1194)의 『수초당서목(遂初堂書目)』에 저록된 후에 곧 중국에서 소실되었다. 그런데 뒷날 일본의 근본무이(根本武夷)에 의하여 족리(足利)학교에서 발견되었는데 바로 교정을 거쳐 출간되면서 다시 중국으로 들어왔다. 이 책은 '절강순무채진본(浙江巡

---

1) 宮崎滔天 著, 啓彦 譯, 『三十三年之夢』, 台北: 帕米爾書店, 1984, 139면. "海水排山到日本."

撫採進本)'으로 『사고전서』 안에 수록되고, 포정박(鮑廷博, 1728-1814)이 교감을 한 『지부족재총서(知不足齋叢書)』에 수록되면서 중국학계에 널리 알려지기 시작하였다. 청나라 말기의 외교관인 황준헌(黃遵憲, 1848-1905)은 이 사실을 두고 "사라졌던 황간의 『논어의소』, 해신의 가호로 새로이 등장했네."[2]라고 시를 지었는데, 이는 중일문화교류사에서 언급할 가치가 있는 아름다운 이야기이다. 한편 『논어』는 덕천시대 268년간의 유학사상사에서 해석과 재해석을 거쳤는데, 이는 실로 우리가 탐구해 볼 만한 문제이다.

중국과 대만 학술계의 일본사상과 문화에 대한 연구는 일본학계의 중국문화에 대한 연구와 비교해 볼 때 확실히 모자란 감이 있다. 1884년에 일본학자 강천인(岡千仞, 1833-1914)이 중국을 유람하면서 이자명(李慈銘, 1829-1894)에게 "우리 일본의 학자들은 중국의 연혁에 대하여 모르는 것이 없는데, 중국의 학자들은 우리 나라의 연혁에 대하여 어둡습니다. 이를 전쟁에 비유하자면, 우리는 적의 실정을 파악하고 있는데 적은 우리의 실정을 모르는 격이니, 중국에 이로운 것은 아닙니다."[3]라고 하였는데, 100년이 지난 오늘날도 중일 양측의 서로에 대한 이해가 동등하지

---

2) 黃遵憲 著, 實藤惠秀 譯, 『日本雜事詩』, 東京: 平凡社, 1994, 112면. "論語皇疏久代薪, 海神呵護尙如新."

3) 岡千仞, 『燕京日記』上卷, 台北: 文海出版社, 1971, 154면. "我邦學者無不涉中土沿革, 而中土學士朦然我邦沿革. 譬猶用兵, 我瞭敵情, 敵朦我情, 非中土之得者."

않은 상황은 기본적으로 동일하다. 이 책을 저술한 최초의 의도는 바로 중일 사상과 문화교류사의 연구에 작으나마 힘을 보탤 수 있었으면 하는 바람에서였다.

이 책의 중요한 문제의식은, '『논어』가 일본에 전해진 후 일본 유학자의 손에서 어떤 해석의 전환과 변화를 겪었는가? 그리고 일본의 논어학은 경전해석학에서 어떤 의의를 지니고 있는가?'하는 점이다. 이러한 문제의식은 물론 내가 지난 30여 년 동안 『맹자』 해석사를 연구할 때 지닌 문제의식의 연속이지만, 가장 중요한 것은 역시 최근 10년 간 일본 유학자들의 『논어』 저작을 읽으면서 획득한 것이다.

일본 유학자는 중국 유학자와 마찬가지로 『논어』를 읽으면서 성인의 경지에 들어갈 것을 희망하였지만, 그들은 공자와 맹자에 대하여 종종 중국 유학자와 다른 견해를 지니고 있었으며, 이로 인해 늘 새로운 해석을 제기하였다. 예를 들어 동아시아 유학자들의 공자의 도(道)에 대한 해석은 서로 다른데, 주자(朱子)는 '도는 사물의 당연한 이치'라고 하였고, 이등인재(伊藤仁齋, 1627-1705)는 '도는 인간이 인간답게 되는 방도'로 해석하였다. 또한 적생조래(荻生徂徠, 1666-1728)는 "공자의 도는 선왕의 도이다. …… 선왕의 도는 백성을 편안하게 하는 데 있다."라고 이해하였다. 이런 해석상의 변화와 차이점은 사상사와 경전해석학에서 매우 중요한 의미를 지니는데, 나는 이 책에서 매우 자세하게 언급해 놓았다. 일본의 사상가들이 중국 경전을 해석할 때 가장 창의적인 견해는, 그들이 중국 경전에 쓰인 '중국'이란 단어를 '일본'으로 해석한 것보다 더한 것은 없다. 이는 그들이 일본만이 공자의 도(道)와 『춘추』의 본지(本旨)를 얻었다고 주장한 데서 비롯되었다.

바로 이런 해석상의 변화와 차이점이 나로 하여금 일본 논어학에 대하여 관심을 가지게 하였다. 그리고 일본 유학자가 『논어』를 해석한 언어가 사상사에서 가지는 명확한 의의와 동아시아 경전해석학에서 발로된 메시지에도 관심을 갖게 한다. 최근 몇 년 동안, 새로운 시대의 인문학 연구가 비교적 폭넓은 비교의 관점을 취하였다고 깊이 깨닫고 있다. 동아시아를 연구의 시야로, 경전을 연구의 핵심으로, 문화를 연구의 맥락으로 삼아, 동서문화교류를 거시적인 측면에서 바라보는 동시에 동아시아 각국 문화의 상호 영향에 초점을 맞추며, 또한 위에서 언급한 맥락과 더불어 경전 중의 가치 이념의 변화 및 그 전망에 대하여 연구하고 토론하고자 한다. 21세기 문명 대화의 새로운 시기에, 우리는 동아시아문화의 핵심 가치를 더욱 깊이 발굴하고 동아시아 경전과 문화의 연구에서 새로운 관점을 내세우고 새로운 국면을 개척해야 할 것이다.

이 책은 내가 5년 동안 일본 유학의 새로운 영역에 대하여 연구하고 토론한 조촐한 저술이다. 일본 유학자의 『논어』에 대한 해석을 연구할 때, 나는 항상 이를 동아시아유학의 시야에서 중, 한 유학자의 『논어』 해석과 비교하여 그들의 공통점과 차이점을 살펴보면서, 대체로 공정하게 일본 논어학의 특징과 그 가치를 평가하고자 하였다. 이 책의 초고에 대하여, 동문 학우 이명휘(李明輝) 교수, 장보삼(張寶三) 교수, 장곤장(張崑將) 교수께서 전편을 통독하고 수정 의견을 제시하였고, 노사광(勞思光) 교수, 유술선(劉述先) 교수, 양유빈(楊儒賓) 교수가 부분 장절에 대해 심의하고 지적하여 주었다. 이에 대해 진심으로 감사를 드린다. 원영상(袁永祥) 선생이 타이핑과 편집 사무를 도와주신 데 대하여도 감사의 뜻을 표하는 바이다. 학문의 세계는 끝이 없는데 능력은 뒤처지고 임무는 막중하다. 독자들이 나의 마음을 이해하고 미흡함을 시정하여 주신다면, 그보다 더 행복한 일은 없을 것이다.

2006년 1월 28일
대만대학에서 황준걸

서론

1장

경전성이란 무엇인가?

1. 머리말

『논어』는 동아시아 문명의 위대한 경전으로, 2000년 전 공자와 그의 제자들의 사상과 행위를 기록해 놓은 책이다. 비록 대부분은 평범한 생활에 관한 말씀이지만, 공문(孔門)의 선생과 학생들이 헤아릴 수 없는 오묘한 도리를 인륜의 일상생활에서 체득한 내용으로 구성되어 있다. 그러므로 『논어』는 일상성의 실천으로 가득 차 있음과 동시에 초월성의 내포가 풍부하여, 2000여 년 동안 출렁이는 파도처럼 동아시아 지식인들의 영혼에 메아리쳤다. 공자의 사상세계는 수천 년 동안 동아시아 지식인들이 꿈꾸는 '정신적 고향'(原郷)이다. 동아시아 지식인들은 공문(孔門)의 경지를 동경하고 성인의 경지로의 진입을 희망하며, 거대한 양의 『논어』 주석을 남겨 동아시아 사상사의 중요한 자산을 이룩하였다.

　동아시아 유학사에서 사서(四書)에 대한 해석과 재해석은, 줄곧 유학 발전이 날로 새로워질 수 있게 한 원천이었다.[1] 이 중 『논어』는 중국 유학사에서 더욱 핵심적 위치에 있었다. 이는 임태보(林泰輔, 1854-1922)가 편찬한 『논어연보(論語年譜)』(東京: 龍門社, 1916) 및 1937년 고전진치(高田

眞治)가 편찬한『논어의 문헌과 주석서(論語の文獻注釋書)』(東京: 春堂陽書店, 1937)에서 찾아볼 수 있다. 최근 60년 이래, 중국 논어학을 연구한 저서들이 우후죽순처럼 나타났으니, 등총린(藤塚隣, 1879-1948)의『논어총설(論語總說)』(東京: 國書刊行會, 1949, 1988), 송천건이(松川健二, 1932-)의『논어사상사(論語の思想史)』(東京: 汲古書院, 1994),『송명의 논어(宋明の論語)』(東京: 汲古書院, 2000), 그리고 최근 존 메이크햄(John Makeham, 1956-)의『전하는 자와 창조하는 자: 중국의 논어 주석가와 주석의 이해』(*Transmitters and Creators: Chinese Commentators and Commentaries on the Analects*, Cambridge and London: Harvard University Asia Center, 2003)와 당명귀(唐明貴, 1971-)의『논어학의 형성과 발전 그리고 쇠퇴(論語學的形成發展與中衰)』(北京: 中國社會科學出版社, 2005)까지, 연구 성과가 매우 풍부하다. 공자 사상을 주제로 한 국내외 학술 논저에 관해서는 더욱 셀 수도 없이 많다.

일본유학사에서『논어』는 중요한 위치를 차지하고 있으며, 일본 유학자들에게 심각한 영향을 끼쳤다. 이 책에서 논한 주제는 덕천(德川, 1600-1868)시대 일본 유학자들의『논어』주석서에 대한 해석과 평가이다. 이 책은 도합 5개 부분으로 나누어진다. 첫 부분 '서론'에서는 이 책 연구의 배경 지식에 대한 소개이며 세 개의 장절로 나누어진다. 1, 2장에서는 중국, 일본 유가사상사의 시각과 맥락에서 바라본 '경전성(經典性)의 함의'와 다양한 문화 경전 해석에 나타난 '본래적 의미의 변환'의 문제를 분석하였다. 3장에서는 왜『논어』가 일본 유학자들의 보편적인 추앙을 받았고,『맹자』는 왜 비판받았는가에 대해 설명하면서, 이 책의 연구주제가

---

1) 이에 대한 최신 연구 성과는 다음의 책에 자세하게 나와 있다. 黃俊傑 編,『中日四書詮釋傳統初探』, 臺北: 臺大出版中心, 2004; 黃俊傑 編,『東亞儒者的四書詮釋』, 臺北: 臺大出版中心, 2005.

일본유학사에서 매우 중요함을 언급하였다. 두 번째 부분 '본론(ⅰ)'은 모두 2장인데, 고학파(古學派) 유학자인 이등인재(伊藤仁齋, 1625-1705)와 고문사학파(古文辭學派)의 대가 적생조래(荻生徂徠, 1666-1725)의 『논어』 해석을 검토하였다. 이들은 각기 일본 『논어』 해석학의 유형을 대표한다. 전자는 경전해석학에서 호교학적(護敎學的) 특징을 지녔고, 후자는 심각한 정치적 함의가 내포되어 있는 정치학적 경전해석학이다. 세 번째 부분 '본론(ⅱ)'은 총3장이다. 주로 『논어』에서 대표적인 의의를 가지고 있는 관건적인 명제, 예컨대 '배우고 수시로 이를 학습한다'(學而時習之), '나의 도는 한 가지 원리로 관통되어 있다'(吾道一以貫之) 및 '나이 50에 천명을 알았다'(五十而知天命) 등을 위주로 하여, 일본 유학자들의 학문, 진리, 천명에 대한 해석과 동아시아 유가경전해석사에서 그 의의를 분석하였다. 네 번째 부분인 '결론'에서는 이 책 각 장절의 요지를 종합하고, 일본의 『논어』 해석사와 긴밀하게 연관된 일본 유학의 실학적 특징을 분석하였다. 일본의 유학자는 구체적인 것을 숭상하고 추상적인 것을 싫어하며, 실질을 추구하고 명분을 숭상하지 않으며, 일상생활 속에서 '천명(天命)'의 초월적 함의를 파악하고, 인간윤리(人倫日用)에서 공자의 '한 가지 원리로 관통된 도'(一貫之道)를 체현하였다. 때문에 덕천시대 『논어』 해석학에서는 실천해석학(praxis hermeneutics)적 의의가 가장 깊고도 선명하다. 마지막 부분 '보론(補論)'에서는 덕천시대 말기에 태어나 20세기 일본 자본주의의 아버지로 불리는 삽택영일(澁澤榮一, 1840-1931)의 『논어』에 대한 해석을 분석하였다. 삽택영일의 『논어』 해석은 덕천시대 유학자의 논어학에 대한 계승도 있고 동시에 새로운 창조적 면모도 있으며, 일본의 실학 전통에 새로운 의의를 부여하기도 하였다.

먼저 본론에 들어가기에 앞서 중국과 타국의 광활한 문화교류의 역사를 살펴보기로 하겠다. 중국의 문화는 오랜 역사를 갖고 있으며, 수천 년 역사의 흐름 속에서 번성하여 발전해 나갔으며, 끊임없이 바깥 지역과의 문화교류 속에서 외래문화의 진수를 받아들였다. 중국 문화의 발전은 마치 강과 바다의 멈추지 않는 지류와도 같아서, 마침내 그 광활함을 이룰 수 있었다. 현대 학자들의 추측에 의하면, 한대(漢代)의 중국과 로마 제국 사이에 이미 어느 정도의 왕래가 있었다고 한다. 실례로 실(絲)과 유리 같은 물품의 교류 외에도, 로마의 신민(臣民)들, 예컨대 전설 속의 대진국(大秦國)의 마술사와 사신들도 간혹 중국에 온 적이 있었다. 이에 중국 사람들도 우여곡절 끝에 로마에 대해 다소나마 알 수 있었다.[2] 당나라는 과거 세계의 대제국이었으며, 당나라 장안(長安)의 당시 세계사적 위치는 마치 오늘의 뉴욕과도 같았다. 당나라의 황제는 주변의 제후들에게 '천가한(天可汗)'으로 불리었는데, 아시아 각 나라에서는 학승(學僧)을 파견하였으며, 오늘날 투르키스탄 등의 지역에서 소수민족들이 오기도 하였다. 그리고 경교(景敎), 천교(祆敎), 서역에서 온 불교 등등이 모두 이때 중국에서 유행하였으며,[3] 마니교는 8세기에 중국에서 성행하였다.[4] 인도에서 전래된 불교도 중국 전통문화의 세례를 받아 짙은 중국적 특색을 지니게 되었다. 이에 천태종(天台宗), 화엄종(華嚴宗) 및 선종(禪宗)이 등장하였는데, 이러한 종파는 중국 사상과 불교 교의를 절충, 조화시켰으며 인간 주체성으로의 복귀를 강조하였다. 당나라 중흥기의 중국과 외국의 교류 상황은 유례없이 흥성하였다. 20세기 서구의 한학 연구자는 '절충정신(折衷精神, eclecticism)'과 '세계시야(世界視野, cosmopolitanism)'이 두 개의 명

---

2) 邢義田 譯著, 「漢代中國與羅馬關係的再省察」, 『西洋古代史參考資料』, 臺北: 聯經出版事業公司, 1987, 223-224면.

3) 傅樂成, 「中國民族與外來文化」, 『漢唐史論集』, 臺北: 聯經出版事業公司, 1977, 357-358면.

4) 沙畹, 伯希和 著, 馮承鈞 譯, 『摩尼敎流行中國考』, 上海: 商務印書館, 1931, 1933.

서론

사로 이러한 대당(大唐) 문화의 특징을 묘사하였다.[5] 16세기 이후 예수회 선교사들이 중국에 와서 선교를 하여 중국과 서양문화의 교류가 점차 빈번해졌으며, 19세기 중엽 아편전쟁 이후에 중국은 근대세계의 구성원이 되었다. 양계초(梁啓超, 1873-1929)의 중국 역사 발전단계를 살펴보면,[6] 상고 시대부터 진(秦), 한(漢) 제국의 건립에 이르기까지는 '중국의 중국' 시기이다. 이 시기 중국은 중국 문화의 특징을 세우기 시작하였다. 영토도 대체로 확정되었으며, 관료계통도 체계를 이루었으며, 유가사상이 유일한 기준이 되었다. 그야말로 중국의 중국다움은 바로 이 시기에 형성된 것이다.

중고시대 당나라는 또 다른 단계의 시작이었다. 대당(大唐) 제국이 아시아의 맹주가 되었고, 중국의 황제는 아시아 각국의 유목민족에 의해 '천가한(天可汗)'으로 불리었다. 이 시기는 '아시아의 중국'의 시대였다. 19세기 중엽 중국과 영국의 아편전쟁 이후 중국은 세계 속에 편입되기 시작하여 '세계의 중국'이 되었다.

중국 문화와 타국 문화의 교류 경험 중에서 중국, 일본 양국 사이의 문화관계는 매우 밀접하다. 8세기부터 시작하여 당나라 문화가 일본의 '대화혁신(大化革新)'에 미친 영향은 매우 깊었으며, 17세기 이후 일본 덕천시대의 사상계는 더욱더 중국의 사상과 문화에 의한 충격을 받았다. 중국, 일본 사이의 사상교류 경험은 매우 풍부하여, 9세기에 일본에서 수입한 중국의 문헌과 전적은 1,568종에 도달하였다고 한다. 19세기 초에 이르면 중국 서적의 70~80% 정도가 일본에 전해졌다.[7] 중국 서적

5) Arthur F. Wright and Dies Twitchett eds., *Perspectives on the T'ang*, New Haven and London: Yale University Press, 1973. 1-46면.
6) 梁啓超, 「中國史敍論」, 『飮冰室合集』 「文集」제3책, 上海: 中華書局, 1960, 11-12면.

은 매년 일본으로 가는 선박에 의해 대량으로 일본에 전해졌는데, 경사자집(經史子集)과 지방지(地方志), 법률서적 등이 포함되어 있었으며, 그 종류가 매우 많아서 일본의 사상과 문화에 상당한 영향을 주었다.[8]

그런데 일본에 전해진 많은 중국의 경전들 중에서 『논어』와 『맹자』는 일본 유학자들에 의해 특별한 평가를 받았다. 17세기 일본 고학파의 유학자 이등인재(伊藤仁齋)는 『논어』를 '가장 지극한 진리를 지닌 우주에서 제일가는 책'(最上至極宇宙第一書)으로 떠받들었으며,[9] 덕천시대 286년간 『논어』는 일본인이 가장 존숭하는 보전(寶典)으로 자리 잡았다. 이에 각계 인사들이 광범위하게 읽었는데, 현대 일본의 '자본주의 문화'를 일으킨 대기업가 삽택영일(澁澤榮一)도 『논어』와 기업 경영의 길에 대하여 이야기하였으며, 재산을 기부하여 『논어』 관련 자료를 수집하고서 자료관을 설립하기도 하였다.[10] 또한 일본의 선배 한학자인 임태보(林泰輔)는 『논어연보(論語年譜)』를 편찬하여 2000년 동안의 일본에서의 『논어』의 역사적 계승과 변모를 서술하였다. 그리고 현재 대만의 만화가가 그린 공자의 만화도 일본 사회에서 광범위하게 유전되고 있다.[11]

2000년 전 공자 문하에서 선생과 제자들의 심령(心靈)의 대화 기록인 『논어』는 실로 동아시아문화 전통에서 가장 중요한 경전이다. 때문에 몇

7) 嚴紹璗 編撰, 『日本藏宋人文集善本鉤沉』, 杭州: 杭州大學出版社, 1996, 1-2면.

8) 大庭修 著, 戚印平 等譯, 『江戶時代中國典籍流播日本之研究』; 大庭修 著, 徐世虹 譯, 『江戶時代日本秘話』, 北京: 中華書局, 1997.

9) 伊藤仁齋, 『論語古義』, 4면; 『童子問』, 204면.

10) 澁澤榮一(述), 草柳大藏(解說), 『論語と算盤――創業者を讀む』, 澁澤榮一, 竹內均(解說), 『孔子――人間, 一生の心得』, 東京: 三笠書房, 1993. 삽택영일이 수집한 각종 『論語』 版本과 資料는 二次世界大戰 때, 소실되었지만 일부가 현재 東京都立日比谷圖書館에 '靑淵論語文庫'로 남아 있다.

11) 蔡志忠 畫, 和田武司 譯, 『マンガ孔子の思想』, 東京: 講談社, 1989, 講談社十 文庫, 1994.

천 년 동안 동아시아 지식인들은 끊임없이 이 책을 암송하였으며, 대량의 『논어』 해석을 남겼다. 유가경전과 그 해석의 발전은 동아시아사상사의 가장 중요한 내재 동력이라고 할 수 있다. 그런데 이를 살펴보기 전에 우리는 반드시 '무엇이 경전인가?'에 대하여 먼저 물어야만 한다.

　다양한 문화전통 속에서 '무엇이 경전인가'라는 문제에는 각기 다른 답안이 있다. 기독교 내에서, '경전'은 인간과 신의 대화 기록이지만, 동아시아문화 전통 속에서의 '경전'은 항상 인간과 인간(특히 성인)의 내면 언어의 기록이다. 경전의 성격은 문화적 맥락이 다름에 따라 서로 다른 의미가 내포되어 있다. '경전성(經典性, canonicity)'의 정의를 구체적으로 설명하면, 각기 다른 문화 전통에서 경전은 공통적 특징 이외에, 각 지역의 문화적 특색을 지니고 있는데 각 지역의 역사와 문화 전통이 투영되어 있다.[12] 때문에 이른바 '경전' 혹은 '경전성'은 항상 각 지역의 사상사 혹은 문화사의 맥락에서 정의된 것이라고 할 수 있다.
　이 장에서 탐구한 중심 과제는, 동아시아 유가사상사 맥락에서 '경전성은 어떻게 정의할 수 있는가?' 하는 점이다. 이 문제를 탐구하기 위하여 유가경전의 특징에 관련된 직접적 사료를 제외하였다. 나는 동아시아 유학자의 경전 해석에서 그들 마음속의 경전이야말로 경전이 될 수 있었던 특징을 탐구하고 싶다.

---

12) 이에 관해서는, Harold Bloom 著, 高志仁 譯, 『西方正典』(上), 臺北: 立緖文化事業公司, 1998, 7면; 陳昭瑛, 「先秦儒家與經典詮釋問題」, 『儒家美學與經典詮釋』, 臺北: 臺大出版中心, 2005, 1~20면 참조.

2. 유가사상의 맥락에 내재된 '경전성'의 세 가지 의미

중국, 일본의 유가사상의 맥락에서 보면 '경전성'에는 적어도 서로 구별되면서도 연관되는 세 가지 중요한 의미가 있다. 바로 사회정치적 의미, 형이상학적 의미, 심성론적 의미이다. 동아시아 유학자들의 경전 해석에 대한 분석을 통해 이를 차례대로 논해 보기로 하겠다.

(1) 사회정치적 의미

유가에서 정의한 바에 의하면 '경전성'의 첫 번째 구성요소는, 경전은 반드시 사회정치적 의미를 지녀야 한다는 것이다. 앞서서 말한 것은 일어나서 실행하여야 하며, 백성을 도탄에서 구하여 천하에 태평성대를 이룩하여야 된다는 정신이다. 이런 특징은 고대 중국에서 정교(政敎)를 분리하지 않는 전통에서 유래된 것이다. 고대 중국의 귀족은 『시경』, 『서경』, 『예경』, 『악경』 등의 경서로 국가를 다스리고 많은 백성을 통솔하였으니, 이른바 '왕관학(王官學)'이라는 것이 바로 이러한 귀족의 학문이다. 『좌전(左傳)』의 기사에서 알 수 있듯이, 춘추시대의 외교관은 외교 상황에서 『시경』과 『서경』을 자주 인용하여 외교적 수사의 근거로 삼았으며, 심지어 춘추시대 각 나라는 전시 상황에서도 늘 『시경』을 인용하여 자신들의 입장을 증명하였으니, 이것이 바로 공자가 말한 "『시경』을 배우지 않으면 제대로 말할 수 없다."(不學詩, 無以言.)는 구절의 역사적 배경이다. 그런데 이들 귀족이 쇠약해지자 '왕관학(王官學)'이 몰락하였고, 제자백가의 학문이 대거 흥행하면서 민간의 학자들이 여기저기서 등장하였다. 이때 공자는 민간에서 학문을 강의하는 풍조를 처음으로 열었다.[13]

공자 이후, 경전의 가장 중요한 특징은 바로 반드시 경전의 해석을 통하여 현실세계를 비판하고 인도하며 나아가 세계를 변하게 한다는 점에 있다. 맹자는 아마도 가장 먼저 이런 관점을 제기한 철인일 것이다. 맹자는 "왕의 자취가 없어지자 『시경』도 없어졌다. 『시경』이 없어진 뒤에 『춘추』가 지어졌다. 진(晉)나라의 『승(乘)』과 초나라의 『도올(檮杌)』, 노나라의 『춘추』는 모두 같은 사서류(史書類)이다."(『맹자』「이루 하」)라고 하였다. 맹자는 공자가 노나라 역사에 의거하여 『춘추(春秋)』를 지은 것은, 역사적 사실에서 의미를 탐구하기 위한 것이고 천하를 태평하게 하기 위해서라고 여겼다. 이처럼 유가의 경전을 사회정치의 전범으로 여기는 관점은 한대인(漢代人)들의 공통된 의식이 되었다. 이에 사마천(司馬遷)은 공자가 지은 『춘추(春秋)』의 의미를 다음과 같이 해석하였다.

공자는 자신의 말이 받아들여지지 않을 것과 선왕의 도가 행해지지 않을 것을 알고서 242년간의 옳고 그름을 가려 천하의 표준으로 삼았으니, 잘못이 있는 천자를 낮추며 제후를 멀리하고 대부를 정벌하여 왕도정치에 도달하려 했을 뿐이었다. 공자께서 말씀하셨다. "내가 추상적인 말로 기록하기보다는 행해진 일에서 깊고 간절하고 밝게 드러내어 보이는 것이 낫다." 『춘추』에서 위로는 삼왕의 도를 밝히고 아래로는 인사의 규범을 분별하여 혐의를 구분하고 시비를 밝히며 망설이던 것을 결정하였다. 좋은 이를 좋아하고 나쁜 이를 싫어하며 현명한 이를 존중하고 어리석은 이를 낮추었으며 망한 나라를 보존하고 끊어진 대를 이어서 잘못된 것은 고치고 사라진 것은 다시 일으켰으니, 이것이 바로 왕도 정치의 대강(大綱)이다.(孔子知言之不用, 道之不行也, 是非二百四十二年之中, 以爲天下儀表, 貶天子, 退諸侯, 討大夫, 以達

13) 錢穆, 『國史大綱』(『錢賓四先生全集』 第27冊), 臺北: 聯經出版事業公司, 1998, 第6章.

王事而已矣. 子曰: "我欲載之空言. 不如見之於行事之深切著明也." 夫『春秋』, 上明三王之道, 下辨人事之紀, 別嫌疑, 明是非, 定猶豫. 善善惡惡, 賢賢賤不肖, 存亡國, 繼絕世, 補敝起廢, 王道之大者也. - 司馬遷, 『史記』

맹자에서 사마천에 이르기까지 이들이 주장한 '경전성'의 사회정치적 의미는 확실히 그 근거가 있는 것이다. 공자는 일찍이 "『시경』 300편을 암송하였다 하더라도 정치를 맡김에 잘 처리하지 못하고, 사방에 사신으로 가서 홀로 처리해 내지 못한다면, 비록 많이 암송한 것이 무슨 소용이 있겠는가."(『논어』, 「자로」 5장)라고 하였다. 맹자 이후 많은 유학자들이 정의한 사회학과 정치학적 영역으로서의 '경전'은 실로 공자의 이러한 표현과 서로 호응하는 것이다.

경전은 사회적 정치 실천의 전범이었기에 한대에는 '경전성'의 중요한 정의를 넘어서서 사회와 정치의 실천에 직접 응용되었다. 피석서(皮錫瑞, 1850-1908)는 한대의 정치는 실로 경전의 주도를 받았다고 하면서, "무제와 선제의 사이에 경학이 크게 융성하였다. 이때 학파는 나눠지지 않았고, 그 경설이 매우 순정(純正)하고 잡스럽지 않았기 때문에 경학은 지극히 정밀하였고 매우 쓸모가 있었다. 그리하여 『서경』의 「우공」에 의거하여 치수를 하고 「홍범」에 의거하여서는 변화를 살피고 『춘추』에 근거하여 소송을 판결하였으며 『시경』 300 편은 간언 서적의 역할을 하였다. 때문에 한 종의 경전을 공부하면 그만큼의 유익함이 있었다."[14]고 말하였다. 한대에 오경이 정치에 실제로 응용된 것은 하나하나 셀 수 없을 정도로 많았으니, 이는 경전의 정치학적 의미가 현실 세계에 적용된 것을

---

14) 皮錫瑞, 『經學歷史』, 北京: 中華書局, 1973, 90면.

구체적으로 입증해 주는 것이라 할 수 있다.

만약 '경전성'을 경전의 사회정치성의 측면에서 규정한다면, 경전의 '도(道)'라는 용어는 현실 세계를 비판하고 개혁하는 데 필요한 구체적 원칙과 전략이다. 예컨대 동중서의 "도라는 것은 다스림의 길에 적합한 것이니, 인의예악은 모두 그 도구이다."[15]라는 말과 같이 경전에 쓰인 도(道)는 철저하게 '인도(人道)'이지 '천도(天道)'가 아니다. 이러한 '인도'는 시간과 공간을 차지하는 것이지 추상적 원칙으로서의 형이상학적 도가 아니다. 이 같은 사상적 맥락에 의거하여 한대인은 특히 『춘추』를 중요시하였는데, 이는 이치상 당연한 것이다.

덕천시대 일본 유학자들도 대부분 사회성과 정치성으로부터 '경전성'을 정의하였다. 17세기 고학파 대가였던 이등인재(伊藤仁齋) 이후로 일본의 많은 유학자들은 주자가 '인도(人道)' 위에 '천도(天道)'를 세운 것에 불만을 가졌으며, 특히 주자학의 형이상학적 경향을 비판하였다. 그들은 대체로 유가경전에 쓰인 '도'는 일상생활의 '도'라고 주장하였는데, 이등인재가 『어맹자의(語孟字義)』에서 한 말은 아주 대표적이라고 할 수 있다. 그 내용은 다음과 같다.

도는 길과 같으니 인간이 오고 가는 것이다. …… 무릇 성현은 다른 사람과 함께 도를 말할 때에 모두 인간의 일을 가지고 말하였다. …… 성인이 말한 도는 모두 인도로서 말하였다. …… 도라는 것은 인륜으로 일상생활에서 마땅히 걸어가야 하는 길이다. (道, 猶路也, 人之所以往來也. …… 大凡聖賢與

---

15) 王先謙, 『漢書補註』 卷56, 「董仲舒傳第2」, 臺北: 藝文印書館影印光緒26年長沙王氏刊本, 3면. "道者, 所繇適於治之路也, 仁義禮樂皆其具也."

人說道, 多是就人事上說. …… 凡聖人所謂道者, 皆以人道而言之. …… 道者, 人倫日用當行之路.)-伊藤仁齋,『語孟字義』

이등인재는 유가경전에 쓰인 '도'는 바로 '인간이 살아가면서 마땅히 걸어가야 될 길'(人倫日用當行之路)이라고 생각하였다. 이에 그는 다음과 같이 말하였다.

사람 밖에 도가 없고 도 밖에도 사람이 없다. 사람으로서 사람의 도를 행하니 어찌 알기 어렵고 행하기 어렵겠는가! 사람이 신령하다고는 하나 새처럼 날고 물고기처럼 잠수할 수 없으니 그 본성이 달라서이다. 하지만 요임금의 옷을 입고 요임금의 행동을 실천하며 요임금의 말씀을 외우는 일은 지나치게 어려운 것이 아니니, 그 도가 같아서이다. 그러므로 맹자가 말하였다. "도는 하나일 뿐이다." 만약 인륜의 밖에서 도를 구하고자 한다면 바람을 잡고 그림자를 잡는 것과 같으니, 결코 할 수 없는 일이다. …… 하늘과 땅 사이에 오직 하나의 실리(實理)가 있을 뿐이다.(人外無道, 道外無人. 以人行人之道, 何難知難行之有! 夫雖以人之靈, 然不能若羽者之翔, 鱗者之潛者, 其性異也. 於服堯之服, 行堯之行, 誦堯之言, 則無復甚難者, 其道同也. 故孟子曰:"夫道一而已矣." 若夫欲外人倫而求道者, 猶捕風捉影, 必不可得也. …… 天地之間, 唯一實理而已矣.)-伊藤仁齋,『童子問』

이등인재가 말하는 '실리(實理)[16]'는 구체적인 사회정치적 개념이지 결

---

16) 이등인재는 심지어 실학의 입장에서 맹자 사상에 구비된 초월성의 내적 의미를 재해석하였다. 이에 관해서는 黃俊傑, 「伊藤仁齋對孟子學的解釋: 內涵, 性質與涵義」, 『東亞儒學史的新視野』, 臺北: 臺大出版中心, 2004, 125-170면 참조.

코 초월적인 형이상학의 세계가 아니다.[17]

한편 같은 고학파이면서 이등인재의 학설에 반대한 적생조래(荻生徂徠)는 경전의 더욱 강력하게 사회정치적 의의를 주장하면서, 성인의 도를 추구하려면 반드시 육경(六經)에서 구해야 한다고 강조하였다. 그의 명언인 "육경은 바로 선왕의 도이다."[18]는, 바로 선왕의 도가 역대 성왕의 예악형정(禮樂刑政)이라는 의미이다. 적생조래는 그가 저술한 『논어징(論語徵)』, 『변명(辨名)』, 『변도(辨道)』 등에서 이 논지를 명백하게 주장하였다.

선왕의 도는 하늘을 공경함을 근본으로 삼았으니, 예악형정은 모두 천명을 받들어 실행하는 것이다. 그러므로 명을 알고 분수에 편안함이 군자의 일이다.(蓋先王之道, 敬天爲本, 禮樂刑政, 皆奉天命以行之. 故知命安分, 爲君子之事矣.)-荻生徂徠, 『論語徵』

도는 전체를 포괄하는 명칭이다. 모든 예악형정은 선왕이 세운 것을 합하여 명명한 것으로 예악형정을 떠나서 별도로 도라고 일컬어지는 것이 있지는 않다.(道者, 統名也. 擧禮樂刑政, 凡先王所建者, 合而命之也, 非離禮樂刑政別有所謂道者也.)-荻生徂徠, 『辨名』

선왕의 도는 천하를 편안히 하는 도이다. 그 도가 비록 여러 갈래여도 결국

---

17) 伊藤仁齋, 『同志會筆記』(『古學先生文集』卷5) 11면. "吾聖賢之書, 以實語明實理, 故言孝, 言弟, 言禮, 言義, 而其道自明矣, 所謂正道不待多言是矣. 若二氏之學, 專以虛無空寂爲道, 無形影, 無條理, 故謂有亦得, 謂無亦得, 謂虛亦得, 謂實亦得, 至於縱橫捭闔, 不可窮詰, 正足以見其非正學也."

18) 荻生徂徠, 『辨道』(『荻生徂徠』, 『日本思想大系』36) 上冊, 第2條, 200면. "六經卽先王之道."

천하를 편안히 하는 곳으로 귀착되며, 그 근본은 천명을 공경하는 데 있다. 천명이 나를 천자로 삼고 제후로 삼고 대부로 삼으면 곧 신민이 있게 되며, 선비로 삼으면 곧 종족과 처자가 있게 되니, 이들은 모두 나에 의해서 편안해지는 존재들이다. 또한 사와 대부는 모두 임금과 함께 하늘이 맡긴 직분을 실천하는 이들이다.(先王之道, 安天下之道也, 其道雖多端, 要歸於安天下焉, 其本在敬天命. 天命我爲天子爲諸侯爲大夫, 則有臣民在焉; 爲士則有宗族妻子在焉, 皆待我而後安者也. 且也士大夫皆與其君共天職者也.)-荻生徂徠, 『辨道』

적생조래는 경전의 '원초적 의미'(古義)는 바로 선왕의 도이고, 선왕의 도의 구체적 내용은 예악형정(禮樂刑政)에 있으며, 또한 하늘을 공경함(敬天)을 근본으로 삼는다고 하였다. 그리고 육경은 선왕의 도와 천하를 안정시키는 도를 선양하는 경전이며, 경전의 정치적 의미를 충분히 표현하고 있다고 여겼다.

17세기의 유학자 이등인재는 '일상생활'의 '실제적 이치'(實理)로 유가 경전의 '도'를 정의하였고, 적생조래는 '예악형정(禮樂刑政)'으로 '도'를 정의하였는데, 도에 관한 이러한 정의는 18세기 후반 오사카 회덕당(懷德堂)의 유학자 중정리헌(中井履軒, 1732-1817)의 호응을 얻었다. 중정리헌은 경전을 해석하면서 주자학을 극력 비판하였다. 그는 경전의 '도'는 인간적 성격을 지녔다고 강렬하게 주장하였으며 다음과 같이 말하였다. "도(道)는 원래 오고 가는 도로의 명칭으로 사람이 마땅히 밟고 가야 되는 것이기에 이를 도라고 한 것이다. 때문에 이른바 성인과 군자의 도, 요임금, 순임금, 문왕, 무왕의 도는 모두 사람에게서 벗어난 것이 아니다. 『역경』과 같은 책들에서는 변화와 하늘의 도, 그리고 음양(陰陽)과 귀신(鬼神)에게 있는 도를 추상적으로 논하였기 때문에 모두 사람에게서 벗어난 개념으로 말해놓은 것이다."[19]라고 하였다. 중정리헌은 공자와 맹자의 도는 모두 '인간 일상'의 도라고 여기면서, 『논어』 「술이」 6장의 "공자께서 '도에 뜻을 두었다'고 말씀하였다."(子曰: "志於道")는 구절에 대하여 다음과 같이 해석하였다. "도는 그것이 군자의 도, 요순의 도, 공자의 도, 나의 도에 상관없이 모두 인간이 일상생활에서 마땅히 실천하여야 되는 것으로 다른 것이 있을 수 없다. ······ 『논어집주』에서 '도'를 풀이하면서, '사물의 당연한 이치'라고 하였다가 또 '인간이 일상생활에서 마땅히 실천하여여 되는 것'이라고 하였다. 그런데 이 두 정의는 확연하게 다른 것이니, 그 의미가 과연 경의 본의에 적합한 것인지를 알지 못하겠다. 이 중 한 가지 뜻으로만 풀이하는 것이 좋을 듯하다."[20]

덕천시대 유학자들은 유가경전 내의 '도'를 하늘로부터 인간으로 옮긴 후, 경전의 경전다움은 바로 경전이 인간들의 일상생활의 사회성과 정치성의 작용을 표현해 내었기 때문이라고 여겼다. 이에 경전 안의 '도'의 성격에 대해 거듭 정립한 후, 덕천시대 유학자들은 '어떤 책이 진정한 유가경전인가?'라는 질문에 새로운 답안을 제시하였다. 이등인재는 『논어』, 『맹자』를 유가사상의 원천으로 주장하며, 『논어』를 '가장 지극한 진리를 지닌 우주에서 제일 가는 책'(最上至極宇宙第一書)으로 우러러 받들고, 『맹자』를 『논어』의 주석서[21]라고 하였으며, 두 책의 가치는 모두 육경(六經)보다 높은 것이라고 주장하였다. 때문에 이등인재는 유가경전의 내용에 대한 해석은 마땅히 『논어』와 『맹자』를 기준으로 삼아야 한다고 보았다. 한편 중정리헌은 정통적인 유가경전에 대하여 일련의 관점을 제기하였는데, 그 내용은 다음과 같다.

---

19) 中井履軒, 『孟子逢源』(關儀一郎 編, 『日本名家四書註釋全書』第10卷), 87면.
20) 中井履軒, 『孟子逢源』, 127면.
21) 伊藤仁齋, 『語孟字義』卷下, 11면, 64면.

공자께서는 만년에 육경을 바로잡으셨으니 참으로 가르침을 내리려는 뜻이 아닌 것이 없었다. 그러나 진나라와 한나라 이후로 『예』와 『악』은 이미 없어졌고, 『시』와 『서』는 내용이 빠지고 뒤섞여서 공자의 공을 볼 수 없다. 『역경』은 비록 보존되었으나 또한 공자의 공이 없으며, 『춘추』 또한 공자의 글이 아니다. 그러므로 공자의 도가 전해지는 경전은 오직 『논어』, 『맹자』, 『중용』 세 종뿐이며, 나머지 책들은 모두 후세 사람들의 업적이니 내가 알 바가 아니다. 그러니 어찌 다른 책의 내용을 받아들여 근거로 삼을 수 있겠는가. 그러므로 공자께서 가르침을 드리운 공적은 모두 진시황의 분서갱유 때 사라져 후세에 전하지 않는다. 그런데 이것은 나 한 사람의 말이라 믿지 않는 사람들도 있다. 또한 『역전』과 『춘추』를 믿는 이들은 또한 오직 이 두 종의 경전을 믿을 뿐이다. 배우는 자들은 시험 삼아 『역전』과 『춘추』를 취하여 한 번 통독하고서 평가해 보라. 어디에 요순의 도가 전해지고 있는가?(夫子晚年緖正六經, 固非無垂敎之意. 然秦漢以降, 『禮』, 『樂』已泯滅矣, 『詩』, 『書』缺亡紛亂, 無以見夫子之功. 『易經』雖存矣, 亦無功, 『春秋』亦非孔子之筆. 故傳孔子之道者, 唯『論語』, 『孟子』, 『中庸』三種而已矣, 皆後人之績, 而非宰我所知. 豈容据此等說哉? 是故夫子垂敎之績, 皆泯於秦火, 而後世無傳也. 此頗吾一家之言, 人或不之信. 仍信用『易傳』, 『春秋』者, 則廑廑亦唯有是二事而已. 學者試取『易傳』, 『春秋』, 通讀一過以評之. 何處是傳堯舜之道者?)-中井履軒, 『孟子逢源』

중정리헌은 오로지 『논어』, 『맹자』, 『중용』 이 세 종의 경전이야말로 공자의 도를 전하고 있으며, 나머지 『역경』과 『춘추』 등은 근거로 삼기에는 불충분한 것이라고 하였다.[22]

....

22) 中井履軒, 『孟子逢源』, 246면.

조선 주자학의 대가인 이황은 유가경전을 '성학은 지극한 정치의 근본'[23)]이라고 강조하면서 다음과 같이 말하였다.

여러 성인들이 서로 계승하여 공자에 이르러 그 법이 크게 갖추어졌다. 『대학』의 격물(格物), 치지(致知), 성의(誠意), 정심(正心)과 『중용』의 명선(明善)과 성신(誠身)이 이것이다. 여러 유학자들이 잇달아 일어났고 주자에 이르러 그 학설이 크게 밝아졌으니, 『대학』과 『중용』의 장구와 혹문이 이것이다. 지금 이 두 책을 공부하면 참으로 알고 실천하는 학문이 될 것이다. 비유하자면 태양이 하늘 한가운데 있어 눈을 뜨면 볼 수 있는 것과 같고 큰 길이 앞에 있어 발을 들면 밟을 수 있는 것과 같다.(列聖相承, 至孔氏而其法大備. 『大學』之格致誠正, 『中庸』之明善誠身是也. 諸儒迭興, 逮朱氏而其說大明, 『大學』, 『中庸』之章句, 或問是也. 今從事於此二書, 而爲眞知實踐之學. 比如大明中天, 開眼可觀, 如周道當前, 擧足可履.)-李滉, 『陶山全書』

이황은 유가의 경전인 『대학』, 『중용』 등은 모두 '실천의 학문'이라고 주장하면서 경전의 정치 작용을 강조하였다.

이상의 논의에서 알 수 있듯이, 동아시아 유학자들은 경전이야말로 천하를 평정하여 다스릴 수 있는 정치 작용이 내포되어 있다고 강조하며, 항상 경전 안의 '도'를 인간적 성격이 가득 차 있는 '도(道)'로 해석하였다. 이러한 '도'에 대한 이해의 관점에서, 중국, 일본, 한국의 유학자가 인정한 정통 유가경전은 비록 다르지만, 그들이 '사회성'과 '정치성'으로 '경전성'을 정의한 점에서는 일치하였다.

---

23) 李滉, 『陶山全書』 1(『退溪學叢書』第II部第1卷), 「戊辰六條疏」, 177면. "聖學爲至治之本."

(2) 형이상학적 의미

동아시아 유학자들이 정의한 '경전성'의 두 번째 특징은, 경전에는 반드시 형이상학적인 의미가 내재되어 있어야 한다는 것이다. 형이상학적 측면에서 정의한 '경전성'에 관하여서는, 전국시대 말기의 『예기』「경해(經解)」편 및 『장자』「천하(天下)」편 등의 문헌으로 거슬러 올라가서 그 증거를 찾을 수 있다. 하지만 가장 대표성을 띤 정의를 내린 인물은 아마도 주자(朱子)일 것이다. 주자는 자신이 개정한 『중용』 제32장을 해석하면서, 경(經)의 함의에 대하여 다음과 같은 해석을 제기한 적이 있다.

경(經)과 륜(綸)은 모두 실을 다루는 일로, 경은 그 실마리를 처리하여 나누는 것이며 륜은 종류대로 분류하여 합하는 것이다. 경은 상도(常道)이고 대경(大經)은 오품(五品)의 인륜이며 대본(大本)은 본성의 전체이다. 오직 성인의 덕(德)만이 지극히 정성스럽고 망령됨이 없다. 그러므로 인륜에서 그 마땅한 내용을 각각 다하여 모두 천하 후세의 법이 될 수 있으니, 이것이 이른바 경륜이라는 것이다. 그 본성의 전체는 털끝만큼도 인욕의 거짓됨이 섞이는 것이 없고 천변만화(千變萬化)하는 천하의 도가 모두 여기에서 나오니, 이것이 이른바 세운다고 하는 것이다. 천지의 화육에 있어서 또한 지극히 정성스럽고 망령됨이 없는 자는 묵묵히 합치됨이 있으니, 이것은 단지 듣고 보고서 알 수 있는 것이 아니다. 이는 모두 지극히 정성스럽고 망령됨이 없는 것으로 자연스러운 공용이니, 어찌 사물에 의지한 뒤에야 할 수 있는 것이겠는가!(經, 綸, 皆治絲之事. 經者, 理其緒而分之, 綸者, 比其類而合之也. 經, 常也, 大經者, 五品之人倫, 大本者, 所性之全體也. 惟聖人之德極誠無妄. 故於人倫各盡其當然之實, 而皆可以爲天下後世法, 所謂經綸之也. 其於所性之全體, 無一毫人欲之僞以雜之, 而天下之道千變萬化皆由此出, 所謂立之也. 其於天地之化育, 則

亦其極誠無妄者有默契焉, 非但聞見之知而已. 此皆至誠無妄, 自然之功用, 夫豈有
所倚著於物而後能哉!)-朱熹,『中庸章句』

주자가 위에서 말한 상도(常道)로서의 '경'의 특징은 "털끝만큼도 인욕의 거짓됨이 섞이는 것이 없고 천변만화(千變萬化)하는 천하의 도가 모두 여기에서 나온다."(無一毫人欲之僞以雜之, 而天下之道千變萬化皆由此出.)는 구절에서 확인할 수 있다. 이러한 형이상학적 리(理)로서의 '경'이야말로 주자가 규정한 '경전성'의 요건이다.

주자가 형이상학적 '도'로 '경전성'을 정의한 것은, 동아시아 유학자들이 생각하는 '경전성'의 하나의 경향을 대표한다. 정이(程頤, 1033-1107)는 "오늘날의 학자들은 그 부류가 세 종류이다. 문장을 잘 하는 자는 문사이고, 경을 말하는 자는 강사이며, 오직 도를 아는 자만이 유학자라 할 수 있다."[24]고 하였다. 정이(程頤) 이전에 송대 사람인 나처약(羅處約, 960-992)도 다음과 같이 말하였다.

육경에서 『역』은 인간의 권도를 밝힘에 도에 근본하였다. 『예』는 사람의 마음을 절제하여 본성에 나아가게 하였다. 『악』은 백성의 마음을 조화롭게 하여 천진(天眞)한 본성을 완전하게 하였다. 『서』는 구주(九疇)의 신비를 서술하여서 두 황제의 아름다움을 빛나게 하였다. 『춘추』는 군신관계를 바로잡아 명교(名敎)를 돈독히 하였다. 『시』는 풍과 아를 바로잡아서 규범과 경계를 보존하게 하였다. 이 도는 육경과 동일하다.(六經者, 『易』以明人之權而本之

---

24) 黃宗羲,『宋元學案』卷15,「伊川學案」上, 87면. "今之學者歧而爲三, 能文者謂之文士, 談經者謂之講師, 惟知道者乃儒學也."

於道. 『禮』以節民之情, 趣於性也. 『樂』以和民之心, 全天眞也. 『書』以敍九疇之祕,
煥二帝之美. 『春秋』以正君臣而敦名敎, 『詩』以正風雅而存規戒. 是道與六經一
也.)-脫脫,「列傳」第199, 『宋史』卷440

이처럼 많은 송대 유학자들이 "도는 육경과 동일하다."(道與六經一也)라
고 규정했을 때의 '도'는 순수한 형이상학적 성격을 지니고 있다.

덕천시대 일본 유학자 중, 형이상학으로 '경전성'을 정의하는 경향을
가진 이들은 대부분 양명학자였는데, 대염평팔랑(大塩平八郎, 1793-1837)
이 그 대표적 인물이다. 대염평팔랑은 경전의 특징은 '태허(太虛)'와 '이
기(理氣)'에 있다고 주장하였다. 다음의 인용문은 다소 지루하지만, 대염
평팔랑이 형이상학으로 경전을 정의하는 그의 사상적 특징을 잘 표현해
내고 있다.

어떤 사람이 물었다. "경전에서 허(虛)를 명확하게 말한 것이 있습니까?"
"있다. 『대학』에서 '그 마음은 곱고 고와 용납함이 있는 듯하여, 남이 가지
고 있는 기예를 자신이 소유한 것처럼 여기며, 남의 훌륭하고 성(聖)스러움
을 마음으로 좋아하되 자신의 입에서 나오는 것보다도 더 좋아한다면 이는
남을 포용하는 것이다'고 하였으니 이 두 개의 '용(容)'자는 마음의 헤아림
이다. 마음의 헤아림이 태허가 아니면 무엇이겠는가. 『중용』에서 '큰 것을
말하면 천하도 능히 싣지 못한다'고 하였고, 또한 '상천의 일은 소리도 없고
냄새도 없으니 지극하구나'라고 하였다. 그 큰 것과 지극한 것, 이것이 태허
가 아니면 무엇이겠는가. 공자는 『논어』「위정」에서 '군자는 그릇처럼 국한
되지 않는다', 「이인」에서 '나의 도는 하나의 이치로 꿰뚫고 있다', 「자한」에
서 '선생님께서는 네 가지가 없으셨으니, 사사로운 뜻이 없으셨으며, 기필
하는 마음이 없으셨으며, 집착하는 마음이 없으셨으며, 이기심이 없으셨

다', '내가 아는 것이 있는가? 나는 아는 것이 없다. 그러나 어떤 비루(鄙陋)한 사람이 나에게 질문하면, 그가 아무리 무식하다 하더라도 나는 그 양단(兩端)을 다 말해준다', 「양화」에서 '하늘이 무슨 말을 하는가? 사시(四時)가 운행(運行)되고 온갖 만물이 생장(生長)하는데, 하늘이 무슨 말을 하는가?' 라고 하였다. '그릇처럼 국한되지 않는다', '하나의 이치이다', '네 가지가 없으셨다', '아는 것이 없다', '자주 굶었다'(屢空), '하늘이 무슨 말을 하는가' 하는 것들이 모두 태허가 아니면 무엇이겠는가. 『맹자』 「공손추」에서 맹자가 말한 '나는 나의 호연지기(浩然之氣)를 잘 기르노라'에서 '호연지기'라는 것이 태허가 아니면 무엇이겠는가? 그리고 『역』, 『서』, 『시』, 『예』, 『춘추』도 또한 그 지극함에 이르러서는 곧 모두 태허의 덕에서 벗어난 것이 아니다. 『역』에서 '태극'이라고 하였고 『서경』, 「홍범」에서도 '편벽(偏僻)됨이 없고 기욺이 없어 왕의 의(義)를 따르며, 뜻에 사사로이 좋아함을 일으키지 말아 왕의 도를 따르며, 뜻에 사사로이 미워함을 일으키지 말아 왕의 길을 따르라. 편벽됨이 없고 편당함이 없으면 왕의 도가 탕탕(蕩蕩)하며, 편당함이 없고 편벽됨이 없으면 왕의 도가 평평(平平)하며, 상도(常道)에 위배됨이 없고 기욺이 없으면 왕의 도가 정직할 것이니, 그 극(極)에 모여 그 극에 돌아올 것이다'고 하였다. 『시』 대아 「문왕」편에서도 또한 '상천(上天)의 일은 소리도 없고 냄새도 없다'라 하였고 『예』에서도 '소리 없는 음악과 체가 없는 예'라고 하였으며 『춘추』에서도 '봄, 왕 원년'이라 하였다. '태극이다', '극이 있다', '소리와 냄새가 없다', '소리와 체가 없다', '원년'이라고 한 것이 또한 태허가 아니면 무엇이겠는가. 여기에서 열거한 것들은 경전에서 분명히 증명된 것이니 그대는 아직도 의심하는가. 오호! 태극의 현묘함은 말로써 설명할 수가 없는 것이다. 그러나 리(理)와 기(氣)가 합일된 것을 이해한다면 태허도 또한 오직 리와 기일 뿐이다. 만약 리와 기를 떠나서 태허를 말한다면 사서오경에서 말한 성인의 도가 아니니 배우는 자들은 마땅히 알

아야 할 것이다."(或曰: "於經明言虛. 有乎?" 曰: "有. 『大學』曰: '其心休休焉,
其如有容焉, 人之有技, 若己有之, 人之彦聖, 其心好之, 不啻若自其口出, 寔能容
之.' 這兩箇 '容'字, 心之量也. 心之量, 非太虛而何? 『中庸』曰: '語大天下莫能載
焉.' 又曰: '上天之載, 無聲無臭, 至矣.' 其大也, 至也, 此非太虛而何? 孔子曰: '君
子不器.' 又曰: '吾道一以貫之.' 子絶四, 毋意, 毋必, 毋固, 毋我. 子曰: '吾有知乎
哉? 無知也. 有鄙夫問於我, 空空如也, 我叩其兩端而竭焉.' 又曰: '天何言哉? 四時
行焉, 百物生焉, 天何言哉?' 其不器也, 一也, 絶四也, 空空也, 屢空也, 天何言也,
此皆非太虛而何? 孟子曰: '我善養吾浩然之氣.' 其浩然也者, 非太虛而何? 而『易』,
『書』, 『詩』, 『禮』, 『春秋』亦及其至矣, 則皆不外於太虛之德也. 『易』曰太極, 『書』曰:
'無偏無陂, 遵王之義, 無有作好, 遵王之道, 無有作惡, 遵王之路. 無偏無黨, 王道蕩
蕩, 無黨無偏, 王道平平, 無反無側, 王道正直, 會其有極, 歸其有極.' 『詩』亦曰: '上
天之載, 無聲無臭.' 『禮』曰: '無聲之樂, 無體之禮.' 『春秋』曰: '春王元年.' 其太極
也, 有極也, 無聲臭也, 無聲體也, 元也, 此皆亦非太虛而何? 此凡所擧, 經之明徵也,
子猶疑之乎? 嗚呼! 太虛之妙, 不可言述者也. 然而了理氣合一, 則太虛亦惟理氣焉
耳. 如離理氣, 而言太虛者, 非四書五經聖人之道也, 學者宜知之.")-大鹽中齋, 『洗
心洞箚記』

동아시아 사상사의 측면에서 볼 때, 만약 형이상학적 방면에서 '경전
성'을 정의한다면, 『역경』의 위치는 반드시 경전으로 그 위상이 제고될
것이다. 그런데 춘추시대 사람들은 『시경』, 『서경』, 『예기』, 『악경』 등을
경전으로 여겼다. 예를 들어 보기로 하자.

『춘추좌씨전』 희공(僖公)27년: 조쇠는 말하였다. "『예기』와 『악경』을 말하
고, 『시경』과 『서경』을 돈독하게 여긴다. 『시경』과 『서경』은 의리의 창고이
며, 『예기』와 『악경』은 덕의 법칙이다. 덕과 의리는 이익의 근본이다."

『논어』「술이」18장: 공자께서 평소 하시던 말씀은 『시경』과 『서경』, 그리고 예를 실천하는 것이었으니, 이런 것들이 모두 평소 말씀하시는 내용이었다.

『논어』「자한」14장: 공자께서 말씀하셨다. "내가 위나라에서 노나라로 돌아온 뒤에 음악이 바로잡혔고, 아송(雅頌)이 각기 제자리를 찾게 되었다."

『논어』「태백」8장: 공자께서 말씀하셨다. "시에서 흥기하고, 예에서 확립하며, 음악에서 완성한다.

이상의 인용문에서 보듯이 춘추시대에는 『시경』, 『서경』, 『예기』, 『악경』 등을 경전으로 여겼다. 한편 『장자』「천하(天下)」편에서 "『시경』, 『서경』, 『예기』, 『악경』의 내용을 추나라와 노나라의 선비들과 대부들은 대부분 잘 알았다."라고 하였듯이, 이러한 경전의 전수가 노나라에서 유난히 성행하였다. 그런데 전국시대에 이르러 경전의 범위가 확대되었다. 『장자』「천운(天運)」편에서 『시경』, 『서경』, 『예기』, 『악경』, 『역경』, 『춘추』를 육경(六經)으로 삼았으며, 『장자』「천하(天下)」편에서 육경의 주요 내용을 해설하면서 다음과 같이 말하였다. "『시경』은 뜻을 말하였고, 『서경』은 일을 말하였으며, 『예기』는 행위를 말하였고, 『악경』은 조화를 말하였으며, 『역경』은 음양을 말하였고, 『춘추』는 명분을 말하였다. 그들의 법도가 천하에 퍼지고 중국에 베풀어져서 백가의 학문 중에서 혹 칭찬하거나 따르기도 하였다."[25] 『예기』「경해」편에는 한 걸음 더 나아가 공자의 말을 인용하여 육경의 정치, 사회, 문화적 작용에 대하여 다음과 같이 해

---

25) 『莊子』「天下」. "『詩』以道志, 『書』以道事, 『禮』以道行, 『樂』以道和, 『易』以道陰陽, 『春秋』以道名分. 其數散於天下而設於中國者, 百家之學時或稱而道之."

석하였다.

그 나라에 들어가면 그 교화를 알 수 있다. 사람됨이 온화하고 부드럽고 돈
독하고 두터운 것은 『시』의 교화이다. 서로 통하여 멀리 있는 것을 아는 것
은 『서』의 교화이다. 두루 널리 알고 평이하고 정직한 것은 『악』의 교화이
다. 고요한 것을 헤아리고 미묘한 것을 자세히 하는 것은 『역』의 교화이다.
공손하고 검소하며 장엄하고 공경하는 것은 『예』의 교화이다. 말을 엮어서
역사적 사실을 기술하는 것은 『춘추』의 교화이다. 그러므로 『시』의 교화가
없으면 어리석어지고 『서』의 교화가 없으면 속이게 되고 『악』의 교화가 없
으면 사치하고 『역』의 교화가 없으면 해치고 『예』의 교화가 없으면 번거롭
고 『춘추』의 교화가 없으면 난리를 일으킨다.(入其國, 其敎可知也. 其爲人也,
溫柔敦厚, 『詩』敎也. 疏通知遠, 『書』敎也. 廣博易良, 『樂』敎也. 絜靜精微, 『易』敎也.
恭儉莊敬, 『禮』敎也. 屬辭比事, 『春秋』敎也. 故 『詩』之失愚, 『書』之失誣, 『樂』之失
奢, 『易』之失賊, 『禮』之失煩, 『春秋』之失亂.) - 『禮記』「經解」

『역경』은 전국시대에 이미 육경의 하나가 되었으며, 다음의 예문에서
보듯이 사마천은 육경의 효용을 논할 때 또한 『역경』을 첫머리로 하였다.

『역』은 천지 음양과 사시 오행을 드러내므로 변화에 장점이 있다. 『예』는 인
륜을 다스리므로 행동에 장점이 있다. 『서』는 선왕의 업적을 기록하였으므
로 정치에 장점이 있다. 『시』는 산천, 계곡, 금수, 초목, 빈모(牝牡), 자웅(雌
雄)을 기록하였으므로 풍속에 장점이 있다. 『악』은 확립되는 것을 즐기므로
조화에 장점이 있다. 『춘추』는 시비를 분별하므로 사람을 다스리는 데 장점
이 있다. 그러므로 『예』는 사람을 절도 있게 하고 『악』은 조화롭게 하고
『서』는 일을 말하고 『시』는 뜻을 전달하고 『역』은 변화를 말하고 『춘추』는

의를 말한다.(「易」著天地陰陽四時五行, 故長於變, 「禮」經紀人倫, 故長於行. 「書」
記先王之事, 故長於政. 「詩」記山川谿谷禽獸草木牝牡雌雄, 故長於風. 「樂」樂所以
立, 故長於和. 「春秋」辯是非, 故長於治人. 是故「禮」以節人, 「樂」以發和, 「書」以道
事, 「詩」以達意, 「易」以道化, 「春秋」以道義.) - 「史記」, 「太史公自序」

한대 이후로 경전의 범위는 더욱 변화하고 확대되었다.[26] 경전의 범위
가 확대되는 과정에서 『역경』은 경전의 특징을 가장 잘 표출한 의의를 지
닌 것으로 여겨졌다. 이에 진소영(陳昭瑛)은 "『역경』이 경전의 범위에 들
어오자, 이후 유가의 『경전성』에 대한 정의에 변화가 일어났다. 즉 인도
(人道)보다 천도(天道)를 더 중시하게 되었다. 그리하여 인문 문화를 통해
변화 완성한다는 관점으로부터 우주론과 형이상학적 의미를 도출해 낸
것이다. 이에 '경전성'은 단지 인도(人道)에 국한되어 있지 않고 천지인(天
地人) 삼극(三極)에 미치게 된 것이다."[27]라고 하였다. 결론적으로 말하자
면, 『역경』은 천도와 인도를 회통하는 것이다.[28] 『역경』이 경전이 된 것
은 형이상학적 측면에서 '경전성'을 정의한 필연적 결과이다. 또한 동아
시아 사상계에서 전개된 『역경』의 해석은 '경전성'의 형이상학적 측면을
크게 개척하였다.

---

26) 한대에 『樂經』은 실전되었지만, 『효경』, 『논어』, 『이아』가 경의 반열에 들어왔다. 劉向이
『七略』 「六藝略」을 지었을 때, 육경에서 제외된 『효경』, 『논어』, 『이아』를 경의 반열에 넣은 것이
다. 당 현종은 徐堅에게 명하여 『初學記』를 저술케 하고는 五經을 증보하여 九經으로 만들었
는데, 바로 『禮』와 『春秋』에서 각기 三禮와 三傳를 증보한 것이다. 당 문종은 石經을 만들면서
九經을 십이경으로 증보하였는데, 『효경』, 『논어』, 『이아』를 증가시킨 것으로, 이는 유향의 『칠
략』과 비슷하다.

27) 陳昭瑛, 「先秦儒家與經典詮釋問題」, 8면.

28) 荊門市博物館編, 『郭店楚墓竹簡』, 北京: 文物出版社, 1998, 194면. "「易」者, 所以會天
道人道也."

(3) 심성론적 의미

동아시아 유학자가 정의한 '경전성'의 세 번째 측면은 바로 심성론적 의미이다. 이 각도에서 경전을 정의한 동아시아 유학자로, 중국의 왕양명과 일본의 주자학자 임라산(林羅山, 1583-1657)과 양명학자 중강등수(中江藤樹, 1608-1648)가 대표적이라 할 만하다.

"경(經)은 항상적인 도이다."(經, 常道也)는 관점은, 한대의 학자들이 오경(五經)을 숭상한 이후로 모든 사람들이 찬동하는 정의이다. 『광아』에서 "경은 항상적인 것이다."[29]고 하였고, 『이아의소』에서 "경은 이치이다."[30]고 하였으며, 『광아』에서 "경은 경유함이다."[31]고 하였고, 『석명』에서 "경(徑)은 경(經)이니, 사람들이 경유(經由)하는 바이다."[32]고 하였다. 한편 한대의 유학자들은 경(經)과 전(典)을 붙여서 경전(經典)이라 하기도 하였다. 『한서』「손보전(孫寶傳)」에서 "주공은 으뜸가는 성인이고 소공은 위대한 현인이었음에도 오히려 서로 좋아하지 않았음이 경전(經典)에 기록되어 있다."[33]고 하였으며, 『후한서』황후기상(皇后紀上)「화희등황후(和熹鄧皇后)」에서는 "낮에는 부녀자의 일을 익히고, 밤에는 경전(經典)을 암송하니, 집안 사람들이 제생(諸生)이라 불렀다."[34]고 하였고, 또 『후한서』「주우전(朱祐傳)」에서 "의당 삼공으로 하여금 모두 대명(大名)을 버리게 하고, 경전(經典)을 본받게 하소서."[35]라고 하였으며, 또 『후한서』「조전전

....

29) 『廣雅』. "經 ⋯⋯ 常也."
30) 『爾雅義疏』. "經者, 理也."
31) 『廣雅』. "經, 徑也."
32) 『釋名』. "徑. 經也, 言人之所經由也."
33) 『漢書』「孫寶傳」. "周公上聖, 召公大賢, 尙猶有不相說, 著於經典."
34) 『後漢書』皇后紀上「和熹鄧皇后」. "晝修婦業, 暮誦經典, 家人號曰諸生."

(趙典傳)」에서 "조전(趙典)의 자는 중경(仲經)이다."[36]고 하였는데, 이는 그의 이름인 '전(典)'에 맞추어 자(字)에 '경(經)'자를 넣은 것이다. 『석명』「석전예」에서 "경은 항상 쓸 수 있는 것이다."[37]라고 하였으니, 이 또한 경(經)이 바로 전(典)이라는 의미이다. 이처럼 경과 전을 붙여서 쓴 것은 한대에 시작되었는데, 이 두 글자는 원래 동일한 의미였기 때문이다. 예컨대 『이아』에서 "전(典)은 경(經)이다."[38]고 하였는데, 근원적 의미로 따지면, '전(典)'은 중요한 서적 또는 대형 서적을 가리키는데, 이는 '경(經)'의 본래 의미인 두 자 네 치 크기의 관용 서적이라는 뜻과 일치하는 것이다. 그런데 '경(經)'의 의미인 '항상성'으로 인하여, 한대에는 '전(典)'에도 '항상적인 법'이라는 의미가 있게 되었다. 유희의 『석명』에서 "경은 경유함이요 항상적 법도이니, 마치 길은 통하지 않는 곳이 없어서 항상 이용하는 것과 같다."[39]라고 하였으며, 장화(張華, 232-300)는 『박물지』에서 "성인이 제작한 것을 경(經)이라 하고 현인이 저술한 것을 전(傳)이라 한다."[40]라고 하였고, 황간(皇侃, 488-545)은 『효경』 서문에서 "경은 항상적인 것이며 본받는 것이다."[41]고 하였으며, 유협(劉勰, 464?-522)은 『문심조룡』「종경」편에서 "경(經)은 항상적이고 오래가는 지극한 도리이며, 깎을 수 없는 크나큰 가르침이다."[42]고 하였으니, 이러한 말들은 모두 경전

---

35) 『後漢書』「朱祐傳」. "宜令三公, 并去大名, 以法經典."

36) 『後漢書』「趙典傳」. "趙典, 字仲經."

37) 『釋名』「釋典藝」. "經, …… 可常用也."

38) 『爾雅』. "典, 經也."

39) 劉熙, 『釋名』. "經, 徑也, 常典也, 如路徑無所不通, 可常用也."

40) 『博物志』. "聖人制作曰經, 賢人著述曰傳."

41) 『孝經』「序」. "經, 常也, 法也."

42) 『文心雕龍』「宗經」. "經也者, 恒久之至道, 不刊之鴻教也."

을 영원하고 항상적인 진리로 여기는 것이다.

하지만 15세기에서 16세기로 넘어갈 무렵에 태어난 왕양명은 경전이
지니고 있는 불변의 영원한 진리성에 대하여 그 내포된 의미를 웅혼하고
도 힘차게 지적하였다. 왕양명은 「존경각기(尊經閣記)」에서 육경의 '경전
성'에 대하여 이렇게 정의하였다.

육경은 다른 것이 아니라 내 마음의 변함없는 도리이다. 이 때문에 『역』은
내 마음의 음양과 소식(消息)을 기록한 것이다. 『서』는 내 마음의 기강(紀綱)
과 정사(政事)를 기록한 것이다. 『시』는 내 마음의 노래와 성정(性情)을 기록
한 것이다. 『예』는 내 마음의 조리(條理)와 절문(節文)을 기록한 것이다. 『악』
은 내 마음의 기쁨과 화평을 기록한 것이다. 『춘추』는 내 마음의 성위(誠僞)
와 사정(邪正)을 기록한 것이다. 군자가 육경에서 내 마음의 음양과 소식을
구하여 때에 알맞게 행동하는 것은 『역』을 높여서 그런 것이다. 내 마음의
기강(紀綱)과 정사(政事)를 구하여 때에 맞추어 펼치는 것은 『서』를 높여서
그런 것이다. 내 마음의 노래와 성정(性情)을 구하여 때에 맞추어 표현하는
것은 『시』를 높여서 그런 것이다. 내 마음의 조리(條理)와 절문(節文)을 구하
여 때에 맞추어 드러내는 것은 『예』를 높여서 그런 것이다. 내 마음의 기쁨
과 화평을 구하여 때에 따라 생겨나게 하는 것은 『악』을 높여서 그런 것이
다. 내 마음의 성위(誠僞)와 사정(邪正)을 구하여 때에 알맞게 행동하는 것은
『춘추』를 높여서 그런 것이다.(六經者非他, 吾心之常道也. 是故『易』也者, 志吾
心之陰陽消息者也. 『書』也者, 志吾心之紀綱政事者也. 『詩』也者, 志吾心之歌詠性
情者也. 『禮』也者, 志吾心之條理節文者也. 『樂』也者, 志吾心之欣喜和平者也. 『春
秋』也者, 志吾心之誠僞邪正者也. 君子之於六經也, 求之吾心之陰陽消息而時行焉,
所以尊『易』也. 求之吾心之紀綱政事而時施焉, 所以尊『書』也. 求之吾心之歌詠性情
而時發焉, 所以尊『詩』也. 求之吾心之條理節文而時著焉, 所以尊『禮』也. 求之吾心

서론

之欣喜和平而時生焉, 所以尊「樂」也. 求之吾心之誠僞邪正而時行焉, 所以尊「春秋」
也.)-王陽明,『王陽明全集』,「稽山書院尊經閣記」

왕양명은 경전의 상도(常道)를 '내 마음의 변함없는 도리'(吾心之常道)라
고 정의하였으니, 바야흐로 심성론의 관점에서 '경전성'을 정의한 것이
다. 경전이 시공의 한계를 초월하여 "인물을 통달하고 사해에 이르며, 고
금에 걸쳐 있고 갖추지 않는 것이 없으며 변하는 일도 없다."[43]고 말할
수 있는 것은, 경전에 들어 있는 '도'가 모든 것을 갖추었고, 아울러 후세
해석자들의 마음에서 이것이 증명되었기 때문이다.

16세기에서 17세기로 넘어갈 무렵에 태어난 임라산(林羅山)은 일본의
주자학자인데, 그는 불교와 예수교를 배척하고 신도와 유교의 합일을 제
창하였으며 이기합일론(理氣合一論)을 주장하였다.[44] 임라산은 등원성와
(藤原惺窩, 1561-1619)의 제자로서 집에 소장한 도서가 풍부하여 많은 경
서를 통독하였으며, 사서(四書)와 오경(五經)에 대해 일찍이 서문과 발문
을 쓰기도 하였다. 그는 일본 학자들이 훈고에만 얽매여서 사물의 이치
를 궁리하지 않은 지가 수백 년이 되어 가는 현실에 깊은 유감을 느끼고
서는[45] 주자의 경전 집주를 대거 제창하였다. 그는 『논어』에 대하여 이
렇게 말하였다. "정자와 주자가 아니었으면 천하에 어둠이 드리웠을 것
이다. 주자는 여러 유학자들의 학설을 집대성하였으며 끊어졌던 유학의
도통을 접맥시켰다. 이에 『논어집주』를 저술하였으니, 『논어』를 읽는 자
들이 이 책 『논어집주』를 버려둔다면 어찌하겠다는 말인가."[46]

....

43) 王陽明,『王陽明全集』上,「稽山書院尊經閣記」의 註.
44) 朱謙之,『日本的朱子學』, 北京: 人民出版社, 2000, 183-198면.
45) 林羅山,『林羅山文集』卷53,「新版五經白文點本跋」, 619면.

경전에 관한 임라산의 말을 살펴보면, 임라산은 대체로 경전을 지은 이들의 마음과 독자의 마음이 서로 맞닿을 수 있다고 주장한다.

사대(四代)의 책은 성현의 마음을 그려 놓은 것이다. 읽는 이들이 그 마음을 얻으면 천하를 손바닥 위에 올려놓고 보는 것과 같을 것이니, 이것을 일러 '책과 내가 둘이 아니다'라고 하는 것이다.(四代之書者, 聖賢之心畫也. 讀者能得其心, 則其於天下如示掌乎, 謂之書與我不二也耶?)-林羅山, 『林羅山文集』, 「五經大全跋: 書經」

그러면 경전에서 가장 중요한 사상적 의미는 무엇인가? 임라산은 이렇게 말하였다.

만물은 각각 일이 있으며 각각의 일에는 각각의 리(理)가 갖추어져 있으니 리가 곧 심(心)과 성(性)이다. 심과 성은 원래 하나인데, 형체와 기에 구애되고 사욕에 가리어져서 하나가 될 수 없었다. 이 때문에 성인이 『대학』을 저술하여 사람들을 가르쳤으니 심과 리를 둘로 여기지 않도록 하기 위해서였다. 그 후에 가리켜 보여서 "치지(致知)는 격물(格物)에 있다."고 하였으니 격물의 뜻이 크도다! 지금 이정(二程)과 주희(朱熹)를 존숭하고 믿어서 '격물'을 '궁리(窮理)'를 일컫는 것'이라 여긴다면, 거의 틀리지 않을 것이다. 옛사람들은 "다른 도에 나아가는 자는 이단이라고 부른다."고 하였다. 이것에 의거하여 말하자면 이정과 주희의 문으로 가지 않는 이들은 이단의 격물일 뿐이다. 이 문을 따라 들어가면 응당 공자의 문에 이를 것이로다.(萬物各有

---

46) 林羅山, 『林羅山文集』 卷53, 「四書跋: 論語」, 617면. "微程朱, 天下茅塞矣. 朱子集諸儒之大成. 接不傳之遺緒, 於是乎『集注』出焉, 讀『論語』者, 舍『集注』其何以哉?"

事, 每事各具理, 理乃心性也. 心與性, 元一也, 拘於形氣, 蔽於私欲, 不能一之. 是以聖人著『大學』書教人, 欲使其心與理不二. 而後指示曰: '致知在格物', 格物之義, 大矣哉! 今崇信程朱, 乃以格物爲窮理之謂也, 庶乎其不差焉. 古人云, '之他道者, 謂之異端.' 由是言之, 不之程朱之門者, 異端之格物也耶. 從此門而入, 則殆及於孔門宜哉.)-林羅山, 『林羅山文集』, 「四書跋: 論語大學」

임라산은 『대학』을 포함한 대부분의 유가경전은 모두 사람들로 하여금 '마음과 경전의 이치는 둘이 아님'을 가르치는 것이라고 주장한다. 다시 말해서 유가경전의 내적 의미는 심성론에 있다는 것이다. 이처럼 그는 심성론의 관점에서 '경전성'을 정의하였다.

대략 임라산과 동시대에 일본 양명학의 문호를 열어준 사상가 중강등수(中江藤樹)는 33세에 『양명전집』을 읽은 후 양명학에 귀의하였다. 그가 저술한 『옹문답(翁問答)』과 『효경계몽(孝經啓蒙)』 두 책을 보면, 모두 '심법(心法)'으로 경전을 해석할 것을 강조하고 있다. 그가 경전의 해석에 대해 가지고 있는 관점과 주장은 다음의 글에 잘 나타나 있다.

성경(聖經)은 상제가 가르쳐 명한 것이며 사람의 본성을 해석한 것이고 천지인의 신령한 중심이며 만세의 스승이다. 그러나 다만 그 말만 얻고 그 뜻을 얻지 못한다면 높이고 믿는 것이 비록 돈독하고 받아들여 사용함에 비록 힘쓰더라도 고지식한 폐단을 면할 수가 없다. 혹 대략이나마 비록 그 뜻을 얻은 자라 하더라도 온화하고 공손함으로 자신을 비우고 그것을 실천하지 않으면 곧 여섯 가지 폐단과 같은 병폐가 없을 수 없다. 그리고 다만 강습과 토론하는 사이에 사려하기만 하는 자들도 또한 있게 된다. 이런 까닭에 경전을 공부하는 방법은 스스로 비우는 것을 우선으로 삼는다. 이런 뒤에 성경의 주된 뜻을 얻어서 체인(體認)하고 깊이 살펴, 내 마음을 들여다보아야 한다. 그리하여 내 마음이 성경에 합치되면 진실하고 바르게 되어 나의 본심이 될 것이다. 내 마음이 성경에 위배되어 습관이 되고 사악하게 되면 나의 본심이 아닐 것이니, 이렇게 된 뒤에 습관에 의해 젖어든 미혹된 마음이 올 것이다.(聖經者, 上帝之誥命, 人性之注解, 三才之靈樞, 萬世之師範也. 然徒得其辭而不得其意, 則尊信雖篤, 受用雖勉, 而不能免膠柱之弊. 或略雖有得其意者, 不以溫恭自虛窮之, 則不能無六弊等之病. 而又或徒爲講習討論之間思慮者, 亦有之. 是以窮經之法以自虛爲先. 而後當得聖經之主意, 而體認熟察, 而觀吾心. 吾心之合於聖經者, 爲眞爲正, 吾本心也. 吾心之違於聖經者, 爲習爲邪, 非吾本心也. 乃後來染習之迷心也.)-中江藤樹, 『雜著』, 「聖經」

중강등수는 임라산보다도 "경전을 공부하는 방법은 스스로 비우는 것을 우선으로 삼는다."(窮經之法以自虛爲先)는 정신을 더욱 강조하였으며, 만약 경전을 대면하여 공손하고 자아겸허의 마음이 없으면 '어리석음(愚)', '방탕함(蕩)', '해침(賊)', '조급함(絞)', '어지러움(亂)', '뜻만 높음(狂)' 등의 여섯 가지 폐단을 면할 수 없다고 하였다. 이에 중강등수는 해경자(解經者)가 경전을 직면할 때 시시각각 자기를 반성하고 자신의 마음으로 경전의 본의를 탐색해야 된다고 강조하였다.

이상에서 논한 것을 종합해 보면, 우리는 동아시아 유학자들이 대체로 정치학, 형이상학, 심성론 등 세 가지 각도에서 '경전성'을 정의하였다고 말할 수 있다. 그 발전의 단계를 보면 경전의 정치학적 의미가 가장 먼저 인식되었으니, 한대 유학자들은 항상 사회정치 작용의 각도에서 경전을 살펴보았다. 『이아』에서 "전(典)은 경(經)이니, 바로 위엄과 법칙이다."[47)

---

47) 『爾雅』. "典, 經也, 威則也."

라고 하였고, 『석명』에서 "오전(五典). 전(典)은 진정(鎭定)시킨다는 뜻이다. 법교(法教)를 제정해서 상하(上下)를 진정시키는 것이니, 다섯 종류의 차등이 있다."[48]고 하였다. 이처럼 한대의 훈고서에 씌어진 경전에 대한 해석을 보면, 이미 한대 유학자들이 사회정치적 각도에서 경전을 보고자 하는 경향이 드러나 있다.

10세기 이후에 이르러서야 '경전성'은 학자들로부터 형이상학과 심성론의 각도에서 정의되었다. '경전성'의 정의와 의미의 변화는 각기 다른 시대의 사상적 조류와 다른 세대를 살아간 유학자들의 사상적 경향을 드러낼 뿐만 아니라, 또한 예전에 사람들에게서 주목을 받지 못한 많은 저서들, 예컨대 『역경』 같은 책으로 하여금 경전의 지위를 얻게 하였다.

3. 유가 '경전성'의 세 가지 측면과 관계

위에서 언급한 유가경전성의 세 가지 측면에서 우리는 하나의 문제를 생각해 볼 수 있다. 사회정치적 의미와 형이상학적 의미 및 심성론적 의미 중에서, 어느 것이 동아시아 유학자들이 인지한 '경전성'에서 가장 중요한 것인가? 그리고 어떤 측면이 최고의 위치에 놓여 있었는가? 하는 문제이다.

---

48) 『釋名』. "五典. 典, 鎭也, 制教法所以鎭定上下, 差等有五也."

(1) 유가경전의 특징

이 문제를 분석하기 전에 나는 먼저 다음과 같은 관점을 말하고 싶다. 위에서 말한 유가경전의 세 가지 의미는 결코 서로 배척하고 병존할 수 없는 관계는 아니다. 유가경전에서 사회정치론, 형이상학, 심성론의 세 가지 측면은 서로 침투되어 갈라놓을 수 없는 전체를 이루고 있다. 주자가지은 『중용장구』 20장의 한 단락은 이러한 견해를 대표적으로 표현한 문장이다.

애공(哀公)이 정치를 묻자 공자는 다음과 같이 말하였다. "문왕(文王), 무왕(武王)의 정사가 방책(方策)에 펼쳐져 있으니, 그러한 사람이 있으면 그러한 정사가 거행되고, 그러한 사람이 없으면 그러한 정사는 종식됩니다. 사람의 도는 정사에 빠르게 나타나고, 땅의 도는 나무에 빠르게 나타납니다. 정치란 쉽게 자라나는 갈대처럼 그 효험이 즉시 나타납니다. 그러므로 정사를함이 사람에게 달려 있으니, 사람을 취하되 몸으로써 하고, 몸을 닦되 도로써 하고, 도를 닦되 인으로써 해야 합니다. 인은 사람의 몸이니, 어버이를친히 대함이 가장 중요하며, 의는 마땅함이니, 어진 이를 높임이 가장 중요합니다. 친척을 친히 하되 등급을 두고 어진 이를 높이되 등급을 두니, 바로이것이 예가 생겨난 이유입니다. 아래 지위에 있으면서 윗사람에게 신임을얻지 못하면 백성을 다스리지 못할 것입니다. 그러므로 군자는 몸을 닦지않을 수 없으니, 몸을 닦을 것을 생각하면 어버이를 섬기지 않을 수 없고,어버이를 섬길 것을 생각하면 사람을 알지 않을 수 없고, 사람을 알 것을 생각하면 하늘의 이치를 알지 않을 수 없습니다. …… "(哀公問政. 子曰: "文武之政, 布在方策, 其人存, 則其政舉, 其人亡, 則其政息, 人道敏政, 地道敏樹. 夫政也者, 蒲盧也. 故爲政在人, 取人以身, 脩身以道, 脩道以仁. 仁者人也, 親親爲大, 義者

서론

宜也, 尊賢爲大. 親親之殺, 尊賢之等, 禮所生也. 在下位, 不獲乎上, 民不可得而治
矣. 故君子不可以不脩身, 思脩身, 不可以不事親, 思事親, 不可以不知人, 思知人,
不可以不知天. …… ")-朱熹, 『中庸章句』

위의 인용문에서 보듯이 공자는 정치의 근본은 사람에게 있으며, 사람
은 반드시 자신을 다스려 도를 닦아야 하고, 사람을 알려면 반드시 하늘
을 알아야만 한다고 말하였다. 다시 말해 인간 존재의 사회정치적 측면
(政)과 형이상학적 측면(道) 및 심성 수양의 측면(修身), 이 세 가지는 서로
구별되나 갈라놓을 수 없다는 것이다.

16세기 조선의 승려였던 휴정(休靜, 1520-1604)은 『중용』의 성(性), 도
(道), 교(敎) 사이의 관계를 해석하면서 "도(道)는 성(性)으로부터 나오니,
도를 말하고 성을 말하지 않으면 사람들은 도의 본질을 모를 것이다. 도
(道)는 교(敎)로 말미암아 밝아지니, 도를 말하고 교를 말하지 않으면 도의
효능을 모를 것이다. 그러므로 도(道)라는 한 글자는 성(性)과 교(敎)를 포
함하니, 그 근본을 미루어 밝히면 반드시 천명으로 귀속될 것이다."[49]라
고 말하였는데, 이는 유가경전의 세 가지 측면의 연쇄관계를 아주 잘 포
착하였다고 할 수 있다.[50]

유가경전의 이 세 가지 측면이 섞이지 않으면서도 서로 떨어지지 않는
가장 중요한 원인은, 유가경전의 내용이 성인과 제자간에 마음으로 주고
받은 대화의 기록이고 『성경』처럼 인간과 신의 대화의 기록이 아니기 때
문이다. 유가경전에서 경전의 지은이와 대화하는 타자(他者, the other)는

---

49) 休靜, 『三家龜鑑』 卷上, 「儒敎」 (魏常海 主編, 『韓國哲學思想資料選輯』 下册), 北京: 國際文
化出版公司, 2000, 496-497면.
50) 杜維明 著, 錢文忠 等譯, 『道, 學, 政──論儒家知識份子』, 上海: 上海人民出版社,
2000, 1-12면.

신이 아니라 사람이고, 구체적인 역사 환경 속에 존재하는 인간이다. 그의 관심은 세속의 사회정치적인 일들이다. 육상산이 "유학자는 비록 소리도 없고 냄새도 없으며 방향도 없고 형체도 없는 그곳에 이르고자 하나, 모두 세상의 경영을 위주로 하여야 한다."[51]라고 말한 것처럼, 유가경전에는 강렬한 경세(經世) 정신이 넘쳐흐르며, 유가경전의 지은이는 세속의 화식을 먹지 않은 은둔자가 아니고, 나라의 대계와 백성의 살림을 마음에 품고 나라와 백성을 걱정하는 지식인이다.

경세(經世)의 주체는 인간에게 있다. 『중용』 제20장에서 "정치를 하는 것은 사람에게 달려 있으니, 자신으로써 사람을 취하고 도로써 자신을 닦으며 인으로써 도를 닦는다."[52]고 하였으니, 인간은 경세의 출발점이자 종점이다. 유가경전에서 인간은 하늘과 동등한 존재(天人合一)로서의 사람이기에, 우리는 유가경전의 인간과 하늘에 관한 논의를 진일보한 관점에서 연구할 필요가 있다.

먼저 유가경전의 인간은 결코 1차원적 공간의 사람이 아니다. 인간 존재에는 초월적, 우주적인 근원이 있다. 『논어』 「위정(爲政)」 4장에서 공자는 "오십에 천명을 알았다."(五十知天命)라고 진술하였고, 『맹자』 「진심(盡心)」에서 맹자는 "자신의 마음을 아는 자는 자신의 본성을 알고 그 본성을 아는 자는 하늘을 알 것이다."(盡其心者, 知其性也. 知其性, 則知天矣.)라고 하였으니, 이는 모두 인간 존재가 광대(廣大)하고 고명(高明)한 초월성을 지니고 있다는 것에 대해 말한 것이다. 한편 유가경전 가운데 '하늘(天)'은 '자연적 면모를 지닌 하늘'(自然之天), '인격신적인 면모를 지닌 하늘'

---

51) 陸九淵, 『陸九淵集』 卷2, 「與王順伯」, 17면. "儒者雖至於無聲, 無臭, 無方, 無體, 皆主於經世."
52) 『中庸章句』 20장. "爲政在人, 取人以身, 修身以道, 修道以仁."

(人格神之天), '의지를 지닌 하늘'(意志之天)로 분리된 것이 아니다. 위의 세 가지 측면의 부분적인 그림자를 대략 모두 갖추고 있다. 유가경전 가운데 '하늘'과 '인간'은 공생공감하고 상호 침투되어 있다. 아득하여 알 수 없고 높고도 원대한 하늘의 의지는 인간사와 세상의 흥망성쇠 가운데서 그 면모를 엿볼 수 있다. 이에 우리는 유가경전 가운데의 인간은 바로 '천인합일적'(天人合一的, anthropo-cosmic) 면모를 지니고 있으며, 하늘은 본체론적이고도 그 실존적(實存的, onto-existentail) 성격을 가지고 있다고 할 수 있다.

(2) 공자의 '도(道)'에 대한 동아시아 유학자들의 해석

유가경전에는 위에 언급한 특수성이 있지만, 경전의 사회정치적 측면과 형이상학적 측면 및 심성론적 측면이 하나로 종합되기도 한다. 때문에 동아시아 유학자들은 늘 동일한 경전 속에서 다른 의미를 읽어 내곤 하였다. 사상사 혹은 경전해석사에서 서로 다르게 의미를 파악하여 경전을 해석했을 때, 더 좋은 해석이 있을 수 있다. 그러나 철학적 방면에서 본다면 서로 다른 경전 해석은 각기 그 경전의 본질의 일부를 표출한 것이기에, 이 해석이 틀리고 다른 해석이 옳다고 할 수는 없다. 동아시아 유학자들의 『논어』「이인(里仁)」15장의 '나의 도는 하나의 원리로 관통되어 있다'(吾道一以貫之)는 경문에 대한 해석을 예로 들어 설명해 보기로 하자.

유가경전에서 가장 중요한 개념의 하나가 바로 '도(道)'이다. 공자는 일생 동안 도를 동경하고 도를 추구하여 왔다. 때문에 아침에 도를 깨치면 저녁에 흔쾌하게 죽을 수 있다고 하였으니, 도를 구하는 마음의 견고함을 알 만하다. 안자가 이런 공자를 두고 "따르고자 하나 할 수가 없도다."고 탄식은 것은 바로 이 때문이었다. 공자는 "누군들 집을 나갈 때 문을 거치지 않겠는가. 그런데 어찌하여 이 도를 거치려고 하지는 않는가."
[53]라고 하였으며, 또 "도에 뜻을 두고 덕에 의거하며 인에 의지하며 예에
노닌다."[54]라는 말로써 학생을 격려하였다. 그렇다면 공자가 지향하는
'도(道)'의 의미는 어떤 것인가? 공자는 이에 대하여 정의를 내린 것이 드
문데, 두 번 정도 '일이관지(一以貫之)'로 자신이 생각하는 '도(道)'에 대하
여 다음과 같이 묘사하였다.

『논어』 「이인」 15장
공자: "삼(參)아! 나의 도(道)는 하나로써 모든 것을 꿰고 있느니라."
증자(曾子): "예! 알겠습니다."
대화를 마치고 공자께서 나가셨다.
이 대화를 들은 문하생들이 질문하기를: "무슨 뜻입니까?"
증자: "선생님의 도는 충실한 마음가짐(忠)과 이를 미루어 남을 생각하는
자세(恕)로써 모든 일에 일관(一貫)할 뿐이다."(子曰: "參乎! 吾道一以貫之." 曾
子曰: "唯." 子出. 門人問曰: "何謂也?" 曾子曰: "夫子之道, 忠恕而已矣.")

『논어』 「위령공」 3장
공자: "사야! 너는 내가 많이 배우고 그것들을 기억하고 있는 이라고 생각
하느냐?"
자공: "그렇게 생각합니다. 아닙니까?"
공자: "아니다. 나는 하나의 근본원리를 통해 세상사를 꿰뚫고 있느니라."
(子曰: "賜也, 女以予爲多學而識之者與?" 對曰: "然. 非與?" 曰: "非也, 予一以

---

53) 『論語』 「雍也」 17장. "誰能出不由戶, 何莫由斯道也."
54) 『論語』, 「述而」 6장. "志於道, 據於德, 依於仁, 遊於藝."

貫之.")

이 두 구절의 의미에 대하여 유보남(劉寶楠)은 "한대 이후로 정확하게 이해하는 이가 없었다."[55]라고 하였다. 동아시아 유학자들은 '나의 도는 하나로 관통되어 있다'(吾道一以貫之)라는 경문에 대하여 의론이 분분하며 그 견해가 통일되지 못하였다. 청대학술사에서 한대 경학과 송대 경학의 차이점에 대한 문제도 이 '일이관지(一以貫之)'의 함의에 대한 논쟁적 해석에서 살펴볼 수 있다.

이 책에서 공자가 말씀하신 '나의 도는 하나로 관통되어 있다'(吾道一以貫之)에 대해 어느 정도로 탐구하였기에, 여기서는 우선 동아시아 유학자가 공자의 '도(道)'에 대해 제시한 세 가지 다른 독법(讀法)을 간략하게 정리해보고자 한다.

① 사회정치적 독법

그 첫 번째 독법은, 이른바 '일관(一貫)'의 '도(道)'는 바로 '충(忠)', '서(恕)' 등 정치사회적 행위의 규범을 말한다고 주장하는 것이다. 청대 유학자 왕념손(王念孫, 1744-1832), 완원(阮元, 1764-1849), 홍이훤(洪頤煊, 1765-1833) 등은 모두 『이아』「석고(釋詁)」의 "'관(貫)'은 '일(事)'이다."(貫, 事也.)라는 문장과 『광아(廣雅)』의 "'관(貫)'은 행(行)하는 것이다."(貫, 行也.) 라는 문장을 인용하면서, 공자의 도는 사회정치적 행위를 가리켜 한 말이라고 논증하였다. 그런데 일본 유학자 이등인재의 다음과 같은 말은

....

55) 劉寶楠, 『論語正義』上冊, 北京: 中華書局, 1990, 152면. "自漢代以來不得其解."

사회정치적 독법을 대표적으로 보여주는 예라고 할 수 있다.

성인의 도는 인륜과 삼강오상(三綱五常)에 불과하며 사람을 구제하는 것을 크게 여긴다. 그러므로 증자(曾子)는 충서(忠恕)라는 말로 공자의 '일이관지(一以貫之)'의 의미를 밝혀 주었다. 아! 성인의 도를 전하여 후학에게 일러주니 그 뜻이 밝고도 또한 극진하구나. 『논어』 「자로」에서 공자께서는 일찍이 번지가 인을 물은 것에 답하여 "사람을 대할 적에 충성되게 하여야 한다." 고 하였다. 「위령공」에서 자공이 "한 말씀으로써 종신토록 행할 만한 것이 있습니까?" 하고 묻자, 부자께서는 "서(恕)일 것이다."고 말하셨다. 또한 『맹자』 「진심 상」에서 맹자는 "서를 힘써서 행하면 인을 구함이 이보다 가까울 수 없다."고 하였으니, 충서 두 가지는 바로 인을 구하는 지극한 요체이고 성인의 학문의 처음과 끝을 완성시켜 주는 것임을 알 수 있다. 충서가 바로 일이관지이니, 충서로써 일이관지를 풀이한 것은 아니다. 그런데 선유(先儒)들은 "공자의 마음은 혼연(渾然)한 일리(一理)여서 널리 응하고 상세하여 합당하게 한다. 오직 증자만이 이것을 보았으니 배우는 자들이 알 수 있는 것이 아니다. 그러므로 배우는 자들에게 충서의 항목을 빌려 일관의 뜻을 밝힌 것이다."고 하였으니, 어찌 그렇겠는가.(聖人之道, 不過彝倫綱常之間, 而濟人爲大. 故曾子以忠恕發揮夫子一以貫之之旨. 嗚呼! 傳聖人之道而告之後學, 其旨明且盡矣. 夫子嘗答樊遲問仁曰: "與人忠."子貢問曰: "有一言而可以終身行之者乎?"夫子唯曰: "其恕乎."孟子亦曰: "强恕而行. 求仁無近焉."可見忠恕二者, 乃求仁之至要, 而聖學之所成始成終者也. 蓋忠恕所以一貫之道也, 非以忠恕訓一貫也. 先儒以爲, '夫子之心一理渾然, 而泛應曲當. 惟曾子有見於此, 而非學者之所能與知也. 故借學者忠恕之目, 以曉一貫之旨.'豈然乎哉?)－伊藤仁齋, 『論語古義』

이등인재는 '인륜'과 '삼강오상(三綱五常)', 그리고 '사람을 구제하는 것'으로 공자의 '일이관지(一以貫之)'를 해석하였는데, 이는 바로 '도(道)'의 사회정치적 의미를 두고 한 말이다. 때문에 그는 주자가 '리(理)'로써 '도(道)'를 해석하는 것에 반대하였다. 또한 이등인재는 '통(統)'으로 공자의 '일이관지(一以貫之)'의 '관(貫)'을 해석하면서 다음과 같이 말하였다.

관(貫)은 통섭(統攝)이다. 도는 비록 지극히 광대하지만 전일하여 섞이지 않으면 저절로 천하의 선(善)을 극진히 하여 통섭하지 않는 바가 없게 되니 많이 배운다고 얻을 수 있는 것은 아니다. …… 증자는 충서로 공자의 도를 표현할 수 있다고 여겼기에 문인들을 위하여 공자의 일이관지의 뜻을 이와 같이 설명한 것이다. …… 도는 하나일 뿐이다. 비록 오상(五常)과 온갖 행위가 여러 갈래이지만 같은 곳으로 귀결되는 갈라진 길이며 하나에 이르는 백 가지 생각이다. 천하의 지극한 하나는 천하의 모든 선을 모을 수 있다. 그러므로 공자는 '심(心)'이라 말하지 않고 '리(理)'라 말하지 않고, 오직 "나의 도는 하나로 꿰뚫을 수 있다."고 말씀하셨다.(貫. 統也. 言道雖至廣, 然一而不雜, 則自能致天下之善, 而無所不統, 非多學而可能得也. …… 曾子以爲, 忠恕足以盡夫子之道也, 因爲門人述夫子一以貫之之旨如此. …… 夫道一而已矣. 雖五常百行, 至爲多端, 然同歸而殊塗, 一致而百慮. 天下之至一, 可以統天下之萬善. 故夫子不曰, '心', 不曰, '理', 唯曰: '吾道一以貫之也.')-伊藤仁齋, 『論語古義』

이등인재는 사회정치적 범주에 속하는 '충서(忠恕)'의 '도(道)'가 오륜과 모든 행위를 관통하는 것이라 여겼다.

이등인재의 뒤에 태어난 적생조래도 비슷하게 공자의 도를 해석하였다.

공자의 도는 바로 선왕의 도이다. 선왕의 도는 선왕이 백성을 편안하게 하기 위해 세운 것이다. 그러므로 그 도에는 인이 있고, 지혜가 있고, 의로움이 있고, 용기가 있고, 검소함이 있고, 공손함이 있고, 신령함이 있고, 사람이 있고, 자연과 비슷한 것이 있고, 인위적인 면이 있고, 근본이 있고, 지엽적인 것이 있고, 가까운 것이 있고, 먼 것이 있고, 예가 있고, 악이 있고, 군사가 있고, 형벌이 있다. 제도와 운위(云爲)로는 하나로 다 포괄할 수 없고, 어지럽게 뒤섞여 궁구할 수가 없다. 그러므로 명명하여 '문(文)'이라고 한다. 또한 "유학자들의 도는 두루 넓어서 요점이 적다."고 하는데, 그 귀결점을 요약하면, 백성을 편안히 하는 것에 귀착되지 않는 것이 없다.(蓋孔子之道, 卽先王之道也. 先王之道, 先王爲安民立之. 故其道有仁焉者, 有智焉者, 有義焉者, 有勇焉者, 有儉焉者, 有恭焉者, 有神焉者, 有人焉者, 有似自然焉者, 有似僞焉者, 有本焉者, 有末焉者, 有近焉者, 有遠焉者, 有禮焉, 有樂焉, 有兵焉, 有刑焉. 制度云爲, 不可以一盡焉, 紛雜乎不可得而究焉. 故命之曰文. 又曰: "儒者之道. 博而寡要." 然要其所統會, 莫不歸於安民焉者.)-荻生徂徠, 『論語徵』

적생조래는 '백성을 편안하게 하는 것'(安民)으로 공자의 '도'를 해석하였는데, 그가 중요시한 것은 바로 '도'의 '인간적 측면'이며 '도'의 사회정치적 성격이다.

② 형이상학적 독법

'나의 도는 하나로 관통되어 있다'(吾道一以貫之)라는 공자의 말에 대하여 형이상학적으로 이를 해석한 대표적 인물은 바로 주자이다. 주자는 이 구절을 이렇게 해석하였다.

관(貫)은 통(通)함이다. 유(唯)는 대답하기를 빨리 하여 의심이 없는 것이다. 성인(聖人)의 마음은 혼연한 일리(一理)여서 널리 응하고 상세하고 합당하게 하되 작용(用)이 각기 같지 않다. 증자(曾子)는 그 작용(用)하는 곳에 있어서는 이미 일을 따라 정밀히 살피고 힘써 행하였으되, 다만 그 본체(體)가 하나임을 알지 못하였을 뿐이었다. 공자께서는 그가 참(眞)을 많이 쌓고 힘쓰기를 오래해서 장차 터득함이 있을 줄을 아셨다. 이 때문에 불러서 말씀해 주신 것이다. …… 공자의 일리는 혼연하여 널리 응하고 상세하고 합당하니, 비유하자면 천지의 지극한 성실함은 쉼이 없어서 만물이 각각 그 마땅한 바를 얻는 것과 같다. 이것 외에는 참으로 다른 법이 없으니 또한 미루어 기다릴 것이 없다.(貫, 通也. 唯者, 應之速而無疑者也. 聖人之心, 渾然一理, 而泛應曲當, 用各不同. 曾子於其用處, 蓋已隨事精察而力行之, 但未知其體之一爾. 夫子知其眞積力久, 將有所得, 是以呼而告之. …… 夫子之一理渾然而泛應曲當, 譬則天地之至誠無息, 而萬物各得其所也. 自此以外, 固無餘法, 而亦無待於推矣.)-朱熹, 『論語集注』

주자는 '통(通)'으로 '관(貫)'을 해석하고 '일관지도(一貫之道)'를 "성인(聖人)의 마음은 혼연히 일리(一理)여서 널리 응하고 상세하고 합당하게 하되 작용(用)이 각기 같지 않다."고 해석하였다. 이는 분명히 그의 '리일분수(理一分殊)'의 철학으로 공자의 도를 이해한 것이며, 공자의 '도(道)'를 추상적인 '리(理)'로 해석한 것이다. 주자의 이러한 생각은 사서(四書) 전체를 관통하여 채택한 일관된 해석적 입장이다. 예를 들면 『논어』「이인」 8장의, "아침에 도를 깨달으면 저녁에 죽어도 괜찮을 것이다."(子曰: "朝聞道, 夕死可矣.")라는 경문의 구절에 대하여 주자는 "도는 사물의 당연한 이치."(道者, 事物當然之理.)라고 주석을 달았다. 이는 주자가 공자의 '도(道)'를 시간과 공간을 차지하지 않는 형이상학적 원칙인 '리(理)'로 해석하고 있음을 의미한다.

19세기 일본의 양명학자 대염중재(大鹽中齋)도 '일관지학(一貫之學)'에 대하여 형이상학적 의미로 읽는 것을 좋아하였다. 다음의 인용문에서 보듯이 대염중재는 특히 '효(孝)'로써 위로는 추상적인 본체론과 우주론을 관통하는 것을 강조하였고, 아래로는 현상계의 도덕을 관통하고자 하였다.

효(孝)로 모든 선을 꿰뚫을 수 있고 양지(良知)로 효를 꿰뚫을 수 있으며 태허(太虛)로 양지를 통섭할 수 있다.(以孝貫萬善, 以良知貫孝, 以太虛統良知.)-大鹽中齋, 『增補孝經彙註』, 「序」

또 말하였다.

효는 곧 모든 선이고 양지는 곧 효이며 태허는 곧 양지이니 일관(一貫)의 뜻이로다!(孝卽萬善, 良知卽孝, 太虛卽良知, 而一貫之義乎哉!)-大鹽中齋, 『增補孝經彙註』, 「序」

또 말하였다.

나같이 불초한 자는 효를 말하면 반드시 양지가 아니었고 양지를 말하면 반드시 태허가 아니었다. 지리함에서 일관으로 돌아가고자 하고 모든 선을 하나의 본성으로 포괄할 것을 생각하였다.(不肖如予者, 而非講孝則必良知, 非語良知則必太虛. 思欲返支離於一貫, 括衆善於一性也.)-大鹽中齋, 『儒門空虛聚語』, 「附錄引」

위의 인용문에서 알 수 있듯이, 일본의 양명학자들은 대염중재처럼 '효(孝)'를 '태허(太虛)'와 동일시하였으며, 이를 객관초월적 의미를 지닌 '성체(性體)'로 여겼다. 이처럼 경전을 형이상학적 관점에서 읽으면서, '인의예지(仁義禮智)'를 '성체(性體)'로 여기는 송대 유학자들의 형이상학적 관점을 대체하였다. 이는 중국 양명학자가 취하는 '심즉리(心卽理)'의 이념과 서로 통하나, '효(孝)'를 공부와 본체를 관통하는 개념으로 설정한 것은 양명학에서 일찍이 보지 못한 사유이다. 이처럼 일본 양명학자에게서 보이는 '효(孝)'에 형이상학적 의미를 부여하는 사유는 주목할 만하다.

③ 심성론적 독법

공자의 도에 대한 세 번째 해석 유형은 바로 심성론적 독법이다. 이런 해석의 기원은 왕양명에게 있으며, 이를 크게 제창한 이는 근대 유학자 웅십력(熊十力, 1885-1968)이다.

왕양명은 '본체와 작용은 동일한 근원'(體用一源)이라는 개념에서 '본체(體)'로 공자의 '일이관지(一以貫之)'의 '일(一)'을 해석하였는데, 『전습록』을 보면 이런 대화가 있다.

> 국영(國英)이 물었다. "증자는 하루 세 번 반성함을 절실히 하였으나, 아마도 일관하는 때의 공부를 알지 못한 것 같습니다." 선생이 대답하였다. "일관은 공자께서 몸소 증자가 공부하는 요체를 얻지 못했음을 보신 까닭에 일러주어 알게 한 것이다. 배우는 자들이 만일 충서(忠恕)로 공부를 한다면 어찌 일관하지 못하겠는가. 일(一)은 나무의 뿌리와 같고 관(貫)은 나무의 지엽과 같으니, 뿌리를 심지 않으면 어찌 지엽을 얻을 수 있겠는가. 체용(體用)은 한 근원이니 체(體)가 서지 않으면 용(用)이 어디서 생겨나겠는가. 『논어

집주』에서 주자는 '증자(曾子)는 그 작용(用)하는 곳에 있어서는 이미 일을 따라 정밀히 살피고 힘써 행하였으되, 단 그 본체(體)가 하나임을 알지 못하였을 뿐이었다.'라고 하였는데, 이것은 아마도 미진한 듯하다."(國英問: "曾子三省雖切, 恐是未聞一貫時工夫." 先生日: "一貫是夫子自見曾子未得用功之要, 故告知. 學者果能忠恕上用功, 豈不一貫? 一如樹之根本, 貫如樹之枝葉, 未種根, 何枝葉之可得? 體用一源, 體未立, 用安從生! 謂 '曾子於其用處蓋已隨事精察而力行之, 但未知其體之一', 此恐未盡.")-陳榮捷, 『王陽明傳習錄詳注集評』

왕양명은 위의 대화에서 주자의 『논어집주』를 비판하면서, 이른바 '일관(一貫)'은 '본체(本體)'를 가리키는 것이라고 주장하였다. 하지만 이 '본체'의 구체적 함의가 어떤 것인지에 대해서는 명확하게 이야기하지 않았다. 그러나 왕양명의 사상에서 추론해 보면, 이는 당연히 '양지의 본체'(良知之本體)를 가리키는 것이며 상당한 심성론적 의미를 가지고 있다. 나의 이러한 추론은 왕양명 본인의 인정을 받을 수 있으리라 확신한다. 왕양명은 「답고동교서(答顧東橋書)」에서 다음과 같이 말하였다.

『논어』 「위령공」에서 공자가 자공에게 말하였다. "사(賜)야, 너는 내가 많이 배우고 그것을 기억하는 자라고 여기느냐? 아니다. 나는 하나의 이치로 모든 사물을 꿰뚫었다." 만약에 참으로 많이 배우고 기억하는 데 달려 있는 것이라면, 공자께서 어찌 거짓으로 이런 말씀을 하여 자공을 속였겠는가. 일이관지는 치양지(致良知)가 아니고 무엇이겠는가. 『역경』에서 "군자는 옛 성현(聖賢)들의 말씀과 지나간 행실을 많이 알아 덕(德)을 쌓는다."고 하였으니, 덕을 쌓는 것을 마음으로 삼는다면 곧 옛 성현들의 말씀과 지나간 행실을 많이 아는 것이 어느 것인들 덕을 쌓는 일이 아니겠는가. 이것이 바로 지행합일(知行合一)의 공부이다. 옛것을 좋아하고 부지런히 구하는 것은 옛

62

사람의 배움을 좋아하여 이 마음의 이치를 부지런히 구하는 것일 뿐이다. 마음이 곧 이치이니, 배운다는 것은 이 마음을 배우는 것이고, 구한다는 것은 이 마음을 구하는 것이다.(夫子謂子貢曰: "賜也, 汝以予爲多學而識之者歟? 非也. 子一以貫之." 使誠在於多學而識, 則夫子胡乃謬爲是說以欺子貢者邪? 一以貫之, 非致其良知而何? 『易』曰: "君子多識前言往行, 以畜其德." 夫以畜其德爲心, 則凡多識前言往行者, 孰非畜德之事? 此正知行合一之功矣. 好古敏求者, 好古人之學而敏求此心之理耳. 心卽理也, 學者, 學此心也, 求者, 求此心也.)-陳榮捷, 『王陽明傳習録詳註集評』

왕양명은 '치양지(致良知)'로 공자의 '일이관지(一以貫之)'를 해석하였는데, 이는 분명히 심성론으로부터 착안한 것이다. 20세기에 이르러 웅십력(熊十力)은 이러한 해석 방향에 대하여 크게 공감하면서 다음과 같이 말하였다.

여기서 '하나(一)'라고 한 것은 바로 본심을 말한 것이다. 『맹자』 「고자 상」에서 맹자가 "학문하는 방법은 다른 것이 없다. 그 방심(放心)을 찾는 것일 뿐이다."라고 하였는데 이 '심(心)'자도 또한 '본심'을 가리킨다. 사람은 모두 '본심'이 있으나 스스로 인식하지 못하면 곧 그 마음을 놓아서 잃어버리게 되어 장차 사의(私意)와 사욕(私欲)이 안에서 주인이 되도록 내버려 두게 된다. 일체의 보고 듣는 것이 의욕(意欲)의 사사로움이 아닌 것이 없고, 분별이 망령되이 생겨나고 집착이 망령되이 일어나니, 무엇인들 가려지고 막히지 않겠는가. 만약 본심이 드러난다면 곧 일체의 문견지지(聞見之知)는 모두 이 본심의 드러난 작용일 것이다. 그러므로 이 마음을 얻는 것이 바로 '일이관지'이다.(此云 '一'者, 正謂本心耳. 孟子云: "學問之道無他, 求其放心而已"者, 此 '心'字, 亦指 '本心'. 人皆有 '本心', 而不自識, 卽其心便放失, 將任私意私

欲作主於內, 而一切聞見, 莫非意欲之私, 妄生分別, 妄起執著, 云何而非蔽塞. 若本心呈露, 即一切聞見之知, 皆是本心發用, 故得此心者, 便 '一以貫之'.)-熊十力, 『讀經示要』

웅십력은 '본심(本心)'으로 '일이관지(一以貫之)'의 '일(一)'을 해석하고, '문견지지(聞見之知)'로 '일이관지(一以貫之)'의 '지(之)'를 해석하였다. 그리고 공자의 '일이관지(一以貫之)'의 '도(道)'의 함의를 주자학에서 본 형이상학적 이치인 '천도(天道)'에서 인간사로 돌려놓았는데, 여기에서 심성론적 의미를 부여하여 인간이 인간답게 살아가는 데 필요한 '인도(人道)'라고 규정하였다.

이상에서 논한 논지를 종합해 보기로 하겠다. 동아시아 유학자들은 "나의 도는 하나로 관통되어 있다."(吾道一以貫之)라는 공자의 말에 대하여, 사회정치적, 형이상학적, 심성론적 해석을 하였다. 동아시아 유학의 해석사에서 유학자들은 이러한 세 종류의 해석을 모두 운용하여 경전에 대한 새로운 해석을 하였다. 이 세 종류의 해석 방향은 모두 경전의 한 면에 대하여 깊이 체득한 결과로서, 동아시아 유학사의 맥락에서 정의한 '경전성'과 서로 호응한다. 우리는 이 책의 뒷장에서 일본 유학자들의 '오도일이관지(吾道一以貫之)'에 대한 해석에 관하여 더욱 깊은 고찰을 하게 될 것이다.

4. 결론

이상에서 우리는 동아시아 유학사의 전개에서 유가의 '경전성'을 구성하는 중요 요소를 규명하여 밝혔다. 그리고 제2절에서 유가 '경전성'의 세 가지 중요한 측면, 즉 사회정치적 측면, 형이상학적 측면, 심성론적 측면

서론

에서의 의미를 지적하였으며, 제3절에서는 유가의 '경전성'이 세 가지 측면에서 정의되고 해석되는 양상을 지적하였다.

그렇다면 지금 묻고 싶은 것은, 유가의 '경전성'의 세 가지 측면 사이에 어떻게 그 경계를 명백히 구분할 것인가? 하는 점이다. 이 문제에 대하여 깊이 연구할 가치가 있는데, 이른바 '경전성'은 후대의 경전 해석자들이 경전의 성격을 규정하고 아울러 그 위상을 정립한 것이기 때문이다. 이 글에서 충분하게 논의하였듯이 '경전성'을 획득하는 관건은 후대의 해석자에 있다는 점이다. 그러나 후대의 경전 해석자야말로 '경전성'을 구축하는 중요한 동력이라고 한다면 '경전성'의 경계를 확정하는 것은 지극히 복잡한 문제가 될 것이다.

'경전성'의 경계가 복잡하여 확정하기 어려운 데는 그 원인이 잡다하지만, 다음의 두 가지 원인이 가장 중요하다.

첫째, 유가경전에 들어 있는 '도(道)'는 보편성을 가지고 있다. 웅십력이 "경(經)은 영원불변의 도이다. …… 인간과 사물을 관통하며, 사해에 이르고, 천지에 가득 차 있으며, 고금에 걸쳐 있고, 갖추어지지 않은 것이 없으며, 같지 않은 것도 없고, 변하는 것도 없다. 때문에 영원불변의 항상적인 도인 것이다."[56]라고 말한 것처럼, 유가경전에 들어있는 '도(道)'의 보편성은 중국과 오랑캐의 경계를 초월하여 존재하는 것이다. 이에 대하여 일본의 양명학자 좌등일재(佐藤一齋, 1772-1859)는 다음과 같이 말하였다. "아득한 우주에 이 도(道)만이 관통하고 있다. 사람의 입장에서 보면 중국과 오랑캐의 구분이 있지만, 하늘의 입장에서 본다면 중국도 없고 오랑캐도 없다."[57] 유가경전에서 이렇게 남과 나, 옛날과 오늘, 중국과

----

56) 熊十力,『讀經示要』권2. "經, 常道也. …… 通人物, 達四海, 塞田地, 互古今, 無有乎弗具, 無有乎弗同, 無有乎或變者也. 是常道也."

오랑캐의 경계를 초월하여 깊은 보편성을 지니고 있는 '도(道)'는 사람이면 누구든지 추구하여 그것을 얻을 수 있고, 그것에 편안할 수 있으며, 그것을 즐길 수 있고, 그것에 춤추고 그것을 실천할 수 있다.

둘째, 동아시아 유학자들의 경을 해석하는 방식은 경을 해석하는 자의 마음과 경전의 저자의 마음이 부합되는 것을 상당히 강조한다. 육상산은 "마음은 하나의 마음일 뿐이다. 나의 마음은 내 친구의 마음이며, 위로는 천수백 년 전의 성현의 마음이고, 아래로 천수백 년 뒤에도 이와 같은 성현의 마음일 뿐이다. 마음의 본체는 매우 크니, 만약 나의 마음을 다할 수 있다면 바로 하늘과 같아질 것이다."[58]고 하였다. 그리고 장재(張載, 1020-1027)는 심지어 '마음으로 해석'(心解)하는 방식으로 경을 해석할 것을 주장하며, 다음과 같이 말하였다. "마음으로 해석하면 의미가 저절로 밝아질 것이니, 글자마다 고찰할 필요가 없다. 비유하자면 눈이 밝은 자는 만물이 눈앞에 어지러이 있더라도 방해받지 않으며, 눈이 어두운 자는 비록 앞에 마른 나무나 썩은 그루터기가 있더라도 모두 가시밭길처럼 되는 것과 같다."[59] 한편 좌등일재도 마음으로 경을 해석할 것을 강조하며 "경서의 문자는 문자의 주석으로 밝혀내면 된다. 경서의 의미는 마땅히 내 마음을 투영시켜야지 문자에 집착해서는 안 된다."[60]고 하였다. 또 그는 "경을 공부할 때는 반드시 이 마음에서 그 의미를 찾아야 하고

---

57) 佐藤一齋, 『言志錄』, 227면. "茫茫宇宙, 此道只是一貫. 從人視之, 有中國, 有夷狄. 從天視之, 無中國, 無夷狄."

58) 陸九淵, 『陸九淵集』卷2, 「語錄下」, 444면. "心只是一箇心, 某之心, 吾友之心, 上而千百載聖賢之心, 下而千百載復有一聖賢, 其心亦只如此. 心之體甚大, 若能盡我之心, 便與天同."

59) 張載, 『張載集』, 「經學理窟」, 「義理」, 276면. "心解則求義自明, 不必字字相校. 譬之目明者, 萬物紛錯於前, 不足爲害, 若目昏者, 雖枯木朽株, 皆足爲梗."

60) 佐藤一齋, 『言志錄』, 234면 第235條. "經書文字, 以文字注明之可也. 意味則當以我心透入得之, 畢竟不能著文字."

서론

이 마음에서 증명해 내어야만 한다. 만약 헛되이 문자에서만 의미를 찾고 증명해 나가고자 한다면 곧바로 그곳에서 멈추게 될 것이니, 매우 잘못되었도다."[61]라고 하였다. 동아시아 유학자가 제창한 이렇게 경을 해석하는 방법은 자유로운 해경 정신으로 가득 차 있다. 그리고 그들 해석자 개인의 구체적이고 특수한 상황이 다르기에 경전에 대해 다른 해석을 제기한 것이다. 진소영(陳昭瑛)은 최근에 전통 유가의 '경(經)'과 '권(權)'의 개념을 경전의 해석에 응용하면서 다음과 같이 말하였다.[62]

경전 해석의 맥락에서 보자면, 우리들은 경(經)과 권(權)의 관계에서 '경'은 경전의 본문에서 유일함(一), 또는 근원(原)에 해당된다고 말할 수 있다. 이것은 일체의 변화를 가능하게 하는 근거이다. 그리고 경(經)과 권(權)의 관계에서의 '권(權)'은 곧 위에서 인용한 문장 가운데의 '변화에 응한다'(應變), '변화를 극진하게 한다'(盡變), '만 가지 다른 형태를 지닌다'(持萬)는 것이니, 바로 경전의 본문에 대한 각종의 해석이 이에 해당된다고 할 수 있다.

만약 경전 본문이 '유일한 것'(一)이라면, 경전에 대한 해석은 바로 '변화에 응한다'(應變), '변화를 극진하게 한다'(盡變)는 것이다. 이런 의미에서 경전 해석의 행위는 "항상적인 것을 본체로 삼아 변화를 극진하게 한다."(體常而盡變)[63]는 것으로 일종의 사상을 창조하는 행위라 할 것이다.

....

61) 佐藤一齋, 『言志錄』, 234면 第236條. "窮經須要考據於此心, 引證於此心. 如徒就文字上考據引證, 輒謂窮經止此, 則陋甚."
62) 陳昭瑛, 「先秦儒家與經典詮釋問題」, 12-13면.
63) 馬一浮, 『復性書院講錄』 卷1, 臺北: 廣文書局, 1971, 「讀書法」, 18면.

권도와 변화의 측면에서 발생하는 다양한 경전 해석에서, 어떻게 '경전성'을 확립할 것인가? 더욱 구체적으로 말해서 이상에서 제기된 경전에서의 '도(道)'는 보편적 성격을 가지고 있으며, 사람은 누구든지 도를 알 수 있고 도를 믿을 수 있으며 도를 즐길 수 있다. 이러한 보편적 도를 지닌 경전과 경전을 해석하는 자의 '마음의 이해'(心解)에 호소하는 해석 방법의 교차점에서, 경전해석은 '권도와 변화'(權變)의 정신으로 가득 차 있게 된다. 그리하여 유가경전의 '경전성'은 고도의 '다변성'을 가지게 된다. 이렇게 되면 '경전성'의 경계를 어떻게 확정할 수 있을 것인가?

'경전성(經典性)'의 경계 문제에 대하여, 비교적 낙관하는 사람들은 아마도 옛 성인과 현인들의 언행으로 경계선을 정하는 표준으로 삼고자 할 것이다. 서한(西漢) 말년의 양웅(揚雄)이 편찬한 『법언(法言)』에는 다음과 같은 대화가 실려 있다.

> 어떤 사람이 도(道)에 대해 묻자 다음과 같이 대답하였다. "도는 통함이니 통하지 않는 것이 없다." 어떤 사람이 묻기를 "다른 것을 따라도 됩니까?" 라고 하자, 다음과 같이 대답하였다. "요, 순, 문왕을 따르는 것이 바른 도가 되고, 요, 순, 문왕이 아니면 다른 도가 된다. 군자는 바른 것으로 하지 다른 것으로 하지 않는다."(或問 "道." 曰: "道也者, 通也, 無不通也." 或曰: "可以適它與?" 曰: "適堯, 舜, 文王者爲正道, 非堯, 舜, 文王者爲它道, 君子正而不它.")-汪榮寶, 『法言義疏』, 「問道」

양웅은 요(堯), 순(舜), 문왕(文王)의 언행을 유가경전의 정통적 경계선을 확정하는 표준으로 삼을 것을 주장하였다. 『법언』의 주석서를 저술한 왕영보(汪榮寶, ?-1933)는 양웅의 생각을 확대하여, "공자가 『춘추』를 저술하여 제자들에게 구술하여 전수하였는데, 그 요점은 요(堯), 순(舜)을 본받고, 문왕(文王)을 조술하는 것이었다. …… 그런데 쇠퇴한 주나라 말엽에 여러 제자백가들 중, 농가(農家)는 신농씨의 말을, 도가(道家)는 황제의 말을, 묵가는 하후씨의 말을 진리로 여겼다. 이들은 요(堯), 순(舜), 문왕(文王)을 버리고 옛 성인에 의탁하여 별도로 종지를 확립하였다. 이들이야말로 동중서가 말한 육경을 준수하고 공자의 도를 따르는 자들이 아니니, 바로 양자운이 말한 '다른 도'인 것이다."[64]라고 말하였다. 왕영보의 이러한 해설은 좋은 해석이라고 할 수 있다. 하지만 왕영보는 '경전성'의 다변적 특징에 대한 의혹을 완전히 제거하지 못하였다. 때문에 공자가 '요순을 본받고 문왕을 조술'하고자 한 뜻은 여전히 후대의 경전해석자들의 '마음의 이해'(心解)를 기다린 뒤에야 읽어 낼 수 있었다. 그런데 경전을 해석하는 자들의 마음은 지극한 자유성과 동적 유동성을 가지고 있는데, 이를 사마광(司馬光, 1019-1086)은 다음과 같이 형상화하였다. "마음은 움직이는 물건이다. 숨 한 번 쉴 사이에 하늘로 올랐다가 연못으로도 가라앉으며 사해를 두루 다니기도 하니, 참으로 제자리에만 서 있는 목석(木石)이 아니다."[65] 사마광의 말처럼 경을 해석하는 자들의 마음은 한순간에 하늘로 오르고 깊은 물속으로도 가라앉을 수 있기에 경전의 '경전성'은 필연코 다변성을 지닐 수밖에 없다. 이러한 다변성은 바로 경전에 내포된 '도'의 보편성과 경전 해석자들의 마음의 동적 유동성에 깊이 뿌리박혀 있는 것이다.

---

64) 汪榮寶, 『法言義疏』, 「問道」 제4, 109-110면. "孔子作『春秋』, 口授弟子, 大要在乎法堯, 舜, 迷文王. …… 自餘衰周諸子, 若農家者流爲神農之言, 道家者流爲黃帝之言, 墨家者流爲夏后氏之言, 捨堯, 舜, 文王而依託古聖, 別立宗旨, 則董生所謂非六藝之科, 孔子之術者, 皆子雲所謂它道也."

65) 司馬光, 『司馬文正公傳家集』, 「答韓秉國書」, 766-768면. "夫心, 動物也. 一息之間, 升天沉淵, 周流四海, 固不肯兀然如木石也."

이러한 각도에서 보면 우리는 아마도 유가경전의 '경전성'의 그 많은 내포 사이에 명확한 경계선이 없다고 말할 수 있을 것이다. 때문에 '경전성'의 경계선의 상상성(想像性)과 인위적 성분은 실로 경전의 실체성의 성분보다 크다고도 할 수 있다. 그러므로 유가경전이 동으로 일본에 전해진 후, 그 '경전성'이 일본 유학자들에 의해 다시 정의되었을 뿐만 아니라 경전의 내면적 의미에 대해서도 새로운 해석이 가해지게 되었다.

2장

경전 해석에서 본래적 의미의 변환

1. 머리말

유가경전은 동아시아 근세 유학사 발전의 원점이었으니, 10세기 이후 중국과 조선 및 일본 등지의 유학자들이 문제를 사고할 때 대부분 『논어』, 『맹자』, 『대학』, 『중용』 등의 경전에서 출발하였다. 『논어』에서 공자가 말한 '학(學)', '도(道)', '천명(天命)'과 『맹자』의 '사단(四端)', 그리고 『예기』 「예운(禮運)」편의 '칠정(七情)'의 '이발(已發)'과 '미발(未發)'의 문제 등은 모두 중국, 일본, 한국 유학자들의 사유체계의 중심 문제였다. 동아시아 유학자들은 유가경전 해석의 경로를 통하여 자신의 사상체계를 구축하였다. 이런 의미에서 유가의 경전에 대한 동아시아 유학자들의 해석은 바로 동아시아 근세 유학 발전의 내재적 동력이었다.

유가경전이 동으로 일본과 한국 등 동아시아문화권에 전해진 후, 이들 나라는 각기 다른 문화풍토와 사회적 환경 속에서 이를 받아들였다. 그런데 조선과 일본의 경전 해석자는 다양한 문화적인 상황에도 불구하고 중국 유가경전을 조화롭게 수용하였다. 그리하여 유가경전의 가치체계가 일본과 조선의 사상과 문화 풍토에 더욱 잘 적응하게 하여, 자국 사

72

람들이 광범위하게 납득하도록 하였다. 16세기 조선 주자학의 대가인 퇴계 이황(李滉)은 수십 년의 세월에 걸쳐 『주자서절요(朱子書節要)』를 편찬하고서는 "지금 조선에서 수백 년 뒤에 태어났으니, 주자의 글을 읽고자 하면서 그 번거로운 내용을 덜어내고 그 핵심적인 내용을 요약하지 않는다면, 어찌 그 본질을 볼 수 있겠는가."[1]라고 하였다. 퇴계는 중국과 조선의 풍토와 인정이 다르고, 시간도 주자 때에 비해 350여 년이 흘렀으니, 지금 조선에서 주자의 저술을 읽으려 한다면 반드시 '번거로운 내용을 덜어 내고 핵심적 내용을 요약'(損約)해야 한다고 강조하였다. 퇴계의 이 말은 유가의 경전이 동으로 전해진 뒤 일본과 조선의 유학자들이 반드시 경전에 대한 재해석의 절차를 거쳤음을 단적으로 보여주는 것이다.

그런데 우리가 먼저 지적해야 할 것은, 유가적 가치의 실현은 중국, 일본, 조선에서 각기 다른 성질과 의미를 지니고 있다는 점이다. 중국의 유학자는 송대 이후 사회와 정치에서 중요한 역할을 하였다. 그들은 과거시험을 통하여 조정에서 벼슬을 하고 사대부가 되었으며, 은퇴 후에는 지방의 향신(鄕紳)이 되었다. 조선의 유가 지식층은 점차 강성해져서 세습적인 양반계급이 되었으며, 16세기 이후에는 주자학이 그 사상의 주류가 되었다. 그들의 학술적 논쟁인 사칠논쟁(四七論爭)[2]은 양반의 지위와 조선의 국내 및 대외정책에 모두 영향을 미쳤다. 그런데 상대적으로 덕천시대 일본 문화는 다양성 위에 유학의 많은 학파가 동시에 병립하였고, 한 문하에서도 여러 사람의 학설을 동시에 받아들였다. 덕천시

---

1) 李滉, 『陶山全書』 3, 「朱子書節要序」, 259면. "況今生於海東數百載之後, 又安可蘄見於彼, 而不爲之稍加損約, 以爲用工之地."

2) 조선 유학자들의 '四七' 논쟁의 철학적 분석에 관해서는, 李明輝의 『四端與七情-關於道德情感的比較哲學探討』, 臺北: 臺大出版中心, 2005 참고.

대 중기 이후 많은 유학자들이 유가경전의 정치(精緻)한 문제에 대하여 논쟁을 멈추지 않았다.[3] 일본의 유학자는 어느 특정한 의식 형태를 기초로 하는 정권하에서 태어난 것이 아니었다.[4] 그들은 기본적으로 한학을 전공하는 한학자였지 결코 중국과 한국처럼 학문과 정치를 병행하는 의미에서 정의되는 유학자는 아니었다.[5] 그들은 다원성과 다양성을 지닌 가운데 덕천시대에 흡사 합주곡을 연주하듯이 여러 학설을 내세웠다.

중국과 일본의 유학발전사에서 볼 때, 일본의 유학자들이 유가경전을 재해석하여 일본의 사상 풍토에 적응시키는 방법은 매우 다양하였다. 그중에 비교적 흔한 방법은 중국과 일본의 정치와 사상의 맥락 사이에서 '본래적 의미의 변환'(脈絡性轉換)이라고 불릴 수 있는 작업을 수행하는 것이었다. 이른바 '본래적 의미의 변환'(脈絡性轉換)은 중국의 여러 유가경전 중에서 원래적 개념 혹은 가치관을 일본 문화 또는 사상가의 사상 체계의 맥락 속에서 새롭게 해석하는 것이다. 이처럼 다양한 문화에서 그 본래적 의미의 변환 작업은 동아시아 세계의 정치질서(특히 화이질서)와 정치사상(특히 군신관계)의 맥락에 관련되는 점이 많았다. 그리고 다양한 문화에 따른 다채로운 경전 해석을 야기시켰는데, 이는 우리들이 중시할 만한 가치가 있다.

....

3) 阿部吉雄, 「日本朱子學と朝鮮」, 東京: 東京大學出版會, 1965, 557–558면.

4) Herman Ooms, *Tokugawa Ideology: Early Constructs, 1570–1680*(日譯本: ヘルマソ オームス, 黑住眞ほか譯, 『德川イデオロギ』), 東京: ぺりかん社, 1990.

5) Hiroshi Watababe, "Jusha, Literati and Yangban: Confucianists in Japan, ChinaandKorea," in Tadao Umesao, Catherine C. Lewisand YasuyukiKurita, eds., *Japanese Civilizationin Modern World V: Culturedness*(SenriEthnologicalStudies28)(Osaka: National Museum of Ethnology, 1990), pp. 13–30; 渡邊浩, 「儒者 讀書人 兩班──儒學的 "敎養人"の存在形態」, 「東アヅアの王權と思想」, 東京: 東京大學出版會, 1997, 115–141면.

이러한 다양한 문화에 내재된 경전 해석의 '본래적 의미의 변환'(脈絡性轉換)과 관련된 문제를 탐구하기 위하여 이 글에서는 먼저 유가경전의 몇 가지 개념을 예로 들어서 개념의 형성 및 그 문화적 토양을 설명하고자 한다. 그리고 나서 유가경전의 여러 개념이 그 문화적 특색에서 비롯되었고 따라서 이러한 개념들의 생성은 그 문화적 배경에 의해 제약받고 있음을 지적하고자 한다. 제3절에서는 다양한 문화 속으로 사상이 전파되는 과정에서 타국의 사상가들이 행한 '본래적 의미의 변환'(脈絡性轉換) 작업의 두 가지 타입과 의미를 구분할 것이다. 마지막으로 제4절에서는 다양한 문화적 풍토에서 '본래적 의미의 변환'(脈絡性轉換)과 여기에 나타난 경전 해석의 문제를 탐구하기로 하겠다.

2. 경전 용어의 개념 형성 및 그 본래적 의미

유가경전 속에 나타나는 중요한 개념, 예를 들면 '중국(中國)', '도(道)', '왕도(王道)' 등은 모두 특정한 중국의 역사적 배경에서 배태되고 형성된 것이다. 때문에 이러한 개념들은 모두 중국 역사의 특색에 상당하는 본래적 의미를 지니고 있다. 중국 정치사의 수많은 개념의 형성과 발전은 특정한 시간적, 공간적 배경과 역사적 맥락을 가지고 있으며, 유가경전에 들어 있는 용어들의 허다한 개념도 마찬가지이다. 경전 속에서 흔히 보이는 '중국(中國)'이란 용어로 이를 설명해 보기로 하자.

'중국'이란 명사와 근사한 개념은 상(商)나라에서 기원하였는데, 일찍이 갑골문인 복사(卜辭)에서 찾아볼 수 있다. 갑골문에 '오방(五方)'의 설이 있는데, 그 중 '중상(中商)'이란 단어가 바로 '중국'이란 단어의 근원이다.[6] 상(商)나라의 예제(禮制)와 건축은 제왕의 통치권위를 상징하고 상나라 사람들의 중앙과 사방에 대한 방위 관념은 이후 중국 천하관의 기초가 되었다.[7] 왕이민(王爾敏, 1927-)은 선진(先秦)시대의 전적 53종에서 '중국'이란 단어가 나타난 28종을 상세하게 조사하고서, 선진시대의 전적에 보이는 '중국'의 개념에 다섯 가지 다른 함의가 있다고 하였다. 그는 이에 대하여 "'중국'이란 단어에 대한 다섯 종류의 개념 중에서 가장 자주 등장하는 것은 바로 중국의 영토를 가리키는 것으로, 모두 세 종류에 83%를 차지하고 있다. 그 다음은 국경의 안을 가리키는 것으로 10%를 점유하고 있다. 또 그 다음으로 수도를 가리키는 것으로 5%를 차지하고 있다. 여기에서 우리는 진한의 통일 이전에 '중국'이라는 단어의 정의가 매우 명확하였음을 알 수 있다. 즉 그 의미는 중국의 여러 나라를 가리키는 것이며, 아울러 이들이 활동하는 전 영역을 포괄하는 것이었다. 때문에 이 '중국'이란 단어의 실제적 의미는 민족 문화의 통일적 관념을 충분히 보여주고 있다."[8]라고 지적하였다. 이 말은 '중국'이란 단어는 문화적, 정치적 함의를 동시에 갖고 있다는 의미이다.

중국의 선진시대의 전적(특히 유가경전)에서 본 '중국'의 개념은, 고대 중국의 황제 지배를 특징으로 삼으면서 중국을 동아시아 역사 세계의 강력한 권위를 지닌 정치 배경으로 여기는 과정에서 발생하고 발전하였다.[9] 이런 특수한 역사 배경은 고대 중국 문화의 '정치유아론'(政治唯我論,

6) 胡厚宣, 「論五方觀念與中國稱謂之起源」, 『甲骨學商史論叢』 2책, 成都: 齊魯大學國學研究所, 1944.

7) 邢義田, 「天下一家——傳統中國天下觀的形成」, 『秦漢史論稿』, 臺北東大圖書公司, 1987, 3-41면.

8) 王爾敏, 「中國名稱溯源及其近代詮釋」, 『中國近代思想史論』, 臺北: 印刷本, 1977, 441-480면. 고대 중국의 '中國' 개념에 관해서는, Michael Loewe, "The Heritage Left to the Empires," in Michael Loewe, Edward I. Shaughnessy eds., *The Cambridge History of Ancient China, From the Origins of Civilization to221B.C.* (Cambridge: Cambridge University Press, 1999), pp. 992-995, 참고.

서론

political solipsism)[10] 혹은 '중화중심주의'(中華中心主義, Sinocentrism)[11] 혹은 '중국을 중심으로 하는 세계질서관'(Sinocentric world order)[12]을 형성하게 하였다. '중국'이란 단어와 그 개념은 바로 위에서 말한 문화의 맥락에서 형성되고 발전한 것이다. 선진시대 유가경전의 '중국'이란 명사는 결코 추상적이고 보편적인 개념으로서 중국 경전의 저자 혹은 편찬자에 의해 이해되고 언급된 것이 아니다. 이와는 반대로 '중국'이란 단어는 고대 유가경전의 저자 및 그 해독자 사이에서 하나의 구체적이고 특수한 의미를 지니고 있으며 또한 중국적 문화의 특색을 가지고 있는 개념이었다. 그리고 특수한 중국 문화의 가치를 간직하고 있는 개념이었다.

'중국'이란 단어는 중국의 전통 경전에서 대체로 세 가지 주요한 의미를 지닌다. 첫 번째는 지리적 의미의 중국이고, 두 번째는 정치적 범위의 중국이며, 세 번째는 문화적 세계로서의 중국이다. 지리적 의미에서 보면, 중국은 세계의 중심이고 중국 이외의 동서남북 사방은 변방이다. 정치적 의미에서 볼 때, 중국은 왕의 정치가 시행되는 구역이다. 『상서』「요전」을 보면 요순이 즉위한 이후 중국의 사방 변경을 시찰하였는데, 중국 이외의 구역은 왕도 정치의 밖에 있는 흉악하고 완악한 자들이 기거하는 곳이라고 기록하였다. 이 때문에 『상서』「요전」에서 순임금이 사흉을 사방으로 유배 보내었다고 말하였으며, 『시경』「항백(巷伯)」에서는

---

9) 堀敏一,「古代アジア國際關係をめぐる若干の問題――史學會のシンポジウムを聽いて」,『歷史學研究』286號, 1964, 東京, 42면; 堀敏一,「近代以前の東アジア世界」,『歷史學研究』281號, 14-17면.

10) 蕭公權,『中國政治思想史』(上), 10-16면, 臺北: 聯經出版事業公司, 1981, 註54.

11) John K. Fairbank ed., *The Chinese World Order*, Cambridge, Mass: Harvard University Press, 1968, p. 1.

12) Lien-sheng Yang, *Historical Notes on the Chinese World Order*, in Faribank ed., op.cit., p. 20.

완악하고 흉학한 자들을 "북방의 불모지에 던져 주리라."라고 하였다. 『대학』에서도 "어진 임금만이 그들을 추방하여 사방 오랑캐 나라로 쫓아 버려서 중국에 살지 못하게 한다."고 하였다. 이러한 구절들을 문화적 의미에서 분석해 보면, 중국은 문명세계이고 중국 이외의 지역은 미개한 지역이다. 때문에 남쪽 오랑캐(蠻), 동쪽 오랑캐(夷), 서쪽 오랑캐(戎), 북쪽 오랑캐(狄) 등과 같은 경시적인 단어로 불려진 것이다. 물론 동아시아 역사의 진전 속에서, 중국이 자신을 '중심'으로 보는 자아 중심적 의식은 주변국의 의심과 도전을 받았다. 예컨대 베트남과 동투르키스탄과 같은 나라들의 중국에 대한 관념은 중국의 자아 중심적 의식과 상당히 다르다.[13]

위에서 말한 '중국'이란 단어가 고전에서 특수한 역사적 본래적 의미를 가지고 있듯이 여타의 유가경전의 중요한 개념, 예를 들어 '심(心)', '기(氣)', '형(形)', '리(理)', '도(道)', '천(天)', '천명(天命)', '성(性)' 등은 모두 선명한 중국 문화적 특성을 지니고 있다. 그러므로 이러한 개념에는 중국 문화의 특색을 지닌 가치관이 실려 있으며, 또한 이런 개념들은 다양한 중국 사상가들의 사상 맥락에서 특정한 맥락성과 구체적 함의를 지니고 있다.

---

13) 『中國——社會と國家』第9號, 共通テーマ「周緣から見た中國世界——他者への視線 他者から視線」, 東京: 中國社會文化學會, 1994, 2-67면.

3. 문화와 사상의 전파 과정에서의 '본래적 의미의 변환' (脈絡性轉換): 유형과 함의

(1) 문화적 고향과 정치적 타향

위에서 말한 유가경전에 나타난 개념, 예컨대 '중국'과 같은 명사 혹은 개념은 일단 중국 문화권의 확대에 따라 주변 나라로 확산되고 전파되면, 다양하고 복잡한 사상 전파의 문제를 일으키게 된다. 중국 주변 각국의 유학자들은 유가경전을 송독하고 공맹의 정신적 고향을 마음속으로 흠모하고 있으니, 유가경전의 사상체계는 실로 그들의 문화적 고향이다. 하지만 그들은 또한 일본, 조선, 베트남 등 자국의 정치 환경에 속해 있으니, 중국은 그들에게 있어서 결국 정치적 타향인 셈이다.

이 때문에 유가경전이 자국의 문화를 뛰어넘어 읽혔을 때, 반드시 독자들의 다양한 '자아(自我)' 사이에 긴장된 관계가 조성된다. 더욱 정확하게 말하면 중국의 경전을 수용할 때 일종의 충격을 받게 되는데, 그 결과 동아시아 주변 지역의 유학자들의 '정치적 자아(政治的自我)'와 '문화적 자아(文化的自我)'는 강렬한 마찰, 더 나아가 파열을 일으키게 된다. 일본과 조선의 유학자들은 유가경전을 송독하고 유가경전의 허다한 개념을 보편적인 문화적 가치로 인정하였다. 유가경전의 가치 체계가 일본과 한국 유학자들의 '문화적 자아'의 근본적 기초를 구성한 셈이다. 그러나 일본과 한국 유학자들은 자국(自國)의 국민으로서 자국을 그들의 '정치적 자아'로 삼고 있다. 그러기에 유가경전과 몇 가지 가치이념은 그들의 '정치적 자아'와 '문화적 자아' 사이의 긴장을 야기하는 원천이 되기도 한다. 이에 일본과 한국의 유학자들은 이러한 거대한 긴장 속에서 허덕이면서 융합의 대책을 곰곰이 생각하여 화해를 도모하게 되었다.

유가경전이 동아시아 주변 지역으로 전파된 후, 주변 국가의 유학자들의 '정치적 자아'와 '문화적 자아'의 충돌의 기폭점의 주된 원인은 다음과 같다. 동아시아 각국의 유가경전 해석의 전통을 보면 많은 해석자들은 늘 정치적 영역과 격렬한 대립을 하는 과정에서, 경전 해석의 표면적인 현상 밑에 거대한 정치적 동기를 숨겨놓고 있다. 때문에 정치권력의 투쟁은 대부분 경전 해석의 논변과 투쟁으로 표현되며, 권력이 바뀌는 역사적 시기에 경전 해석자는 항상 치열한 투쟁의 선두에 서곤 하였다. 그 실례로 동아시아 각국의 역사적 변화가 신속하게 진행되었던 시대를 살펴보자. 중국의 춘추전국시대, 진나라 말엽 한나라 초기, 위진남북조 시대, 수나라 말엽 당나라 초기, 당나라 말엽 오대시대, 송나라와 원나라가 교체되던 시기, 명나라 말엽 청나라 초기, 청나라 말엽 민국 초기, 그리고 일본의 덕천시대 초기, 막부 말엽 유신 초기, 조선시대 말기 서세동점의 시기 등을 살펴보면, 경전의 해석은 모두 권력의 변화 및 정치질서의 변동과 밀접한 상호관계를 갖고 있다.

한 발짝 더 나아가서 분석해 보면, 유학의 경전이 늘 정치적 맥락 속에서 동아시아 유학자들에 의해 읽혀지고 논쟁의 초점이 된 가장 중요한 원인은 여전히 유가경전의 기본적 성질에 내재되어 있다.

유가경전과 서구의 경전(예컨대 『성경』) 사이의 중대한 차이는, 유가의 경전에서 사람과 대화하는 존재는 '사람(성인)'이지 '신(神)'이 아닌 데 비해, 서구의 경전에서는 사람과 대화하는 존재는 신(神)이다. 유가경전의 작가는 세계 질서를 해석하고 안배하는 데 마음이 있었을 뿐만 아니라, 더 나아가 세계 질서를 변화하는 데 힘을 기울였다. 육구연(陸九淵, 1139-1193)은 유학자는 '공(公)'과 '의(義)'를 근본으로 삼고 '경세(經世)'를 근원으로 삼아야 한다고 하면서,[14] '경세(經世)'라는 두 글자에는 유가경전의 근본 정신이 담겨져 있다고 말하였다. 유가경전의 작가는 '세상을 경영함'(經世), '세상을 맑게 함'(淑世), '세상을 구제함'(救世)의 감정으로 넘치기에, 유가경전은 시공을 넘어서 다른 세대 다른 지역의 독자들을 향하여 강력한 '소환(calling)'을 보내어, 동아시아 경전 해석자들의 마음속에 '영원한 향수'를 불러일으킨다. 이러한 까닭에 동아시아 유가경전의 해석 전통은 '인지 활동(認知活動)'을 수단으로 삼고 '실천 활동(實踐活動)'을 그 목적으로 삼는다. 인지 활동은 다만 동아시아 경전해석학의 외부 형식이고 실천 활동이야말로 그 실제적 본질이다. 동아시아 유가의 해석 전통에서 '개념세계'와 '현실세계'는 하나로 통합되어 갈라놓을 수 없는 것이다. 일본과 한국의 유학자는 중국의 주변지역에 몸담고서 유가경전을 송독하는 가운데, 경전 속의 '개념세계'를 '현실세계'로 옮길 때 '문화적 자아'와 '정치적 자아'가 갈라지는 데서 오는 거대한 장력(張力)을 느낄 수 있었다.

이러한 장력은 일본과 조선의 유학자들이 『맹자』를 해석할 때 가장 선명한 방식으로 드러난다. 맹자가 전국시대 말기에 '왕도정치론(王道政治論)'의 깃발을 치켜든 것은 바로 당시 각 나라의 군주들이 눈앞의 성공과 이익에만 급급한 풍조를 시정하고자 해서이다. 맹자는 왕도(王道)를 높이고 패도(覇道)를 물리치고자 하였는데, 이는 송대 유학자들의 존왕(尊王)과 이름은 같으나 실상은 다른 것이었다. 맹자가 존중하는 왕은 멸망의 기로에 들어선 주(周)나라 천자가 아니라 장래에 인정(仁政)을 행하는 새로운 왕이다. 이에 맹자는 앉을 새도 없이 각국을 바쁘게 돌아다니며 야심만만한 전국시대의 군주가 인정을 행할 것을 격려하였다. 그리고 그들이 하루빨리 중국을 통일하는 새로운 국면을 완성하여, '왕도(王道)'를 실

---

14) 『陸九淵集』, 「與王順伯」. "惟義惟公, 故經世, …… 儒者雖至於無聲, 無臭, 無方, 無體, 皆主於經世."

행하여 백성을 고통 속에서 구원할 것을 격려하였다. 맹자의 왕도정치론은 백성이 귀하다는 옛 뜻을 이어받아 이를 창조적으로 변용하여, 백성을 정치의 주체로 삼아야 한다는 주장을 내세웠다. 이런 '백성 본위(民本位)'의 정치사상은 중국의 진한(秦漢) 이래 '군주 본위(君本位)'의 정치적 현실과 본질적인 모순을 구성하였다. 때문에 맹자의 정치사상은 점차 중국의 역대 유신(儒臣)이 군주의 전제(專制) 정치를 길들이고 이에 대하여 반항하는 무기가 되었다. 맹자는 '삼대(三代)'의 성왕(聖王)의 이상적 정치를 목표로 하여, 이를 현실과 대비시키는 가운데 현실을 비판하는 도구로 삼았다. 맹자의 정치이상주의는 공자가 '군자(君子)'를 제창하고 덕을 쌓아 지위를 얻어야 한다는 주장보다 한층 더 전진적이라 할 수 있다.

도덕적 이상주의와 정치적 이상주의로 가득 찬 『맹자』라는 이 경전은, 약 9세기 나라(奈良) 왕조 초기에 일본으로 전해졌다. 일본의 문덕(文德) 2년(852)에 자야정주(滋野貞主, 785-852) 등이 편찬한 『경국집(經國集)』에 이미 『맹자』의 문구가 인용되어 있다.[15] 그리고 관평(寬平) 연간(890)에 이르러 『맹자』는 이미 『일본국에 있었던 도서의 목록(日本國見在書目錄)』에 기재되었으며, 이후 겸창(鎌倉, 1192-1333)시대, 남북조시대(1336-1392), 실정(室町, 1338-1573)시대를 거쳐 『맹자』는 일본에서 광범위하게 전파되었다. 이에 지방학자들이 『맹자』를 익혔을 뿐만 아니라, 조정의 막부와 박사의 집안에서도 강독하고 전수하였다.[16] 『맹자』가 전해진 뒤 덕천시대에 이르자 일본 유학자들에게 광범위하게 숙지되었으며, 동시에 일본 유학자들의 의구심을 자아냈다. 덕천시대 이전인 16세기 무렵 일본 왕실의 강관(講官)이었던 청원선현(清原宣賢, 1475-1550)은 영정(永正) 13년(1516)

---

15) 맹자는 天長 4년(827년) 이전에 이미 일본에 전래되었다.

16) 井上順理, 『本邦中世までにおける孟子受容史の研究』, 東京: 風間書局, 1972, 214면.

10월 17일부터 이듬해 10월 21일까지 지인친왕(知仁親王)에게 『맹자』를 가르치면서 '정치적 동질감'과 '문화적 동질감' 사이의 장력을 감지하였다. 예를 들어 『맹자』 「공손추」에서 "옛적에는 관곽(棺槨)이 일정한 한도(限度)가 없었는데, 중고(中古)에 관(棺)은 칠촌(七寸)이고 곽(槨)도 이에 걸맞게 하여 천자(天子)로부터 서인(庶人)에까지 이르렀으니, 이것은 다만 보기에 아름답게 하기 위해서가 아니라 이렇게 한 뒤에야 사람 마음에 흡족하기 때문이었다."고 하였는데, 이 구절의 '천자로부터(自天子)'라는 세 글자 옆에 청원선현이 주석을 달기를 "'천자로부터(自天子)'라는 세 글자는 어전에서 읽을 때는 없앴다."[17]라고 하였다. 이처럼 이른바 '어전에서 읽을 때는 금기였다'(御讀禁忌)는 현상은, 유가경전－특히 『맹자』－과 동아시아 전통정치 체제 사이에 영원히 존재하는 장력을 우리들에게 구체적으로 알려주고 있다. 때문에 중국 주변지역의 유학자가 '정치적 이국'에서 온 유가경전을 읽을 때, 그들은 비록 유학을 그들의 '문화적 고향'이라고 인정하지만, 반드시 다른 문화와 정치적 환경 속에서 모종의 '본래적 의미 변환'을 거쳐야만 유가경전을 그들의 모국과 자신의 사상 체계 속에 융합시킬 수 있었다.

이러한 '본래적 의미 변환'은 두 가지 유형으로 구분될 수 있다. 하나는 동아시아 세계 질서 속에서 변환을 진행하는 것이다. 그리고 또 다른 하나는 동아시아 정치사상의 맥락에서 새로운 해석을 진행하는 것이다. 전자는 앞에서 말한 유가경전에서 흔히 보이는 '중국'이란 단어가 일본에서 새로운 해석을 거친 것을 예로 들 수 있고, 후자는 『맹자』의 왕도정치론을 예로 들어 설명할 수 있을 것이다.

---

17) 京都大學淸家文庫現藏, 『永正鈔本宣賢自筆孟子』 共七冊. "自天子三字御讀除之."

(2) 동아시아 세계 질서 속에서의 '본래적 의미 변환'

중국 경전에 흔히 보이는 '중국'이란 단어는 『시경』 같은 초기의 경전에는 대부분 정치와 지리적 의미를 가리키고 있다. 예컨대 『시경』, 대아(大雅), 「민로(民勞)」에 "이 중국(中國, 수도)을 사랑하여 사방(四方)을 편안히 할지어다."(惠此中國, 以綏四方)라고 하거나, 대아(大雅), 「상유(桑柔)」의 "애통하도다. 중국(中國)이 모두 위태로워 다 황폐하였도다."(哀恫中國, 具贅卒荒) 등과 같은 것이다. 하지만 『춘추좌씨전』, 『춘추공양전』, 『춘추곡량전』 등 『춘추』의 삼전(三傳)에 이르러서, '중국'이란 단어는 풍부한 문화적 의미를 획득하였다. 『춘추』에서 '중국'이란 단어는 늘 중화와 오랑캐라는 구분에서 중화를 가리키는 개념, 즉 문화적 맥락에서 제기되었다.[18] 공맹사상에서 '중국'이란 단어는 특히 선명한 문화적 의미를 갖고 있는데, '중국'을 문화 수준이 가장 높은 지역으로 여겼다. 이처럼 근대 이전의 동아시아 세계의 정치질서에서 '중국'이란 단어는 정치적 의미로서의 중국을 가리킬 뿐만 아니라 문화적 의미로서의 중화문화의 원래적 고향을 가리키기도 한다.

덕천시대 일본의 유학자들은 경전을 읽으며, 이상에서 살펴본 '중국'의 개념과 '문화유아론(文化唯我論)'에 직면하였다. 이에 그들은 '중화와 오랑캐의 구분'(華夷之辨)을 기초로 한 동아시아의 정치적 질서와 그 사상적 의미를 상정하고서, 이에 대한 새로운 해석을 제기하여 그들이 직면한 '문화유아론(文化唯我論)'과 '정치적 자아(政治自我)' 사이의 분열을 화

---

18) 예를 들면 『춘추곡량전』 성공(成公) 12년조에서 "莒雖夷狄, 猶中國也."라고 하거나, 『춘추공양전』 선공(宣公) 15년조에서 "離于夷狄, 而未能合于中國."이라고 하거나, 『춘추좌씨전』 장공(莊公) 31년조에서 "中國則否, 諸侯不相遺俘."라고 한 것은 모두 이 유형에 속하다.

해시키고자 시도하였으며, 또한 경전을 일본의 문화 풍토에 적용시키려 하였다. 일본의 유학자가 '중국'이란 단어에 대하여 문화를 뛰어넘는 '본래적 의미의 변환'을 진행하는 방법에는 최소한 다음과 같은 두 가지가 있었다.

① '중국'을 문화적 의미의 '중도(中道)' 혹은 『춘추(春秋)』의 뜻으로 해석함

먼저 산록소행(山鹿素行, 1622-1685)이 '중국'이란 개념에 대하여 문화를 뛰어넘어 해석한 예를 살펴보기로 하자.

> 나는 중화(일본을 가리킨다)의 문명(文明)한 땅에서 태어나 이 땅의 훌륭한 문명을 알지 못하고 오로지 외조(중국을 가리킨다)의 경전만을 즐기고 그곳의 인물들을 사모하였으니, 어찌 이리도 방심하며 뜻을 잃은 것인가? 아니면 기이한 것을 좋아하는 것인가? 아니면 다른 것을 높이고자 하는가? 중국(일본을 가리킨다)의 국토는 만방에 우뚝 서 있고 인물들은 천하에서 빼어나고 뛰어나다. 그러므로 신명이 성대하고 성인의 다스림이 이어져서, 문물(文物)은 찬란하고 무덕(武德)은 빛나니 천지에 비견될 수 있다.(愚生中華(俊傑案: 指日本)文明之土, 未知其美, 專嗜外朝(俊傑案: 指中國)之經典, 嘐嘐慕其人物, 何其放心乎? 何其喪志乎? 抑好奇乎? 將尙異乎? 夫中國(俊傑案: 指日本)之水土, 卓爾於萬邦, 而人物精秀於八紘, 故神明之洋洋, 聖治之緜緜, 煥乎文物, 赫乎武德, 以可比天壤也.)-山鹿素行, 『中朝事實』

그는 또 말하였다.

본조(本朝)는 중국(일본을 가리킴)을 일컫는다. 예전에 천조대신(天照大神)이 천상에서, '위원중국(葦原中國)에는 보식신(保食神)이 있다는 것을 들었다'고 말한 적이 있다. 그러므로 본조를 중국이라 칭하는 것이 예로부터 이미 있어 왔다. 무릇 사람과 사물의 생성은 하루라도 물과 땅에서 영향을 받지 않은 것이 없다. 그러므로 평이한 땅에서 생성되는 것은 평이한 기운을 부여받아 성정도 저절로 평이하다. 험난한 땅에서 생성되는 것은 험난한 기운을 부여받아 성정도 위험한 것을 부여받게 되니, 어찌 오직 사람만 이러하겠는가. 조수초목(鳥獸草木)도 그러하다. 이것이 바로 오방(五方)의 백성에게 모두 각각의 본성이 있고 그 풍속이 다른 이유이다. 대개 중(中)에는 하늘의 중이 있고 땅의 중이 있고 물, 땅, 사람, 사물의 중이 있고 때에 알맞은 중이 있다. 그러므로 외조(중국을 가리킴)는 중토에 복종한다는 설이 있고 부처는 천지의 중에 있다고도 말하고 예수도 하늘의 중을 얻었다고 말한다. 나는 생각한다. 천지가 운행하고 사시(四時)가 교차함에 그 중을 얻으면 풍우한서(風雨寒暑)의 발생이 치우치지 않게 된다. 그리하여 국토는 비옥하고 인물은 빼어나니 이렇게 되어야 중국이라 칭할 수 있는 것이다. 만방(萬邦)의 무리 가운데 오직 본조만이 중을 얻었으니, 본조는 신이 통치하는 시대에 이미 천어중주존(天御中主尊)이 있었다. 이 두 신이 나라의 기둥을 세웠다. 그러니 본조가 중국이 된 것은 천지의 자연적인 형세였다.(本朝爲中國之謂也. 先是天照大神在於天上, 曰聞葦原中國有保食神, 然乃中國之稱自往古旣有此也. 凡人物之生成, 一日未曾不襲水土, 故生成平易之土者, 稟平易之氣, 而性情自平易也. 生成險難之土者, 稟嶮難之氣, 而性情堪危險. 豈唯人而已乎? 鳥獸草木亦然. 是所以五方之民皆有性而異其俗也. 蓋中, 有天之中, 有地之中, 有水土人物之中, 有時宜之中, 故外朝有服于中土之說, 迦維有天地之中也言, 耶蘇亦曰得天中. 愚按: 天地之所運, 四時之所交, 得其中, 則風雨寒暑之會不偏, 故水土沃而人物精, 是乃可稱中國. 萬邦之衆, 唯本朝得其中, 而本朝神代, 旣有天御中主尊. 二神建國中柱, 則本朝之爲中國, 天地自然之勢也.)-山鹿素行,『中朝事實』

위에 인용한 산록소행의 글을 보면, 그는 경전에 흔히 보이는 '중국'이 가리키는 대상과 그 내용에 대해 대담한 '본래적 의미의 변환'을 시도하였다. 산록소행은 '중국'이란 단어는 일본을 가리킨다고 하였다. 그는 "중국(일본을 가리킨다)의 국토는 만방에 우뚝 서 있고, 인물들이 천하에서 빼어나고 뛰어나다."라고 하면서, 실로 '외조(外朝, 지리상의 중국을 가리킴)'가 따라올 바가 못 된다고 하였다.

산록소행이 '중국'이란 개념에 대하여 진행한 '본래적 의미의 변환'을 자세히 분석해 보면, 다음과 같은 것을 발견할 수 있다. 산록소행이 사용한 '중국'이란 단어는 문화적 의미의 '그 중도를 얻음'(得其中)을 지적한 말이며, 결코 정치적 의미의 중화제국을 가리킨 말이 아니다. 산록소행은 "천지가 운행하고 사시(四時)가 교차함에 그 중(中)을 얻으면 풍우한서(風雨寒暑)의 발생이 치우치지 않게 된다. 그러므로 국토는 비옥하고 인물은 빼어나니 이에 중국이라 칭할 수 있는 것이다."[19]라고 하였다. 산록소행은 또 일본이 그 중도를 얻었기에 정치가 안정되고 삼강(三綱)이 갖추어졌으니, 역성혁명의 정국의 소용돌이 속에서 허덕이는 중화제국이 따라올 바가 못 된다고 하였다.[20] 이러한 새로운 해석을 거쳐, 산록소행은 경전에서 사용된 '중국'이란 단어가 지니고 있는 의미, 즉 중화제국이 정치적 중심이자 문화적 중심을 동시에 구비하고 있다는 의미의 구태의연함을 제거하였다. 그리고 일본이 문화적, 정치적으로 그 중도를 얻었기 때문에 지리상의 중화제국보다 훨씬 우월하므로, 오히려 '중국'으로 불릴 자격이 있다고 진술하였다.

산록소행이 '중국'이란 단어에 대하여 다양한 문화 사이의 '본래적 의

---

19) 山鹿素行, 『中朝事實』, 234면.

20) 山鹿素行, 『中朝事實』, 250면.

미의 변환'을 진행하는 방법은, 좌구간태화(佐久間太華, ?-1783)에게서도 찾아볼 수 있다. 좌구간태화는 정치상 천황의 황통이 이어졌고, 온 나라가 평안한 일본이 '중국'으로 불릴 수 있음을 진술하였다.[21] 이 진술에서 그는 일본과 중국을 구분하는 관건은 지리에 있는 것이 아니라, 문화적으로 그 중도를 얻었는지의 여부와 정치의 안정에 달려 있다고 논증하였다.

문화적 입장에서 '중국'이란 단어의 함의를 다시 정의하여 그 '본래적 의미의 변환'을 시도한 이로, 산록소행 이외에 또 천견경재(淺見絅齋 1652-1711)가 있다. 천견경재는 산기암재의 제자로서 산기암재 문하의 세 호걸 중의 하나로 불리었다. 그는 이렇게 말하였다.

배움의 도는 바로 실재 이치의 당연함을 배우는 것이다. 우리나라가 『춘추』의 도를 안다면 우리나라가 곧 주인이다. 만약 우리나라가 주인이 되어 천하를 크게 하나로 통일한다면, 우리나라를 통해 타국을 보는 것, 바로 이것이 공자의 뜻이다. 이것을 알지 못하고 중국 서적을 읽으면 중국 서적을 읽으면서 숭배하게 될 것이다. 이 책들은 다만 중국의 관점에서 일본을 조망한 것으로 전부 저 나라(중국)에 아첨하고 일본을 오직 이적으로 이해하니 완전히 공자의 『춘추』의 가르침에 위배된다. 공자가 만약 일본에서 태어났다면 반드시 일본의 입장에서 『춘추』의 뜻을 세웠을 것이니, 이것이 이른바 『춘추』를 잘 배운 것이다. 오늘날 『춘추』를 읽고서 일본을 오랑캐라고 말하는 것은 『춘추』가 유학자를 해쳐서가 아니라 『춘추』를 올바르게 읽지 못한 이들이 『춘추』를 해쳤기 때문이다. 이것을 일러 곧 고지식하여 융

---

21) 佐久間太華, 『和漢明辨』, 『日本儒林叢書』第4卷, 「序」, 1면.

통성이 없는 학문이라 하며 모두 궁리의 방법을 알지 못하는 것이다.(원문은 일본어이나, 저자가 고문으로 번역하였으며 아래도 이와 같다. 이에 불필요한 주석을 거듭 붙이지 않겠다.)(學道, 乃學實理當然也. 吾國知『春秋』之道, 則吾國卽主也. 若以吾國爲主, 成天下大一統, 由吾國見他國, 則是孔子之旨也. 不知此而讀唐書, 成爲崇拜讀唐書者, 此特由唐來眺望以映照日本, 總是諂媚彼方, 唯以夷狄理解之, 全違背孔子『春秋』之旨也. 孔子若亦生日本, 必從日本立場立『春秋』之旨, 是所謂善學『春秋』者也. 今讀『春秋』而曰日本爲夷狄, 非『春秋』害儒者, 係不能善讀『春秋』者, 害『春秋』也, 是則謂之爲膠柱鼓瑟之學, 全不知窮理之方者也.)(原文爲日文, 本書作者試譯爲中文, 下同此, 茲不再贅註.)-淺見絅齋, 『山崎闇齋學派』, 「中國辨」

또한 산기암재 학파의 상월전암(上月專庵, 1704-1752)도 다음과 같이 말하였다.

중국말에서는 중국 땅을 '중화', '중국'이라 하니 이는 『춘추』의 명분을 알지 못한 것으로 속유(俗儒)들의 착오이다. 천지는 광대하고 아득하여 끝이 없다. 이 때문에 천지의 중(中)은 일정한 중(中)이 없다. 그렇기 때문에 어떤 곳에서 살아가는 백성은 각각 자기 나라를 중(中)으로 여기고 화(華)로 여기니, 이것은 천지의 자연스러움이지 인위적인 것이 아니다.(華言者以漢土爲'中華', '中國', 不識『春秋』名分, 俗儒之紕謬也. 夫天地廣大寥廓而無際限, 是以天地之中, 無一定之中, 則所居之民人, 各中其國, 華其國, 是天地自然, 非人爲矣.)-上月專庵, 『徂徠學則辨』

천견경재는 일본만이 『춘추』의 도를 알고 있다는 점을 들어 일본이 오랑캐가 아니라는 논증의 기초로 삼았다. 그리고 산록소행은 일본이 그 중도를 얻었다는 이유에서 '중국'으로 불려야 한다고 하였으며, 상월전

암은 "각국이 각각 자기 나라를 중(中)으로 여기고 자기 나라를 화(華)로 삼는다."라고 주장하면서, 이를 일본이 '중국'이라는 이유로 삼았다. 이 세 사람의 논증 방식은 마치 부절을 맞춘 것처럼 꼭 들어맞았다.

② 보편적 의미의 '천(天)'의 개념으로, 특정한 대상을 가리키는 것으로서 의 '중국'이란 단어의 속성을 무너뜨림

천견경재는 「중국변(中國辨)」의 첫머리에서 다음과 같이 이러한 요지를 명확하게 밝혀 말하였다.

'중국'과 '이적'의 명칭은 유가의 책에서 유래된 지 이미 오래되었다. 우리 나라(일본)에 유가의 책들이 성행하였기에 유가의 책을 읽는 이들은 중국만 을 중국으로 여기고 우리나라를 오랑캐로 여겼다. 더욱 심한 경우, 오랑캐 의 땅에 태어난 것을 한스럽게 여겨 슬피 우는 자들까지 있으니 어찌 이리 도 심한가. 유가의 책을 읽는 이의 본모습을 잃어버리고 명분과 대의의 실 체를 알지 못하니, 너무나 비통한 일이다. 하늘은 땅의 바깥도 포함하고 땅 은 실어 내지 못하는 것이 없다. 그러나 각기 토지와 풍속의 제한이 있고 각 각 자신만의 천하를 가지고 있기에 상호간에 존비귀천의 구별은 없는 것이 다. 중국의 토지는 구주(九州)의 구분이 있지만 상고 이래로 기풍이 저절로 서로 열려 있고 언어와 풍속이 서로 통하여 자연스럽게 그 천하를 형성하였 다. 그런데 사방의 이웃 나라들은 풍속이 통하지 않는 곳에서 살아서 각국 은 저절로 다른 형태와 다른 풍속을 이루었다. 구주에 가까운 나라들은 통 역의 필요성 때문에 중국의 입장에서 보면 저절로 변방의 이웃 나라로 보이 게 된다. 이것이 바로 구주가 중국이 되고 주변국이 이적이 된 유래이다. 이 것을 모른 채 유가의 책에서 외국을 이적으로 칭하는 것을 보고는 여러 나라들을 모두 이적이라고 생각한다. 이는 우리나라가 원래 천지와 조화를 이루고 공생하여 근본적으로 상대적인 다른 나라가 필요하지 않음을 전혀 모르는 것이니, 매우 잘못된 것이다.(中國, 夷狄之名, 儒書由來已久. 因吾國儒書盛行, 讀儒書者, 以唐爲中國, 以吾國爲夷狄, 尤有甚者, 以吾生夷狄而悔泣者有之, 此如何之甚, 失讀儒書者之樣, 而不知名分大義之實, 可悲之至也. 夫天, 包含地外; 地, 往而無所不載, 然各有其土地風俗之限, 各有一分之天下而互無尊卑貴賤之別. 唐之土地, 有九州之分, 自上古以來風氣自然相開, 言語風俗相通, 自成其天下也. 其四方之鄰, 居風俗不通之處, 各國自爲異形異風. 近九州者, 需有通譯之因, 由唐視之, 自然視爲邊土之鄰, 此卽以九州爲中國, 以外圍爲夷狄之由來. 不知此而見儒書稱外國爲夷狄, 以諸萬國皆思爲夷狄, 全不知吾國固和天地共生而無待他國之體, 甚謬也.)-淺見絅齋,『山崎闇齋學派』,「中國辨」

천견경재는 천지는 모든 것을 포괄하고 모든 것을 간직하고 있다는 논리로써 동아시아 세계의 정치질서 속의 중화와 오랑캐를 나누는 주장을 뒤엎었다. 이에 그는 "우리나라(일본을 가리킴)는 참으로 천지와 공생(共生)한다."라고 하면서, "각각 자신만의 천하를 가지고 있기에 상호간에 존비귀천의 구별은 없는 것이다."라고 주장하였다.

천견경재 외에 좌등일재(佐藤一齋, 1772-1859)도 '천(天)'의 보편성으로 '중국'이란 단어에 들어 있는 특정한 의미를 해체하였다.

아득한 우주에서 이 도는 동일하게 적용된다. 사람의 입장에서 보면 중국이 있고 이적(夷狄)이 있지만, 하늘의 입장에서 보면 중국도 없고 이적도 없다. 중국 사람에게 떳떳한 본성이 있듯이 오랑캐도 떳떳한 본성이 있다. 중국 사람에게 측은지심(惻隱之心), 수오지심(羞惡之心), 사양지심(辭讓之心), 시비지심(是非之心)의 감정이 있듯이 오랑캐도 측은지심, 수오지심, 사양지심,

시비지심의 감정이 있다. 중국 사람이 부자(父子), 군신(君臣), 부부(夫婦), 장유(長幼), 붕우(朋友) 간의 윤리가 있듯이 오랑캐도 부자, 군신, 부부, 장유, 붕우간의 윤리가 있다. 하늘이 어찌 그들 사이에 후박(厚薄)과 애증(愛憎)을 두었겠는가. 때문에 이 도는 동일하게 적용된다.(茫茫宇宙, 此道只是一貫. 從人視之, 有中國, 有夷狄. 從天視之, 無中國, 無夷狄. 中國有秉彝之性, 夷狄亦有秉彝之性. 中國有惻隱羞惡辭讓是非之情, 夷狄亦有惻隱羞惡辭讓是非之情. 中國有父子君臣夫婦長幼朋友之倫, 夷狄亦有父子君臣夫婦長幼朋友之倫. 天寧有厚薄愛憎於其間? 所以此道只是一貫.)-佐藤一齋,『言志錄』

좌등일재는 중국 경전에 흔히 보이는 보편성을 지닌 '천(天)'의 개념으로 중국 경전 중의 '중화와 오랑캐의 구분'을 철저히 와해하였으니, 남다른 안목을 갖고 창의적 구상을 하였다고 할 수 있다.[22]

이상에서 서술하였듯이 문화를 뛰어넘는 '본래적 의미의 변환'을 거쳐, 산록소행 등 덕천시대 일본 유학자는 동아시아세계의 화이(華夷) 질서를 철저히 뒤엎었다. 또한 경전에 흔히 나타나는 '중국'이란 단어의 함의를 다시 구축하여, 유가경전을 일본 문화의 맥락에서 태어난 유학자들로 하여금 받아들이게 하였다.

(3) 동아시아 정치사상사에서의 '본래적 의미의 변환'

경전의 개념이 다양한 문화 속으로 전파될 때 보이는 두 번째 유형의 '본래적 의미의 변환'은, 항상 동아시아 정치사상의 다른 맥락 사이에서 변

---

22) 일본 유학자들의 화이론(華夷論)에 대한 연구로는, 三浦叶, 「我國近世に於ける華夷論の槪觀」(一),(二), 『東洋文化』第137-138號, 1935年 12月, 1936年 1月, 東京, 15-23면, 37-44면.

환이 진행되며 중국의 경전이 일본의 특수한 요구에 적응할 수 있도록 하는 데서 볼 수 있다. 이에 『맹자』의 '왕도(王道)' 개념이 덕천시대에 해석된 양상을 구체적인 예로 삼아 두 번째 유형의 '본래적 의미의 변환'을 분석해 보기로 하겠다.

맹자가 표방하는 왕도정치는 인정(仁政)을 그 본질과 목표로 삼는데, 여기서 '왕도(王道)'는 요, 순, 우, 탕, 문왕, 무왕 등 삼대의 성왕들이 실시한 '선왕의 도(先王之道)'를 가리킨다. 그런데 맹자의 이상적인 왕도정치에는 하나의 문제가 잠재되어 있다. 만약 '왕(王)'과 '도(道)'가 하나로 합치될 수 없으면, 즉 왕이 도를 배반하거나 위반할 때 백성은 어떻게 해야 할 것인가? 하는 점이다. 이 점에 대한 맹자의 답안은 매우 명확하다. 백성은 응당 봉기하여 폭군을 뒤엎고 새로운 왕을 세워야 한다는 것이다. 맹자의 이러한 왕도정치에 대하여 전제군주와 일부 유학자들은 이를 처리할 필요가 있는 폭발물로 여겼으며, 더 나아가 전제체제에 대하여 심각한 위험성을 갖고 있는 것으로 생각하였다.

일본의 유학자들은 『맹자』를 읽을 때, '도가 왕보다 우선이다'(道先於王)라는 입장과 '왕이 도보다 우선이다'(王先於道)라는 두 가지 다른 입장을 지녔다. 장곤장(張崑將) 교수는 최근에 덕천시대 유학자들의 맹자의 왕도정치론에 대한 해석을 연구하면서 다음과 같이 지적하였다.[23] 덕천시대에 맹자를 존숭한 이등인재(伊藤仁齋)가 제창한 '왕도' 사상은 전자(道先於王)를 대표하고, 맹자를 비난한 적생조래(荻生徂徠)가 주장한 '왕도' 사상은 후자(王先於道)를 대표한다. 이등인재가 말하는 '군왕의 도(君王之道)'는

---

23) 張崑將, 『日本德川時代古學派之王道政治論: 以伊藤仁齋, 荻生徂徠爲中心』, 臺北: 臺大出版中心, 2004; 野口武彦, 『王道と革命の間: 日本思想と孟子問題』, 東京: 筑摩書店, 1986, 59-250면; 河村義昌, 「江戶時代における尊孟非孟の爭論について」, 『都留文科大學研究紀要』第5集, 1968, 21-40면.

그 '지위(位)'를 전제로 하여 정의한 '왕도'가 아니다. 이등인재가 언급한 '군왕의 도(君王之道)'는 고대의 선성(先聖)과 선왕(先王)의 도를 가리키며, 또한 현실 속의 군왕의 도를 가리킨다. 한편 적생조래가 말하는 '선왕의 도(先王之道)'는 특히 고대 선성(先聖)과 선왕(先王)이 실행한 도를 가리킨다. 예를 들어 보면 공자와 맹자가 항상 언급하는 요, 순, 우, 탕, 문왕, 무왕 등이 선왕 혹은 성왕의 전범인데, 특히 적생조래가 말하는 '선왕의 도'는 육경(六經)에 들어 있는 선왕이 창제한 예악(禮樂)과 제도(制度)로서, 이는 후세에게 가르쳐야 되는 것들이다. 그리고 이러한 선왕의 도는 왕의 위치에 있는 선왕과 성왕에 의해 구체적으로 그 모습을 드러내며, 제후왕은 여기에 참여할 수 없는 것이다. 다시 말하여 『논어』와 『맹자』를 숭상하는 이등인재의 왕도사상은 보편적 의미를 갖고 있으며, 이에 비해 적생조래의 왕도사상은 전적으로 육경에서 나타난 구체적이고 제한적인 선왕의 도를 가리키고 있는 것이다.

적생조래는 선왕의 도로 맹자의 왕도를 해석하고, 왕이 도보다 앞선다는 것을 강조하며, 맹자의 정치사상이 현실 정권에 대하여 지니는 잠재적 위험성을 제거하여 이를 일본 덕천시대의 봉건체제에 적응시키고자 하였다. 이에 적생조래는 정치적 각도에서 공자의 도를 재정립하고서 이처럼 말하였다.

공자의 도는 바로 선왕의 도이다. 선왕의 도는 선왕이 백성을 편안하게 하기 위해 세운 것이다. 그러므로 그 도에는 인이 있고, 지혜가 있고, 의로움이 있고, 용기가 있고, 검소함이 있고, 공손함이 있고, 신령함이 있고, 사람이 있고, 자연과 비슷한 것이 있고, 인위적인 면이 있고, 근본이 있고, 지엽적인 것이 있고, 가까운 것이 있고, 먼 것이 있고, 예가 있고, 악이 있고, 군사가 있고, 형벌이 있다. 제도와 운위(云爲)는 하나로 다 포괄할 수 없고 어

서론

지럽게 뒤섞여 궁구할 수가 없다. 그러므로 명명하여 '문(文)'이라고 한다. 또한 "유학자들의 도는 넓기는 하지만 요점이 적다."고 하는데, 그 귀결점을 요약하면 백성을 편안히 하는 것에 귀착되지 않는 것이 없다. 그러므로 공자의 문하에서 사람을 가르칠 때, "인에 의지한다.", "여러 문헌에서 넓게 배우고 예로써 요약한다."고 한 것은 선왕의 도를 배워서 자신의 덕을 이루고자 한 것이다. 선왕의 도를 배울 때 넓게 하지 않으면 다 할 수가 없다. 그러므로 "여러 문헌에서 넓게 배운다."고 하였다. 자신에게로 돌아가고자 하면 예로 하는 것만 한 것이 없다. 그러므로 "예로써 요약한다."고 하였다. 그러나 예는 또한 번거롭다. 그래서 '인(仁)'으로 가르쳤다. 인은 선왕의 한 가지 덕이므로 선왕의 도는 인으로 다 한다고 일컬을 수 없다. 그러나 선왕의 도는 백성을 편안히 하는 데로 모두 모이므로 인은 선왕의 큰 덕이기에 인에 의지하는 것은 선왕의 덕으로 관통할 수 있다. 그러므로 '일(一)'이라고 하지 않고 '일이관지(一以貫之)'라고 하는 것이다.(蓋孔子之道, 卽先王之道也. 先王之道, 先王爲安民立之. 故其道有仁焉者, 有智焉者, 有義焉者, 有勇焉者, 有儉焉者, 有恭焉者, 有神焉者, 有人焉者, 有似自然焉者, 有似僞焉者, 有本焉者, 有末焉者, 有近焉者, 有遠焉者, 有禮焉, 有樂焉, 有兵焉. 有刑焉 制度云爲, 不可以一盡焉, 紛雜乎不可得而究焉, 故命之曰文. 又曰: "儒者之道, 博而寡要." 然要其所統會, 莫不歸於安民焉者. 故孔門敎人, 曰: "依於仁", 曰: "博文約禮", 爲學先王之道以成德於己也. 學先王之道, 非博則不足盡之, 故曰博文. 欲歸諸己, 則莫如以禮, 故曰約禮. 然禮亦繁矣哉, 故又敎之以仁. 仁, 先王之一德也. 故謂先王之道仁盡之, 則不可矣. 然先王之道, 統會於安民, 故仁, 先王之大德也, 依於仁, 則先王之道, 可以貫之矣. 故不曰一, 而曰一以貫之.)-荻生徂徠, 『論語徵』

적생조래는 선왕의 도로 공자의 일관된 도를 해석하였는데, 이는 그의 『논어』 주석서인 『논어징(論語徵)』 전체를 관통하는 일관된 지론이다. 그의 또 다른 저술인 「변도(辨道)」의 각 조목에서도 이를 더욱 깊이 파고들어서 그 의미를 밝혀내었다.

적생조래가 공맹의 '도(道)'를 '선왕의 도(先王之道)'로 다시 해석한 것은 실로 동아시아 정치사상사에서의 '본래적 의미의 변환'이라고 할 수 있다.

『논어』와 『맹자』를 기초로 하는 공맹사상은 도를 권력보다 우선시하고 공자와 맹자 같은 성인을 군주보다 높이며, '도'로써 세상을 구제하고 맑게 하고자 한다.[24] 공자와 맹자는 요, 순, 우를 전범으로 표방하고 '삼대(三代)'의 역사를 미화하고 있는데, 여기에는 실로 심각하게 현실을 비판하는 마음이 내포되어 있다. '삼대'라는 시대는 공자와 맹자가 '반사실적인 사고'(反事實性思考, counter-factual mode of thinking)를 진행하는 개념 도구였다. 공자와 맹자는 항상 반사실적(反事實)인 색채를 가지고 있는 '삼대'와 사실로서의 당면 현실의 비교를 통하여 현실 정치의 비루하고 저속함을 드러내었다.[25]

그런데 적생조래 사상에서 공자와 맹자의 '도(道)'는 '정치 우위성'의 맥락 속에서 다시 해석된 것이다.[26] 이에 그는 "선왕의 도는 선왕이 백성을 편안하게 하기 위하여 세운 것이다."(先王之道, 先王爲安民立之.)[27]라고 하였다. 일반적으로 공맹의 '도'는 성인이 구축하고 현실 정치에 대해 비판력을 갖고 있는 영원한 상도(常道)로 인식되고 있는데, 이에 비해 적생조래는 통치자가 창조한 예악형정(禮樂政刑) 등과 같은 규범을 도로 여겼

---

24) 余英時, 『中國知識階層史論(古代篇)』, 臺北: 聯經出版事業公司, 1980, 1997, 38~56면.

25) 黃俊傑, 「中國古代儒家歷史思維的方法及其運用」, 『中國文哲研究集刊』 第3期, 黃俊傑, 楊儒賓 編, 『中國古代思維方式探索』, 臺北: 正中書局, 1996, 361~390면.

26) 丸山眞男, 『日本政治思想史硏究』, 東京: 東京大學出版會, 1952, 71~139면.

27) 荻生徂徠, 『論語徵』, 82면.

서론

으며, 이 도는 궁극적으로 백성을 통치하는 제도라고 보았다. 이러한 일종의 '본래적 의미의 변환'을 통하여, 적생조래는 공맹(특히 맹자)의 정치사상에서 현실의 군주에 대한 비판성을 제거하려고 시도하였다. 적생조래의 이러한 시도는 공맹사상에 대한 해석과 육경에 대한 해석을 하나로 융합시킨 것이라 할 수 있다.

적생조래가 '왕이 도(道)보다 우선이다'(王先於道)라는 개념으로 맹자의 '왕도'를 해석한 것 외에, 일본 유학자들은 항상 일본의 신도(神道)사상에서 출발하여 중국의 '왕도' 개념을 신도화(神道化)하며, '왕도'에 일본 사상의 탈을 씌우고자 하였다. 16세기 일본의 주자학자 임라산(林羅山, 1583-1657)은 『신도전수(神道傳授)』에서 신도와 유가를 합치시키면서 다음과 같이 말하였다.

신새(神璽)는 옥으로 된 인장이다. 또 다른 하나는 보검으로, 초치검(草薙劍)인데 천촌운검(天村雲劍)이라고도 한다. 또 하나는 팔지경(八咫鏡)으로 내시소에서 관장하였다. 오른쪽의 옥과 검과 거울을 세 가지 신기(神器)로 삼았는데 천조대신으로부터 받았기 때문에 대대로 제왕의 보물이 되었다. 이 세 가지의 내적 의미는 거울은 지혜, 옥은 인, 검은 용기를 나타내며, 지혜, 인, 용기의 덕은 한 마음의 의를 보존시켜 준다. 마음에 지혜, 인, 용기가 있는데 이것이 신령스러운 기물로 드러나는 때가 되면 거울, 옥, 검이된다. 이것으로 국가를 다스리고 지켰다. 또한 거울은 태양을 본떴고 옥은 달을 본떴고 검은 별을 본떴으니, 이 세 가지가 빛나서 천지가 밝아지는 것처럼, 세 가지 신기가 갖추어지면 왕도(王道) 정치가 이루어지니 왕도와 신도(神道)는 이치가 동일하다.(원문은 일본어이나 저자가 고문으로 번역하였다.)(神璽, 印之玉也. 一寶劍, 草薙之劍也, 亦云天村雲之劍也. 一八咫之鏡, 內侍所之事也. 右以玉劍鏡爲三種神器, 由天照大神授之而爲代代帝王之寶物也. 此三之內

證, 鏡智, 玉仁, 劍勇, 以智仁勇之德保持一心之義也. 在心有智仁勇, 成顯靈器之時, 鏡玉劍也. 以是治守國家也. 又鏡象日, 玉象月, 劍象星, 如有此三光而天地明. 三種神器備而王道治, 王道, 神道, 理一也.)(原文爲日文, 本書作者試譯爲中文.)-林羅山, 『神道傳授』

이상에서 보듯이 임라산(林羅山)은 중국의 왕도사상에 일본의 신도사상의 의미를 부여하였다. 임라산은 세 종류의 신기(神器)인 거울, 옥, 검은 천조대신(天照大神)이 신무천황(神武天皇)에게 주신 보물로서 지혜, 인, 용기를 상징하며 이는 모두 왕도사상의 내포를 의미한다고 하였다. 그리고 왕이 이러한 왕으로서의 마음가짐을 가지고 국가를 다스린다면 왕도(王道)가 바로 신도(神道)라고 하였다. 이처럼 임라산은 중국의 왕도를 일본의 신도로 변환시켰다.

임라산은 고대의 신도를 회복하고 주자학의 '리(理)'로 '신도(神道)'와 '왕도(王道)'를 통괄하고자 하였으니, 이는 전형적으로 '신도와 유학의 합일'(神儒合一)을 주장하는 사상이다. 이런 이념을 선양하기 위하여 임라산은 '왕(王)'자의 함의를 다음과 같이 말하였다.

삼(三)은 천(天), 지(地), 인(人) 세 가지를 가리킨다. '곤(丨)'은 천지인을 꿰뚫는 것이다. 천, 지, 인을 꿰뚫는 것은 신도(神道)이다. 왕도에서 가장 첫 번째 사람은 천하의 임금이다. 그러므로 '왕(王)'이라고 한다. '주(主)'는 '왕(王)' 위의 점으로 불꽃 모양이며 일화주(日火珠)이다. 그 머리에 태양이 있으니 바로 천조대신이다. 태양신의 자손이 일본의 주인으로 자리 잡았기에 일본국이라고 한다.(원문은 본래 일본어이나 저자가 한문으로 번역하였다.)('三', 天地人之三也. '丨'貫天地人也. 貫天地人者, 神道也. 在王道, 其第一之人, 天下之君也, 故曰'王'. '主', 王上之點, 火焰之貌也, 日火珠也. 其首在日輪, 卽

서론

天照大神也. 日神之子孫, 坐日本之主, 故曰日本國)(原文爲日文, 本書作者試譯爲
中文.)−林羅山,『神道傳授』

　임라산이 이렇게 '왕(王)'과 '주(主)'의 관계를 해석한 것은, '신도'와
'왕도'의 밀접한 관계를 분명하게 나타내고 '왕도'의 정치적 의미를 '신
도'에 종속시킨 것이다. 임라산의 이러한 논리는 적생조래가 강조한 '선
왕의 도(先王之道)'와 그 표현 형식은 다르지만 본질적 내용은 동일하다고
할 수 있다.
　이상의 논지를 종합하면, 위에서 서술한 두 종류의 '본래적 의미의 변
환'은 모두 '본래적 의미의 제거'를 우선 진행하고 있다. 먼저 유가경전
의 개념, 예를 들어 '중국', '도', '왕도'에 내재된 고대 중국의 정치적 맥
락 혹은 공맹사상의 맥락에서 벗어나게 한다. 그리고 나서 다시 덕천시
대 일본의 봉건정치체제와 정치사상의 맥락 속에서 완전히 새로운 해석
과 의미를 부여하는 것이다. 이처럼 '본래적 의미의 제거'에서 '의미의
변화'에 이르기까지 과정은 '육경은 나에게 새로운 면을 요구하네'라는
말처럼 창조적인 견해로 가득 차 있다. 그러나 중국 경전의 원초적인 의
미와 언어적 환경에서 말하자면 결국 거대한 차이가 있는 것이다.

4. '본래적 의미의 변환'과 그 방법론

다양한 문화의 경전 주석서에 흔히 보이는 '본래적 의미의 변환'은 경전
의 본래적 의미를 제거하는 것이 그 핵심적인 기초 작업이다. 이 작업에
는 많은 방법론적 문제가 따르는데, 다음의 몇 가지 점에서 이를 살펴보
기로 하겠다.

(1) '경전의 본래적 의미의 제거', 그 방법론적 문제

문화와 사상이 다양한 지역으로 전파될 때, 외래사상(예컨대 중국 유학)은 반드시 그 지역(예컨대 일본이나 조선)의 지역적 특성에 따라 재정립된다. 이러한 현상에 대하여 탕용동(湯用彤, 1893-1964)은 다음과 같이 말하였다.[28]

> 외래사상은 반드시 변화하여 자국의 사상과 합치되어야만 거듭나서 기능을 발휘할 수 있다. 그렇지 않으면 자국에서 받아들여질 수 없고 생존할 수 없다. 때문에 자국의 문화도 외국의 영향을 받아 변화할 수 있지만, 외래사상은 반드시 변화하여 자국에 적응해야만 거듭나서 기능을 발휘할 수 있다. 인도의 불교가 중국에 전래되어 많은 변화를 거쳐 중국 불교로 완성되었기 때문에, 마침내 중국인들에게 널리 수용될 수 있었던 것이다.(外來思想必須有改變, 適合本國思想, 乃能發生作用. 不然則不能爲本地所接受, 而不能生存. 所以本地文化雖然受外邊影響而可改變, 但是外來思想也須改變, 和本地適應, 乃能發生作用. 所以印度佛敎到中國來, 經過很大的改變, 成爲中國的佛敎, 乃得中國人廣泛的接受.)

앞서 살펴본 바와 같이, 일본 유학자가 중국 유학을 받아들일 때 늘 유학 경전의 중요한 개념들(예컨대 '중국'이란 단어 등등)에 대하여 그 본래적 의미를 제거하곤 하였다.

유가경전에서 지역적 특징을 가지고 있는 명사 혹은 개념에 대하여,

---

28) 湯用彤, 『往日雜稿』, 「文化思想之衝突與調和」, 臺北: 彙文堂出版社, 1987, 150면.

서론

타국의 유학자가 이를 받아들일 때 그것의 본래적 의미를 제거하거나, 혹은 퇴계가 말한 것처럼 '번거로움을 제거하고 핵심을 요약하는 것'[29]은 일종의 필연적인 선택이다. 이렇게 해야만 중국의 유가경전이 일본 혹은 조선의 풍토에 적응되어 이른바 '외래사상의 본토화'를 완성할 수 있기 때문이다.[30] 중국 밖의 경전 주석자의 입장에서 말하자면, '경전의 본래적 의미의 제거'라는 경전 주석 방식은 당연히 합당하고 필요한 것이다. 그러나 이러한 작업은 유가경전의 개념에서 모두 추출된 것이기에, 경전의 원작자 입장에서 본다면 이런 작업의 가치에 대하여 생각해 보아야 할 점이 있다. 왜냐하면 유가경전의 개념들, 예를 들어 '천명(天命)', '리(理)', '심(心)', '성(性)' 등과 같은 용어들은 비록 보편성을 지닌 개념이지만, 경전의 원작자가 이런 개념을 제기하였을 때 모두 구체적이고 특수한 맥락과 의미를 가지고 있다. 다시 말해 유가경전의 내용은 일종의 '개념적 유희'가 아니라 경전을 지은이들의 내면적 의지와 실천적 행위의 기록물이기 때문이다. 일찍이 주자는 경전을 깊이 연구하는 것은 경문의 용어와 의미를 규명하는 것만의 문제가 아니라, 실천에 옮기는 것이 중요하다고 지적하였다.[31] 왕양명은 한 발 더 나아가 『맹자』에 나오는 '양지(良志)'를 체득하는 과정을 '백 번의 죽음의 고비와 온갖 어려움을 거친 뒤에 얻은 것'(百死千難中得來)[32]이라고 표현하였다. 왕양명은 더욱이 "옛사람들의 언어는 자신들의 경험의 기록이기에 그 말씀들이 친절한 것이다. 이에 후세에 남길 수 있었으니, 사람의 마음을 곡진하게 표현

....

29) 湯用彤, 위의 글, 각주 1.

30) 宮川透, 『近代日本思想の構造』, 東京: 東京大學出版會, 1988, 5면.

31) 朱熹, 『晦庵先生朱文公集』, 「答程允夫」, 701면. "將來踐履, 卽有歸宿."

32) 陳榮捷, 『王陽明傳習錄詳註集評』, 「傳習錄拾遺」第10條, 臺北: 臺灣學生書局, 1993, 396면.

하였다. 만약 자신의 경험의 기록이 아니라면 그 수많은 고심의 흔적이 어찌 있을 수 있겠는가."[33]라고 말하였다. 이는 유가경전에 보이는 '개념'들은 모두 경전을 지은이의 내면적 의지와 실천의 역정으로 가득 차 있으며, 이에 구체성과 실증성을 지니고 있다는 의미이다. 그러므로 경전의 '추상적 형상'으로서의 '개념'은 실제로는 '구체적 형상'인 것이다.

이러한 각도에서 보면, 동아시아 주변 각국의 유학자가 유가경전의 '개념'에 대해 그 본래적 의미를 제거하여 자기 나라의 문화 맥락 속으로 이식하는 것은 비록 그 필요성이 있기는 하지만, 중국 경전의 원작자와 주석자들에게 의심을 일으킬 수도 있다. 즉 그들은 다른 나라의 경전 주석자들이 쓸모없는 내용에 현혹되어 경전의 내용 중에 가치가 없는 것을 취하고 그 원초적 의미는 버린다고 생각할 수 있는 것이다.

경전의 본래적 의미를 제거하는 작업은 이런 의심을 불러일으킬 수 있기에, 많은 학자들은 경전 해석이 반드시 경전의 지은이가 살았던 그 시대의 맥락으로 돌아가야 할 것을 강조한다. 청대의 유학자 항세준(杭世駿, 1696-1773)은 "경전을 해석하는 학문은 그 옛날 경전을 지은 이들에 비해 한층 더 어렵다. 첫째 주석자의 언어는 반드시 그 근원으로 올라가야 하고, 둘째 사건은 반드시 전거가 있어야 되며, 셋째 학문은 천지인 삼재를 관통하고 칠략을 모두 궁리해야 하기 때문이다."[34]라고 말하였는데, 이른바 '주석자의 언어는 반드시 그 근원으로 올라가야 함'은 경전의 개념 혹은 명사를 해석함에 있어서 반드시 그것이 나온 고대의 근원 혹은 맥락까지 거슬러 올라가야 함을 가리킨다. 한편 정수덕(程樹德, 1877-

---

33) 陳榮捷, 『王陽明傳習錄詳註集評』, 「傳習錄拾遺」第296條, 345면. "古人言語, 俱是自家經歷過來, 所以說得親切. 遺之後世, 曲當人情. 若非自家經過, 如何得他許多苦心得?"
34) 杭世駿, 『道古堂集』卷8, 「李義山詩注序」, 淸乾隆五十七年杭賓仁校刊本, 83면. "詮釋之學, 較古昔作者爲尤難. 語必溯源, 一也, 事必數典, 二也, 學必貫三才而窮七略, 三也."

1944)도 경전을 해석하면서 "경전을 해석할 때는 자신의 견해를 먼저 세워 놓고 해서는 안 된다. 반드시 옛사람이 살았던 시대를 살펴서 말을 해야만 한다."[35]라고 하면서, 경전이 탄생했던 시대의 맥락 속으로 돌아가 경전을 이해해야지 경전에 대해 그 본래적 의미를 제거하는 작업을 해서는 안 됨을 강조하였다. 18세기 덕천시대 일본의 유학자 중정리헌(中井履軒)도 "자신의 주장으로 경전을 해석해서는 안 된다."[36]고 하면서, 후세의 독자의 관점 혹은 시대적 편견을 경전의 해석 속에 넣어서는 안 된다고 주장하였다.

이상으로 우리는 경전의 본래적 의미를 제거하는 것과 그것에 대한 우려, 그리고 몇몇 학자들의 견해에 대하여 살펴보았다. 그러면 이제 남은 문제는 '시대와 지역이 다른 곳에 위치한 경전 해석자가 어떻게 하면 경전의 원초적 의미로 돌아갈 수 있는가?'라는 점일 것이다.

경전 해석자가 경전의 원초적 의미로 돌아가는 방법은 다양할 수 있는데, 덕천시대 고학파 유학인 이등인재는 훈고학적 수단을 통하여 이 문제를 해결하고자 하였다. 그가 제시한 훈고학의 구체적인 방법은, 공자 문하에서 스승과 제자들이 대화하던 그 본래적 언어 환경으로 돌아가는 것이다. 이에 이등인재는 『논어』에 쓰인 한자와 한자어의 '고의(古義)'를 선명하게 밝히고자 노력하였다. 그리고 한편으로 송대의 유학자들(특히 주자)의 해석이 고대유학의 맥락에서 이탈하였다고 비판하며, 주자의 해석이 고대의 언어를 잘못 이해한 것이라고 지적하였다. 이등인재는 경전 언어의 원초적 의미로 돌아가고자 『논어』의 중요한 단어들(도(道) 또

---

35) 程樹德, 『論語集釋』 2책, 北京: 中華書局, 1990, 819면. "不可先有成見', '解經須按古人時代立言.'
36) 中井履軒, 『孟子逢源』, 40면. "有爲之言, 不可以解經.'

는 인(仁)]의 고의(古義)를 명확하게 하고, 『논어』와 많은 경전을 하나로 융합하여 연구하고자 하였다. 그 결과 주자의 해석 방법에 대한 총체적 비판과 더불어, 고학파(古學派)의 경전해석의 전범을 구축하였다. 예를 들어 보자. 공자가 말한 '나의 도는 하나로 관통되어 있다'(吾道一以貫之)라고 할 때의 '관(貫)'을 주자는 '통(通)'으로 해석하였는데, 이등인재는 이것을 부정하고 공자의 도를 '충서(忠恕)'의 도(道) 또는 오행(五行)과 백상(百常) 등 인륜과 일상생활에서 실천해야 될 덕행으로 해석하였다. 이처럼 이등인재는 유학의 중요한 관건에 해당되는 구절을 대상으로 새로운 해석을 시도하였는데, 특히 주자의 『논어』 해석에 대한 비판은 한마디로 급소를 찔렀다고 할 만하다.

자안선방(子安宣邦, 1933-)은 근래 이등인재의 고학파가 채택한 것은 하나의 '사례주의(事例主義)' 방법이라고 하면서, "이른바 사례주의(事例主義)는 경문의 본래적 의미를 중시하는데, 그 방법은 시선을 사례(事例)-구체적으로 드러난 인물-위에 놓는 것이다."라고 지적하였다.[37] 이등인재의 이러한 방법은 경전을 구체적이며 원초적인 언어 속에서 읽고자 한 것이기에, 경전의 원초적 맥락으로 되돌아가는 데 매우 유용한 해석 방법이라 할 것이다.

(2) 경전의 본래적 의미의 변환과 새로운 의미의 생성

두 번째로 언급할 문제는 경전의 본래적 의미가 경을 해석하는 이들의 시대에 알맞은 의미로 변환될 수 있는가 하는 문제이다.

....

37) 子安宣邦, 「伊藤仁齋對 "人文時代" 的『論語』解──從 "知天命" 說談起」, 『東亞儒學: 批判與方法』, 臺北: 臺大出版中心, 2004, 47면.

　　　　　　　　　　　　　　　　　　　　　　　　서론

필자의 생각에 경전의 본래적 의미는 성공적으로 변환될 수 있을 뿐만 아니라 경을 해석하는 자의 의미에 알맞게 읽혀질 수 있다고 본다. 또한 이러한 변환에는 적절한 방법이 있는데, 특히 고대유가의 전통에 다량의 방법론적 자원이 잠재되어 있다고 생각한다. 이 중에서 다음과 같은 몇 가지 방법을 들어 보기로 하겠다.

① 그 사람을 알아서 그 시대를 논함

첫 번째 방법은 후대의 경을 해석하는 자가 경전을 지은 이의 마음과 서로 통하는 경지에 이르는 것인데, 이런 방법을 '그 사람을 알아서 그 시대를 논하는 것'(知人論世)이라고 명명할 수 있을 것이다. 이런 방법은 『춘추좌씨전』의 '일로써 경전을 해석한다'(以事解經)는 언급에서 처음 보이고 맹자에게서 완성되었는데, '역사성'과 '의미성'을 겸비하고 있다. 진소영 (陳昭瑛)은 최근 '지음(知音)'으로써, '그 사람을 알아서 그 시대를 논하는 것'(知人論世)의 경로를 따라서 경을 해석하는 자의 마음과 경전 작가의 마음이 서로 통하는 상태에 도달하게 되는 것을 형상화하였다. 진소영은 지은이와 해석자는 일종의 친구 관계이고 이런 친구 관계는 외부적으로 맺는 관계가 아니라 내면생활의 교류이며, 이를 '상대의 마음을 알아주는 것'(知心)이라고 지적하였다.[38] 이처럼 '상대의 마음을 알아줌'의 이해에 기반을 두고, 육상산은 '이 사람 천년 동안 그 마음 변치 않네'(斯人千古不磨心)라고 말하였다. 한편 장재(張載, 1020-1077)가 제창한 '마음으로

38) 陳昭瑛, 「孟子 "知人論世" 說與經典詮釋問題」 『儒家美學與經典詮釋』, 67-90면; 黃俊傑, 「孟子運用經典的脈絡及其解經方法」, 『臺大歷史學報』 28期, 2001, 193-205면; Chun-chieh Huang, "Mencius' Hermeneutics of Classics," *Tao: A Journal of Comparative Philosophy*, vol. 1, no. 1(2001, NewYork), pp. 15-30.

의 이해'(心解)[39]라는 경전 해석의 방법도 여기에 근거하여 성립될 수 있었다.

② 자신의 마음으로 상대의 마음을 헤아림

경전의 해석자가 자신의 마음으로 경전을 지은 이의 마음을 역추적한다면, 저자와 독자 사이에 의미의 변환이 가능할 수 있다. 이런 방법은 맹자에 의해 제기되었고, 주자의 각성과 체험에 관한 이론에서 완성되었다. 이 방법은 심성론을 근거로 하여 각성(覺醒)－체험(體驗)－녹아듦(浹洽)－일어남(興起) 등 네 층위의 이론과 절차가 포함되어 있는데, 순서가 분명하면서도 상호간에 영향을 미친다.[40]

이처럼 자신의 마음으로 상대의 마음을 헤아려서 경전의 의미의 변환을 시도하는 방법은, 오랜 시간이 흘러도 변치 않는 인간의 마음을 전제로 삼고 있다. 이에 시간과 공간이 다른 곳에 있는 경전의 해독자는 비록 고대의 경전작가와 만나지 못하지만 마음의 친구라고 할 수 있다. 즉 경전의 해독자는 "선현의 말에 의거해서 성인의 마음을 구한다."[41]라는 주자의 말처럼, 시공을 뛰어넘어 경전의 지은이와 지기(知己)가 되는 것이다.

이처럼 자신의 마음으로 상대의 마음을 헤아리는 경전 해석 방법은 경전의 의미를 효과적으로 변환할 수 있으며, 또한 늘 다른 사상적 맥락 속에서 새로운 의미를 창조, 생성하고 그 시야를 넓히거나 새로운 시각들

---

39) 張載, 『張載集』, 「經學理窟」, 276면.

40) 周光慶, 『中國古典解釋學導論』, 北京: 中華書局, 2002, 46－66면.

41) 朱熹, 『朱子文集』 4冊 42卷, 「答石子重一」, 1832면. "因先達之言, 以求聖人之意.'

을 융합할 수 있다. 일본의 도원(道元, 1200-1253)선사는 중국어의 '유시(有時)'라는 단어를 가지고서 그 본래적 의미의 변환을 시도하였다. 이에 그는 『정법안장(正法眼藏)』「유시(有時)」편을 완성하였는데,[42] 이는 이러한 방법하에서 진행한 그 본래적 의미의 변환 중 가장 성공적인 사례 중의 하나라고 할 수 있다.

이상 우리는 선진유가의 사상에서 본래적 의미의 변환을 가능케 하는 두 가지 방법을 지적하였다. 그런데 이는 다만 대강을 들었을 뿐이다. 이 외에도 많은 경로가 있으니, 더욱 깊이 파고 들어가 오래된 서적에서 새로운 해석을 내놓아야만 할 것이다.

5. 결론

이 장에서는 유가경전이 동으로 일본에 전해진 후 일본 유학자들의 경전 해석의 내용 변화를 예로 들어서, 다양한 문화 환경에서 경전 해석의 원초적 의미의 변환과 관련되는 문제를 분석하였다. 중국 외의 지역의 경전 주석가들은 외래의 경전을 해석하면서 경전의 허다한 개념을 그것의 원초적 맥락에서 벗어나게 하여 모종의 의미의 변환을 진행함으로써 그 경전을 본국의 문화풍토에 적응하게 하였다. 이는 다양한 문화사상의 전파에서 흔히 보이는 현상이라고 할 수 있다.

덕천시대 일본 유학자들에게 있어서 중국의 문화는 하나의 거대한 '타자(他者)'이다. 유가경전은 그들의 정신적 고향이지만, 중화제국은 그들

---

42) 傅偉勳, 『道元』, 臺北: 東大圖書公司, 1996, 111-129면.

에게 정치적 타향이다. 특히 이 문화적 고향과 정치적 타향인 대명제국이 1644년에 여진족에 의해 멸망당하고 이민족 정권이 대청제국을 건립했을 때, 일본과 조선 유학자들의 충격은 절대로 중국의 유학자 고염무(顧炎武, 1613-1682), 왕부지(王夫之, 1619-1692), 황종희(黃宗羲, 1610-1677) 등이 느낀 '하늘과 땅이 무너지는'(天崩地解)[43] 혹은 '천하가 망하였다는'(亡天下)[44] 감정보다 작지 않았다. 이것은 바로 17세기의 산기암재(山崎闇齋)가 제자들에게 "지금 저 중국에서 공자가 대장이 되고 맹자가 부장이 되어 수만 명의 군대를 이끌고 우리나라를 쳐들어온다면 공맹의 도를 배운 우리들은 어떻게 해야 하는가?"[45]라는 문제를 제기하였을 때와 흡사한 역사적 배경이라 할 수 있다. 이처럼 '문화적 자아'와 '정치적 자아'가 분리되는 환경 속에 처해 있던 일본의 유학자들은 유가경전에 흔히 나타나는 '중국'이란 명사에 대해 그 의미의 변환을 시도하여, '중국'이란 단어의 지리적, 정치적 의미를 해체하고 '그 중도를 획득한' 나라가 바로 중국이란 문화적 의미를 입력하였으며, 이런 의미에서 '중국'이란 바로 그들의 고국을 지칭한다고 하였다. 이러한 시도는 그야말로 바꿔치기하여 훔친 것이지만 창의가 넘쳐흐르며, 그들 자신의 이중성을 해소함과 동시에 일본 유학의 주체성을 건립하였다. 경전 원작자의 입장에서 보면 비록 '창조적 오독(誤讀)'이라고 할 수 있지만, 실상 이는 '외래사상의 토착화'를 촉진시키는 효과적인 경전 해석 전략이라 할 수 있다.

경전의 '본래적 의미의 변환'에서 그 전제는 항상 경전의 원초적 개념

---

43) 黃宗羲, 『南雷文集』卷2, 「留別海昌同學序」, 16면.

44) 顧炎武, 『日知錄』卷17, 「正始」, 379면.

45) 原念齋, 『先哲叢談』卷3, 4-5면. "方今彼邦, 以孔子爲大將, 孟子爲副將, 牽數萬騎來攻我邦, 則吾黨學孔孟之道者爲之如何?"

을 제거하는 것이며, 본장의 제4절에서 말한 것처럼 이런 작업은 비록 새로운 의미를 창조 생성하는 데 필요한 일이기는 하지만, 새로 생성된 의미는 유가경전의 원초적 맥락 및 의미와 차이가 있으며 심지어 서로 저촉되기도 한다. 이 문제에 대하여 고전 유가의 사상 전통은 방법론을 제공하였는데, 특히 맹자가 제기한 '그 사람을 알아서 그 시대를 논함'과 '자신의 마음으로 상대의 마음을 헤아림'이라는 학설은 경전의 본래적 의미의 변환을 가능케 한 중요한 이론이다.

요컨대 중국과 일본의 비교사상사의 시각에서 보면, 다양한 문화 환경에서 경전을 해석할 때 그 본래적 의미의 변환은 문화의 '공생(共生)'과 '상생(相生)' 사이의 장력을 보여주고 있다. 뿐만 아니라 시공의 제한을 넘어서는 '개념화(槪念化)'와 시공의 제한 속에 있는 '맥락화(脈絡化)' 사이의 장력을 표현하였으며, 그 묘미가 매우 풍부해서 사람을 황홀케 한다. 우리는 다음 장에서 『논어』를 중심으로 『맹자』와 비교하면서 보다 진일보한 경전의 다양한 문화 전파의 문제를 토론해 보기로 하겠다.

3장

일본 유학과 『논어』, 『맹자』

1. 머리말

우리가 앞장에서 지적한 바와 같이, 일본 유학자들은 『논어』와 『맹자』를 해석할 때 항상 모종의 '본래적 의미의 변환'을 시도하여 공맹사상이 일본의 문화 풍토에 적응하게 하였다. 이 장에서는 『논어』를 중심으로 이 점에 대하여 살펴보기로 하겠다.

먼저 『논어』와 『맹자』가 일본 지식계에서 얻은 각기 다른 반응부터 살펴보기로 하자. 『논어』에 비해 상대적으로 『맹자』는 덕천시대 268년의 일본 사상계에서 실로 칭찬보다 비방이 많았고 이에 대한 논쟁이 멈추지 않았다.

18-19세기 일본의 절충학파 유학자인 총전호(冢田虎, 1745-1832)는 명조 말기 사조제(謝肇制, 1567-1624)가 『맹자』를 싣고서 일본으로 가는 선박이 자주 좌초되었다는 말에 대하여 터무니없다고 비판하면서 "우리나라에 맹자가 들어온 것은 명나라 이전의 오래된 일이다."[1]라고 하였다. 『맹자』가 일본에 전해진 것은 나라(奈良) 초기 9세기 전후이다. 겸창시대(1192-1333), 남북조시대(1336-1392) 및 실정시대(1338-1573)에 『맹자』는

일본에서 널리 유전되었다.[2] 그럼에도 불구하고 일본 유학자들의 맹자라는 인물과 그의 사상에 대한 논쟁은 줄곧 멈추지 않았다. 예를 들면 17세기 고문사학파의 대가 적생조래(荻生徂徠)는 "공자와 맹자를 병칭하는데, 이 두 분은 매우 같지 않다."[3]고 하였고, 귀정소양(龜井昭陽, 1773-1836)은 "사람들이 『맹자』를 『논어』와 동일시하는데, 이는 중니가 우주에서 제일가는 사람임을 알지 못해서이다."[4]고 하였으며, 심지어 어떤 사람은 『맹자』란 책은 후세 사람들이 위조한 것이라고도 하였다. 막부 말기의 고송방손(高松芳孫)은 "옛부터 성인의 도를 어지럽힌 책으로 『맹자』만큼 심한 것이 없다."[5]고 하였다. 이처럼 『맹자』는 일본에서 홀대를 받은적이 있기 때문에, 중일 문화교류사에서 『논어』와 『맹자』를 동일선상에서 논할 수는 없는 것이다.

나는 이 글에서 '왜 일본 덕천사상사에서 『논어』는 극도로 숭배되었는가?'라는 문제를 중점적으로 서술하고자 한다. 특히 『논어』와 『맹자』를 상호 비교하면서 중일 사상의 교류로부터 중화문화의 가치와 일본의 지역적 특성으로 인한 긴장성 및 그 상호작용을 살펴보고자 한다.

'중화문화의 가치'는 『논어』와 『맹자』의 내용에서 중국의 유학자들이 '천하의 표준이자 백세 뒤의 성인들에게도 변함없는 진리'라고 생각하는 가치이념인 '도(道)', '오랑캐와 중화의 구분', '민본사상' 등을 가리킨

---

1) 冢田大峰, 『隨意錄』第1卷, 10면. ("我方有孟子, 明以前其由來久矣." 참고) 謝肇制, 『五雜俎』卷之4 地部2, 「韃靼之獮獞」. "條云, 倭奴之重儒書, 信傳法, 凡中國經書悉人重價購之, 獨無孟子. 云: 有携其書往者, 舟輒覆溺. 此亦一奇事也."

2) 井上順理, 『本邦中世までにおける孟子受容史の研究』, 214면.

3) 荻生徂徠, 『護園隨筆』第1卷, 187면. "孔孟之稱, 不倫殊甚."

4) 龜井昭陽, 『家學小言』第6卷, 1면. "人之躋『孟子』配『論語』者, 未知仲尼之爲宇宙一人者也.'

5) 高松芳孫, 『正學指要』第11卷, 37-38면. "古來亂聖人之道者, 無如『孟子』之甚."

다. 그리고 '지역적 특성'은 덕천시대 일본 유학자가 처해 있던 특수 상황을 가리키는데, 일본의 만세일계(萬世一系)의 천황제도와 덕천시대 막부체계 및 그들의 일본 문화에 대한 인식 등과 같은 것이다. 나는 이 글의 제2절에서 먼저 일본 유학자의 '문화 인식'의 이중성을 설명하고, 3절과 4절에서 공맹사상의 중요한 내포, 예를 들면 공자의 '도', 맹자의 역성혁명(易姓革命) 등의 개념이 일본 유학자에 의해 특수한 시공의 제한에 응하여 새로운 해석으로 탄생함을 분석해 보고자 한다. 그리고 결론적으로 중화문화와 일본의 교류사에 잠재되어 있는 과제와 그 역사적 의미를 조망해 보고자 한다.

2. 일본 유학자들의 문화적 자아, 그 이중성

덕천시대 일본 유학자들의 『논어』와 『맹자』에 대한 해석을 탐구하기 전에, 왜 그들은 『논어』와 『맹자』를 재해석하였는가에 대한 문제를 생각해 볼 필요가 있다.

이 문제의 답은 여러 가지이지만, 가장 중요한 원인은 일본 유학자들의 '문화적 자아'의 이중성에서 찾을 수 있다. 사람은 정치적 생활을 영위하기에 '정치인(Homo Politicus)'이 되기도 하며, 노동과 분배에 참여하기에 '경제인(Homo Economicus)'이 되기도 한다. 뿐만 아니라 사람들은 더 복잡하고 유구한 문화의 맥락에서 생활하고 있기에 생생한 '문화인(文化人)'이 되기도 한다. 다시 말해 사람이 살아가면서 그 문화와 이념에 젖어 들어 그 문화의 가치관, 우주관, 세계관을 흡수하여 이를 자기 삶의 원천으로 삼았을 때, 우리는 이러한 존재를 '문화적 자아'라고 한다. 이런 문화적 자아는 늘 장기적이며, 단기적으로는 변하지 않는 풍속, 습관, 생명, 예속, 윤리가

치 등의 요소에 의해 결정된다. 이는 장기적으로 존재하는 문화가치로, '개인'을 만들어 낼 뿐 아니라 동시에 '개인'에 의해 계승되고 창조된다.

덕천시대의 일본 유학자는 중화문화의 세례를 받아 유가의 가치 전통에 물든 후, 그들의 문화적 자아에 미묘한 변화를 일으켰다. 일본의 지식인들은 일본인이고 그들은 일본의 사회와 문화에서 태어났으며, 일본 문화 특히 신도(神道)의 영향을 많이 받았다. 이런 일본에서 기원하는 선천적 감정, 그리고 풍속과 문화는 바로 그들의 문화적 자아를 구성하는 중요한 기초이다. 하지만 다른 한편으로 그들은 중화문화를 받아들이고 유가의 전적을 연구하고 공부하여 유가가치의 신봉자가 되었다. 이는 결국 덕천시대의 많은 일본 유학자로 하여금 문화적 자아의 이중구조를 창조하게 하였다. 이에 일본 유학자들은 중국과 일본의 문화 전통 사이의 밀고 당기는 압력을 더욱더 느끼게 되었고, 이는 그들로 하여금 두 문화 사이의 화해와 융합을 위해 노력하게끔 하였다. 이런 문화적 자아와 정치적 자아의 긴장성은 일본 유학자를 포함한 동아시아 각국 유학자의 사상속에 자주 나타난다.

(1) 일본 문화를 근간으로 하는 문화적 자아

덕천시대 일본 유학자들의 문화적 자아는 두 개의 요소로 구성된다. 하나는 일본 문화를 근간으로 하는 문화적 자아이고, 다른 하나는 중국 문화 특히 유가가치를 근간으로 하는 문화적 자아이다. 전자는 선천적으로 타고난 것이고 후자는 후천적으로 습득한 것이므로, 전자가 보다 더 우선적 지위에 놓여 있다. 이에 여기서는 임라산(林羅山, 1586-1657), 산록소행(山鹿素行, 1622-1685), 좌구간태화(佐久間太華, ?-1783), 길전송음(吉田松陰, 1830-1859) 등 네 명의 사상가를 예로 들어서 일본 유학자들의 일본 문화를 근간으로 하는 문화적 자아에 대하여 탐구해 보고자 한다.

임라산은 덕천시대 초기의 저명한 주자학자로서 등원성와(藤原惺窩)에게 주자학을 배웠다. 젊은 시절 절에서 공부할 때 출가의 권유를 받았지만, 임라산은 단호하게 거절하고 집으로 돌아와서 다시 절로 가지 않았다. 열여덟 살에 주자의 『사서집주』를 읽기 시작하였는데 진심으로 경탄하였으며 제자들에게 주자의 경전 주석을 강론하였다. 또한 그는 덕천시대 막부의 총애와 신임을 얻어 조의(朝儀)와 율령(律令)을 제정하는 데 참여하였으며,[6] 덕천시대 주자학의 발전에 대해 상당한 영향을 주었다. 임라산은 경장(慶長) 17년(1612)에 「왜부(倭賦)」를 지었는데, 여기서 그는 "우리나라의 빼어남이여, 신성한 성인이 나셨도다. 큰 바다가 둘러 있고, 빛나는 태양이 밝고도 밝도다. 이에 일본이라 이름 붙이니, 참으로 자연스럽고도 아름다운 이름이로다."[7]라고 하면서 일본을 찬양하였다. 한편 임라산은 한층 더 일본 문화가 중국 문화에 비하여 손색이 없다고 주장하면서, "일본과 중국은 그 지역이 다르다. 그러나 일본은 큰 바다 위에 있으면서 아침에 태양이 비치고 큰 파도가 휘몰아치는데, 오행이 빼어나고 산천이 신령스러우며 인물이 많다. 때문에 군자의 나라라고 불린다."[8]고 말하였다. 그는 일본의 산천이 수려하고 풍토가 우월하며 인재가 배출되어 중국에 뒤지지 않다고 여긴 것이다.

산록소행은 고학파의 시조이자 덕천시대 초기의 저명한 병학가(兵學家)

---

6) 原念齋, 『先哲叢談』 卷1, 1면, 6면.

7) 林羅山, 『林羅山文集』 卷第1, 「倭賦」, 1면. "惟吾邦之靈秀兮, 神聖之所挺生. 環以太洋海兮, 耀暘谷之明明. 名茲曰日本兮, 固自然之嘉名."

8) 林羅山, 『林羅山文集』 卷第73, 「隨筆」九, 914-915면. "日本與中華雖殊域, 然在大瀛海上, 而朝暾旭輝之所煥耀, 洪波層瀾之所漲激, 五行之秀, 山川之靈, 鍾於人物, 故號曰君子之國."

이며 일본주의(日本主義)의 제창자이기도 하다. 산록소행은 관문(寛文) 5년(1665)에 『성교요록(聖教要錄)』을 편찬하고 주자의 형이상학에 대해 비판하였는데, 이때 막부(幕府)의 노여움을 사서 적수(赤穗)에 유배되었다. 관문 5년(1669), 그의 나이 48세 때 적수에 유배되어 있으면서 『중조사실(中朝事實)』을 편찬하였다. 이 책에서 산록소행은 일본의 황통이 일관되고 우월성을 가지고 있어서 다른 나라보다 우월하기 때문에 '중화(中華)', '중조(中朝)' 혹은 '중국'으로 불려야 한다고 주장하였다. 『중조사실』은 『일본서기(日本書紀)』를 주해하는 방식의 책인데, 주로 일본의 역사적 풍토의 우월성을 논하고 있다. 이 책의 「자서(自序)」에서 그는 다음과 같이 말하였다.

나는 중화(일본을 가리킨다)의 문명(文明)한 땅에서 태어나 이 땅의 훌륭한 문명을 알지 못하고 오로지 외조(중국을 가리킨다)의 경전만을 즐기고 그곳의 인물들을 사모하였으니, 어찌 이리도 방심하며 뜻을 잃은 것인가? 아니면 기이한 것을 좋아하는 것인가? 아니면 다른 것을 높이고자 하는가? 중국(일본을 가리킨다)의 국토는 만방에 우뚝 서 있으니 인물들이 천하에서 빼어나고 뛰어나다. 그러므로 신명이 성대하고 성인의 다스림이 이어져서, 문물(文物)은 찬란하고 무덕(武德)은 빛나니 천지에 비견될 수 있다.(愚生中華(俊傑案: 指日本)文明之土, 未知其美, 專嗜外朝(俊傑案: 指中國)之經典, 嘐嘐慕其人物, 何其放心乎? 何其喪志乎? 抑好奇乎? 將尙異乎? 夫中國(俊傑案: 指日本)之水土, 卓爾於萬邦, 而人物精秀于八紘, 故神明之洋洋, 聖治之縣縣, 煥乎文物, 赫乎武德, 以可比天壤也.)-山鹿素行, 『中朝事實』

이 책의 「자서(自序)」에서 언급된 '중화의 문명한 땅'(中華文明之土)은 바로 일본을 가리켜 한 말이니, 일본이야말로 바로 산록소행의 문화적, 정치적 자아의 근원이다.

산록소행이 일본이 세계에서 특히 우월하다고 생각하는 이유는 다음과 같다.

첫째, 일본은 지세가 탁월하고 천하의 정중앙에 위치한다.[9] 이에 그는 지리적 위치, 기후와 풍토, 풍부한 물산 등의 방면에서 일본의 우월성을 논증하였다.

둘째, 일본의 황통은 일관되고 정치가 안정되어서, 왕조가 자주 교체되고 정치가 불안정한 중국보다 훨씬 낫다.[10] 그는 일본을 '중국'이라 부르면서 황통이 만세 동안 한줄기로 내려오니, 역성혁명이 자주 일어나는 '외조(外朝)'인 중국보다 훨씬 우월하다고 생각하였다. 추고천황(推古天皇) 15년에 일본은 소야매자(小野妹子)를 견당사로 당에 파견하면서 「천황빙표(天皇聘表)」에 '동쪽나라 천황이 서쪽나라 황제에게 삼가 질문합니다' (東天皇敬白西皇帝)란 구절이 있는데, 산록소행은 이 말에 대하여 다음과 같이 해석하고 평론하였다.

제서(制書)에 "동쪽나라 천황이 서쪽나라 황제에게 삼가 질문합니다."라고 하였으니 태자의 글에 담긴 지기(志氣)가 없을 뿐 아니라 본조(本朝)가 중화임을 알 수 있다. 외조(중국을 가리킨다)는 그 땅이 넓지만 집약적이지 않다. 그래서 다스림과 가르침이 융성할 때는 국경선이 넓어지지만, 문화를 지킴이 밝지 않으면 오랑캐가 차지하게 된다. 오(吳)나라, 월(越)나라, 형(荊)나라, 초(楚)나라가 여러 제후국을 침범하였고, 주평왕(周平王)이 낙읍(洛邑)으로 동천하였으며, 때로는 16주로 잘라서 거란(契丹)에게 주었고, 때로는 임안(臨安)으로 물러나서 원수들에게 신하라고 칭하기도 했으니, 이는 모두

---

9) 山鹿素行, 「中朝事實」, 234면.
10) 山鹿素行, 「中朝事實」, 250면.

3장 일본 유학과 「논어」, 「맹자」

117

오랑캐에게 핍박당한 것이다. …… 오직 중국(일본을 가리킨다)만이 이와는 반대이다. 큰 바다 위에 높이 솟아 국경에 저절로 천해의 험지(險地)가 생겨났다. 신령한 성왕들이 하늘의 의지를 계승하여 인간세상의 표준을 세운 이래로, 사방 오랑캐국들이 마침내 번국(藩國)이 되었지만 이 땅을 엿보지 못하였다. 천황의 혈통이 면면히 이어져서 천지의 무궁함과 같고, 나아가 신대(神代)의 정치가 오래됨에 인황(人皇)의 복이 길이 이어졌으니, 오늘날과 같은 말세라도 오히려 주나라 말엽보다 낫도다.(制書以東天皇敬問西皇帝, 唯非太子大手筆, 其志氣洪量, 能知所以本朝爲中華也. 夫外朝(俊傑案: 指中國)其地博而不約, 治敎盛則所畵惟泛, 守文不明, 則戎狄據之. 吳越荊楚之僭越列諸侯, 平王之東遷於洛, 或割十六州以賂契丹, 或退臨安稱臣于讎虜, 皆是所逼於戎狄也. …… 唯中國(俊傑案: 指日本)反之. 卓立於巨海, 封域自有天險, 自神聖繼天立極爾來, 四夷竟藩籬亦不得窺, 皇統連綿, 與天壤無窮, 況神代之治悠久, 人皇之祚永算, 今日之澆季, 亦尙優於周之末也.)-山鹿素行, 『中朝事實』

이 글에서 우리는 산록소행의 일본주의가 실로 일본의 지리적 환경과 만세일계 황통의 우월성 위에 건립되었음을 알 수 있다.

또 달리 선명하게 일본의 문화적 전통을 자아로 삼은 유학자는 좌구간태화(佐久間太華)이다. 좌구간태화는 18세기의 한학자로서 경사(經史)에 능통하며, 일찍이 출사하여 환구번(丸龜藩)을 맡은 적도 있는데, 천명(天明) 3년(1783)에 『단복수론(斷復讐論)』을 저술하기도 하였다. 안영(安永) 7년(1778)에 좌구간태화는 『화한명변(和漢明辨)』을 편찬하여 일본의 국체와 정치제도, 풍속습관 등을 통해 일본의 중국에 대한 우월성을 분석하고, 맹자의 폭군방벌론(暴君放伐論)을 비판하는 데 힘을 아끼지 않았다. 좌구간태화의 학파와 출생 연대는 고증할 수 없는데, 그는 1783년에 세상을 떠났다. 좌구간태화는 『화한명변』의 「서문」에서 "다행히도 신의 나라에 태어났지만, 오늘날 신풍(神風)의 쇠퇴함을 탄식한다. 그러나 우리나라의 신성(神聖) 황제께서 나라를 여신 것을 중국의 제왕이 개국을 한 것과 비교해 보면, 우리나라의 문물제도가 월등하게 우월하다."[11]라고 말하였는데, 이 말에서 우리는 대체로 이 책이 18세기 일본주의의 대표작이라고 추론하여 짐작할 수 있으며, 이 책으로부터 일본 사상가들의 문화적 자아 속에 들어 있는 일본 문화의 기초를 간략하게 엿볼 수 있다. 좌구간태화는 일본의 우월성을 논술하면서 먼저 천황제가 만세의 일계로 이어진 안정된 정치체제임을 강조하였다.[12] 이에 비해 중국의 과거제도가 인심을 안심시키지 못한다고 비판하였으며, 일본은 신권통치가 이어져서 천하가 평안하다고 하였다. 그는 중국의 혼란함과 일본의 안정은 실로 사람에 의한 통치와 법에 의한 통치의 차이에서 생겨났다고 여겼다. 좌구간태화의 위와 같은 관점은 일본에서 그대로 계승되었다.

20세기 일본의 한학자인 우야철인(宇野哲人, 1875-1974)은 "우리 일본은 황실을 중심으로 삼는다. 황실은 종가로서 대화민족이 점진적 발전을 통해 창출해 낸 세계에서 가장 우수한 국체(國體)이다. 황실과 국민의 관계는 군신의 의로써 마치 부자의 친함과 같다. 그러나 중국(中國)은 이와 다르니, 예부터 선양(禪讓)과 방벌(放伐)에 의해 형성된 나라이다."[13]고 말하였는데, 우야철인의 이러한 견해는 바로 좌구간태화의 생각을 현대적으로 옮긴 것이라고 할 수 있다.

---

11) 佐久間太華, 『和漢明辨』第4卷, 論辨部, 「序」, 1면. "幸以受生於神邦, 嘆神風之陵夷, 有日于茲焉. 比較我邦 神聖皇帝御制之肇, 與漢土帝王建制之肇, 不如我邦御制之善天壤矣."
12) 佐久間太華, 『和漢明辨』, 1-2면.
13) 宇野哲人著, 張學鋒譯, 『中國文明記』, 北京: 光明日報出版社, 1999. "我日本以皇室爲中心, 皇室是宗家, 大和民族漸次發展, 創造出世上無與倫比之國體, 皇室與國民之關係, 君臣之義, 就如父子之親. 然中國則反之, 自古以來就形成禪讓放伐之國體."

다음으로 좌구간태화는 일본 문화가 중국보다 우월한 것은 일본 사회가 윤리를 중시하기 때문이라고 지적하였다. 그는 일본 사회의 윤리와 풍습을 나열하면서, 일본은 일을 논의하는 방식이 간단하여 중국처럼 번잡하고 형식적이지 않다고 생각하였으며, 이로 인해 일본 신황(神皇)의 가르침이 중국의 성인(聖人)의 가르침보다 훨씬 낫다고 굳게 믿었다.[14] 좌구간태화는 이상에서 언급한 일본 문화의 우월성을 근거로, 일본을 문화적 자아의 대상으로 삼았다.

19세기의 길전송음(吉田松陰)은 일본을 문화적 자아로 삼고 있는 또 한 명의 유학자이다. 길전송음은 양명학자로서 천보(天保) 원년(1830)에 태어나 안정(安政) 6년(1859)에 죽었는데, 그의 나이 겨우 30세였다. 길전송음은 막부 말기에 서양의 열강들이 동으로 침입하여 일본의 위기가 날마다 심해져 가는 시대에 왕을 존중하고 외적을 물리치자는 깃발을 높이 치켜 들었다. 1853년 7월에 미국 해군 제독인 페리(Matthew C. Perry, 1794-1858)는 군함을 거느리고 일본의 포하항(浦賀港)에 도착하여 일본의 쇄국 정책을 타개하려 하였다. 이때 길전송음은 죽음을 무릅쓰고 미국에 몰래 건너가게 허락해 달라고 페리에게 요청을 하며 "몰래 해외에 나가 오대주(五大洲)를 다니고 싶습니다."[15]라고 하였으나, 아쉽게도 원하는 대로 되지 않았다. 길전송음의 중요한 저작에는 『유수록(幽囚錄)』, 『강맹여화(講孟餘話)』(1856년 완성) 등이 있다.

길전송음은 공자와 맹자를 마음속으로 경모하고 중화문화를 인정하기

---

14) 佐久間太華, 『和漢明辨』, 4면.
15) 吉田松陰이 漢文으로 써서 페리 제독에게 보낸 문건은 최근 日本 關西大學의 陶德民 敎授가 耶魯大學圖書館에서 발견하였다. 이 발견에 덧붙여 도덕민 교수는, 「日美建交之初一樁偸渡公案的新解讀: 吉田松陰「投夷書」在耶魯大學檔館發現」이라는 논문을 『東亞文明研究通訊』(第六期, 臺北: 臺大東亞文明研究中心, 2005년 1월)에 실었다.

도 하였다. 이에 감옥에서 죄인에게 『맹자』를 강의하고 『강맹여화(講孟餘話)』란 책을 지었으며, 『맹자』의 주석을 통하여 존왕양이(尊王攘夷)의 사상을 토로하였다. 지리적 위치에서 볼 때 일본의 장주(長州, 오늘날 일본의 산구현(山口縣))은 중국 산동의 추(鄒)나라 노(魯)나라와 바다를 사이에 두고 대치의 형세를 이루고 있다. 이 사실에 근거하여 길전송음은 『맹자』의 마지막 장을 해석할 때 "우리 일본국은 서해(西海)의 모퉁이에 위치하여 서쪽으로 중국과 대치하고 있다. 그러나 중국 유교의 성현들을 되살리는 것은 우리들의 임무이다."[16]라고 하였다. 이 구절에서 우리는 길전송음이 공맹의 계승을 자기 책임으로 삼고 천하를 맡으려는 기백이 있다는 것을 충분히 알 수 있다. 하지만 맹자의 방벌론(放伐論)과 그가 깊이 믿는 존왕양이(尊王攘夷)의 사상이 충돌할 때, 그는 지하에서 맹자를 불러서 일본의 만세일계의 천황제도를 옹호하려 하였다.

임라산, 산록소행, 좌구간태화, 길전송음 등의 문화적 자아와 관련된 글들에서, 우리는 일본의 역사와 문화전통이 확실히 그들의 문화적 자아의 근본적인 기초를 구성하고 있다는 것을 알 수 있었다.

(2) 중국 문화를 근간으로 하는 문화적 자아

덕천시대 일본 유학자의 문화적 자아의 두 번째 요소는 바로 중화문화가 바탕을 이루고 있다. 대표적으로 16세기 일본의 유학자 등원성와(藤原惺窩, 1561-1619)는 중국에 대한 무한한 동경의 마음을 가지고 있었다. 등원성와는 덕천시대 초기에 처음으로 불교를 포기하고 유교로 돌아서서

---

16) 吉田松陰, 『講孟餘話』, 487면. "抑吾長門(案: 指日本長洲)之國, 在西海之隅, 隔海與西鄒魯對峙, 喚起鄒魯之聖賢者, 固任長門人."

주자의 성리학을 선봉에 서서 제창하였다. 그의 제자 임라산은 「등원성와선생행장(藤原惺窩先生行狀)」에서 등원성와가 일찍이 생명의 위험을 무릅쓰고 바다를 건너 중국에 가려 하였다고 적고 있다. 또한 등원성와가 "항상 중화의 기풍을 숭상하여 그 문물을 보려 하였다."[17]고 기술함으로써, 등원성와의 중국에 대한 깊은 애정을 표현하였다. 등원성와 이후 일본의 많은 유학자가 중화문화를 흠모하고 유가가치를 깊이 새기며, 공맹의 사상체계를 그들 정신의 고향으로 삼았다. 이러한 그들에게 중국의 문화는 그들의 문화적 자아의 중요한 구성요소로 작용하였다.

덕천시대 유학자 중에서 고학파의 대가 이등인재는 아마도 중화문화를 문화적 자아로 삼는 입장이 가장 선명한 사람 중의 한 명일 것이다. 모든 사람이 다 알고 있듯이, 이등인재는 『논어』를 '가장 지극한 진리를 지닌 우주에서 제일가는 책'(最上至極宇宙第一書)이라고 떠받들었다. 이에 그는 밤에 교외에서 강도를 만나 돈이 없어 옷을 벗어 바치면서도, 여전히 정기가 늠름하게 강도에게 대의를 알려주며, 자신은 '인도(人道)로써 사람을 가르치는 유학자'[18]라고 공언하였다. 이 일화는 그가 유가적 가치에 대해 깊이 파고 들어갔음을 반증하는 것이라 할 것이다.

(3) 중국과 일본에 근거한 문화적 자아 사이의 긴장성

덕천시대 유학자가 일본 문화와 중화문화에 대하여 가지는 이중적인 문화적 자아는 항상 양자 사이의 긴장성을 야기하여, 그들의 내면은 중일문화의 밀고 당기는 장을 형성하게 되었다. 그중 가장 대표성을 띤 사람

---

17) 林羅山, 『林羅山文集』 「惺窩先生行狀」, 463면. "惺窩常慕中華之風, 欲見其文物."
18) 原念齋, 『先哲叢談』 卷4, 2면-3면. "以人道教人."

은 산기암재(山崎闇齋)와 오정난주(五井蘭洲, 1697-1762)이다.

주자학자인 산기암재와 제자 사이에 다음과 같은 한 단락의 재미있는 대화가 있다.

산기암재(山崎闇齋)가 일찍이 여러 제자들에게 질문하였다. "지금 중국에서 공자를 대장(大將)으로 삼고 맹자를 부장(副將)으로 삼아 수만의 기병을 이끌고 우리나라를 공격해 온다면, 공맹의 도를 배운 우리들은 어떻게 해야 하는가?" 제자들이 모두 대답하지 못하고서 "저희들은 어찌할 바를 모르겠으니 선생님의 말씀을 듣고 싶습니다."라고 하자, 산기암재가 말하였다. "불행히도 이런 난리를 만난다면 우리들은 갑옷을 걸치고 창을 쥐고서 그들과 싸워야 된다. 그리하여 공자와 맹자를 사로잡아 나라의 은혜에 보답하는 것, 이것이 바로 공맹의 도이다."(山崎闇齋 嘗問群弟子曰: "方今彼邦, 以孔子爲大將, 孟子爲副將, 牽數萬騎來攻我邦, 則吾黨學孔孟之道者爲之如何?" 弟子咸不能答, 曰: "小子不知所爲, 願聞其說." 曰: "不幸關逢此厄, 則吾黨身披, 手執銳, 與之一戰而擒孔孟, 以報國恩, 此卽孔孟之道也.")-原念齋, 『先哲叢談』

이 대화는 비록 가정이지만, 가장 선명한 방식으로 일본 유학자의 문화적 자아의 이중성에 잠재된 긴장성을 나타내고 있다. 산기암재는 기민하게 조국에 충성하는 것으로 공맹의 도를 해석하여, 공자와 맹자가 일본을 침략할 때 일본 유학자가 직면할 수 있는 진퇴양난의 처지를 해소하려 하였다.

위에 서술한 산기암재의 제자를 향한 질문은 결코 의미 없는 것이 아니다. 여기에는 중국의 유학과 일본의 신도 사이에서 뒤척이며 고통스러운 선택에 놓여 있는 산기암재의 입장이 표출되어 있다. 산기암재가 처음 접한 학문은 정주학이었지만, 만년에 그는 길천유족(吉川惟足, 1616-

1694)에게서 일본 전통의 신도를 배우고 나서, 천조대신(天照大神)을 공경하고 스스로 수가신도(垂加神道)를 창시하였다. 산기암재는 수가신도와 주자학의 거경궁리(居敬窮理)의 설을 하나로 융합하려고 시도하였으나,[19] 중국과 일본의 문화 전통은 그 차이가 너무 컸다. 그래서 전하는 바에 의하면 산기암재의 주자학적 학설이 크게 유행할 때는 제자가 약 6,000여 명 있었으나, 그가 신도를 신봉한 후에는 수제자인 좌등직방(佐藤直方, 1650-1719)과 천견경재(淺見絅齋, 1652-1711)도 스승이 옳다고 생각하지 않았으며, 그들 외에도 신도로 돌아선 스승의 학설을 반대하는 자들이 많았다고 한다.[20] 이는 중국과 일본의 문화적 자아의 긴장성이 결코 쉽게 해소되지 않는다는 것을 보여주고 있다.

오정난주(五井蘭洲)의 예는 중국과 일본의 문화를 기반으로 하는 문화적 자아가 일본 유학자들에게 생성하는 장력을 더욱 생생하게 보여주고 있다. 오정난주는 산기암재보다 약 80년 늦게 태어났는데, 당시 일본의 문화에 대한 자각이 이미 날로 성숙되어 일본의 신도와 중국의 유학 사이의 밀고 당기는 현상이 일본 유학자들 사이에서 선명하게 일어났다. 오정난주는 일찍이 『십액론(十厄論)』을 편찬하여 당시의 유학과 신도 사이의 긴장성을 분명하게 드러냈는데, 이 책은 신도를 숭상하는 학자들의 열 가지 문제를 일일이 반박한 작품이다. 당시 중국과 일본에 근거한 문화적 자아 사이의 긴장성을 드러내는 일화가 그의 다른 글에 다음과 같이 실려 있다.

손님이 물었다. "그대는 우리나라에서 태어났고 우리나라에서 자랐는데,

---

19) 原念齋, 『先哲叢談』 卷,3, 2면.
20) 原念齋, 『先哲叢談』 卷,3, 2면.

신도(神道)를 받들지 않고 외국의 주공(周公)의 가르침을 따르는 것은 어째서인가?"(客問曰: "子生本朝, 長本朝, 而不奉神道, 從外國周公之敎, 何也?")-五井蘭洲,『雞肋篇』卷1

이 밖에도 삼교의 융합을 주장하는 심학자(心學者) 석전매암(石田梅岩, 1685-1744)도 그의 저서인『도비문답(都鄙問答)』에서 다음과 같이 말하였다.

우리나라의 천지신명(天地神明)은 순종하고 친함을 근본으로 여기고 멀리 하는 것을 불경스럽다고 여겼다. 그래서 만약 바라는 일이 있으면 기원문을 써서 천지신명에게 기도하였고, 소원을 이루었을 때는 처음의 기원문을 조거(鳥居, 신사 입구에 세우는 문)에 세우고 신사를 깨끗이 하였다. 이렇게 하여 사람들의 소원을 접수하게 하였다. 그런데 유가의 성인(聖人)은 "귀신을 공경하되 멀리 한다."라고 하였으니 우리와는 천양지차가 있다. 이런 관점에서 보자면 유학을 좋아하는 자는 우리나라의 신도를 배반하는 것이니 죄인이라 할 수 있다.(我國之神明, 慣以馴親爲本, 以遠爲不敬. 因或有願望於物, 以願狀祈於神明, 完成其願之時, 如初始之願狀, 建鳥居, 爲修覆神社也. 如此接受人之願等. 然聖人曰敬而遠之, 有雲泥之違. 以是見之, 好儒學者, 背我朝之神道, 可謂罪人也.)-石田梅岩,『都鄙問答』

이러한 언급은 문화민족주의를 기초로 하여 제기한 것인데, 문제의 핵심은 일본인으로서의 덕천시대 유학자가 신도를 신봉하지 않고 외래의 유학을 숭상하는 것은 실로 나라를 배반하는 것과 다를 바가 없다고 여기는 것에 있다.

요컨대 일본의 유학자가 비록 유학을 흠모하고 공맹사상을 고향으로 여겨서 심취하며 공맹의 도를 지키고자 하지만, 그들은 결국 일본의 풍토 문화 속에서 태어났기에 한편으로 일본 문화에 의해 다듬어지고 다른 한편으로는 일본 문화를 창조하는 존재이다.[21] 그들이 일본 문화를 문화적 자아로 삼는 의식은 가장 근본적이고 핵심적이므로, 17세기의 산록소행은 "본조(일본)가 중국임은 천지자연의 형세이다."[22]고 언명하였고, 18세기의 오정난주는 "일본의 근세 문인들은 중국이니 중화니 하면서, 기꺼이 자신들을 오랑캐로 자처하곤 한다."[23]고 비판하였으며, 송궁관산(松宮觀山, ?-1780)은 "우리 일본의 유학자들은 대부분 부모의 나라를 천시하고 있으니, 이는 그 근본이 이미 어긋난 것이다."[24]고 탄식하였다. 이런 여러 가지 언급은 모두 일본 유학자들의 문화적 자아 속에 일본 문화가 최고의 지위로 자리 잡고 있다는 반증이라 할 것이다. 하지만 덕천시대 일본 유학자들에게 공맹사상과 그 가치는 타국에서 온 정신적 유산이기에, 그들이 비록 도달할 수는 없을지라도 마음속으로부터 동경하는 이념인 것이다. 이런 점에서 보자면 중화문화는 일본 유학자들의 문화적 자아를 구성하는 두 번째 요소라 할 것이다.

그러므로 중국은 일본 유학자들의 정신적 고향이지만 한편 정치적 타향이다. 때문에 중국과 일본의 문화가 덕천시대 유학자들의 내면에 밀고 당기는 장력을 생성시킨 것은 필연적이며 당연한 것이라고 할 수 있다.

....

21) 이러한 점에 대하여 潘乃德(Ruth Benedict, 1887-1948)은 "사회와 개인은 대립적 존재가 아니다. 문화가 소개를 제공하면 개인은 이를 생활에 응용한다. 문화가 빈곤하면 개인은 마른 웅덩이의 고기 신세이고, 문화가 풍성하면 개인은 번영을 하게 된다."라고 하였다. 潘乃德 著, 黃道琳 譯, 『文化模式』, 臺北: 巨流圖書公司, 1976, 300-301면.

22) 山鹿素行, 『中朝事實』, 234면. "本朝之爲中國, 天地自然之勢也."

23) 五井蘭洲, 『瑣語』第1卷, 44면. "近世文人, 乃稱爲中國中華, 是甘以夷狄自處也."

24) 松宮觀山, 『學論二編』卷上, 第5卷, 2-7면. "此方(案: 指日本) 儒者, 多賤惡父母之國, 而大本已違矣."

서론

이에 수많은 덕천시대 유학자들은 유학이 일본에서 뿌리내리려면 반드시 완전하게 일본화해야 일본의 사상 풍토에 적응할 수 있다고 강조하였으며, 일본사상사의 발전 과정에서 그들은 끊임없이 외래의 사상과 문화를 흡수하였다. 불교도 이러하였으며 유학도 이러하였고, 19세기 이후의 난학(蘭學)은 더욱 그러하였다. 이른바 '외래사상의 토착화'[25]는 실로 일본사상사의 일대 특색이라고 볼 수 있다. 이 책의 중요 주제인 덕천시대 일본 유학자들의 『논어』 해석은 바로 일본사상사에서 '외래사상의 토착화'에 중요한 영향을 미쳤다.

3. 공자의 사상에 대한 덕천시대 유학자들의 해석

지금부터 우리는 덕천시대 일본의 유학자들이 『논어』와 『맹자』에 대해 취한 매우 다른 해석 태도를 통해 이 주제를 살펴보기로 하겠다. 먼저 덕천시대 일본 유학자들의 『논어』에 대한 새로운 해석을 통하여, 공자의 사상과 일본의 정서가 서로 융합되는 양상이다. 특히 일본 유학자들은 공자의 '도(道)'를 '선왕의 도'(先王之道)로 해석하거나 문화적 자아에 의거하여 『논어』에 나타나는 '오랑캐와 중국의 구분'을 철폐하였다. 그들은 이러한 해석을 통하여 공자의 사상과 다른 시공간에 있는 일본의 사상을 긴밀하게 융합할 수 있었다. 이에 그 양상을 나누어서 자세하게 살펴보기로 하겠다.

---

25) 宮川透, 『近代日本思想の構造』, 東京: 東京大學出版會, 1988, 5면.

(1) 공자의 '도(道)'에 대한 해석

공자는 '도'를 추구하고 '도'를 동경하는 것을 필생의 업으로 삼았다. 공자는 "아침에 도를 깨달으면 저녁에 죽어도 좋다."(『論語』,「里仁」8장. "朝聞道, 夕死可矣.")라는 말로 자신에게 다짐하고, 또한 배우는 이들에게는 "도에 뜻을 두고 덕에 의거하며, 인에 의지하고 예에 노닐어야 된다."(志於道, 據於德, 依於仁, 遊於藝.)라고 훈계하였다. 이것을 보면 '도'는 틀림없이 공자 문하에서 스승과 제자들이 반복하여 깊이 생각하는 하나의 중요한 가치이념이었다. 때문에 역대 중국의 유학자들도 『논어』를 읽으면서 도를 체득하는 경지에 대하여 동경해 마지않았다.

그러면 일본의 유학자들이 『논어』를 받아들였을 때, 어떻게 '도'라는 가치 이념에 대하여 재해석하고 이를 일본의 특수한 시간과 공간 속으로 융합시켰는지를 알아보기로 하자.

덕천시대 일본 유학자가 『논어』의 '도'에 대한 재해석에서 가장 돋보이는 것은 공자의 '도'를 일상생활의 '인륜의 도'로 재해석한 것이다. 『논어』를 보면 공자는 두 번씩이나 한 가지 이념으로 관통되어 있다는 것으로써 자신의 도를 묘사하였는데, 일본의 유학자들은 이러한 공자의 도를 일상성을 지닌 생활이념으로 파악하였다.

『논어』를 '가장 지극한 진리를 지닌 우주에서 제일가는 책'(最上至極宇宙第一書)으로 떠받드는 이등인재가 제기한 해석이 아주 대표적인데, 그는 『논어고의』에서 다음과 같이 말하였다.

성인의 도는 인륜과 삼강오상(三綱五常)에 불과하니 사람을 완성시켜 주는 것이 크도다. 그러므로 증자(曾子)는 충서(忠恕)라는 말로 공자의 '일이관지(一以貫之)'의 의미를 밝혀 주었다. 아! 성인의 도를 전하여 후학에게 일러 주니 그 뜻이 밝고도 또한 극진하구나. 『논어』「자로」에서, 공자께서는 일찍이 번지가 인을 물은 것에 답하여 "사람을 대할 적에 충성스럽게 하여야 한다." 라고 하였다. 「위령공」에서, 자공이 "한 말씀으로써 종신토록 행할 만한 것이 있습니까?"라고 묻자, 부자께서는 "서(恕)일 것이다."라고 말하셨다. 또한 『맹자』「진심 상」에서 맹자는 "서를 힘써서 행하면 인을 구함이 이보다 가까울 수 없다."라고 하였으니, 충서 두 가지는 바로 인을 구하는 지극한 요체이고 성인의 학문의 처음과 끝을 완성시켜 주는 것임을 알 수 있다. 대개 충서가 바로 일이관지이니, 충서로써 일이관지를 풀이한 것은 아니다. 그런데 선유(先儒)들은 "공자의 마음은 혼연(渾然)한 일리(一理)여서 널리 응하고 상세하여 합당하게 한다. 오직 증자만이 이것을 보았으니 배우는 자들이 알 수 있는 것이 아니다. 그러므로 배우는 자들에게 충서의 항목을 빌려 일관의 뜻을 밝힌 것이다."라고 하였으니, 어찌 그렇겠는가.(聖人之道, 不過彝倫綱常之間, 而濟人爲大. 故曾子以忠恕發揮夫子一以貫之之旨. 嗚呼! 傳聖人之道而告之後學, 其旨明且盡矣. 夫子嘗答樊遲問仁曰: "與人忠." 子貢問曰: "有一言而可以終身行之者乎?" 夫子唯曰: "其恕乎." 孟子亦曰: "强恕而行, 求仁無近焉." 可見忠恕二者, 乃求仁之至要, 而聖學之所成始終者也. 蓋忠恕所以一貫之也, 非以忠恕訓一貫也. 先儒以爲: "夫子之心一理渾然, 而泛應曲當. 惟曾子有見於此, 而非學者之所能與知也. 故借學者忠恕之目, 以曉一貫之旨." 豈然乎哉?)-伊藤仁齋, 『論語古義』

이등인재의 이 같은 도에 대한 해석은, 한 방면으로는 주자가 '리(理)' 로 '도'를 해석하는 것을 비판하고, 다른 한 방면으로는 공자의 '도'를 천상의 원리로부터 인간적 이념으로 끌어내린 것이다. 그래서 이 도를 일종의 인간이 만들어 가는, 인간에 의해 실천되는 도덕 규율로 규정하였다. 한편 이등인재는 『논어』「이인」의 "아침에 도를 깨달으면 저녁에 죽어도 좋다."(朝聞道, 夕死可矣.)를 해석하면서 다음과 같이 말하였다.

도는 사람이 사람답게 살아가는 도리이다. 사람이 되어서 도를 깨닫지 못하면 헛된 삶일 뿐이다. 닭이나 개와 같은 무리가 되어 살게 되지 않으면 초목과 함께 썩어갈 것이니, 슬프지 않은가. 그러나 만약 어느 날 아침 도를 깨닫게 된다면, 사람다운 사람이 되어서 생을 마칠 수 있다. 그래서 군자가 죽는 것을 '마친다(終)'라고 하니 소멸하지 않음을 말하는 것이다.(夫道者, 人之所以爲人之道也. 爲人而不聞之, 則虛生耳. 非與雞犬共伍, 則草木與同朽, 可不悲哉? 苟一旦得聞之, 則得所以爲人而終, 故君子之死曰 "終", 言其不澌滅也.)-伊藤仁齋, 『論語古義』

"도는 사람이 사람답게 살아가는 도리이다."(道者, 人之所以爲人之道也)라는 이등인재의 선언은 참으로 『논어』의 '본래적 의미'(古義)로 되돌아가려는 '고의학파(古義學派)'의 특징을 잘 드러내 주는 말이다. 또한 도에 대한 이러한 선언은 『논어』를 통해 일본 사상의 맥락에서 '실학'의 의미를 재해석하게 하였으며, 『논어』를 일본의 사상 속으로 융합시키게 해 주었다. 더 구체적으로 말하면, 이등인재는 특정한 사상적 맥락 속에서 『논어』를 해석하고 인류 최고 지혜의 보전(寶典)이라고 떠받들었는데, 그 맥락은 바로 '보편적이고 필연적인 도덕의 이치는 다만 특수하고 구체적인 일상생활 속에서 찾아야 한다. 때문에 이른바 '도'라는 것은 다만 인간의 일상생활 속의 평범한 언어와 행동 사이에 존재한다'는 것이다. 『중용』의 언어로 표현하자면, '극도로 고명(極高明)한 형이상학적 세계는 오로지 '중용을 따르는'(道中庸) 형이하학적 세계로부터 나올 수 있다는 것이다. 더 나아가 이 두 세계는 같은 바탕을 갖고 있기에 공동으로 일체를 이룰 수 있는 것이다.

이등인재는 송대 유학자들이 현실의 생활세계 위에 또 다른 우주만물을 창조하고 통치하는 '리(理)'의 형이상학적 세계를 별도로 건립한 것을 강렬하게 비판하였다. 이 때문에 이등인재는 맹자의 성선설을 해석하면서, 인간 본성의 선함은 다만 구체적인 일상생활에서 발견될 수 있다고 주장하며, 구체적인 세계 위에 별도의 초월적인 형이상학적 세계를 세우는 것에 대하여 거부하였다.[26]

인간성과 일상성의 각도로부터 『논어』를 해석하는 것이 바로 일본 유학자들의 일관적인 해석 태도였다. 그들은 이러한 해석 태도를 통해 '실학(實學)'으로 특징 지울 수 있는 일본의 사상 풍토에 『논어』를 더 잘 적응하게 하였다.

적생조래는 여기에서 한 걸음 더 나아가서 『논어』의 '도'를 '선왕의 도'로 해석하면서,[27] '육경이 바로 선왕의 도이다'라고 명확하게 언명하였고,[28] 이른바 '선왕의 도'는 바로 역대 성왕(聖王)들의 예악형정(禮樂刑政)이라고 하였다. 그리고 이러한 선왕의 도는 '하늘을 공경하는 것'(敬天爲本)[29]을 근본으로 삼는 것으로 모든 것이 선왕께서 건립한 것이며,[30] 그 목표는 백성을 편안하게 하는 데 있는 것이라고 해석하였다.[31] 이러한 해석의 가장 중요한 의의는 『논어』의 '도'에 내재되어 있는 중화문화적 특색이라 할 수 있는 정치적 권위에 대한 비판적 기능을 낮추거나 소멸시켜, 그 정치적 권위를 선왕에게 완전히 귀속시킨 점이다. 적생조래의 이러한 새로운 해석을 거친 뒤에야 공자의 정치적 이념은 완전히 덕

---

26) 黃俊傑, 「伊藤仁齋對孟子學的解釋: 內容, 性質與涵義」, 『東亞儒學史的新視野』, 125-170면.

27) 荻生徂徠, 『論語徵』 第7卷, 82면.

28) 荻生徂徠, 『辨道』 上册, 第2條, 200면.

29) 荻生徂徠, 『論語徵』 第7卷, 5-6면.

30) 荻生徂徠, 『辨名』 上册, 第3條, 201면.

31) 荻生徂徠, 『辨道』 上册, 第7條, 202면.

천시대 일본의 정치체제와 긴밀하게 융합될 수 있었다.

이상의 추론은 결코 아무런 근거가 없는 것이 아니다. 덕천시대 일본 유학자들이 공자와 『논어』를 각별히 추앙한 이유는, 공자의 주나라 왕실에 대한 존경의 태도에서 찾고 있기 때문이다. 소공권(蕭公權, 1897-1980) 선생은 "공자의 정치사상의 출발점은 주나라를 추종하는 데 있으며, 이것을 실천하는 구체적 강령을 '명분을 바로잡는 데' 두고 있다. 오늘날의 말로 풀이하자면, '정명(正名)'이란 주나라의 봉건제도를 튼실하게 하여 이로써 군신의 상하관계의 권리와 의무를 조정함을 일컫는 것이다. 아마도 공자는 봉건체제와 종법(宗法)을 기반으로 하는 주나라가 쇠퇴하였을 즈음에 태어나, 천하의 혼란을 목격하고서 그 원인을 주나라의 예법질서가 붕괴되는 데서 찾았을 것이다. 이 때문에 일생의 언행들이 모두 주나라 왕실을 높이고 군주를 공경하며 귀족의 사치와 신하의 전권 행위를 억누르고자 하였다."[32]라고 말하였는데, 이는 공자가 '명분을 바로잡음' (正名), '주나라를 추종함'(從周)을 정치사상의 기초로 삼고 있음을 지적한 것이다. 그러므로 이러한 공자의 정치사상이 덕천시대의 봉건체제에 부응할 수 있었던 것은 실로 당연한 일이다. 고학파의 산록소행은 덕천시대 초기에 '주나라를 존중함'(尊周)을 표방하고 '정통(正統)'을 제창하며 다음과 같이 말하였다.

주나라 왕실이 비록 쇠퇴하였어도 천명은 바뀌지 않았으니 온 천하의 풀 한 포기, 나무 한 그루도 모두 주나라 것이었다. 그러므로 『춘추』에서는 주나라 왕실과 계승하는 왕들을 높였다. 정통(正統)이란, 통일왕조가 쇠약해진

---

32) 蕭公權, 『中國政治思想史』(上), 臺北: 聯經出版事業公司, 1982, 60면.

말기라 할지라도, 대대로 명호(名號)가 있는 것이다. 그런데 영토가 분열되어, 혹 이적(夷狄)이 조금 침범하고, 혹 왕실과 연계됨이 없는데도 참람되이 나라를 세우고 왕이라 호칭하며, 혹은 여주(女主)들이 수렴첨정의 권력을 휘두른다고 들리니, 이는 모두 정통이 아니다. …… 정통이라는 것은 모두 천명과 인심의 공변된 것에서 나오니 사사로이 정통을 세울 수 없다.(周室雖衰, 天命未改, 普天率土, 一草一木, 皆周也. 故春秋尊王室繫王也. 正統者, 大一統之末雖衰, 繼世有名號也, 其間土地分裂, 或夷狄少犯, 或無世系, 而僭國立號,, 或女主專垂簾之權, 皆不正統. …… 凡正統者, 皆出於天命人心之公, 不可以私立統.)-山鹿素行, 『山鹿語類』

산록소행은 특히 '천명(天命)'과 '정통(正統)' 의식을 강조하여 왕실을 높이 받들고, 역대의 군주의 지위를 찬탈하고서 세워진 비정통 왕조를 배척하였는데, 이는 분명히 일본 황실의 '천명(天命)'에 의한 정통적 지위를 투영시킨 말이다. 한편 막부 말기의 사상가 고송방손(高松芳孫)도 다음과 같이 말하였다.

생각건대 정학(正學)의 폐지됨은 역대로 그러하였다. 옛날 주나라 유왕(幽王) 때에 이미 법도가 없어져 왕실이 이를 귀하게 여기지 않았다고 한다. 노나라 은공(隱公)이 참람되이 '원년(元年)'이라 쓰기 시작하였고, 환공(桓公)도 또한 이어서 참람되이 즉위하였다. 이에 제후들이 각기 방자하고 참람한 짓을 하였으니, 제(齊)나라 환공(桓公)이 뜻을 얻음에 이르러서는 주나라 왕실이 더욱 미미해졌다. 공자는 춘추시대 말엽에 태어났는데, 이미 법도는 없어졌으나 주나라 왕실은 여전히 존재하고 있었다. 하지만 세상에 정학에 뜻을 둔 자는 없었다. 그래서 공자가 『논어』 「공야장」에서 "열 집이 사는 조그만 읍에도 반드시 나처럼 충신(忠信)한 자는 있지만, 나처럼 학문(學問)을 좋아하는 이는 없을 것이다."라고 하였으나, 공자도 끝내 뜻을 이루지 못하였다. 공자가 죽은 뒤에 혼란이 극에 달하여 주나라 왕실이 멸망하였다. 아, 슬프구나! 복희씨 이후로 면면하게 세워졌던 법도들이 망실되어 회복되지 않았을 뿐 아니라, 또한 영원히 자취가 끊어짐에 이르렀다. 게다가 진(秦)나라에서 또한 요망한 분서갱유를 하였으니, 이에 정학은 다시 끊어져 소멸되었다.(俯惟正學之廢也, 歷世旣尙矣. 嘗聞舊周幽旣亡有極, 而王室不貴焉. 魯隱始僭元年, 桓亦紹僭卽位, 於是乎諸侯各放乎僭竊, 至於齊桓之得志也, 王室益微微. 孔子生於春秋之末, 有極旣滅, 而周室猶存焉. 雖然天下未有聊致志於此者, 孔子曰: "十室之邑, 必有忠信如丘者焉, 不如丘之好學也", 孔子卒不得志. 孔子沒後, 壞亂極矣, 周室王滅矣. 嗚呼哀哉! 犧皇氏以來, 統統立極, 非唯亡不復, 亦到于永絕跡焉, 秦亦加之以焚書之妖, 於是正學更斷滅矣.) – 高松芳孫,「正學指要序」,「日本儒林叢書」

고송방손이 공자의 사상을 '정학(正學)'으로 우러러 받드는 것은, 바로 공자의 '주나라를 존숭하는'(尊周) 정치적 입장에 착안한 것이다. 일본의 유학자들이 공자의 '도'를 '선왕의 도'로 해석한 것도, 이러한 입장에서 착안하여 공자 사상에 내재된 이념과 일본의 독특한 현실을 긴밀하게 융합시킨 것이다.

(2)「논어」에 들어 있는 '오랑캐와 중화의 구분'의 해소

「논어」에 보이는 대화의 기록 중에서 일본과 충돌될 수 있는 또 다른 하나의 중화적 가치이념은 바로 고대 중화문화 속의 '오랑캐와 중화의 구분'이다.「논어」「팔일」에서 공자는 "오랑캐 땅에라도 임금이 있다면 중국보다 나을 것이다."(子曰: "夷狄之有君, 不如諸夏之亡也.")라고 하였으며, 또한「논어」「자한」에서는 "공자는 구이(九夷)에 살고자 하셨다."(子欲居九

夷)라는 말이 있는데, 이러한 기록들은 모두 직접적으로 덕천시대 일본 유학자들의 자아인식과 충돌되는 민감한 사안이다. 때문에 『논어』에 들어 있는 '오랑캐와 중화의 구분'을 어떻게 재해석할 것인가라는 문제는 일본 유학자들의 중대한 과제가 되었다.

먼저 일본 유학자들의 『논어』 「자한」의 "공자는 구이(九夷)에 살고자 하셨다."(子欲居九夷)에 대한 해석을 살펴보기로 하자. 『논어』에서 공자가 살고자 한 '구이(九夷)'가 어느 곳을 가리키는가 하는 것은 한대 이후로 중국의 역대 유학자들의 논쟁이 끊이지 않았다. 어떤 사람은 구이(九夷)가 회수(淮水)와 사수(泗水) 사이에 있으며 북으로는 제나라 노나라와 인접하고 있다고 주장하며,[33] 또 어떤 사람은 구이(九夷)가 오늘의 조선을 가리켜 한 말이라고 주장하였다.[34]

그런데 '오랑캐와 중화의 구분'에 대하여 일본 유학자들은 중화와 오랑캐의 구분은 그 문화의 계승 양상에 달려 있지, 정치적 행태나 더욱이 지리적 경계에 달려 있는 것은 아니라고 강조하였다. 여기서 한 걸음 더 나아가 일본의 주자학파 유학자인 임라산은 '구이'란 바로 일본을 가리킨다고 하면서 다음과 같이 말하였다.

들으니 공자는 『논어』 「공야장」에서 "뗏목을 타고 바다를 항해하려 한다." 고 하였으며 「자한」에서 "구이(九夷)에 살려고 하니, 군자가 거주한다면 무

---

33) 中國의 古籍에는 '九夷'의 명칭이, 『爾雅』 「釋地」, 『韓非子』 「說林上」, 『呂氏春秋』 「古樂篇」, 「樂成篇」, 『說苑』 「君道篇」, 『淮南子』 「齊俗訓」, 『戰國策』 「秦策」, 「魏策」, 『論語』, 『墨子閒詁』 등에 보인다.

34) 劉寶楠이 『論語正義』에서 인용한 皇侃의 『論語義疏』에 "東有九夷: 一玄菟, 二樂浪, 三高麗, 四滿飾, 五鳧更, 六索家, 七東屠, 八倭人, 九天鄙, 皆在海中之夷. 玄菟, 樂浪, 高麗, 皆朝鮮地"라는 구절이 보인다.

슨 누추함이 있겠는가?"라고 하였다. 고찰하건대 『후한서(後漢書)』에서 "동 방에는 군자의 나라가 있는데, 그곳에는 세 명의 훌륭한 재상이 있다."고 하 였으니, 이는 일본을 말한 것이다. 공자가 뗏목을 타고 바다로 나가 구이에 살고자 하셨는데 어찌 우리나라로 올 것임을 모르겠는가! 세계(世系)로써 고찰해 보건대, 공자가 이 말을 한 때는 의덕천황(懿德天皇)이 다스리던 시 기에 해당된다. 군자라는 것은 의덕천황을 가리키는 것이 아닐지? 우리나 라의 유학자들이 마땅히 이야기했어야 할 텐데 어찌하여 지난날에는 이것 을 말하지 않았는가?(聞孔子曰 "乘桴浮海", 又 "欲居九夷, 君子居之, 何陋之 有?" 按范史云: "東方有君子之國, 三善相公." 以爲日本國是也. 仲尼浮海居夷, 焉 不可知其來於本邦哉! 以世考之, 則丁于懿德帝之馭寓也. 所謂君子者, 指懿德歟? 我朝儒者之所宜稱者也, 鄕曹盍言諸?)-林羅山,「孔子浮海」,『林羅山文集』

일본 초기의 주자학자인 임라산이 '구이'란 바로 일본이라는 설을 제 기하자마자, 이 설은 덕천시대 일본 유학자들의 공통된 인식이 되었다. 이에 막부 말기의 존왕파인 수호(水戶) 학자 등전유곡(藤田幽谷, 1774- 1826)도 일본을 '군자국(君子國)'으로 상정하여 문화와 예의의 상징으로 삼고서, 공자의 이 구절에 대하여 다음과 같이 해석하였다.

원친방(源親房)이 "옛날 공자께서 세상의 도가 쇠약해졌음을 탄식하여 구이 (九夷)에서 살고자 하였는데 일본도 마땅히 그중 하나에 속한다."고 한 것은 지나친 논의가 아니다. 근세에 이등인재(伊藤仁齋) 선생은 『논어』를 해석하 면서 "공자께서 비록 성인이지만 군자라고 자칭하는 것은 마땅하지 않다." 고 하였다. 여러 역사서를 고찰해 보면 동방에는 군자의 나라가 있으니, 삼 가 우리나라는 태조가 기틀을 닦은 이래로 지금에 이르기까지 2000년 동안 백성은 윗사람을 공경하여 천인(天人)처럼 섬겼으니 어찌 성대한 것이 아니

겠는가. 군자가 거처한다는 것은 군자가 그 나라에 산다는 것을 말하는 것
이다. 당시에 공자가 여기에서 살고자 한 것이 어찌 마땅한 것이 아니겠는
가. 이것은 천년 동안 보지 못한 독창적인 견해이다.(源親房謂: "昔孔子歎世
道衰, 欲居九夷, 日本亦當居其一矣.", 非過論也. 近世仁齋先生解『論語』以爲: "孔
子雖聖, 不當以君子自稱." 稽諸史傳, 東方有君子國, 伏惟我邦自太祖創基以來至於
今, 二千有餘載, 民敬其上, 殆如天人, 豈不盛哉. 君子居之, 謂君子居其國也. 當時
夫子欲居焉, 不亦宜乎? 此則千載之獨見.)-藤田幽谷, 『幽谷隨筆』

등전유곡은 중국의 도가 이미 쇠약해졌기에 공자가 '군자국(君子國)'을
동경하였는데 이는 바로 일본이라고 생각하였다. 이에 등전유곡은 중국
의 사서(史書)에 기재된 '군자국'이 바로 일본이라고 설명하면서, 일본은
예로부터 '군자불사지국(君子不死之國)'의 칭호가 있는데, 여기서 '군자'
는 바로 일본의 천황이며 '불사지국(不死之國)'은 바로 신화 속의 역대 천
황이 장수한 국가라고 하였다.[35] 그는 공자가 군자의 나라인 일본에 살
고자 하였을 것이라고 생각하였다. 그 이유는 일본 천황의 덕업(德業)을
사람이 숭상하니, 공자의 도가 일본에서 실행될 수 있다고 여겼기 때문
이다.

이러한 일본 유학자들의 공통적인 인식을 설명하기 위하여, 우리는 다
시 주자학을 비판하는 데 힘을 아끼지 않은 이등인재의 말을 예로 들어
보기로 하겠다. 그는 공자의 "오랑캐 땅에라도 임금이 있다면 중국보다

---

35) 藤田幽谷, 『幽谷全集』 卷之二, 534면. "君子之名, 果何所嫌乎, 神代尙矣. 自太祖神武
至應神天皇, 凡十有餘世, 天皇享國, 或百餘年, 或九十年, 君上之壽, 旣如此, 臣下可從而知
也. 如大臣武內三百歲, 亦足以徵也已. 不獨國史所記如此, 漢魏諸史皆言倭人壽考, 至百餘
歲者衆, 夫太祖創基, 當周惠王之時, 而應神在位, 當魏晉之間, 彼旣易五姓, 歷數十主, 我則
十有五帝, 世世傳統, 上壽百歲, 中壽八十, 下壽六十, 其說已起周季, 後世或至謂人生七十古
來稀, 我則當魏晉之間, 尙能至百餘歲者甚衆, 其謂之君子不死之國, 不亦宜乎."

나을 것이다."(子曰: "夷狄之有君, 不如諸夏之亡也.")라는 말을 다음과 같이 해석하였다.

제후들이 오랑캐의 예를 쓰면 곧 오랑캐가 되고, 오랑캐이지만 중국의 문화로 나아가면 곧 중국이 된다. 성인의 마음은 곧 천지의 마음이다. 두루 덮어 주고 포함하여 용납하지 않는 것이 없으며, 좋은 것을 좋아하고 미운 것을 미워한다. 그러니 어찌 중화와 오랑캐의 구분이 있겠는가. 후대에 『춘추』를 해설하는 이들이 중화와 오랑캐의 구분을 매우 엄격하게 하였으니, 이는 성인의 뜻을 크게 잃은 것이다.(諸侯用夷禮, 則夷之, 夷而進於中國, 則中國之. 蓋聖人之心, 卽天地之心, 遍覆包涵無所不容, 善其善而惡其惡, 何有於華夷之辨? 後之說『春秋』者, 甚嚴華夷之辨, 大失聖人之旨矣.)—伊藤仁齋, 『論語古義』

이등인재는 또한 "공자는 구이(九夷)에 살고자 하셨다."(子欲居九夷)라는 말에 대하여 다음과 같이 해석하였다.

덮어 주는 하늘과 실어 주는 땅 사이에 사람은 모두 똑같다. 만약 예의(禮義)가 있으면 오랑캐도 곧 중화족이며, 예의가 없으면 비록 중화족이라 하더라도 오랑캐가 되는 것을 면할 수가 없다. 순임금은 동이(東夷)에서 태어났고 문왕은 서이(西夷)에서 태어났으니 오랑캐라고 할 것이다. 구이(九夷)는 비록 먼 곳이지만 본래 천지의 밖에 있지 않고, 또한 그 사람들에게는 모두 떳떳한 본성이 있다. 하물며 질박한 그들은 반드시 충실하였고 중화족은 거짓이 많았으니, 공자가 구이에 살고자 한 것은 마땅하다. 우리 태조의 개국 원년은 바로 주나라 혜왕 17년에 해당한다. 지금에 이르기까지 군신(君臣)이 서로 전해 주어 면면히 끊어지지 않고 하늘처럼 높이고 신처럼 공경하였으니, 이는 실로 중국이 미치지 못하는 것이다. 공자가 중화를 떠나서 구이에 살고자 한 것도 또한 이유가 있어서이다. 지금 성인과의 시대적 거리가 이미 2000년이 떨어졌는데도 우리 동쪽의 일본인들은 배웠는지 배우지 않았는지를 불문하고 모두 공자의 이름을 높이고 공자의 도를 으뜸으로 여긴다. 그러니 이 어찌 성인의 도는 사해를 포용하여 버리지 않으며 또한 1000년 뒤를 미리 알 수 있다고 말하지 않을 수 있겠는가.(夫天之所覆, 地之所載, 鈞是人也. 苟有禮義, 則夷卽華也; 無禮義, 則雖華不免爲夷. 舜生於東夷, 文王生於西夷, 無嫌其爲夷也. 九夷雖遠, 固不外乎天地, 亦皆有秉彝之性, 況樸則必忠, 華則多僞, 宜夫子之欲居之也. 吾太祖開國元年, 實丁周惠王十七年, 到今君臣相傳, 綿綿不絶, 尊之如天, 敬之如神, 實中國之所不及. 夫子之欲去華而居夷, 亦有由也. 今去聖人, 旣二千有餘歲, 吾日東國人, 不問有學無學, 皆能尊吾夫子之號, 而宗吾夫子之道, 則豈可不謂聖人之道包乎四海而不棄, 又能先知千歲之後乎哉?)-伊藤仁齋, 『論語古義』

이등인재가 "예의가 있으면 오랑캐도 곧 중화족이며, 예의가 없으면 비록 중화족이라 하더라도 오랑캐가 되는 것을 면할 수가 없다."고 한 말은 매우 좋다. 그는 문화를 '중화와 오랑캐의 구분'의 표준으로 삼아서, '문화적인 중화'와 '지리적인 중화'가 하나로 합칠 수 없으면 공자는 바로 중화를 떠나서 오랑캐의 나라로 갔을 것이라고 하였다. 이런 관점에서 『춘추』에 실려 있는 '중화와 오랑캐의 구분'은 실로 공자 본래의 취지가 아니라는 것을 강조하였다.

이등인재의 『논어』에 대한 새로운 해석에서 가장 창의적인 부분은, 그가 중화와 오랑캐의 경계의 이동 가능성을 논증한 것이다. 이 전제를 두고 본다면 만약 일본 문화가 선진하고 아름다우면 즉시 '중화'로 불릴 수 있는 것이다.

한편 일본 고학파의 선구자 산록소행(山鹿素行, 1622-1685)도 일본을 '중화(中華)'라 부르고 중국을 '외조(外朝)'라고 불렀다.

나는 중화(일본을 가리킨다)의 문명(文明)한 땅에서 태어나 이 땅의 훌륭한
문명을 알지 못하고 오로지 외조(중국을 가리킨다)의 경전만을 즐기고 그곳
의 인물들을 사모하였으니, 어찌 이리도 방심하며 뜻을 잃은 것인가? 아니
면 기이한 것을 좋아하는 것인가? 아니면 다른 것을 높이고자 하는가? 중국
(일본을 가리킨다)의 국토는 만방에 우뚝 서 있으니 인물들이 천하에서 빼어
나고 뛰어나다. 그러므로 신명이 성대하고 성인의 다스림이 이어져서, 문물
(文物)은 찬란하고 무덕(武德)은 빛나니 천지에 비견될 수 있다.(愚生中華(俊傑
案: 指日本)文明之土, 未知其美, 專嗜外朝(俊傑案: 指中國)之經典, 嘐嘐慕其人物, 何其
放心乎? 何其喪志乎? 抑好奇乎? 將尙異乎? 夫中國(俊傑案: 指日本)之水土, 卓爾於萬
邦, 而人物精秀于八紘, 故神明之洋洋, 聖治之緜緜, 煥乎文物, 赫乎武德, 以可比天
壤也.)-山鹿素行, 『中朝事實』

산록소행은 일본 문화가 문물(文物)은 찬란하고 무덕(武德)이 빛나니
'중화'로 부르기에 손색이 없다고 하였다. 그는 또한 지리적 우월성 때문
에라도 일본을 '중화'로 부를 수 있다고 하면서 다음과 같이 말하였다.

대개 중(中)에는 하늘의 중이 있고 땅의 중이 있고 물, 땅, 사람, 사물의 중
이 있고 때에 알맞은 중이 있다. 그러므로 외조(중국을 가리킨다-저자)는 중
토에 복종한다는 설이 있고 가유(迦維)(『서응경』에서 '천축은 가유라위국(迦維羅
衛國)으로, 천지의 가운데이다'라 하였다)는 천지의 중에 있다고도 말하고 예수
도 또한 하늘의 중을 얻었다고도 말한다. 나는 생각한다. 천지가 운행하고
사시(四時)가 교차함에 그 중을 얻으면 풍우한서(風雨寒暑)의 발생이 치우치
지 않게 된다. 그러므로 국토는 비옥하고 인물은 빼어나니 이렇게 되어야
중국이라 칭할 수 있는 것이다. 만방(萬邦)의 무리 가운데 오직 본조와 외조
만이 중을 얻었으니, 본조는 신이 통치하는 시대에 이미 천어중주(天御中主)

를 높이고 두 신(神)이 나라 가운데 기둥을 세웠다. 그러니 본조가 중국이
된 것은 천지의 자연적인 형세이다.(蓋中有天之中, 有地之中, 有水土人物之中,
有時宜之中. 故外朝(俊傑案: 指中國)有服于土中之說, 迦維(『瑞應經』云, '天竺迦維羅衛國,
天地之中也.')有天地之中也言, 耶穌亦日得天中. 愚按: 天地之所運, 四時之所交, 得
其中, 則風雨寒暑之會不偏, 故水土沃而人物精, 是乃可稱中國. 萬邦之衆, 唯本朝及
外朝得其中, 而本朝神代, 旣有天御中主尊, 二神建國中柱, 則本朝之爲中國, 天地自
然之勢也.)-山鹿素行, 『中朝事實』

산록소행의 이 같은 해석을 보면 일본은 문명하고 선진한 점에서뿐만
아니라, 자연 환경이 아름다운 점에서도 '중국'으로 부를 수 있는 것이다.
덕천시대 일본의 유학자들이 일본을 '중화(中華)', '중조(中朝)' 혹은 '중
국(中國)'이라 부른 것은, 공자사상에서 오랑캐와 중화의 구분을 해소하
는 데 유효한 책략이었다. 이에 18세기 대판(大阪) 회덕당(懷德堂)의 주자
학자인 오정난주(五井蘭洲)는 일본 사람은 오랑캐로서 자처하지 말아야
할 것을 강조하며 다음과 같이 말하였다.

중국 땅은 왕이 된 자가 성(姓)을 고치고 왕통을 바꾸었으니, 그 국호가 동
일하지 않다. 중국(中國), 중하(中夏)는 한나라 사람들이 사방 오랑캐에 대하
여 자칭(自稱)한 것이지 통칭은 아니다. 서역 사람들은 중국을 일러 진단(震
旦)이라 한다. 우리나라 사람들이 한(漢)이라 한 것은 한나라 때 처음으로
교통했기 때문이다. 또한 당(唐)이라고 하는 것은 당나라 때 교역이 빈번했
기 때문이다. 근세 우리나라의 문인들은 중국, 중화라고 칭하는데 이것은
자신들이 오랑캐임을 달갑게 여겨 스스로 자처한 것이다. 『열자(列子)』 「황
제(黃帝)」편에서는 "제(齊)나라에 이르는 데 몇 천만리인지 알지 못한다."라
고 하였고, 『이아(爾雅)』에서는 "제주(齊州) 이남과의 거리"라는 말이 있는

데, 그 주석에서는 "중국이란 말과 같다."라고 하였으니, 이것에 근거한다면 제(齊)가 통칭일 것이다.(漢土以王者更姓易統也, 其國號不一, 中國, 中夏, 乃漢人對四夷自稱已, 非通稱. 西域人謂之震旦, 我邦人謂之漢, 以漢時始通也. 又謂之唐, 以唐時修頻類也. 近世文人, 乃稱爲中國中華, 是甘以夷狄自處也. 『列子』「黃帝」曰: "不知到齊國幾千萬里", 『爾雅』有距齊州以南之語, 注曰猶言中國, 據是則齊其通稱.)-五井蘭州, 『瑣語』

오정난주는 일본의 문인들이 '중화'의 이름으로 중국을 부르면서 이적(夷狄)으로 자처해서는 안 됨을 주장하였다. 그의 이런 주장은 『논어』에 실려 있는 중국적 특색을 지닌 가치 이념으로서의 오랑캐와 중국의 구분을 해소함으로써, 『논어』를 일본 사회문화 속에 융합하게 하였다.

이상에서 논의한 것을 종합해 보면, 『논어』는 비록 17세기부터 일본 유학자들의 추앙을 받았지만, 『논어』에 담겨 있는 중화문화적인 특색을 지닌 '도', '오랑캐와 중국의 구분' 등과 같은 개념들이 일본 유학자들에 의해 새롭게 의미부여가 되면서부터 완전히 일본의 특수한 환경 속으로 융합될 수 있었다.

4. 맹자의 역성혁명사상과 일본 정치체제 사이의 긴장성

『맹자』는 『논어』에 비해 상대적으로 덕천시대 일본의 봉건정치체제에 큰 충격을 주었다. 『맹자』가 덕천시대의 정치체제에 준 충격은 주로 맹자의 정치사상에서 유래하였다. 우리는 먼저 공맹의 정치사상의 요지를 밝히고, 다음으로 덕천시대 일본 유학자들의 맹자 정치사상에 대한 비판을 깊이 있게 탐구할 것이다. 특히 맹자의 역성혁명과 탕왕과 무왕의 방벌론(放伐論)에 대하여 집중 탐색할 것이다.

(1) 맹자 정치사상의 요지

맹자의 민본(民本)을 기초로 하는 왕도정치 사상은 2000년 이래 줄곧 전제정치의 통치하에 있는 중국 지식인들의 영원한 향수(鄕愁)이며, 전제정치에 대한 강력한 항거를 낳게 하였다. 명나라를 개국한 전제 군주인 주원장(朱元璋)은 『맹자』에 나오는 "임금이 신하 보기를 초개처럼 하면, 신하는 임금 보기를 원수처럼 한다."는 구절을 읽고서는 크게 화를 내며 맹자의 사당을 없애 버렸다.[36] 그리고는 마침내 홍무(洪武) 27년(1394)에 『맹자』의 민본을 기초로 하는 내용을 비롯하여 일부분을 삭제하여 재편집하라고 명령하였다.

한편 덕천시대에 강관(講官)이 일본 황태자에게 『맹자』를 가르칠 때도 민본을 기초로 하는 것을 금기시하였다. 2000년 동안 동아시아 유학자들이 맹자를 긍정적으로 해석하거나 부정적으로 비판한 저술들은 『맹자』로 하여금 상아탑 속의 전적이 아닌 고난에 시달리는 일인 군주의 전제체제 하의 중국, 일본, 조선의 백성을 위한 정의의 복음서가 되게 하였다.

맹자의 정치사상이 동아시아 사상사에서 가장 문제가 되는 것은 바로 주나라의 왕을 존중하지 않은 정치적 사유이다. 맹자는 전국시대 말기를 살아갔는데, 당시는 주나라 왕의 권위가 날로 떨어져 각국이 서로 전쟁을 일으키며, 사회적 계급이 급속히 변천하고 유동성이 날로 늘어나며, 상업이 발달하고 큰 도시들이 생겨나는 시기였다. 이때 맹자는 군주들이 인정

---

36) 容肇祖, 「明太祖的『孟子節文』」, 『讀書與出版』 第2年 第4期, 上海: 生活書局, 1947, 16~21면.

(仁政)을 행하지 않는 것에 대해 마음 아파하며, "저들이 백성들의 농사철을 빼앗아 백성들로 하여금 밭 갈고 김 매어 그 부모를 봉양하지 못하게 하면, 부모가 얼고 굶주리며, 형제, 처자가 이산(離散)될 것이다."[37]라고 하였다. 그리고 맹자는 당시의 통치자가 "사람 죽이기를 좋아하지 않는 자가 없다."[38]고 여겨, 양혜왕(梁惠王)을 책망하면서 "양혜왕(梁惠王)이 토지 때문에 그 백성을 썩어 문드러지도록 싸우게 하였다."[39]고 말하였으며, 또한 양양왕(梁襄王)을 가리켜 "멀리서 바라보니 임금 같지가 않았다."[40]고 질책하였다. 특히 맹자는 전국시대의 군신(君臣)들이 모두 전쟁을 좋아한다고 여겼는데, 당시 군주들이 성(城)과 땅을 차지하기 위하여 하는 전쟁으로 인해 시체들이 널려 있는 현실을 목격하고는, "백성들이 학정(虐政)에 시달림이 지금보다 더 심한 적이 없었다."[41]하며 가슴 아파하였다. 이에 맹자는 야심만만한 제후들이 착실하게 왕도정치를 실시하여 천하를 안정시켜서 도탄에 빠진 백성을 하루라도 빨리 해방시켜 주기를 희망하였다. 맹자가 공자처럼 주나라를 존중하지 않은 것은, 바로 이러한 전국시대의 현실에 대한 그의 생각과 희망이 그렇게 만든 것이다.

맹자가 주나라를 존중하지 않은 것은 그의 정치사상에 기초한 것이다. 맹자의 정치사상은 안팎이 서로 비추는 형태를 갖추고 있는데, 바로 '인간에게 차마 하지 못하는 마음'(不忍人之心)과 '인간에게 차마 베풀지 못하는 정치'(不忍人之政)가 그 기반이다. 맹자의 정치사상에서 이 양자(兩者)

---

37) 『孟子』, 「梁惠王 上」5장. "奪其民時, 使不得耕耨, 以養其父母, 父母凍餓, 兄弟妻子離散."

38) 『孟子』「梁惠王 上」6장. "未有不嗜殺人者也."

39) 『孟子』「盡心 下」1장. "不仁哉! 梁惠王. 以土地之故, 糜爛其民而戰之."

40) 『孟子』「梁惠王 上」6장. "望之不似人君."

41) 『孟子』「公孫丑 上」1장. "民之憔悴於虐政, 未有甚於此時者也."

는 전체적 측면의 두 갈래 방면이라 할 수 있다. 맹자의 정치사상은 정치 권력은 백성의 의지에 근거를 두어야 하고 권력 합법화의 기초는 통치자의 도덕수양에 있으며 권력 실행의 목적은 백성의 복지를 보장하는 데 있다고 주장하였다. 맹자는 통치자가 자신의 주체성을 완전히 해소하여 백성의 주체성 속에 융합할 것을 주장하였다.

맹자의 이런 정치사상은 전국시대의 정세와 전혀 어울리지 않았다. 각 국은 서로 싸우고 군주는 권력과 이익을 다투며 백성의 복지를 염두에 두지 않았다. 이러한 때에 주나라 천자의 권위는 이미 쇠약해져서 제후와 별반 차이가 없게 되었다. 때문에 맹자는 자신의 정치사상의 실천을 주나라 천자에게 맡길 수가 없었다. 그는 천하를 안정시키고 백성을 구하기 위하여 제후들을 선동하여 왕도정치를 행하게 하고 천하의 통일을 추구하지 않으면 안 되었다. 맹자가 주나라를 존중하지 않은 것은 특수한 역사적 배경하에서의 필연적인 선택이다. 간단히 말하자면 맹자가 주나라를 존중하지 않은 것은 그의 세상을 구원하려는 고충에서 나온 것이다.[42]

(2) 일본 유학자들의 맹자의 정치사상에 대한 비판

맹자의 백성 본위의 정치사상은 일본에 전해진 뒤, 군주 본위의 일본의 정치체제와 전혀 어울리지 않았다. 때문에 맹자의 이미지와 주장은 덕천 시대 초기에 이미 논쟁을 일으켰다. 전반적으로 덕천시대 사상사의 전개에서 맹자를 존중하거나 비판하는 측의 경계는 분명하며, 각기 한 방면을 차지하고 있다. 대체로 맹자를 숭상하는 측은 주자학파와 이등인재를

---

42) 黃俊傑, 『孟學思想史論』(卷二), 第4章, 臺北: 中央研究院中國文哲研究所, 1997, 132-134면.

중심으로 하는 고의학파(古義學派), 양명학파 등이며, 맹자를 비판하는 측은 조래학(徂徠學), 존황(尊皇)주의자(국학자가 포함) 등이다.

맹자의 주장 중 일본에서 논쟁을 일으킨 것은, ① 탕왕과 무왕의 방벌(放伐)과 군신의 관계 ② 인의(仁義)와 예악(禮樂)의 구별 ③ 관중(管仲)은 인자(仁者)인가? ④ 왕도(王道)와 패도(覇道)의 구별 ⑤ 인성론(人性論) 등 다섯 가지 과제에 집중되어 있다.[43] 이 다섯 가지 쟁점 과제는 비록 중국에서 시작하였지만 일본에서 많은 논쟁을 일으켰다. 그 원인은 바로 일본의 봉건체제가 특수하여 중국과 확연하게 다르기 때문이었다.

중국에서 맹자의 정치사상은 송대에 많은 논쟁을 일으켰다.[44] 그러나 북송 신종(神宗) 원풍(元豊) 7년(1084) 5월에 왕안석(1021-1086)의 지지 하에 조정에서는 맹자를 공자의 사당에 배식(配食)하였다.[45] 하지만 맹자는 일본에서는 다른 처지였다. 덕천시대 일본은 비록 임라산 이래 주자학을 신봉하였고, 개국의 장군 덕천가강(德川家康, 1542-1616)도 『맹자』를 즐겨 읽었다. 그러나 『사서』는 관학(官學)에 들지 못하였고 지식인들의 시험 과목이 되지도 못하였다. 맹자가 사람들에게 비난을 받는 가장 큰 부분은 '임금과 신하는 서로 대등하다는 논의'(君臣相對論)와 '탕왕과 무왕의 혁명론'(湯武革命論)이다.

무력으로 나라를 세운 일본의 봉건시대 사무라이들이 보기에 맹자의 이러한 사상은 매우 충격적이었다. 일본에는 만세를 한 핏줄로 이어 가

43) 張崑將, 『日本德川時代古學派之王道政治論: 以伊藤仁齊與荻生徂徠爲中心』, 臺北: 臺大出版中心, 2005, 219-286면.

44) 黃俊傑, 『孟學思想史論』(卷二), 127-190면; James T. C. Liu, Reform in Sung China: Wang An-shih (1021-1086) and His New Policies Cambridge, MA: Harvard University Press, 1959, pp. 34-35.

45) 『續資治通鑑長編』卷220, 2323면, 卷340, 2501면, 卷345, 3542면; 脫脫等, 『宋史』卷16, 本紀第16, 神宗3, 208면; 近藤正則, 「王安石における孟子尊崇の特色 元豐の孟子配享と孟子聖人論を中心として」, 『日本中國學會報』第36集, 1984, 134-147면.

서론

는 천황제도가 있는데, 맹자의 혁명론은 이런 전통적 정치체제를 위협할 수 있으며 무인이 방벌혁명(放伐革命)의 명분을 가지고 윗사람의 자리를 빼앗는 것을 손쉽게 유도할 수 있기 때문이다. 그러므로 덕천시대 초기에 이미 맹자의 사상을 반대하는 소리가 나타났으니, 병학자(兵學者) 산록소행(山鹿素行)이 바로 그 선구자이다. 산록소행은 우선 맹자, 자사(子思)가 도통(道統)에 들어 있지 않다고 생각하며 다음과 같이 말하였다.

복희(伏羲), 신농(神農), 황제(黃帝), 요(堯), 순(舜), 우(禹), 탕(湯), 문(文), 무(武), 주공(周公) 등 열 명의 성인은 그 덕과 지식을 천하에 베풀었으니 백성은 만세토록 그 혜택을 입었다. 주나라가 쇠퇴하자 하늘은 공자(孔子)를 낳았으니, 백성이 생겨난 이래로 공자보다 훌륭한 사람은 없었다. 공자가 죽자 성인의 도통이 거의 없어졌으니, 증자(曾子), 자사(子思), 맹자(孟子)도 바랄 수가 없었다. 한나라와 당나라 사이에 이러한 일을 담당하고자 하는 이들이 있었지만 이들은 증자, 자사, 맹자와도 동일선상에서 이야기할 수 없다. 송나라에 이르러 주희(朱熹), 이정(二程), 장재(張載), 소옹(邵雍)이 서로 이어서 나타나니, 성인의 학문이 이때에 이르러 크게 변하였다. 당시 학자들은 겉으로는 유학자였지만 속으로는 이단이었다. 도통(道統)의 전해짐이 송나라에 이르러 마침내 없어졌다.(伏羲, 神農, 黃帝, 堯, 舜, 禹, 湯, 文, 武, 周公之十聖人, 其德其知施天下, 而萬世被其澤. 及周衰, 天生仲尼, 自生民以來, 未有盛於孔子也. 孔子沒而聖人之統殆盡, 曾子, 子思, 孟子亦不可企望. 漢唐之間, 有欲當其任之徒, 又於曾子, 子思, 孟子不可同口而談之. 及宋, 周, 程, 張, 邵相續而起, 聖人之學, 至此大變. 學者陽儒陰異端也. 道統之傳, 至宋竟泯沒.)-山鹿素行, 『聖敎要錄』

산록소행은 공자만을 추앙하고 증자, 자사, 맹자 등을 유학의 도통에 넣지 않았으며 또한 송유(宋儒)들이 자사가 지었다고 주장한 『중용』과

『맹자』를 부정하였다.

덕천시대 초기에 맹자를 비판한 또 한 명의 유학자는 바로 적생조래(荻生徂徠)이다. 적생조래는 공자와 맹자를 병칭(竝稱)하는 것을 반대하며, "공자와 맹자는 같지 않음이 매우 심하다."고 하였다. 그는 맹자가 "멀리서 바라보니, 임금답지가 않았다."고 하면서 군주를 질책한 것은 '실언(失言)'이라고 비판하며, "맹자는 말 잘하는 것으로 자부하여 질문을 받았을 때 대답하지 못하는 것을 수치로 여겼으니, 이것이 바로 그의 병통이다."[46]고 하였다. 이에 적생조래는 석전(釋奠)의 예를 논하면서, 맹자는 네 분의 현인에 배열할 수 없을 뿐만 아니라, 십철(十哲)의 지위에도 넣을 수가 없다고 하였다.[47] 이에 이등인재의 고의학파로 치우친 심곡공간(深谷公幹)은 적생조래가 "들판의 흙처럼 자사와 맹자를 바라보고, 원수처럼 정자와 주자를 미워하였다."[48]고 비판하였다. 그러나 적생조래의 후학인 귀정남명(龜井南冥, 1743-1814)과 귀정소양(龜井昭陽, 1773-1836) 부자는 스승의 견해를 계승하였다. 귀정소양은 공자는 우러러 받들었지만 공자와 맹자를 병칭하는 것을 반대하며 다음과 같이 말하였다.

전술(傳述)은 성인의 임무로 공자에서 완성되어 만세토록 행해졌다. 비유컨대 천지와 같으니, 이에 대응할 만한 다른 것이 있을 수 있을까. 사람들이 『맹자』를 높여 『논어』에 짝지은 것은 공자가 우주의 일인자임을 알지 못해서이다.(傳述者, 聖人之任也, 始終於仲尼, 而萬世通行. 辟如天地, 其有副者邪? 人之躋『孟子』配『論語』者, 未知仲尼之爲宇宙一人者也.)-龜井昭陽, 『家學小言』

....

46) 荻生徂徠, 『孟子識』第5集, 18면. "孟子以能言自負, 以有問以不能對爲恥, 是其病根."

47) 荻生徂徠, 『蘐園一筆』第1卷, 1-3면.

48) 深谷公幹, 『日本儒林叢書』, 「駁斥非」, 1면. "以土芥睹思孟, 以寇讐罵程朱."

공자와 맹자를 병칭하는 것이 송대 유학자들부터 시작한 것이 아님에도 불구하고,[49] 적생조래 학파는 줄곧 공맹(孔孟)을 병칭하는 것을 싫어하였다. 귀정남명(龜井南冥) 부자의 학문이 반드시 적생조래를 본보기로 삼은 것은 아니지만, 공자를 존경하고 맹자를 배척하는 것은 적생조래와 다를 바가 없었다. 심지어 맹자를 비난하는 어떤 학자는 『맹자』는 후인이 위조한 것이라고 주장하였다. 고송방손(高松芳孫)은 "옛부터 성인의 도를 어지럽히는 것이 『맹자』보다 심한 경우는 없다."고 하면서 다음과 같이 말하였다.

> 이 『맹자』라는 책은 참으로 성인의 말씀과 서로 비슷하다. 이 때문에 고래(古來)로 성인의 도를 어지럽히는 것이 『맹자』보다 심한 것이 없으니, 실로 말을 잘하는 입이 나라를 망하게 하는 것이다. 그 책은 후세 사람들이 완전히 조작하여 만든 것이 명백하다. 그런데도 천하의 큰 유학자들이 모두 그 학설에 심취하여 잘못된 것을 알지 못한다. 그 잘못을 알고 조금이라도 비난하는 자가 있으면 바로 미친놈 취급을 당한다. …… 후세에 임금을 시해하는 이는 반드시 『맹자』의 말에 현혹되어서이다. 만인의 비난을 받더라도 『맹자』를 깊이 미워하는 자는 반드시 충성을 다하는 무리들이다.(원문은 일본어이나 저자가 한문으로 번역하였으니 아래도 이와 같다.)(茲『孟子』之書, 善與聖人之言相似也. 以是古來亂聖人之道者, 無如『孟子』之甚, 實覆利口之邦家者也. 其書全是後人僞造所成, 白然也. 雖然天下盪盪之碩儒, 咸沉醉其說, 更不知其非, 雖少有知其非而誹難者, 卽被視之爲狂客. …… 以而後世弑君者, 必食『孟子』之言, 假令受萬人之譖, 深惡『孟子』者, 必誠忠之徒也.(原日文, 本書作者試譯爲漢文, 下同

49) 松宮觀山의 해설에 의하면 孔孟을 병칭한 것은 後漢의 馬融에게서 시작되었다. 그는 『學論』에서 다음과 같이 말하였다. "尊孟子爲大賢, 自趙岐來已久矣. 孔孟之稱, 已見馬季長賦中. 又『淮南子』高誘注曰: 鄒謂孟子, 魯謂孔子則兩漢以來之稱, 而非始於程氏也."

此.)-高松芳孫,『正學指要』

　막부 말기를 살았던 고송방손은 왕을 존중하고 외적을 물리치는 시대
적 분위기 속에 처해 있었기에, 그의 맹자 사상에 대한 비판은 이 시기의
존황론(尊皇論)과 밀접한 관계를 맺고 있다. 그는 맹자 사상이 가져다 준
정치적 긴장성을 해소하기 위하여, 『맹자』는 진(秦)나라에서 군현제를 실
시한 뒤에 만들어진 위서(僞書)라고 굳게 믿으며, 2000년 동안 혼란스럽
게 진행된 탕왕과 무왕의 혁명에 관련된 논쟁을 해결하고자 하였다. 이
에 고송방손은 다음과 같이 전력을 기울여 맹자를 비판하였다.

　맹가(孟軻)는 인의(仁義)의 적이며 성인의 큰 죄인으로, 군자라면 마땅히 그
를 성토해야 한다. 그런데 일본이나 중국의 유학자 중에 이 책을 존중하고
신봉하지 않는 이들이 예부터 매우 드물었으니 이는 무슨 이유에서인가? 일
본이나 중국의 유학자들은 모두 문자에 심취하여 마음의 눈을 뜨지 못하고,
오직 언어와 문자 사이에 빠져 일의 진실함을 탐색하지 못했기 때문이다. 그
들은 책을 여러 번 읽으면서도 그 옳고 그름을 몰랐고 그것이 어리석은 논의
임을 이해하지 못하였다. …… 우리 천황의 나라는 천지를 계승하고 군신(君
臣)의 무궁한 도를 이룬 신국(神國)으로, 어찌 이런 자질한 병폐가 있겠는가?
그러나 지난 천보(天保) 8년경에 낭화(浪華)에서 인의의 적이 나타났었다. 두
려울 것은 없었지만 저 적들은 완전히 맹자의 학설을 깊이 신봉하여 마침내
우등(右等)의 난폭한 무리가 되었다. 이 때문에 나는 신명(身命)을 다 바쳐 맹
자의 학설을 격퇴하였다. 아! 나의 나이가 70여 세이지만 삼가 기꺼이 충신
열사가 되기를 바라도다.(원문은 일본어이나 저자가 고문으로 번역하였다.)(軻
是仁義之賊, 聖人之大罪人, 君子宜誅討之也. 然倭漢之儒者不尊信其書者, 古來甚
希, 是何故哉? 倭漢儒者, 一同沉醉文字, 悉盲失心眼, 惟奔走言語文字之間, 未探索

事之實地, 讀之雖數數, 更不知其是非, 不解其愚論. ……吾皇邦係隨天地逐君臣無窮之有道神國, 何喋喋病哉? 然去歲天保八年之頃, 有浪華賊起表, 雖不足畏, 然彼賊全深信軻之說, 卒成右等之亂暴者也. 是故子投身以命以破卻軻說. 噫! 吾齡七旬餘, 伏惟冀以忠信烈士之愛憐(原日文, 本書作者試譯爲中文.)-高松芳孫, 『正學指要』

고송방손은 맹자를 가리켜 '인의를 해치는 적'(仁義之賊), '성인의 큰 죄인'(聖人之大罪人), '성인의 도를 가장 심하게 어지럽힌 자'(亂聖人之道之最者)라고 지적하였다. 이러한 지적에서 보듯이 덕천시대 사상사에서 고송방손의 맹자에 대한 비방의 정도가 가장 심하였다. 심지어 윗글에서 보듯이 그는 천보(天保) 8년(1837) 양명학자인 대염평팔랑(大塩平八郎, 1794-1837)이 거병하여 반란을 일으킨 것도 바로 맹자 사상이 끼친 해독이라고 지적하였다.[50]

덕천시대 사상사를 조망해 보면 적생조래가 맹자를 비난한 이래 그의 제자인 태재춘대(太宰春台, 1680-1747)도 「맹자론(孟子論)」과 「척비(斥非)」를 지어서 맹자를 비판하였다. 그 후 이동람전(伊東藍田, 1733-1809)도 「남전선생탕무론(藍田先生湯武論)」(1774년 간행)을 편찬하여 탕왕과 무왕은 혁명을 일으킨 것이 아니라 왕을 시해한 것이라고 논하였다. 그리고 1778년에 좌구간태화(佐久間太華)는 『화한명변(和漢明辨)』을 편찬하고, 막부 말기의 등택동해(藤澤東畡)는 『사문록(思問錄)』, 『원성지(原聖志)』를 저술하였는데, 모두 맹자의 정치사상에 대하여 비판을 가하였다.

한편 적생조래의 맹자에 대한 비판이 너무 심했기 때문에, 이등인재 학파의 심곡공간은 「박척비(駁斥非)」, 「변비맹론(辨非孟論)」을 발표하여 태

50) 宮城公子, 『大塩平八郎』, 東京: 朝日新聞社, 1977, 236-256면.

재춘대의 비맹론(非孟論)을 반박하고 맹자와 이등인재를 옹호하였다. 또한 비후(肥後)의 정주학자인 수고산(藪孤山, 1732-1790)은 1775년에 「숭맹(崇孟)」을 간행하여 태재춘대의 비맹(非孟)의 입장을 비판하였는데, 1782년에 복부율산(服部栗山)은 「독숭맹(讀崇孟)」을 지어서 수고산의 학설을 보충하였다. 이에 적생조래 학파의 제자인 중산성산(中山城山, 1782-1837)은 「숭맹해(崇孟解)」을 저술하여 태재춘대의 비맹(非孟)의 주장을 지지하고 수고산의 존맹론(尊孟論)을 반박하였다.[51]

총괄하여 말하면 덕천시대 사상사에서 비록 맹자를 두둔하는 사람이 없지는 않았지만, 맹자의 백성 본위의 정치사상은 덕천시대의 정치체제와 차이가 너무 크기 때문에, 맹자를 옹호하는 주장은 맹자를 비판하고 배제하는 주장에 비해 힘이 빠져 보인다. 덕천시대 이후 일본 유학자가 맹자를 비판한 주장을 검토하면서, 그들이 공격하는 문제가 주로 맹자의 역성혁명론에 집중되어 있다는 것을 알 수 있었다. 18세기의 이동람전(伊東藍田)과 19세기의 길전송음(吉田松陰) 및 20세기의 한학자 우야철인(宇野哲人, 1875-1974)의 주장을 통해 이 점을 좀 더 살펴보기로 하자.

이동람전은 적생조래의 재전(再傳) 제자로서, 1774년에 「남전선생탕무론(藍田先生湯武論)」을 저술하였는데, 그 첫머리에 요지를 밝히며 다음과 같이 말하였다.

탕왕(湯王)과 무왕(武王)은 방벌(放伐)하지 않았다. …… 왜 방벌하지 않았다고 하는가? 찬탈하고 시해하였기 때문이다. 탕왕과 무왕은 성인(聖人)인데 어찌 찬탈하고 시해하였는가? 찬탈하고 시해한다는 것은, 신하가 임금 죽이

51) 張崑將, 『日本德川時代古學派之王道政治論: 以伊藤仁齋與荻生徂徠爲中心』, 219-286면.

는 것을 '시해한다'고 하고 아랫사람이 윗사람 침탈함을 '찬탈한다'고 한다. 한 자의 땅이라도 왕의 땅이 아님이 없고 한 명의 백성이라도 왕의 신하가 아닌 이가 없었으니, 탕왕은 하나라의 제후였고 주나라 무왕(武王)은 상나라 제후인 서백(西伯)의 아들이었다. 성인이긴 했지만 그들은 신하이다. 걸왕(桀王)과 주왕(紂王)은 비록 도를 잃었지만 천자였다. 백이(伯夷)와 숙제(叔齊)가 무왕의 말고삐를 잡아당기며 간언한 것에서도 볼 수 있다. 그러므로 탕왕은 상제의 이름을 빌려 맹세하고 군사를 일으켰으니 하나라를 이겼어도 부끄러운 덕이 있다. 주나라 무왕은 문왕의 나무 신주를 수레에 싣고 스스로 태자라 칭하고서 은나라를 정벌하였으니, 감히 제멋대로 할 수 없었음을 볼 수 있다. 이러하였으니 탕왕과 무왕 또한 마음속으로는 찬탈이며 시해임을 알았을 것이다.(湯武, 非放伐也. …… 何言乎非放伐, 篡弑也. 湯武聖人也, 曷爲篡弑. 篡弑也, 臣殺君之謂弑, 下奪上之謂篡, 尺地莫非王土也, 一民莫非王臣也. 成湯, 夏后氏之諸侯也, 周武, 商之西伯之子也. 雖聖, 然臣也; 桀紂雖失道, 天子也. 夷, 齊扣馬語, 可以見也. 故成湯假上帝誓師, 旣勝夏, 維有慙德; 周武載文王木主, 自稱大子以伐殷, 示不敢自專, 則雖湯武, 亦心知其爲篡弑矣.)-伊東藍田,「藍田先生湯武論」

위의 글에서 알 수 있듯이, 이동람전은 맹자의 탕무방벌론(湯武放伐論)을 철저하게 부정하고, 탕왕과 무왕이 임금을 시해한 역적이라고 꾸짖었다. 설령 걸임금과 주임금같이 무도한 군왕이라도 천자이기에 귀하며, 탕왕과 무왕은 비록 신성하나 결국 신하이기 때문에 이들이 군사를 일으키는 것은 방벌(放伐)이 아니라 시해라고 하였다.

이동람전이 탕왕과 무왕의 혁명을 부정한 것은, 만세토록 한줄기로 일관하는 일본 천황제 이론의 기초가 되었다. 그는 "천자의 성씨는 오직 하나로서 무궁토록 전해져야 한다."라고 하면서, 설령 역대의 무신(武臣) 정권이라 하더라도 유구한 일본를 대표하는 천황제를 부정하거나 폐지할 수 없다고 주장하였다.

막부 말기 왕을 존숭하고 외세를 물리치자는 존왕양이론자였던 길전
송음(吉田松陰)은 『맹자』「양혜왕 하」 8장의 "탕임금이 걸임금을 추방하
고, 무왕이 주임금을 토벌하였다."(湯放桀, 武王伐紂.)라는 대목을 해석하
면서 다음과 같이 말하였다.

> 탕왕(湯王)과 무왕(武王) 같은 이들은 의리에 의거하여 역적을 토벌하였고
> 천명을 계승하였다고 일컫는다. 그렇지만 우리나라는 그렇지 않다. 천황은
> 천조(天朝)와 천일(天日)의 후계자로 나라 안에 군림하고 있다. 그러니 천조
> 의 명(命)을 받들지 않고 만일 제멋대로 오랑캐를 정벌하고서 직책을 소홀
> 히 한다면, 이것은 이른바 '연(燕)나라 같은 제(齊)나라가 연나라를 치는 격'
> 이며, 이른바 '춘추시대에는 의로운 전쟁이 없다'는 것이다. 그러므로 『맹
> 자』의 이 대목을 읽는 자들이 만약 살펴 분별하지 못하면 간악한 도적의 마
> 음이 열리게 될 것이다.(원문은 일본어이나 저자가 고문으로 번역하였다)(如湯
> 武, 依義討賊, 稱承天命. 在本邦則不然, 天朝天日之嗣, 照臨宇內, 不奉天朝之命,
> 若擅問征夷曠職, 所謂以燕伐燕者也, 所謂春秋無義戰者也. 故讀此章者, 若不審辨,
> 適足以啓奸賊之心.(原日文, 本書作者試譯爲漢文.)-吉田松陰, 『講孟餘話』

길전송음은 학자들이 『맹자』의 이 대목을 읽을 때 특별히 주의할 것을
요구하였는데, 맹자의 방벌론(放伐論)은 일본의 천황체제에 충격을 줄 수
있기 때문이었다. 그는 막부 말기에 근황병(勤皇兵)을 모집하여 삽혈의 맹
세를 하고 암살대를 조직하여 막부의 간부전승(間部詮勝, 1802-1884)을 암
살하고자 하였다. 이처럼 길전송음은 철저하게 왕권을 수호하고자 하였
기에, 맹자라는 인물과 『맹자』에서 서술된 혁명론(革命論)에 대하여 비판
적 시각을 가질 수밖에 없었다.

18세기 일본의 유학자가 "일본 천자의 성씨는 오직 하나로서 무궁토록 전해져야 한다."는 입장에서 맹자를 비판하였는데, 이러한 관점은 심지어 20세기 초의 동경제국대학 중국철학과 교수인 우야철인(宇野哲人, 1875-1974)에 이르러서도 그대로 계승되고 있다. 일찍이 그는 중국을 방문하여 유가의 성인을 찾아다니면서,[52] 맹자의 역성혁명에 대하여 심하게 공격하였다. 이때 그는 "중국 사회의 부진은 예로부터 민주주의사상이 발달하고 역성혁명의 기풍이 형성되어 일정한 주권하에서 단결되는 성향이 부족하였기 때문이다."[53]라고 지적하였다. 우야철인의 중국의 혼란스러운 현실에 대한 이러한 언급은 일본을 비교의 대상으로 삼아서 한 말이다. 이에 그는 "우리 일본은 유신을 할 때, 위로는 만세일계의 황실이 있어서 인심을 모을 수 있었다. 그런데 중국은 청나라가 타도된 뒤 어느 누구도 계승하지 못하였다. 생각이 이에 미치니, 우리 일본의 정치체제가 매우 고맙고 중국의 역성혁명의 정치적 현실이 안타깝도다."[54]라고 말하기까지 하였다. 간단히 말해서 우야철인은 중국은 역성혁명의 사상이 예로부터 발달하여 백성들의 통일된 의식이 부족하고, 이것이 바로 현재의 중국이 혼란스러운 중요한 원인이라고 여긴 것이다.

　　이상의 내용을 종합하면, 덕천시대 이후 일본 유학자들의 끊임없는 맹자 비판의 주요 원인은 맹자가 제기한 역성혁명과 백성은 귀하고 임금은

---

52) 宇野哲人은 1906년에 중국에서 돌아온 뒤, 다시 1912년 1월에 중국으로 갔다. 이 당시 우야철인의 중국 외유를 두고, Joshua A. Fogel(1950-)은 '儒家朝聖之旅'라고 하였다. Joshua A. Fogel, "Confucian Pilgrim: Uno Tetsuto's Travels in China,1906," in his The Cultural Dimension of Sino-Japanese Relations: Essays on the Nineteenth and Twentieth Centuries(NewYork: M.E.Sharp, 1995), pp. 95-117.

53) 宇野哲人 著, 張學鋒 譯, 『中國文明記』, 北京: 光明日報出版社, 1999, 182면.

54) 宇野哲人 著, 張學鋒 譯, 『中國文明記』, 194면; 黃俊傑, 「二十世紀初期日本漢學家眼中的文化中國與現實中國」, 『東亞儒學史的新視野』, 臺北: 臺大出版中心, 2004, 265-312면.

가볍다는 등의 정치적 이념이 일본의 만세일계의 천황체제와 차이가 너무 커서 결합하기 어려운 데에서 찾을 수 있다. 그리고 맹자사상과 일본의 지역적 특성의 충돌은 심지어 20세기에까지 이어져 내려와, 현대 일본 한학자의 중국 유람기에서도 상호간 융합의 어려움이 묘사되어 있다.

5. 결론

이상으로 우리는 덕천시대 일본 유학자들의 『논어』와 『맹자』에 대한 반응과 해석을 예로 들어서, 중국과 일본의 사상교류사에서 공자와 맹자 사상이 가지는 강렬한 중화문화적 색채를 설명하고, 일본 유학자들이 새로운 해석을 통하여 일본의 특수한 문화적, 사상적 풍토와 사회적, 정치적 환경에 공맹사상을 적용시키는 것을 살펴보았다.

『논어』의 '도'는 덕천시대 유학자들에 의하여 '선왕의 도(先王之道)'로 재해석되었는데, 이러한 새로운 해석은 '왕'과 '도'가 하나로 합치되지 않은 상황하에서 유학자가 직면하는 선택적 곤경을 해소시켜주었다.

공자와 맹자는 모두 홀로 행해져도 위태롭지 않고 영원히 존속하면서도 결코 없어지지 않는 '도'의 체득을 중요시하였다. 그런데 역사의 흐름 속에서 이 도는 왕자(王者)의 정치에 구체적으로 반영되는 것은 아니다. 이에 '도'가 '왕'에 의해 실천되지 않는다면, 공자는 뗏목을 타고 바다로 떠나버리겠다고 하였으며, 맹자는 제후들이 들고 일어나 천하를 통일하여 '남에게 차마 하지 못하는 마음'(不忍人之心)으로 '남에게 차마 하지 못하는 정치'(不忍人之政)를 행해야 한다고 주장하였다. 그리고 여기서 한 걸음 더 나아가 역성혁명을 통해서 인간 세상에 왕도정치가 다시 한 번 실현되게 하여야 한다고 주장하였다. 공자와 맹자의 이러한 정치사상은 덕천시대 일본의 정치체제에 대한 잠재적 위협 요소였다. 때문에 이 시기 일본의 유학자들은 '선왕의 도(先王之道)'로 공자의 '도'를 재해석하여, 공자의 정치사상에서 폭발을 불러일으킬 수 있는 뇌관을 제거하고서 『논어』가 덕천시대 정치와 사회에 적응할 수 있게 하였다. 이 밖에 『논어』에 보이는 '오랑캐와 중화의 구별'의 이념에 대해서도 일본 유학자들은 새로운 해석을 부여하여, 그들의 문화적 자아와 오랑캐와 중화를 구분케 하는 정치적 자아를 일치시켰다. 이로 인하여 일본의 독자들은 『논어』를 읽으면서 마음에 막힘이 없게 되었다.

하지만 맹자라는 인물과 그 책에 대한 평가는 『논어』에 비해 훨씬 더 복잡하다. 맹자는 전국말기에 탕왕과 무왕의 혁명론을 높이 세우고서 백성 위주의 정치체제를 외쳤다. 이러한 맹자의 외침은 1000년 동안 성난 파도가 바위를 치는 것처럼 줄곧 동아시아 지식인들이 오매불망 그리워하는 향수였다. 그러나 맹자의 정치이상주의는 권력을 장악한 동아시아 제왕들로 하여금 두려움을 느끼게 하였다. 바로 이러한 맹자의 정치이상주의에 대하여 일본 유학자들은 힘껏 비판하였는데, 맹자를 가리켜 '성인의 도를 어지럽힌 자',[55] '인의를 해치는 도적이자 성인의 큰 죄인'[56] 등으로 지목하였다. 심지어 20세기의 한학자도 '중국의 정치체제는 역성혁명의 그늘 아래 있다'[57]고 토로하면서 아쉬움의 감정을 지니기도 하였다. 맹자와 그 책에 실려 있는 사상은 일본의 만세에 일관하는 천황체제와 고도의 긴장관계가 존재하고 있다. 이는 중국과 일본의 교류사에서 『논어』가 『맹자』보다 훨씬 더 일본 유학자들에게 받아들여졌던 중요한 원인이다.

---

55) 高松芳孫, 『正學指要』, 37~38면. "亂聖人之道."

56) 高松芳孫, 『正學指要』, 46면. "仁義之賊, ……聖人之大罪人."

57) 宇野哲人, 張學鋒 譯, 『中國文明記』, 194면.

본론(i):
일본 논어학의 대가(大家)

이등인재(伊藤仁齋): 호교학적 『논어』 해석학

1. 머리말

일본의 덕천시대(德川時代) 268년 동안 일본 유학자들은 『논어』에 관한 많은 글과 주석서를 남겼다. 가장 이른 시기의 임라산(林羅山)이 편찬한 『춘감초(春鑑抄)』「예(禮)」장에서 『논어』의 문구를 인용하면서, 개인의 수양과 국가를 평정하고 다스리는 문제를 해석하였다.[1] 그리고 이는 임라산의 『논어언해(論語諺解)』[2]에도 영향을 미쳤다. 이후 덕천시대 말기에 태어난 삽택영일(澁澤榮一)의 『논어와 주판(論語與算盤)』에 이르기까지 일본의 유학자들은 자신만의 『논어』 해설을 다양하게 시도하였다. 심지어 『논어』를 해석하는 온갖 저작에서 서로 공격하기도 하였으며, 한 주석서에서여러 종류의 해설을 동시에 수록하기도 하였다. 이러한 모든 것이 덕천시대 논어학의 다양한 내용을 구성하게 하였다.

---

1) 大野出, 「林羅山『春鑑抄』と『論語』─統治論の開陳─」, 松川健二編, 『論語の思想史』, 463-475면.
2) 林羅山은 『論語和字解』(『論語諺解』라고도 함)를 저술하였는데, 그 내용은 『論語』「學而」편에서 「里仁」편 까지이다.

덕천시대 『논어』를 해석하는 여러 명의 유학자들 중에서, 우리는 이등 인재(伊藤仁齋)와 적생조래(荻生徂徠)를 대표로 선택하여 연구를 해 보고자한다. 이등인재의 논어학은 호교학적(護敎學的) 색채를 가지고 있으며, 적 생조래의 논어학은 일종의 정치학적 논저로 볼 수 있다. 이 두 학자들의 『논어』 해석은 각기 덕천시대 경전해석학의 유형을 대표하며, 동시에 일 본 사상의 실학적 특색을 잘 드러내어 주고 있다.

덕천시대 일본의 『논어』 주석자들 중에서 이등인재는 특수한 위치를 점유하고 있는데, 20세기에 이르러서도 일본의 한학자들은 이등인재의 『논어』 해석에 대하여 숭상을 하곤 하였다. 무내의웅(武內義雄, 1886-1966)은 이등인재의 『논어』 해석학이 독창적이고 대서특필할 가치가 있 다고 여겼으며,[3] 궁기시정(宮崎市定, 1901-1995)은 이등인재가 일본적 특 색을 지닌 방법으로 『논어』를 해석했다고 추앙하였다.[4] 또한 어떤 이들 은 이등인재를 가리켜 '근세 일본 사상의 새로운 지평선의 개척자' 라 부 르기도 하였다.[5]

이등인재는 『논어』를 극도로 숭상하여 '우주에서 제일가는 최상의 책' 이라고 하였으며, 『어맹자의(語孟字義)』와 『논어고의(論語古義)』 두 책을 써 서 공자 사상을 상세하게 설명하였다. 특히 이등인재는 『논어고의』에 많 은 공을 들였는데, 그의 장남 이등장윤(伊藤長胤, 1670-1736)은 「논어고의 서(論語古義序)」에서 이등인재의 『논어고의』를 가리켜 "40세가 되기 이전 에 이미 『논어고의』 초고를 완성하셨다. …… 이후 개정하고 보완하여

3) 武內義雄, 『武內義雄全集』 第一卷, 東京: 角川書店, 1978, 42면.
4) 宮崎市定, 『論語の新研究』, 東京: 岩波書店, 1974, 57면.
5) 渡邊浩, 「伊藤仁齋 東涯 宋學批判と"古學學"―」, 『相良亨, 松本三之介, 源了圓 編, 『江 戸の思想家たち』(上), 東京: 硏究社, 1979, 283면.

본론(i): 일본 논어학의 대가(大家)

50세 무렵까지 5번 개정하셨다."[6]고 하였으니, 그 엄격하고 근엄함이 이와 같았다. 이등인재 자신도 『논어고의』에 대하여 "『논어』, 『맹자』에서 1000년 동안 전해지지 않았던 학문을 드러내어 밝혔다. 그러므로 감히 자신의 견해를 덧붙여 조금도 숨기지 않았으니 억설(臆說)이 아니다."[7]고 하였으니, 『논어고의』는 실로 이등인재의 대표적 저작이라 할 수 있다.

『논어고의』는 17세기 일본 고학파의 대학자인 이등인재의 사상을 구체적으로 드러내어 주었을 뿐만 아니라, 동아시아 유가 해석학의 한 유형—경전에 대한 새로운 해석을 통하여 이단을 반박하고 경전의 고의(古義)를 다시 구축함—을 보여 주었다. 이런 유형의 해석학은 방법적 측면에서 다양한데, 이등인재는 훈고학적 방법을 취하여 경전해석학의 문제를 해결하고자 하였으며 여러 경전을 하나의 용광로에 넣어 녹여 내고자 하였다.

한편 이등인재의 이런 경전해석학은 호교학(護敎學)적 특징을 지니고 있는데, 소위 '실학'의 입장을 투영시켜 '도(道)', '인(仁)' 등 유학의 중요한 개념을 새롭게 정의하고 새로운 의미를 부여하였다. 그리고 이를 바탕으로 불교와 도교를 물리치고 송대 유학자들을 비판하는 목적지에 도달하려 하였다. 이에 이 글에서는 이등인재의 『논어』 해석을 연구하고, 더 나아가 그의 논어학을 꿰뚫고 있는 호교학적 경전해석학의 특징을 분석해 보기로 하겠다.

---

6) 伊藤仁齋, 『論語古義』, 2면. "齒未強仕, 已草此解. ……改竄補緝, 向五十霜, 稿凡五易."
7) 伊藤仁齋, 『論語古義』, 4면. "發明千載不傳之學於『語』, 『孟』二書, 故敢擯鄙見, 不少隱諱, 非臆說也."

2. 이등인재의 『논어』 해석 방법

이등인재는 『논어』 주석을 통하여 공자 사상을 다시 해석하였는데, 그가 채택한 방법은 주로 두 가지이다.

(1) 훈고학적 방법으로 『논어』를 다시 읽고 송대 유학자들의 해석 체계를 뒤집는 것이다.

(2) 여러 경전을 관통하는 의미를 찾아내어, 『논어』와 융합하여 공자학의 새로운 체계를 구축하는 것이다.

우리는 아래에서 구체적인 사례를 들어서 이등인재의 이러한 두 가지 경전 해석방법을 분석해 보기로 하겠다.

(1) 훈고학적 방법

이등인재는 『논어』를 해석할 때, 원전의 매 구절 아래에 주해를 쓰고 모든 장의 끝부분에 종합적인 주석을 붙였으며, 마지막에 다시 '논한다'(論曰)로 그의 독창적인 견해를 밝혔다.

첫 부분은 글자와 문장에 대한 훈고이고 두 번째와 세 번째 부분은 이등인재가 품고 있는 생각을 토로한 부분으로 새로운 경전 해석이라 할 수 있다. 이등인재가 흔히 쓰는 경전 해석 방법은 바로 훈고학적 방법을 원용하여, 공자 문하에서 이루어진 스승과 제자가 대화했을 당시의 언어 환경과 맥락으로 되돌아가는 데 힘을 기울여 『논어』의 '본래적 의미'(古義)를 되살려 내는 것이다. 다음의 두 가지 예를 통해 이 점을 살펴보기로 하자.

① 『논어』 「학이(學而)」 12장(有子曰: "禮之用, 和爲貴. 先王之道斯爲美, 小大由

之.")라는 경문에서, '용(用)'은 역대 주석가들에 따라 그 독법이 다르다. 주자(朱子, 1130-1200)는 송대 유학자들의 체용론적(體用論的) 관점에서 다음과 같이 말하였다.

> 예(禮)는 천리(天理)의 절문(節文)이며 인사(人事)의 의칙(儀則)이다. 화(和)는 너그러워 급박하지 않다는 뜻이다. 예(禮)의 본체는 비록 엄하나 모두 자연의 이치에서 나왔다. 그러므로 그 작용은 반드시 너그러워 급박하지 않아야 귀한 것이 된다. 선왕(先王)의 도는 이것을 아름답게 여겨 작은 일과 큰일에 이것을 말미암지 않음이 없었다.(禮者, 天理之節文, 人事之儀則也. 和者, 從容不迫之意. 蓋禮之爲體雖嚴, 而皆出於自然之理, 故其爲用, 必從容不迫, 乃爲可貴. 先王之道, 此其所以爲美, 而小事大事無不由之也.)-朱熹, 「論語集注」

주자의 해석을 보면 '예'의 본체와 '예'의 작용을 구분하였으며, 아울러 예의 본체는 자연스러운 이치에서 나온다고 하였다. 이는 전적으로 주자 자신의 사상적 맥락에서 이 경문을 해석한 것이다.

이등인재가 17세기의 덕천시대 일본에서 『논어』를 다시 읽을 때, 그가 먼저 직면한 것은 바로 주자가 확립하고 나서 동아시아사상계에서 지배적 지위를 갖고 있는 해석 전범이었다. 실제로 이등인재는 27세부터 29세까지의 3년(1653-1655) 동안 완전히 주자학에 몰입하였는데, 그가 지은 「경재기(敬齋記)」, 「태극론(太極論)」, 「성선학(性善學)」, 「심학원론(心學原論)」 등이 주자의 영향을 많이 받은 것이다. 이등인재는 32세 전후에 이르러서야 비로소 주자학에서 벗어나 자기의 철학체계를 건립하였다.[8] 이등인재가 주자학에서 벗어난 후, 그가 주자의 전범적 해석을 뒤엎는데 사용한 방법이 바로 훈고학을 통하여 『논어』의 글자와 단어가 최초로 사용되는 원초적 의미를 다시 확정하는 것이었다. 그는 다음과 같이 말하였다.

용(用)은 이(以)이다. 『예기』에서 "예는 조화를 귀하게 여긴다."라고 한 것이
이것이다. 화(和)는 어그러짐이 없음을 이른다. 예가 지나치면 정이 떨어지
므로 예를 행함에 반드시 조화를 귀하게 여겼다.(用, 以也. 『禮記』作 "禮之以
和爲貴", 是也. 和者, 無乖戾之謂. 蓋禮勝則離, 故行禮必以和爲貴.)-伊藤仁齋, 『論
語古義』

이등인재는 『예기』를 근거 자료로 인용하면서, 『논어』의 '예의 작용(禮
之用)'을 송대 유학자들의 언어가 아닌 고대유학의 언어 속에서 읽어야
된다고 지적하였다. 이렇게 고대 언어로 귀환한 후, 이등인재는 비로소
주자의 해석을 강력하게 비판할 수 있었다. 그는 다음과 같이 말하였다.

주자의 주석에서는 "예(禮)의 본체는 비록 엄격하나 그 작용은 반드시 너그
러워 급박하지 않다."고 하였는데, 대개 체용(體用)의 학설은 송유(宋儒)에
서 시작된 것으로 성인의 학문에는 원래 그러한 학설이 없다. 어째서인가?
성인의 도는 윤리(倫理)와 삼강오상(三綱五常)에 불과하여 사실에 나아가 공
부하는 것이니, 마음을 맑게 하고 생각을 반성하여 미발(未發)에서 구했던
적은 없었기 때문이다. 그러므로 이른바 인(仁), 의(義), 예(禮), 지(智)라고
하는 것도 모두 이발처(已發處)에서 공부한 것으로, 그 체에 대해 논의한 적

8) 友枝龍太郎, 「續仁齋初年の──その却のについて──」, 『宇野哲人先生白壽祝賀紀念東
洋學論叢』(東京: 宇野哲人先生白壽祝賀紀念會, 1975), 721-739면. 이등인재의 靑壯年時代
의 思想의 形成과 社會環境 및 山崎闇齋와 朱舜水 思想과의 교섭 양상에 관해서는 石田一
郎의 「仁齋學形成過程──靑壯年時代ののと──」, 『人文學』(同志社大學人文學會出版) 20
號, 1955年 10月, 67-99면 참조.

은 없었다. 오직 불가의 학설만이 윤리와 강상을 도외시하고 오로지 일심(一心)만을 지키고자 한다. 그러나 인간사의 주고받는 현실을 그만둘 수 없었던 까닭에 진체(眞諦)를 말하고 가체(假諦)를 말하였으니, 여기에서 저절로 체용의 학설을 세우지 않을 수 없었다. 현장(玄奘)이 『화엄경소(華嚴經疏)』에서 "체용은 근원이 같으니, 드러난 것과 은미한 것에는 구별이 없다."고 한 것이 이것이다. 이 학설이 유가에 차차 스며들어서, 이에 이기(理氣), 체용(體用)의 학설이 일어났다. 무릇 인(仁), 의(義), 예(禮), 지(智)에는 모두 체가 있고 용이 있어서 미발은 체가 되고 이발은 용이 된다고 하였다. 이리하여 결국 성인의 큰 가르침이 지리멸렬해져서, 용은 있지만 체는 없는 말이 되어 버렸다. 또한 체용을 설명하면서 체는 중시하고 용은 경시하였으며 체는 근본으로 여기고 용은 말단으로 여겼다. 그러므로 사람들은 모두 용을 버리고 체로 달려가지 않을 수 없었다. 이에 불가의 무욕(無欲)과 도가의 허정(虛靜)의 학설이 성대해지고 유가의 효제충신(孝悌忠信)의 뜻은 약해졌으니, 살피지 않을 수 없다.(舊註日: "禮之爲體雖嚴, 然其爲用必從容而不迫." 蓋體用之說, 起於宋儒, 而聖人之學素無其說. 何者? 聖人之道, 不過倫理綱常之間, 而各就其事實用工, 而未嘗澄心省慮, 求之于未發之先也. 故所謂仁義理智, 亦皆就已發用功, 而未嘗及其體也. 唯佛氏之說, 外倫理綱常, 而專守一心, 而亦不能已於人事之應酬, 故說眞諦說假諦, 自不能不立體用之說. 唐僧『華嚴經疏』云: "體用一源, 顯微無間"是也. 其說浸淫乎儒中, 於是理氣體用之說興. 凡仁義理智, 皆有體有用. 未發爲體, 已發爲用. 遂使聖人之大訓, 支離決裂, 爲有用無體之言. 且說體用, 則體重而用輕, 體本而用末, 故人皆不得不捨用而趨體, 於是無欲虛靜之說盛, 而孝弟忠信之旨微矣, 不可不察.)-伊藤仁齋, 『論語古義』

위의 주석에서 보듯이 이등인재는 진일보한 관점을 제시하였다. 그것은 바로 고대유학의 언어에 나타난 '성인의 도는 윤리(倫理)와 삼강오상

(三綱五常)에 불과하여 사실에 나아가 공부를 하는 것'인데, 송대 유학자들에 이르러서 본체와 작용의 설이 나왔다는 것이다. 이에 이등인재는 송대 유학자들의 경전 해석이 고대유학의 맥락에서 벗어났기에 '드디어 성인의 큰 가르침이 지리멸렬해졌다'고 생각하였다. 이상의 예에서 우리는 이등인재가 훈고학적 방법을 채용하여 『논어』의 글자와 단어의 원래 함의를 다시 확정 지은 것을 볼 수 있다.

② 『논어』에서 공자는 두 번씩이나 '일이관지(一以貫之)'로 자신이 생각하고 있는 '도'를 묘사하였다. 『논어』 「이인(里仁)」 「위령공(衛靈公)」의 '일이관지(一以貫之)'의 함의는 한대(漢代) 이후로 제대로 이해하는 학자들이 없었는데,[9] 주자는 '리일분수(理一分殊)'의 철학에 근거하여 다음과 같이 해석하였다.

관(貫)은 통(通)함이다. 유(唯)는 대답하기를 빨리 하여 의심이 없는 것이다. 성인(聖人)의 마음은 혼연한 일리(一理)여서 널리 응하고 상세하고 합당하게 하되 작용(用)이 각기 같지 않다. 증자(曾子)는 그 작용(用)하는 곳에 있어서는 이미 일을 따라 정밀히 살피고 힘써 행하였으되, 단 그 본체(體)가 하나임을 알지 못하였을 뿐이다. 공자께서는 그가 참(眞)을 많이 쌓고 힘쓰기를 오래 해서 장차 터득함이 있을 줄을 아셨다. 이 때문에 불러서 말씀해 주신 것이다. …… 공자의 일리(一理)는 혼연하여 널리 응하고 상세하고 합당하니, 비유하자면 천지의 지극한 성실함은 쉼이 없어서 만물이 각각 그 마땅한 바를 얻는 것과 같다. 이것 외에는 참으로 다른 법이 없으니 또한 미루어

----

9) 淸나라 유학자 劉寶楠(1791-1855)의 말이다. 劉寶楠의 『論語正義』 上册, 北京: 中華書局, 1990, 152면.

본론(i): 일본 논어학의 대가(大家)

헤아리기를 기다릴 것이 없다. 증자(曾子)는 이것을 봄이 있었으나, 말하기가 어려웠다. 그러므로 학자(學者)들이 자기 마음을 다하고 자기 마음을 미루어 넓히는 조목을 빌려서 드러내 밝히셨으니, 사람들이 깨닫기 쉽게 하려고 하신 것이다. 지성무식(至誠無息)이란 도의 체(體)이니 만 가지 갈래가 한 근본이며, 만물이 각기 제 곳을 얻음은 도의 작용(用)이니, 한 근본이 만 가지 갈래가 되는 것이다. 이것으로써 관찰한다면 일이관지(一以貫之)의 실제(實際)를 볼 수 있을 것이다.(貫, 通也. 唯者, 應之速而無疑者也. 聖人之心, 渾然一理, 而泛應曲當, 用各不同. 曾子於其用處, 蓋已隨事精察而力行之, 但未知其體之一爾. 夫子知其眞積力久, 將有所得, 是以呼而告之. …… 夫子之一理渾然而泛應曲當, 譬則天地之至誠無息, 而萬物各得其所也. 自此以外, 固無餘法, 而亦無待於推矣. 曾子有見於此而難言之, 故借學者盡己推己之目以著明之, 欲人之易曉也. 蓋至誠無息者, 道之體也, 萬殊之所以一本也; 萬物各得其所者, 道之用也, 一本之所以萬殊也. 以此觀之, 一以貫之之實可見矣.)-朱熹, 『論語集注』

이상에서 보듯이 주자는 '공자의 일리(一理)는 혼연하여 널리 응하고 상세하고 합당하다'는 것으로 『논어』의 '일이관지(一以貫之)'를 해석하였는데, 이러한 해석에는 자기 자신의 철학적 배경이 있는 것이 분명하다. 주자는 '관(貫)'을 '통(通)'으로 해석하였는데, 이는 '일이관지(一以貫之)'의 의미를 자신의 '리일분수(理一分殊)' 철학체계 안에서 해석한 것이다.

그러면 이등인재는 주자의 해석을 어떻게 와해한 것인가? 이등인재는 '관(貫)'을 '통(統)'으로 해석하면서 다음과 같이 말하였다.

관(貫)은 통섭(統攝)이다. 도는 비록 지극히 광대하지만 전일하여 섞이지 않으면 저절로 천하의 선(善)을 극진히 하여 통섭하지 않는 바가 없게 되니 많이 배운다고 얻을 수 있는 것은 아니다. …… 증자는 충서로 부자의 도를 표현할 수 있다고 여겨 이로 인해 문인들을 위하여 공자의 일이관지의 뜻을 이와 같이 설명하였다. …… 도는 하나일 뿐이다. 비록 오상(五常)과 온갖 행위가 여러 갈래이지만 같은 곳으로 귀결되는 갈라진 길이며 하나에 이르는 백가지 생각이다. 천하의 지극한 하나는 천하의 모든 선을 모을 수 있다. 그러므로 부자는 '심(心)'이라 말하지 않고 '리(理)'라 말하지 않고, 오직 "나의 도는 하나로 꿰뚫을 수 있다."고 말씀하셨다.(貫, 統也. 言道雖至廣, 然一而不雜, 則自能致天下之善, 而無所不統, 非多學而可能得也. …… 曾子以爲, 忠恕足以盡夫子之道也, 因爲門人述夫子一以貫之之旨如此. …… 夫道一而已矣. 雖五常百行, 至爲多端, 然同歸而殊塗, 一致而百慮. 天下之至一, 可以統天下之萬善, 故夫子不曰 '心', 不曰 '理', 唯曰: "吾道一以貫之也.")-伊藤仁齋, 『論語古義』

이등인재는 공자와 증자의 대화에서 '일이관지(一以貫之)'의 '관(貫)'은 바로 '충서(忠恕)'의 도로서 오상(五常)과 온갖 행위를 통섭함을 가리킨다고 하였다. 이는 주자가 이러한 본래적 의미를 제거하고서 천지의 이치를 관통하는 것으로 '관'을 해석한 것과 같지 않다. 이등인재는 이처럼 『논어』 원전의 글자와 단어의 의미를 그 본래적 의미로 환원시킬 때, 훈고학적 방법을 새로이 제시하였는데, 이는 자안선방(子安宣邦, 1933-)이 최근에 말한 '사례주의(事例主義)'의 해석 방법과 유사하고 할 수 있다.[10]

이등인재는 『논어』 「이인」 15장의 '오도일이관지(吾道一以貫之)'장을 해

10) 子安宣邦은 伊藤仁齋의 『語孟字義』를 연구하면서 다음과 같이 말하였다. "『語孟字義』의 자의를 연구해보면, 공자와 맹자가 말씀하신 '事例'를 중심으로 자의를 탐구했음을 알 수 있다. 이는 『性理字義』가 理學的 解釋을 통해 자의를 확정해 나가는 것과 정반대이다. 이른바 '事例主義的 探究'란 바로 字義를 해석할 때, 명사가 출현한 현장, 즉 해당 명사가 구체적으로 사용된 문맥의 의미를 탐구하는 것이다." 子安宣邦, 「伊藤仁齋와 『人的時代』的 『論語』解─知天命」說」, 子安宣邦 著, 陳瑋芬譯, 『東亞儒學: 批判與方法』, 臺北: 臺大出版中心, 2004, 37-53면; 子安宣邦, 『伊藤仁齋の世界』, 東京 : ぺリかん, 2004, 310-330면.

본론(i): 일본 논어학의 대가(大家)

석하면서, 다음에서 보듯이 '일관지도(一貫之道)'가 '충서(忠恕)' 속에 있다는 진일보한 관점을 제시하였다.

성인의 도는 인륜과 삼강오상(三綱五常)에 불과하니 사람을 완성시켜 주는 것이 크도다. 그러므로 증자(曾子)는 충서(忠恕)라는 말로 공자의 '일이관지(一以貫之)'의 의미를 밝혀 주었다. 아! 성인의 도를 전하여 후학에게 일러주니 그 뜻이 밝고도 또한 극진하구나. 『논어』 「자로」에서, 공자께서는 일찍이 번지가 인을 물은 것에 답하여 "사람을 대할 적에 충성스럽게 하여야 한다."고 하였다. 「위령공」에서, 자공이 "한 말씀으로써 종신토록 행할 만한 것이 있습니까?" 하고 묻자, 공자께서는 "서(恕)일 것이다."고 말씀하셨다. 또한 『맹자』 「진심 상」에서 맹자는 "서를 힘써서 행하면 인을 구함이 이보다 가까울 수 없다."고 하였으니, 충서 두 가지는 바로 인을 구하는 지극한 요체이고 성인의 학문의 처음과 끝을 완성시켜 주는 것임을 알 수 있다. 대개 충서가 바로 일이관지이니, 충서로써 일이관지를 풀이한 것은 아니다. 그런데 선유(先儒)들은 '공자의 마음은 혼연(渾然)한 일리(一理)여서 널리 응하고 상세하여 합당하게 한다. 오직 증자만이 이것을 보았으니 배우는 자들이 알 수 있는 것이 아니다. 그러므로 배우는 자들에게 충서의 항목을 빌려 일관의 뜻을 밝힌 것이다.'고 하였으니, 어찌 그렇겠는가.(聖人之道, 不過彝倫綱常之間, 而濟人爲大. 故曾子以忠恕發揮夫子一以貫之之旨. 嗚呼! 傳聖人之道而告之後學, 其旨明且盡矣. 夫子嘗答樊遲問仁曰: "與人忠.", 子貢問曰: "有一言而可以終身行之者乎?" 夫子唯曰: "其恕乎." 孟子亦曰: "强恕而行, 求仁無近焉." 可見忠恕二者, 乃求仁之至要, 而聖學之所成始成終者也. 蓋忠恕所以一貫之也, 非以忠恕訓一貫也. 先儒以爲: "夫子之心一理渾然, 而泛應曲當. 惟曾子有見於此, 而非學者之所能與知也. 故借學者忠恕之目, 以曉一貫之旨." 豈然乎哉?)-伊藤仁齋, 『論語古義』

위 인용문에서 '선유(先儒)'는 주자를 가리키는 것이며, 이등인재가 '일관지도(一貫之道)'가 다만 '충서(忠恕)' 속에 존재한다고 주장하는 것은 바로 주자가 '일관지도'를 '충서'를 넘어서는 개념으로 규정한 점을 겨눈 것이다.[11]

이등인재는 '일이관지(一以貫之)'의 '내적 의미(locutionary)'[12]를 해석하면서, 추상적 '일관지도'는 오로지 구체적인 도덕 행위에서 그 의미를 찾아야만 한다고 하면서, 주자처럼 먼저 추상적인 '리(理)'를 수립하고 나서 여기에서 만물이 생성되어 나온다고 해서는 안 된다고 하였다. 이에 이등인재는 『논어』 「위령공」에서 공자가 말한 '여일이관지(予一以貫之)'를 해석하면서 다음과 같이 말하였다.

논하여 말한다. 옛사람들은 덕행(德行)을 학문(學問)으로 여겼다. 덕행 외에는 달리 학문이라 할 것이 없다. 그러므로 학문이 이루어지면 덕이 저절로 세워지고 스스로 깊이 수양하니 국가와 천하에 적용하여도 또한 어려움이 없었다. 후세에는 덕행은 덕행으로만, 학문은 학문으로만 여겨 덕행을 학문으로 여긴 것을 알지 못하였다. 그러므로 수신에 뜻을 두면 힘으로 붙잡았고, 경세(經世)에 뜻을 두면 법으로 유지하였다. 조금 아는 이들은 모방하고 차용하는 데 오로지 힘을 다하였으니 덕이 더욱 황폐해지는 것을 면하지 못하였다.(論曰: 古人以德行爲學問. 外德行, 別無所謂學問者. 故學問成則德自立, 深

---

11) 程樹德(1877-1944)은 『論語集釋』(一)(北京: 中華書局, 1990, 267면)에서 "이 장의 의미는 '一貫'은 '忠恕'라는 주장과 '一貫'은 '忠恕'의 밖에 있다는 두 가지 설 밖에 없다."라고 하였는데, 이 주장은 매우 옳다.

12) John R. Searle, Speech Acts: *An Essay in the Philosophy of Language*(Cambridge: Cambridge University Press, 1969); John R. Searle, "*A Taxonomy of Illocutionary Acts*," in K. Gunderson ed., Language, Mind, and Knowledge (Minneapolis: Minnesota University Press, 1975), pp. 334-369.

自脩, 而措之家國天下, 亦無難焉. 後世以德行爲德行, 以學問爲學問, 而不知以德行爲學問, 故有志於脩身, 則以力把捉. 有意於經世, 則以法維持, 而其少有知者, 亦專務依倣假借, 而不免於德愈荒也.)-伊藤仁齋, 『論語古義』

이처럼 이등인재는 덕행과 학문은 절대로 두 갈래로 갈라질 수 없으며, 추상성(학문)은 오로지 구체성(덕행) 속에서 추구되어야만 한다고 하였다. 이러한 새로운 해석은 그가 공자의 '도(道)'에 대한 새로운 의미파악을 기초로 하여 제기된 것이다.

(2) 여러 경전을 관통하는 의미를 찾아냄

이등인재의 『논어』해석의 두 번째 방법은, 『논어』를 여러 경서의 의미와 하나로 융합하여 이해하는 것이었다. 『논어』「위정」2장(子曰: "『詩』三百, 一言以蔽之, 曰思無邪.")에 대한 이등인재의 주석에서 이 점이 잘 보인다.

논하여 말한다. 인(仁), 의(義), 리(理), 지(智)는 도덕이니, 인도(人道)의 근본이다. 충(忠), 신(信), 경(敬), 서(恕)는 수행이니, 도덕에 이르는 것을 추구한다. 그러므로 도덕을 말하면 인(仁)을 종지로 삼고, 수양을 논하면 반드시 충(忠)과 신(信)을 요체로 삼는다. 공자가 『논어』「위정」에서 '사무사(思無邪)' 한마디로 『시경』 300편의 뜻을 나타낸 것은 또한 충과 신을 중심으로 여긴 것이다. 선유들은 간혹 인(仁)을 『논어』의 요체로, 성선(性善)을 『맹자』의 요체로, 중도를 잡는 것을 『서경』의 요체로, 때에 따르는 것을 『역경』의 요체로 여겼으니, 하나의 경전에 각기 그 경전의 지향점을 두어서 서로 통일시키지 못하였다. 이는 성인의 도가 귀결되는 곳은 같은데 이르는 길이 다르며, 지향점은 동일한데 여러 사유의 길을 둔 것을 알지 못한 것이다. 여러 경전의 말들은 비록 다양한 양상이지만 하나의 이치로 관통되어 있다. 이 '사무사' 한마디는 실로 성인의 학문의 시작과 끝이다.(論曰: 仁義理智謂 之道德, 人道之本也. 忠信敬恕謂之修爲, 所以求至夫道德也. 故語道德則以仁爲宗, 論修爲必以忠信爲要. 夫子以'思無邪'一言, 爲蔽三百篇之義者, 亦主忠信之意. 先儒 或以仁爲『論語』之要, 性善爲『孟子』之要, 執中爲『書』之要, 時爲『易』之要, 一經各有 一經之要, 而不相統一. 不知聖人之道同歸而殊塗, 一致而百慮. 其言雖如多端, 一以 貫之, 然則'思無邪'一言, 實聖學之所以成始而成終也.)-伊藤仁齋, 『論語古義』

이등인재는 『논어』, 『맹자』, 『서경』, 『역경』 등의 경전에 실려 있는 성 인의 도는 비록 그 표현은 다르지만 동일한 이념으로 관통되어 있다고 강조하였다. 때문에 이등인재는 『논어』의 의미를 해석하면서, 곳곳에서 『맹자』, 『춘추』, 『중용』 등의 경전의 의미와 서로 소통시켰다.

먼저 이등인재는 공자와 맹자를 일체(一體)로 융합하고서 '맹자의 학문 은 공문(孔門)의 대종(大宗)이자 적자(嫡子)'[13]라고 강조하였다. 이에 그는 『맹자』의 내용이 『논어』에 대한 정확한 부연 해석이라고 지적하며 다음 과 같이 말하였다.

『맹자』 7편은 『논어』의 의소(義疏)이다. 그러므로 『맹자』의 뜻을 이해한 뒤 에야 『논어』의 의미를 알 수 있다. 만약 『맹자』에 근본을 두지 않고 한갓 『논어』의 표면상 의미를 구하고자 하면, 견강부회하고 의미가 통하지 않아 반드시 잘못된 곳에 이르게 된다. 마치 송유(宋儒)들이 "인(仁)은 천하의 바 른 이치이다."라고 한 것이 이 경우이니, 배우는 자들은 반드시 알아야 할

---

13) 이등인재, 『논어고의』, 31면.

것이다.[14] (七篇之書, 『論語』之義疏也, 故得 『孟子』之意, 而後可以曉『論語』之義. 苟不本之於『孟子』, 而徒欲從『論語』字面求其意義, 則牽強不通, 必至致誤. 若宋儒所謂 '仁者, 天下之正理' 是已, 學者不可不知.)-伊藤仁齋, 『論語古義』

이등인재는 『논어』를 해석하면서 곳곳에서 『맹자』와 그 의미를 상호 드러내어 주었다. 예를 들어 그는 맹자가 "마음의 기능은 생각하는 것이니, 생각하면 얻는다."(心之官則思, 思則得之.)[15]라는 말로 『논어』의 "계문자는 세 번 생각한 뒤에 행동하였다."(季文子三思而後行)[16]는 구절을 해석하였고, 또한 맹자가 말한 "선왕(先王)이 사람을 차마 해치지 못하는 마음을 두어, 사람을 차마 해치지 못하는 정사를 시행하셨다."(先王有不忍人之心, 斯有不忍人之政.),[17] "지금 군주(君主)가 인심(仁心)과 인문(仁聞)이 있는데도 백성들이 그 혜택을 입지 못하였다."(今有仁心仁聞, 然民不被其澤.),[18] "헛되이 선하기만 하다."(徒善)[19] 등의 구절들을 인용하여 『논어』에서 공자가 어떤 사람이 인자임을 가볍게 인정해 주지 않았음에 대하여 풀이하였다. 이것들은 모두 공자와 맹자를 일치 조화시킨 지점이라 할 것이다.

....

14) 이등인재는 "7편의 책은 『논어』의 의소이다."라고 주장하였는데, 이는 중국 문헌에 근거한 것이다. 맹자는 공자에게 사숙한 제자로 스스로 자처하며 "공자(孔子)로부터 이래로 오늘에 이르기까지가 백여 년이니, 성인(聖人)의 세대와의 거리가 이와 같이 멀지 않다."(『맹자』, 「진심 상」 38장)라고 하면서, 자신을 공자를 계승한 이로 자부하였다. 고염무(顧炎武)는 『일지록(日知錄)』 권 10, 「맹자인논어(孟子引論語)」 조목에서 "『맹자』는 공자의 말 29조목을 인용하였다."라고 하였으니, 맹자가 공자를 존숭(尊崇)한 것을 볼 수 있다. 그리고 조기(趙岐, ? -210)의 「맹자제사(孟子題辭)」, 왕충(王充, 27-?)이 찬술한 『논형(論衡)』의 「문공(問孔)」, 「자맹(刺孟)」 등에서는 모두 공자와 맹자를 균등하게 인용하였으며 『논어』, 『맹자』를 함께 예로 들고 있다.

15) 『맹자』, 「고자 상」 15장.

16) 『논어』, 「공야장」 19장.

17) 『맹자』, 「공손추 상」 6장.

18) 『맹자』, 「이루 상」 1장.

19) 『맹자』, 「이루 상」 1장.

하지만 인성론적 문제에 관해서는 공자와 맹자의 말씀이 다소 차이가 있다. 이에 이등인재는 특별히 이 부분을 조화시키려 노력하였는데, 그는 다음과 같이 말하였다.

공자는 "본성이 서로 비슷하다."라고 하였고, 맹자는 오로지 "본성이 선하다."라고 말하여서 그 말이 다른 것 같은데, 어째서인가? 맹자는 공자의 가르침을 배웠으니 그 뜻이 어찌 다르겠는가. "본성이 선하다."라는 것은 곧 "본성이 서로 비슷하다."는 뜻을 밝혀 드러낸 것이다. 대개 요임금과 순임금에서부터 일반 백성에 이르기까지 그 사이의 차이가 어찌 다만 천만(千萬)일 뿐이겠는가. 차이가 많다고 할 수 있다. 서로 비슷하다고 말하는 것은 사람 본성의 바탕은 강하고, 약하고, 어둡고, 밝은 것이 비록 같지 않지만, 사단(四端)을 가지고 있다는 점에서는 다름이 없기 때문이다. 물에 비유하자면 비록 달고, 쓰고, 맑고, 탁한 차이가 있지만 모두 아래로 흐르는 점에 있어서는 같다. 그러므로 공자는 "본성이 서로 비슷하다."고 하였고 맹자도 오로지 "본성이 선하다."라고 한 것이다. 그리고 『맹자』「고자 상」에서 "사람의 본성은 선하니, 물이 아래로 흐르는 것과 같다.", "그 정(情)으로 말하면 선하다고 할 수 있으니, 이것이 내가 말하는 선하다는 것이다."라고 하였는데, 모두 타고난 바탕에 근거하여 논한 것이지 리(理)의 관점에서 말한 것은 아니다. 만약 리(理)의 관점에서 말한다면 어찌 멀고 가깝고를 말할 수 있겠는가.(孔子曰: "性相近." 而孟子專曰: "性善." 其言似有不同者, 何諸? 孟子學孔子者也, 其旨豈有異乎? 其所謂 '性善' 者, 卽發明 '性相近' 之旨者也. 蓋自堯舜至於途人, 其間相去, 奚翅千萬? 可謂遠矣. 而謂之相近者, 人之性質剛柔昏明雖有不同, 然而至於其有四端, 則未嘗不同. 譬之水焉, 雖有甘苦淸濁之異, 然其就下則一也. 故夫子以爲相近, 而孟子專以爲性善. 故曰: "人性之善也, 猶水之就下也." 又曰: "乃若其情, 則可以爲善矣, 乃所謂善也." 皆就生質論之, 而非以理言之也. 若以理言

之, 則豈可以遠近言哉?)-伊藤仁齋, 『論語古義』

이상의 말에서 보듯이 이등인재는 공자가 말한 '본성이 서로 비슷하다'(性相近)와 맹자가 말한 '본성이 선하다'(性善)는 두 말씀이 다를 바가 없다고 하였다. 이는 모두 공자와 맹자가 타고난 바탕에 근거하여 하신 말씀으로 바로 인성(人性)의 원초적 소박한 상태를 말한 것이지 '이치'에 근거한 말씀이 아니라고 하였다. 이등인재가 공자와 맹자의 말씀을 조화시키고자 시도한 데에는 명확한 비판의 대상이 있어서였는데, 특히 주자를 겨누고 말한 것이라고 할 수 있다. 그는 자신의 이른바 '실학적 관점'을 기초로 하여 이러한 논리를 전개하였는데, 뒤에서 이 문제에 대하여 상세하게 논의할 것이다.

『논어』와 『맹자』를 상호 소통시키는 것 외에, 이등인재는 또한 여러 경서의 의미를 『논어』와 일치시켜 연구하였다. 그는 『논어』와 『춘추』가 밀접하여 표리를 이루고 있다고 주장하면서 다음과 같이 말하였다.

공자께서는 당시의 인물과 정치의 득실(得失)에 대하여 논하였다. 오늘날의 관점에서 보면 배우는 이들에게 매우 절실하지 않은 것도 있는 듯하다. 그러나 공자 문하의 제자들이 모두 신중하게 이것을 기록해 놓은 것은 어째서 인가? 『사기(史記)』 「태사공자서(太史公自序)」에 따르면, 공자는 일찍이 "내가 추상적인 언어로 말하는 것이 실제 일어난 일의 친절(親切)하고 저명(著明)한 것을 대상으로 저술하는 것보다는 못하다."고 하였다. 대개 배움이란 장차 행하고자 하는 것이다. 그러므로 범범하게 의리를 논하는 것은, 일에 나아가고 사물에 나아가서 곧바로 그것의 시비와 득실을 분별해 내는 것보다 못하다. 『논어』의 여러 장은 실로 『춘추』 와 서로 표리의 관계를 이룬다. 때문에 당시의 제자들이 신중하게 기록하여 남긴 것이 아니겠는가.(夫子所

論當時人物, 政治得失. 自今觀之, 似或有不甚切于學者. 然孔門弟子皆謹書之者, 何也? 夫子嘗曰: "載之空言, 不若著之行事親切著明也." 蓋學將以有爲也, 故泛論義理, 不若卽事卽物, 直辨其是非得失之爲愈也. 如此等章, 實與『春秋』一經相表裡. 此當時諸子所以謹書而不遺也歟?)-伊藤仁齋, 『論語古義』

이등인재의 이 같은 논조는 통상적 이론과 상당한 차이가 있다. 피석서(皮錫瑞, 1850-1966)는 『경학통론(經學通論)』을 편찬할 때, 「『춘추』의 대의(大義)는 난신적자를 토벌하는 데 있으며, 『춘추』의 은미한 말씀은 법제를 개정 확립하는 데 있다. 맹자의 말씀과 『춘추공양전』은 합치된다. 주자의 주석은 『맹자』의 본지를 깊이 이해한 것이다」라는 편을 넣고서, 『논어』와 『맹자』가 표리를 이루는 것에 대하여 논하였다.[20] 또한 당대 일본의 한학자인 무내의웅(武內義雄, 1886-1966)도 이와 비슷한 논조의 주장을 하였다.[21] 피석서와 무내의웅은 『맹자』와 『춘추』의 내용을 밝히는 각도에서 논의를 확립하였다. 이에 비해 이등인재는 『논어』와 『춘추』가 모두 공허한 말을 숭상하지 않고 구체적 일에 나아가서 논의를 확립하였다고 하면서, 이 두 책의 상호 표리관계를 설명하였다.

구체적 일을 떠나지 않고 도리를 말하며 구체성으로부터 추상성을 보는 입장에서, 이등인재는 『논어』와 『시경』, 『서경』을 상호 소통시켜 이해하였다. 이등인재는 『논어』 「술이」 18장의 "공자께서 평소 하신 말씀은 『시경』과 『서경』, 그리고 예를 실천하는 것이었으니, 이런 것들이 공자의 평소 말씀이시다."(子所雅言, 詩書執禮, 皆雅言也.)라는 구절에 대하여, "『시경』은 정성(情性)을 말한 것이고, 『서경』은 정사를 말한 것으로, 모두 인간

---

20) 皮錫瑞, 『經學通論』 四, 臺北: 河洛圖書出版社, 1974, 1-2면.
21) 武內義雄, 「孟子と春秋」, 『武內義雄全集』 第二卷, 東京: 角川書店, 1978, 473-85면.

의 일상생활에 절실한 것이다. 그러므로 평상시 자주 말씀하신 것이다."
라고 주석을 달았다. 그리고 또 다음과 같이 주석을 달았다.

높은 데서 도를 구하고 먼데서 일을 찾는 것이 배우는 자들의 일반적인 병폐이다. 오직 『시경』과 『서경』에서 가르치는 것만이 인정(人情)에 가깝고 일상생활과 접해 있으니, 처음부터 사람과 멀리 떨어진 것을 '도'라고 여기지 않았고 또한 사람과 멀리 떨어져 있는 것을 말하지 않았다. 예(禮)를 고수하고 지키려는 자는 또한 사풍(士風)을 모범으로 삼고 세도(世道)를 유지하고자 하였으니, 때문에 공자는 항상 이 세 가지로 말씀하셨다. 부처와 노자의 학문은 세속을 떠나 오로지 고원(高遠)한 것을 일삼아서 천하에 통용될 수가 없으니, 이는 실로 『시경』과 『서경』의 이치를 이해하지 못했기 때문이다. 후세의 유학자들은 또한 『시경』을 외우고 『서경』을 읽지만 추구하는 것이 매우 어렵고 깊어서 평이하고 인정에 가까운 것을 추구해야 됨을 알지 못한다. 그러므로 그들의 언행(言行)에 드러나는 것에서 보면 매번 기구하고 어렵고 깊은 근심은 있으되 정대(正大)하고 너그러운 기상이 없다. 이것은 이른바 잘못된 독서에서 오는 어려움이지 바른 독서에서 오는 어려움이겠는가.(求道於高, 求事於遠, 學者之通病. 唯『詩』, 『書』之爲敎, 近于人情, 達于日用, 初不遠人以爲道, 亦不遠人以爲言, 而執禮能守者, 亦可以範士風維世道, 所以夫子常言此三者也. 若夫佛老之學, 所以離世絶俗, 專事高遠, 而不能通乎天下者, 實不達『詩』, 『書』之理故也. 而後世儒者亦雖知誦『詩』讀『書』, 然求之甚過艱深, 而不知求之於平易近情, 故其著於言行者, 每有崎嶇艱深之憂, 而無正大從容氣象. 豈非所謂非讀書之難, 而善讀書之難乎?)-伊藤仁齋, 『論語古義』

이등인재는 『논어』와 『시경』, 『서경』의 내용이 모두 인간의 일상생활로부터 출발한 것이기에 그 의미가 서로 통할 수 있다고 강조하였다. 그는 송대 유학자들의 해석의 지나치게 높고 깊은 경향을 비판하였다.

　이등인재는 위에서 서술한 입장에 의거하여, 『논어』와 『중용』, 『주역』의 내용도 상호 소통시켰지만, 이 두 경전의 '극도로 고명한 내용'(極高明)에 대해서는 유보적 입장을 가졌다. 이등인재는 『논어』「공야장」16장의 '군자의 도(道)'에 대하여 주석을 달면서 다음과 같이 말하였다.

> 논하여 말한다. 군자의 도라 부르는 것과 성인의 도라 부르는 것은 매우 다르다. 성인의 도는 지극한 이치로써 말한 것이며, 군자의 도는 평정(平正), 중용(中庸)과 만세에 통용되는 법으로 말한 것이니, 『중용』의 여러 장이 여기에 해당된다. 그런데 '비은(費隱)'장은 해석하는 이들이 고원하고 은미한 이치로 해석하였으니 원작자의 뜻을 잃은 것이 심하다.(論曰: 稱君子之道, 與稱聖人之道, 甚別. 聖人之道者, 以其極而言. 君子之道者, 以平正中庸萬世通行之法而言, 若『中庸』所說諸章是也. 但費隱一章, 說者以高遠隱微之理解之, 失作者之意甚矣.)－伊藤仁齋, 『論語古義』

　이등인재는 『중용』을 인용하면서 『논어』를 해석하였으나, 『중용』의 고명하고 심오한 사상에 대해서는 유보적 입장을 지녔다. 그는 주자가 『중용』의 '비은장(費隱章)'을 지나치게 높고 심원하며 은미하게 해석하였다고 비판하였다.[22] 이등인재는 『중용』이 어려운 이유는 극도로 고명하고도 심오한 이치가 들어 있어서가 아니라고 주장하였다. 이등인재는 "중용은 천하에 지극히 어려운 것이나, 그 어려운 이유는 천하의 실천하기

----

22) 朱子는 『中庸』第十二章("君子之道, 費而隱")에 주석을 달면서, "君子之道, 近自夫婦居室之間, 遠而至於聖人天地之所不能盡, 其大無外, 其小無內, 可謂費矣. 然其理之所以然, 則隱而莫之見也. 蓋可知可能者, 道中之一事, 及其至而聖人不知不能. 則擧全體而言, 聖人固有所不能盡也."(朱熹, 『中庸章句』)라고 하였다.

어려운 일을 실천하고자 하는 데에 있는 것이 아니다. 그것은 바로 평상적이고도 쉽게 행할 수 있는 일을 시종일관 게을리하지 않고 행하는 것이 어렵기 때문이다. 그러므로 중용을 잘하기 어렵다고 하는 것이다."[23] 고 말하였다. 이등인재의 이런 해석을 통하여 『중용』과 『논어』는 완전히 상호간에 그 의미를 소통할 수 있었다.

이등인재는 인간의 일상생활의 도리로써 『논어』와 여러 경서의 의미를 소통시켰는데, 이런 방식으로 『논어』를 해석할 때 가장 곤란한 점은 아마도 『역경』에 있었을 것이다. 『논어』 「술이」 17장의 "하늘이 나에게 몇 년의 수명을 빌려주어 마침내 『주역』을 배우게 한다면 큰 허물이 없을 것이다."(子曰: "加我數年, 五十以學易, 可以無大過矣.")라는 경문에 대하여, 이등인재는 다음과 같이 자신의 견해를 피력하였다.

논하여 말한다. 옛날 복희씨가 천하에 왕 노릇을 할 때 위로 우러러 관찰하고 아래로 굽어살펴 가까운 데서 취하고 먼데서 취하여, 비로소 팔괘(八卦)를 만들어 신명(神明)의 덕을 분류하였고, 더하여 음양(陰陽)이 소장(消長)하는 변화와 만물(萬物)이 생식(生息)하는 이치를 보였다. 은나라 말기에 이르러서는 주나라의 덕이 성대해져서 계사(系辭)로 점을 쳤으므로 『역경』이라 하였다. 공자에 이르러 홀로 선왕의 도를 전술하고 인의(仁義)의 덕을 존숭하였으므로 평소에 문인들과 더불어 반복하여 말씀하신 것이 『시경』과 『서경』의 인의(仁義)의 학설이 아닌 것이 없었다. 때문에 『역경(易經)』에 대한 말씀은 『논어』의 이 장에서만 보일 뿐이다. 대개 공자 이전에는 원래 점을 치기 위한 책이었는데, 공자에 이르러서 오로지 의리로써 판단하여 다시 예

---

23) 伊藤仁齋, 『論語古義』, 69면. "中庸者, 天下之至難也, 蓋不在於行天下難行之事, 而乃在於能平常易行之事始終不衰. 故曰中庸不可能也.

전 복서의 방법을 답습하지 않았다. 맹자도 또한 매번 『시경』과 『서경』만을 인용하여 『춘추』를 논하였고 『역경』에 대해서는 한마디도 언급하지 않았다. 이는 그의 학문이 인의를 높이고 효제에 힘써 마음을 보존하고 본성을 기르는 것을 가르침으로 삼았는데, 『역경』의 내용은 오로지 이익만을 말했기 때문이다. 『역경』은 처세의 방편에 대한 자세한 내용을 담고 있고 삼가 조심하여 부지런히 힘쓰게 하여 사람에게 크게 유익함이 있다. 그러므로 공자께서도 이것을 취하신 것이다. 공맹을 배우는 자들은 오로지 『시경』, 『서경』, 『춘추』만을 높여야 하니, 『역경』을 읽을 때에는 마땅히 공자의 '큰 허물이 없을 것이다'는 말을 기준으로 삼고, 점치는 책으로 보지는 말라.(論曰: 古者包犧氏之王天下也, 仰觀俯察, 近取遠取, 始作八卦, 以類神明之德, 益示陰陽消長之變, 萬物生息之理也. 至於殷之末世, 周之盛德, 系辭以筮之, 故謂之『周易』. 及至夫子, 獨述先王之道, 而專崇仁義之德, 故其雅素與門人言, 諄諄然無非『詩』, 『書』仁義之說, 而言及於『易』者, 纔見此章而已. 蓋夫子以前, 固爲卜筮之書. 及夫子, 則專以義理斷之, 而不復襲舊套. 孟子亦每引『詩』, 『書』論『春秋』, 而未嘗有一言及乎『易』者, 其學以崇仁義務孝弟, 存心養性爲敎, 而『易』中專言利故也. 惟其於處世之法, 委曲詳盡, 惕厲勸勉, 大有益於人, 故夫子亦取之. 欲學孔孟者, 專崇『詩』, 『書』, 『春秋』, 而於讀『易』, 則當以夫子可無大過之言求之, 而勿作卜筮之書看.)―伊藤仁齋, 『論語古義』

이등인재는 공자를 경계선으로, 공자 이전의 『역』은 점을 치는 책이었는데 공자가 『역』을 부연 해석한 뒤에 비로소 의리의 책이 되었으며, 이로 인해 『논어』와 같은 경전의 내용과 상호 소통할 수 있었다고 지적하였다.

이상에서 말한 내용을 종합해 보면, 이등인재가 『논어』를 해석하는 방법은 주로 『논어』에 들어있는 사제 간의 대화가 발생했던 당대의 언어적

본론(i): 일본 논어학의 대가(大家)

환경의 복원을 통하여 『논어』의 '고의(古義)'를 다시 구축하며, 이를 통해 송대 유학자들의 해석 전통을 뒤엎는 것이라고 볼 수 있다. 한편 이등인 재는 주자의 족적(足跡)을 따라가면서 여러 경전의 내용과 『논어』를 하나로 소통시켜 '고학'을 기초로 하는 새로운 논어학을 수립하였다.

3. 이등인재 논어학의 사상적 입장과 유학의 재구축

이등인재의 논어학의 방법을 설명한 뒤, 우리는 다음과 같이 물을 수 있다. 이등인재는 어떤 사상적 맥락에서 『논어』를 '가장 지극한 진리를 지닌 우주에서 으뜸인 책'(最上至極宇宙第一書)으로 존숭하는가? 이 문제는 우리들로 하여금 다음과 같은 더욱 진일보한 분석을 요구한다.

(1) 이등인재는 '진리는 속세에 있다'(道在俗中)는 사상적 맥락에서 『논어』의 사상세계를 이해하였다.

(2) 또한 이러한 사상적 맥락에서 이등인재는 유학의 중요한 개념, 예를 들어 '도(道)'와 '인(仁)' 같은 것에 대하여 새로운 해석을 제기하였다.

(1) 이등인재의 '진리는 세속에 있다'는 말의 사상적 맥락

이등인재는 특정한 사상적 맥락에서 『논어』를 읽고서 이 책을 인류 최고 지혜의 보전(寶典)으로 우러러 받들었다. 이 사상적 맥락은 무엇인가? 바로 보편적이고 필연적인 도덕적 이치는 특수하고도 구체적인 일상생활에서 찾을 수 있다는 것이다. 즉 이른바 '도(道)'는 다만 인간의 일상생활속의 평범한 언어와 행동 사이에 존재한다는 것이다. 『중용』의 언어로 말하자면, '극도로 고명'(極高明)한 형이상학적 세계는 다만 '중용으로 인도

되는'(道中庸)의 형이하학적 세계에서 깨달을 수 있다는 것이다. 더욱이
이 두 세계는 같은 바탕을 갖고 있기에 일체로 구성될 수 있는 것이다. 이
등인재는 송대 유학자들이 현실세계 위에 또 다른 하나의 우주만물을 창
조하고 다스리는 '리(理)'의 형이상학적 세계를 세운 것에 대하여 강력하
게 반대하고 비판하였다. 때문에 이등인재는 맹자의 '성선설'을 해석하
면서, 인간의 선한 본성은 다만 구체적인 일상생활 속에서 발견될 수 있
다고 주장하였으며, 구체적인 세계 위에 다른 하나의 초월적인 형이상학
적 세계를 세우는 것에 대하여 거부하였다.[24]

이러한 사상적 맥락에서 이등인재는 『논어』 「옹야」 29장의 "공자께서
말씀하셨다. '중용의 덕은 지극하기도 하구나! 백성 중에 이 덕을 간직한
이가 적은 지 오래되었구나.'"(子曰: "中庸之爲德也, 其至矣乎! 民鮮久矣.")라
는 말에 대하여 특별히 숭상하며, 아래와 같이 그 함의를 설명하였다.

중용의 덕을 실천하는 것은 천하에서 가장 어려운 것이다. 세상에서 도를
논하는 이들은 혹 높은 것을 지극하다고 여기거나 혹 어려운 것을 지극하다
고 여긴다. 그러나 높은 것은 기(氣)로써 지극해지고 어려운 것은 힘으로써
잘할 수 있는 것이니, 모두 의지할 바가 있어서 그런 것이다. 오직 중용의
덕만이 평이하고 너그러워서 기로써도 지극해질 수 없고 힘으로써도 잘할
수 없으니, 이것이 백성 중에서 중용의 덕에 능한 이가 드문 까닭이다. 대개

---

24) 黃俊傑, 「伊藤仁齋對孟子學的解釋: 內容, 性質與涵義」, 『東亞儒學史的新視野』, 125-
171면. 당대의 일본 학자들은 인재학의 반형이상학적 성격에 대하여 공통된 인식을 가지고 있
다. 예를 들어, 石田一郎은 "仁齋學은 일종의 '絕對的人間學'으로 '天中心主義'의 宋學에 반
대하였는데, 이는 인간적 입장에서 인간을 이해하여야 됨을 주장한 것이다."라고 하였다(石田一
郎, 『伊藤仁齋』, 東京: 吉川弘文館, 1960, 1973, 140면). 또 다른 참고서적으로 相良亨, 「人倫日用に
おける超越——伊藤仁齋の場合」, 『相良亨著作集』 第二冊(東京: 株式會社ぺりかん社, 1996,
220-300면)을 들 수 있다. 子安宣邦은 伊藤仁齋의 思想世界를 일종의 '人倫的世界'라고 하였
는데, 이 설을 매우 옳다. 子安宣邦, 『伊藤仁齋: 人倫的世界の思想』, 제1章, 27-60면 참조.

본론(i): 일본 논어학의 대가(大家)

요순(堯舜)과 삼대의 성대한 시절에 백성은 순박하고 풍속은 깨끗하여 결점을 고칠 것이 없어 저절로 도에 합치되지 않음이 없었다. 아버지는 아버지답고, 자식은 자식다우며, 형은 형답고, 동생은 동생다우며, 지아비는 지아비답고, 지어미는 지어미다워서 교묘한 속임수나 기묘한 책략이 저절로 없어 귀와 눈으로 접하는 것이 모두가 중용의 덕이었다. 후세에 이르러서는 먼 데서 도를 구하고 어려운 데서 일을 구하여, 힘을 쏟을수록 더욱 멀어지고 채우려고 하면 도리어 깨져 버렸다. 그러므로 "백성 중에서 중용의 덕에 능한 이가 드문 지 오래되었다."고 하였다. 때문에 공자는 중용의 도를 특별히 세워 백성의 표준으로 삼았다. 『논어』의 글이 최상이고 지극하며, 우주에서 으뜸인 책이 되는 까닭은 실로 이 때문이다.(中庸之德, 天下至難也. 世之論道者, 或以高爲至, 或以難爲極, 然高者可以氣而至, 難者可以力而能, 皆有所倚而然. 唯中庸之德, 平易從容, 不可以氣而至, 不可以力而能, 此民之所以鮮能也. 蓋唐虞三代之盛, 民朴俗淳, 無所矯揉, 而莫不自合於道. 父父, 子子, 兄兄, 弟弟, 夫夫, 婦婦, 自無詭行異術, 相接於耳目之間者, 所謂中庸之德也. 至于後世, 則求道於遠, 求事於難, 愈騖愈遠, 欲補反破, 故曰: "民鮮久矣." 故夫子特建中庸之道, 以爲斯民之極, 『論語』之書所以爲最上至極宇宙第一之書者, 實以此也.)-伊藤仁齋, 『論語古義』

이등인재가 『논어』를 가리켜 '최상이고 지극하며, 우주에서 으뜸인 책'이라고 한 것은, 바로 『논어』의 내용이 사람들의 일상생활에서 지켜야 될 인륜과 도리로 구성되어 있기 때문이라고 생각하였다. 이러한 인륜과 일상생활의 도리는 보편성을 갖고 있다. 이 점에 대하여 최근 양유빈(楊儒賓)은 다음과 같이 말하였다. "이등인재는 『논어』의 내용을 매우 심오하지도 훌륭하지도 않다고 생각하였다. 『논어』에서 표현된 내용을 보면, 일종의 보편적이고도 평범한 인간의 학문이니, 이것은 이른바 '사람 밖에 도가 없고, 도 밖에 사람 없다'는 이념이다. 이렇게 본다면, 엄격하게 규정된 유가의 도는 실로 인간의 도인 것이다."[25]

이상의 논의를 종합적으로 말하면, 이등인재는 공자의 '도'가 바로 인륜과 일상생활의 '도'라는 사상적 맥락에서 『논어』를 '가장 지극한 진리를 지닌 우주에서 으뜸인 책'으로 떠받든 것이다. 이에 대하여 자안선방(子安宣邦)은 다음과 같이 지적하였다. "이등인재가 편찬한 『논어고의』의 수고(手稿)의 각 권 첫머리에는 모두 '최상이고 지극하며, 우주에서 으뜸인 『논어』의 총론'(最上至極宇宙第一·『論語』總論) 등의 문자가 덧붙어 있다. 이등인재가 죽은 후에 그의 아들 이등동애(伊藤東涯)가 이 책을 교정하여 출판할 때, 비로소 각 권의 첫머리에 있는 이런 문자를 삭제하였다. 이등인재가 『논어』를 '최상 지극의 우주에서 으뜸인 책'으로 떠받든 데는 실로 이중의 급진성이 있다. 첫 번째 급진성은 역대 유학자들의 주석을 뛰어넘어 『논어』 원전으로 돌아가고자 하는 데 있다. 이에 그는 공자사상의 맥락을 쉽게 알고 쉽게 실천할 수 있는 평범한 도리에서 찾고자 했으며, 이런 관점에서 공자를 요임금 순임금보다도 훨씬 더 현명하다고 하였다. 두 번째의 급진성은 『논어』 원전으로의 회귀를 통하여 주자학과 송대 유학자들에 대하여 맹렬한 비판을 전개한 데 있다."[26] 한편 자안선방은 또한 다음과 같은 관점을 제출하였다. "이등인재 생전의 최종 원본인 『논어고의(論語古義)』(이른바 임본(林本)) 「학이」 '증자삼성(曾子三省)'장의 뒤에 원래 '옛날에는 도덕은 흥성했지만 논의는 평이하였다. 그러므로 오직 효도, 공손, 충실, 신의를 말하면 충분하였다'라는 평어가 붙어 있다. 그런

---

24) 楊儒賓, 「人倫與天理──伊藤仁齋與朱子的求道歷程」, 『儒家思想在現代東亞: 日本篇』(黃俊傑 編), 臺北: 中央研究院中國文哲研究所, 2000, 87~134면.

26) 子安宣邦, 「仁齋古義學與激進主義」, 『臺灣東亞文明研究學刊』, 創刊號, 2004年 6月, 133~144면.

본론(i): 일본 논어학의 대가(大家)

데 이 단락의 글은 이등인재가 죽은 뒤에 간행된 『논어고의』에는 보이지 않는다. 이등인재는 임본(林本) 『논어고의』에서 '그러므로 오직 효도, 공손, 충실, 신의를 말하면 충분하였다'고 단언하였으나, 현재 간행된 판본에는 '그러므로 수기와 치인의 사이에서 오로지 효도, 공손, 충실, 신의를 말씀하셨고, 고원하거나 미묘한 말씀을 하지 않으셨다'라고 고쳐져 있다. 이처럼 고친 것은 『논어고의』의 교정을 책임진 이등인재의 아들 이등동애(伊藤東涯)가 '그러므로 오직 효도, 공손, 충실, 신의를 말하면 충분하였다'는 아버지의 말씀이 지나치게 급진적인 사상이 포함되어 있음을 걱정하였기 때문이라고 생각한다. 이처럼 이등동애는 아버지 이등인재의 저작을 수정하면서 동시에 이등인재의 고의학(古義學)에 담긴 급진주의도 수정하였다.[27]" 이런 점에서 우리는 이등인재 논어학의 급진성은 바로 인륜과 생활의 일상성 속에서 전개되었다고 말할 수 있다.

(2) 공자의 학문에 대한 새로운 해석①-'도(道)'의 고의학적 해석

바로 위에서 서술한 사상적 맥락에서, 이등인재는 공자의 학문에 대하여 주자학의 전범적 해석에 대한 상대적 개념으로서의 고의학적(古義學的) 해석을 새롭게 전개하였다. 이에 그는 첫 번째로 『논어』의 '도(道)' 개념에 대하여 새롭게 해석하였다.

이등인재는 공자의 지혜가 일상적인 평범한 언어와 행동에 있다고 주장하였다. 이러한 새로운 해석은 비록 공자 문하의 단정하고 착실한 학풍에 부합하지만, 『논어』의 몇몇 구절의 해석에서는 곤란에 봉착할 수 있

---

27) 子安宣邦, 『伊藤仁齋の世界』, 91-95면.

다. 예컨대 『논어』「공야장」 13장에서 자공이 "선생님의 문장은 들을 수 있지만, 선생님이 성(性)과 천도(天道)에 대하여 하시는 말씀은 듣기가 어렵도다."(子貢日: "夫子之文章, 可得而聞也, 夫子之言性與天道, 不可得而聞也.")라고 한 말에서 '성'과 '천도' 등의 개념을 어떻게 해석하는가 하는 것이 하나의 문제가 된다. 그런데 이등인재는 자공의 이 말에 대하여 다음과 같이 해석하였다.

성인의 도는 사람을 가르침의 대상으로 삼는다. 그러므로 이른바 '성(性)'과 '천도(天道)'라 하는 것은, 모두 세상에서 일반적으로 말하는 '성'과 '천도'처럼 근본적으로 깊고 심원하거나 은미하여서 이해하기 어려운 것이 아니다. 그런데 자공(子貢)이 이를 들을 수 없었던 것은 어째서인가? 대개 사람은 다만 혼명(昏明)하고 강약(强弱)한 인성의 차별상만을 알지, 백성이 가지고 있는 본성이 바로 훌륭한 덕성이어서 사람들이 모두 선으로 나아갈 수 있다는 것은 알지 못한다. 다만 길흉화복이 천도의 일상적인 것을 알고, 하늘은 친하게 여기는 이는 없지만 오직 선인(善人)만은 친하게 여겨 하늘은 반드시 선인을 돕는다는 것을 알지 못한다. 대개 선을 좋아함이 지극하지 않기 때문에 매번 여기에서 의심이 생겨나는 것이다. 자공의 덕은 성인에 미치지 못했기 때문에 또한 공자의 말 속에서 이를 들을 수 없었던 것이다. 이는 오직 성인만이 할 수 있는 것으로, 그 마음이 선에 한결같아서 하늘과 땅 전체를 봄에 선(善)이 아닌 것이 없다. 그러므로 사람들은 모두 선에 나아갈 수 있으며 하늘은 반드시 선인을 돕는다는 것을 알 수 있다. 이것이 공자께서 성인이신 까닭이다. 후세에 이르러 고원한 것을 배움에 힘쓰고 허현(虛玄)한 것에서 도를 구하여, 마침내 본성과 하늘의 이치는 깨달은 사람이 아니고서는 곧 이해할 수 없는 것이라고 말하게 되었다. 자공의 학문이 정미함을 추구한 뒤에야 비로소 이와 같이 말할 수 있었다. 어째서 그러한가?

본론(i): 일본 논어학의 대가(大家)

성인이 말씀하신 '성'과 '천도'는 모두 후세에 '기'라고 하는 것이니, '리'에 나아가 말씀하신 적이 없다. 그러므로 분명 이로써 구할 수는 없다.(聖人之道, 因人以爲教, 故其所謂 '性', 所謂 '天道', 皆世之所謂 '性'與 '天道', 而本非有深昧隱微不易領解者也, 而子貢以爲不可得而聞者, 何哉? 蓋人徒知昏明强弱, 人性之萬差, 而不知民之秉彝好是懿德, 故人皆可以進善也. 徒知吉凶禍福, 天道之常, 而不知皇天無親, 惟善是親, 故天必佑善人也. 蓋其好善之不至, 故每致疑乎此. 子貢之德, 不及聖人. 故亦以夫子之言, 爲不可得而聞也. 其唯聖人乎? 其心一於善, 而視蓋天蓋地, 莫非斯善也. 故知人之皆可進善, 而天之必佑善人也. 此夫子之所以爲聖人也. 及後世, 學騖高遠求道虛玄, 乃謂性天之理, 非領悟之人, 不能輒解. 子貢學究精微, 而後始措詞如此. 豈其然哉? 聖人所謂 '性'與 '天道', 皆後世所謂氣者, 而未嘗就理而言, 不可以此求之也必矣.)—伊藤仁齋, 『論語古義』

위의 언급에서 보듯이 이등인재는 『논어』의 '성'과 '천도'는 더 이상 송대 유학자들이 말하는 심오하고 숨겨져 있어서 이해하기 어려운 추상적이고 형이상학적 이치가 아니고 인간의 일상생활 가운데의 구체적 조건 혹은 행위라고 보았다.

이등인재가 해석한 『논어』의 '도(道)'는 일종의 사람이 구축하고 사람에 의해 실천되는 도덕규범이다. 이처럼 이등인재가 공자의 '도'에 대해 제기한 고의학적(古義學的) 독법은 주자의 해석을 겨누어 발생한 것인데, 『논어』「이인」 8장(子曰: "朝聞道, 夕死可矣.")의 해석을 살펴보면 이러한 점이 완연히 드러난다. 주자와 이등인재는 이 장에서 공자가 말한 '도(道)'의 함의에 대하여 완전히 다르게 해석한다.

【주자】

도(道)는 사물의 당연한 이치이니, 만약 도를 들을 수 있다면 살아서는 순조롭고 죽어서도 편안해서 다시 여한이 없을 것이다. 이 경문은 때의 가까움을 심하게 말한 것이다.(道者, 事物當然之理. 苟得聞之, 則生順死安, 無復遺恨矣. 所以甚言其時之近.)-朱熹, 『論語集注』

【이등인재】

도는 사람이 사람답게 살아가는 도리이다. 사람이 되어서 도를 듣지 못하면 헛된 삶일 뿐이다. 닭이나 개와 같은 무리가 되어 살게 되지 않으면 초목과 함께 썩어 갈 것이니, 슬프지 않은가. 그러나 만약 어느 날 아침 도를 듣게 된다면 사람다운 사람이 되어서 생을 마칠 수 있다. 그래서 군자가 죽는 것을 '마친다'(終)라고 하니 소멸하지 않음을 말하는 것이다.(夫道者, 人之所以爲人之道也. 爲人而不聞之, 則虛生耳. 非與雞犬共伍, 則草木與同朽, 可不悲哉? 苟一旦得聞之, 則得所以爲人而終, 故君子之死曰 '終', 言其不澌滅也.)-伊藤仁齋, 『論語古義』

위의 두 해석은 선명한 대조를 이룬다. 주자는 공자의 '도'를 '사물의 당연한 이치'로 해석하였는데, 이는 '도'를 형이상학적(形而上學的) 원칙이면서 또한 윤리학의 규범으로 파악한 것이다. 하지만 이등인재는 '도'를 '사람이 사람 되는 도리'로 해석하여, 그 개념에서 형이상학적 함의를 누락시켰다. 이등인재는 『논어』 「술이」 30장을 해석하면서도, '천하의 사람들이 함께 그렇다고 생각하는 것이 도'(天下之所同然之謂道)라고 주장하여,[28] 한대 유학자들이 말한 '항상 옳은 도에 벗어난 것이긴 하지만 도에 합치되는 것을 권도라고 한다'(反經合道爲權)라는 설을 반박하였다. 한

---

28) 伊藤仁齋, 『論語古義』, 144면.

본론(i): 일본 논어학의 대가(大家)

편 이등인재는 더욱 힘써 다음과 같이 말하였다.

공자가 일찍이 『논어』 「술이」에서 "인(仁)이 멀리 있는가? 내가 인을 하고
자 하면 인이 당장 이른다."고 한 것과 또 『중용』에서 "사람이 도(道)를 행
하면서 사람을 멀리 한다면 도(道)라 할 수 없다."고 한 것은 모두 도가 매
우 가까이 있음을 말한 것이다. 대개 도 밖에 사람이 없고 사람 밖에 도가
없다. 성인이 가르침을 베풀 때 사람을 기준으로 하여 가르침을 세우셨지
가르침을 세우고서 사람을 몰아넣지 않았다. 그러니 어찌 고원함이 있었겠
는가. 도를 알지 못하는 자는 스스로 높고 아름답다고 자처하여 마치 하늘
에 오를 듯이 여긴 까닭에 도를 매우 멀리 있는 것으로 본다. 그래서 사람
들을 더욱 들어가기 어렵게 하니, 안타깝도다!(夫子嘗曰: "仁遠乎哉? 我欲仁,
斯仁至矣." 又曰: "人之爲道而遠人, 不可以爲道." 皆言道之甚近也. 蓋道外無人,
人外無道. 聖人之設敎也, 因人以立敎, 而不立敎以驅人, 亦何遠之有? 第不知道
者, 自以爲高爲美, 爲若升天然, 故視道甚遠, 而人益難入, 憫哉!)−伊藤仁齋, 『論語
古義』

위의 인용문에서 '도 밖에 사람이 없고 사람 밖에 도가 없다'는 말의
구체적 의미는 무엇인가? 이등인재는 『논어』 「학이」 4장(曾子曰: "吾日三
省吾身 …… ")을 해석하면서 "천지의 도는 사람에게 있고, 사람의 도는 효
도, 공손함, 충실, 신의보다 더 절실한 것이 없다. 그러므로 효도, 공손함,
충실, 신의를 다한다면 인간의 도를 전부 실천하는 것이다."[29]라고 하였
으니, 이 같이 일상생활 중의 효도, 공손함, 충실, 신의 등의 구체적인 행

---

29) 伊藤仁齋, 『論語古義』, 5면. "蓋天地之道, 存于人, 人之道莫切於孝弟忠信, 故孝弟忠
信, 足以盡人道矣."

위가 바로 '도'인 것이다.

이등인재는 여기서 한 발짝 더 나아가서, 이런 의미에서 보면 '도(道)'는 '세속(世俗)'에 존재한다고 지적하였다. 그는 『논어』 「자한」 3장에서 공자가 말한 "나는 여러 사람들을 따르겠다."[30]는 구절을 해석하면서, 다음과 같이 말하였다.

선유(先儒)가 "일이 의(義)를 해치지 않으면 풍속을 따라도 괜찮다."라고 말한 것은 잘못되었다. 일이 진실로 의에 해롭지 않으면 풍속이 곧 도가 된다. 풍속을 제외하고 다시 도라고 부를 것이 없다. 때문에 『중용』에서 "군자의 도는 부부(夫婦)에서 시작된다."라고 하였다. 그러므로 요임금과 순임금은 선양함에 백성의 마음을 좇았고, 탕왕과 무왕도 방벌함에 백성의 마음을 따랐다. 백성의 마음이 따르는 곳이 바로 풍속이 이루어지는 곳이다. 그러므로 오직 의에 합치되는지의 여부를 보아야 할 것이다. 하필 세속을 도외시하고 도를 구하는 것인가. 만약 풍속을 제외하고 도를 구한다면 실로 이단의 부류이지 성인의 도가 아니다.(先儒曰: "事之無害於義者, 從俗可也." 可謂謬矣. 夫事苟無害於義, 則俗卽是道. 外俗更無所謂道者. 故曰: "君子之道, 造端於夫婦." 故堯舜授禪, 從衆心也. 湯武放伐, 順衆心也. 衆心之所歸, 俗之所成也. 故惟見其合於義與否, 可矣. 何必外俗而求道哉? 若夫外俗而求道者, 實異端之流, 而非聖人之道也.)-伊藤仁齋, 『論語古義』

이처럼 '세속'에 존재하는 '도'는 반드시 평이하고 사람 근처에 있는

---

30) 전문은 다음과 같다. "子曰: '麻冕禮也, 今也純, 儉, 吾從衆.'"
31) 伊藤仁齋는 "凡天下之人, 資稟聰明者, 必遊心高遠, 用力艱深, 而不知道本在日用常行之間, 平平蕩蕩, 甚至近也."라고 하였다(『論語古義』, 135면).

것이다.[31] '말은 충실하고 신의 있게, 행동은 독실하고 공경하게'라고 하신 말씀이 바로 구체적 덕성으로서의 '도'이지, '도'는 궁극적이면서 고원하며 초월적인 이치가 아닌 것이다.[32]

이등인재는 이처럼 세속에 존재하는 '도'에는 고금의 차이가 없으며, 또한 시간이 흐르고 형세가 달라짐에 따라서 달라지지도 않는다고 강조하였다.[33] 그는 공자의 '도'를 가리켜 "천지의 불변의 법칙이고, 고금에서 통용되는 올바름이다. …… 지혜로운 자가 알고서 행할 수 있는 것이지만, 비록 어리석은 이라 하더라도 반드시 알고서 행할 수 있는 것이다. 이것이 바로 성인의 도이다."고 하였다.[34]

요컨대 이등인재는 『논어』를 주석하면서 완전히 '도'의 세속적 측면에서 공자의 '도'를 이해하였다. 그는 이 같은 해석으로 『논어』, 『맹자』[35]와 『중용』[36] 등의 경전을 동일하게 이해하여, 일종의 새로운 자신만의 해석 방법을 제시하였다.

---

32) 伊藤仁齋는 "忠信學問之本, 篤敬學問之地, 始終全體盡之矣. 後世儒者以爲, 忠信篤敬是日用常行之務, 非窮遠極高之論, 而別立一般宗旨, 殊不知道者, 實理也. 學者, 實務也. 豈外忠信篤敬, 而別有所謂高遠者哉? 故知道者, 其言近而實, 故用之而愈不竭. 不知道者, 其言遠而虛, 故無益於日用. 離忠信篤敬而言道者. 非知道者也."라고 하였다(『論語古義』, 232면).

33) 伊藤仁齋는 "蓋道無古今之異, 故人亦無古今之別. 今斯民卽三代之時所以直道而行之民, 其性初無以異也. 而不識道者, 必以不善視當世之人, 其至於經天下, 則必欲盡變一世之人, 而徑爲三代之民. 豈有斯理乎哉?"라고 하였다(『論語古義』, 238면).

34) 伊藤仁齋, 『論語古義』, 288면.

35) 伊藤仁齋는 『孟子』「梁惠王 下」의 "聞誅一夫紂矣, 未聞弑君者也"를 해석하면서, 탕왕과 무왕의 방벌은 임금을 시해한 것이 아니다. 천하가 그들을 방벌한 것이라고 하였다. 이등인재는 "道也者, 天下之公共, 人心之所同然; 衆心之所歸, 道之所存也"라고 하였다(伊藤仁齋, 『孟子古義』卷一, 35~36면).

36) 예컨대 伊藤仁齋는 『中庸』의 首章을 해석하면서, "道者流行天下, 人人之所由, 故合于人之性則爲道, 否則非道. ……道也者, 存於人倫日用, 達於天下萬世, 而不可須臾離者也"라고 하였다(伊藤仁齋, 『中庸發揮』, 9~11면).

(3) 공자의 학문에 대한 새로운 해석②-고의학(古義學)에 근거한 '인(仁)'의 새로운 해석

이등인재가 공자의 학문을 재구축함에 있어서 또 다른 새로운 해석을 시도한 것은 바로 '인(仁)'의 개념에 대한 재규정이다. 『논어』에서 '인'이 란 글자는 모두 105번 보이는데, 이는 모두 공자가 배우는 이들에게 대 답하면서 당시의 상황에 따라 혹은 질문자들의 특수한 환경에 따라 대답 한 것이다. 그렇지만 『논어』에 보이는 '인'은 인류의 미덕이 포함되어 있 으며,[37] 특히 구체적인 도덕 행위를 가리킨다. 이등인재의 '인'의 개념에 대한 해석은 주자의 해석과 대조를 이루고 있는데, 이는 고학파의 학문 적 기풍을 충분히 드러내어 주고 있다. 예를 들어 설명하기로 하자.

『논어』「학이」 2장("君子務本, 本立而道生. 孝弟也者, 其爲仁之本與!")에서 주자는 '인'을 주석하기를, '인이란 사랑의 이치이자, 마음의 덕'(仁者, 愛 之理, 心之德也.)이라고 하였다. 주자의 이러한 해석은 정명도(程明道, 1032- 1085)의 영향을 받은 것인데, 전목(錢穆, 1895-1990)은 주자의 이 같은 주 석에 대하여 다음과 같이 문제를 제기하였다.

(주자는) 정자(程子)의 학설을 인용하여 "덕(德)에는 근본이 있으니, 근본이 확립되면 그 도(道)가 충만하고 커진다. 효(孝)와 제(弟)를 집안에서 행한 뒤 에 인(仁)과 사랑을 남에게 미치는 것이다."라고 하였다. 이것은 고의로 '생 겨난다(生)'는 한 글자를 피하고 맹자가 바꾸어 쓴 '충만하고 커진다'(充大) 라는 글자에 의거하여 그 내용을 바꾼 것이다. 대개 '인'은 이미 '성체(性

37) 屈萬里,「仁字涵義之史的觀察」,『書傭論學集』, 臺北: 開明書店, 1969, 254-66면.

體)' 안에 원래 있는 것으로, 효제를 행한 뒤에 비로소 생겨나는 것이 아니다. 주자가 『논어』의 원문에 의거하여 주석을 달았다면 '생(生)'이란 글자를 피할 수 없었을 것이다. 그리고 인(仁)을 '애(愛)의 리(理)'라고 하면 리가 선재하게 되니 또한 효제를 실행하고 나서야 비로소 생겨나는 것이 아니다. 또한 '도'자와 '리'자의 함의가 같지 않기 때문에 '인과 도는 여기에서부터 생겨난다'고 하였지, '인과 리가 여기에서부터 생겨난다'라고 하지 않았다. 『논어』와 『맹자』에서 '도'자는 많이 사용되었으나 '리'자는 적게 사용되었고 이정자(二程子)와 주자에 이르러서야 비로소 오로지 '리'자로 설명하였으니 이는 합치되기 어려운 개념을 합쳐 놓은 것이다. 주자의 이 주석을 통해 공자, 맹자, 이정자의 사이에서 헤매다가 구차하게 합치되기를 추구한 정황을 또한 볼 수 있다.(〔朱子〕所引程子說, 謂 "德有本, 本立則其道充大. 孝弟行於家, 而後仁愛及於物.", 此卻故意避去一 '生'字, 而轉依孟子改用 '充大'字. 蓋因 '仁' 旣是 '性體'中所固有, 則不待行孝弟而始生. 朱子依『論語』原文作注, 不能避此 '生'字; 然旣謂仁爲 '愛之理', 理則先在, 亦不待行孝弟而始生. 又 '道'字與 '理'字含義不同, 故可曰 '仁道自此生', 卻不能說 '仁理自此生'. 『論』『孟』多用 '道'字, 少用 '理'字, 至程朱始專一以 '理'字說之, 又必彌縫難合矣. 則朱子此注, 其依違於孔, 孟, 二程之間而彌縫求合之情, 亦可見.)-錢穆, 『孔子與論語』

전목 선생의 주장은 매우 정확하다. 공자와 맹자가 '인'을 말할 때 대부분 구체적 행위에 입각해서 말하셨고, '인'을 '성체(性體)'로 파악하지 않았다. 한편 주자는 '리(理)'를 우주만물이 공유한 보편원칙으로 삼고 있는데, 이러한 철학적 입장은 그가 공자의 '인' 개념에 대하여 주석을 달 때 여지없이 드러나고 있다. 주자는 『논어』의 '인'에 주석을 달면서, 종래 구체적이고 특수한 행위를 가리키는 이 개념을, 일반적이고 보편적인 행위 원칙을 가리키는 개념으로 끌어올렸기 때문이다.

이에 주자의 주석을 반대한 이등인재는 『논어』 「학이」 2장을 해석하면서 고학파의 기풍을 충분히 드러내 주었다.

인(仁)은 천하의 달도(達道)로 사람은 인을 말미암지 않고는 행동할 수 없다. 그러므로 근본을 따르면 사람의 본성이 선하게 되고 사단(四端)을 갖추게 된다. 만약 이를 확충할 수 있게 되면 인에 이를 수 있다. 때문에 『맹자』 「진심 하」에서 "사람들은 모두 차마 못 하는 바가 있으니, 차마 하는 바에까지 도달한다면 인(仁)이다.", 「공손추 상」에서 "측은지심은 인의 단서이다.", 「진심 상」에서 "어버이를 친애함은 인(仁)이니, 이는 다름이 아니라 온 천하에 공통되기 때문이다."고 하였다. 이 말은 유자(有子)가 효제를 인의 근본으로 여긴 것과 그 말이 서로 부합하니, 아마도 맹자가 본받아서 부연 설명하였기 때문일 것이다. 선유의 학설에서 "인의(仁義)는 사람의 본성에 갖춰져 있는 이치이니, 본성 가운데에는 다만 인의예지 네 가지가 있을 뿐이다. 어찌 일찍이 효제로부터 나왔겠는가."라고 하였다. 만약 이 학설과 같다면 인은 본체로 근본이 되고 효제는 작용으로 말단이 되어서, 유자의 말과는 서로 모순된다. 그러므로 "인을 행함에 효제를 근본으로 여기고, 본성을 논함에 인을 효제의 근본으로 여긴다."라고 하였다. 그러나 이미 『논어』 「학이」에서 "그 사람됨이 효성스럽고 우애롭구나."라고 하였고, "근본이 확립되면 도(道)가 발생한다."라고 하였으니, 효제를 인의 근본으로 여겼음을 알 수 있다. 그렇다면 맹자가 인의를 고유한 것으로 여긴 것은 어째서인가? 아마도 사람의 본성이 선하다고 하였기 때문에 인의를 본성으로 여겼을 것이다. 이것은 인의로 본성을 이름한 것이지, 곧바로 인의가 사람의 본성이라 여긴 것은 아니다. 처음의 조그만 차이가 나중에는 오류가 천리나 된 이유는 바로 여기에 있으니 분별하지 않을 수가 없다.(仁者, 天下之達道, 而人之所不可不由焉而行者也. 而循其本, 則人性之善, 具此四端. 苟知擴而充之, 則可以至於

仁矣. 故孟子曰: "人皆有所不忍, 達之於其所忍仁也." 又曰: "惻隱之心, 仁之端也."
又曰: "親親, 仁也. 無他, 達之天下也." 有子以孝弟爲仁之本, 其言相符. 蓋孟子祖述
之也. 先儒之說以爲: 仁義者, 人性所具之理. 性中只有仁義禮智四者而已. 曷嘗有孝
弟來? 若如其說, 則仁體而爲本, 孝弟用而爲末. 於是與有子之言, 似相枘鑿. 故曰:
爲仁以孝弟爲本, 論性以仁爲孝弟之本. 然旣曰: "其爲人也孝弟." 又曰: "本立而道
生." 則其以孝弟爲仁之本, 可知矣. 然則孟子以仁義爲固有者, 何也? 蓋謂人之性善,
故以仁義爲其性也. 此以仁義名性也, 非直以仁義爲人之性也. 毫釐千里之謬, 正在
于此, 不容不辨焉.)—伊藤仁齋, 『論語古義』

이등인재가 이 글에서 비판한 '선유(先儒)'는 바로 주자를 가리킨다. 이
등인재는 '인'을 "인(仁)은 천하의 달도(達道)로 사람은 인을 말미암지 않
고는 행동할 수 없다."라고 하였는데, 이는 분명 공자가 구체적 도덕 행
위로 '인'의 의미를 지적한 것과 잘 들어맞는 것이다. 이등인재의 고의학
적(古義學的) 해석은 그 선명한 지향성이 있는데, 이는 주자 비판적 요소
가 강하다. 예를 들어 『논어』「술이」30장(子曰: "仁遠乎哉? 我欲仁, 斯仁至
矣.")에서 주자는 "인이란, 마음의 덕으로서 밖에 있는 것이 아니다."(仁
者, 心之德, 非在外也.)고 인을 해석하였다. 그런데 이등인재는 주자의 이 같
은 주석에 대하여 다음과 같이 크게 배척하였다.

인(仁)은 천하의 큰 덕이지만 이 일은 지극히 가까워서 나에게 달려 있다.
그러므로 공자는 『논어』「술이(述而)」에서 "내가 인을 하고자 하면 인이 이
른다."고 하였다. 선유(先儒)들은 인이 본성의 이치에 갖추어져 있다고 여겨
욕망을 없애고 처음의 본성으로 돌아가는 것을 인을 구하는 공부라고 여겼
다. 만약 그렇다면 사람에게 인은 사지(四肢)와 온몸의 모든 뼈가 내 몸에
갖추어져 있는 것과 같아 사람마다 모두 가지고 있을 것이니, 천하에 어찌

인하지 않은 사람이 있겠는가? 그렇다면 어찌 반드시 '이른다'고 말하겠는가? 비유하자면 마음은 땔나무와 같고 인(仁)은 불과 같다. 땔나무의 쓰임은 불에 있고 마음의 덕은 인에 있는 것이다. 쌓아 놓고 불사르지 않으면 땔나무의 쓰임을 볼 수 없고 놓아버리고 구하지 않으면 마음의 덕을 볼 수 없다. 그러므로 성현들은 항상 '인 하고자 한다', '인을 구한다'라고 말하였으니, 일찍이 욕망을 없애고 처음으로 돌아가는 것을 인에 이르는 공부로 삼은 적이 없다. 장횡거(張橫渠)의 내외빈주(內外賓主)의 학설은 저절로 공자의 '이른다'(至)는 글자의 뜻에 합치되지만 인을 본성 또는 이치로 여기는 것과는 크게 다르니 배우는 자들은 이것을 살펴보아야만 한다.(仁者天下之大德也, 而其事至近, 爲之在我. 故曰: "我欲仁, 斯仁至矣." 而先儒以仁爲具於性之理, 而以滅欲復初, 爲求仁之功. 若然, 則仁之於人也, 猶四肢百骸之具於吾身, 人人皆有, 天下豈有不仁之人? 亦豈須言 '至'? 譬諸心猶薪也, 仁猶火也, 薪之用在乎火, 而心之德在乎仁, 積而不燒, 則無以見薪之用. 放而不求, 則無以見心之德. 故聖賢常曰 '欲仁', 曰 '求仁', 而未嘗以滅欲復初, 爲至仁之工夫也. 橫渠有內外賓主之說, 自合于夫子「至」字之義, 與以仁爲性爲理者大異矣, 學者審諸.)-伊藤仁齋, 『論語古義』

이등인재는 공자가 말한 "인이 멀리 있는가?"는 구절을 해석하면서, "이 일은 지극히 가까워서 나에게 달려 있다."고 해석하였는데, 여기서 강조하는 것은 나의 구체적 행위로서의 실천이지, 주자가 말한 마음의 덕으로서의 내재성을 강조하는 것이 아니다.

이상에서 논한 것을 종합해 보면, 이등인재는 이른바 실학적 입장에서 출발하여 『논어』에 대해 일종의 고학파 학문의 '의미(意味)'[38]에 근거한 새로운 해석을 제기하였다. 이러한 해석 방법은 선명한 지향성을 갖고 있다. 이등인재는 주자의 경전 해석을 따라 읽으며 주자의 사서(四書) 해석을 뒤엎으려고 하였다. 이등인재의 공자의 학문에 대한 새로운 해석에서, 공자의 '도'는 인륜과 일상생활 속에서의 도로 해석되었으며, '인'은 효도, 공손, 충실, 신의 등 실제 행위로 해석되었다.

4. 이등인재 논어학의 저술 목적

이등인재는 실학적 입장에서 출발하여 공자 학문의 사상적 의미를 재구성하였다. 그의 이러한 『논어』 해석학은 어떤 심층적 의미를 지니고 있는가? 우리는 이 지점에서 이등인재의 논어학이 (1) 불가와 노장의 인륜을 저버린 것 (2) 송대 유학자들의 '리(理)' 중심의 철학을 비판한 데서 발생한 것임을 발견할 수 있다.

(1) 불가와 도가에 대한 비판

이등인재는 『논어』 해석을 통하여 불가와 도가에 대해 맹렬한 비판을 전개하였다. 이러한 언급들은 『논어고의』에 너무 많아 일일이 셀 수도 없는데, 한 가지 예를 들어 나머지를 개괄해 보기로 하겠다.

　『논어』 「미자(微子)」 6장에 "장저와 걸익이 나란히 밭을 갈고 있었다. …… 공자가 탄식하며 말씀하셨다. '짐승들과는 함께 무리 지어 살아갈

----

38) '意味'는 이등인재 자신이 사용한 개념어이다. 伊藤仁齋는 『語孟字義』에서 다음과 같이 말하였다. "學問之法, 予歧爲二: 曰血脈, 曰意味. 血脈者, 謂聖賢道統之旨, 若孟子所謂仁義之說是也. 意味者, 卽聖賢書中意味是也. 蓋意味本自血脈中來, 故學者當先理會血脈; 若不理會血脈, 則猶船之無柁, 宵之無燭, 茫乎不知其所底止. 然論先後, 則血脈爲先; 論難易, 則意味爲難, 何者? 血脈猶一條路, 旣得其路程, 則千萬里之遠, 亦可從此而至矣. 若意味, 則廣大周遍, 平易從容, 自非具眼者, 不得識焉. 予嘗謂 : 讀『語』, 『孟』二書, 其法自不同. 讀『孟子』當先知血脈, 而意味自在其中矣; 讀『論語』者, 當先知其意味, 而血脈自在其中矣."

수 없으니, 내가 이 사람들과 함께하지 않고 누구와 함께하겠는가.'"(長沮
桀溺, 耦而耕. …… 夫子憮然曰: "鳥獸不可與同群, 吾非斯人之徒與而誰與!")라는
글이 실려 있는데, 이 경문은 공자의 세상 속에서 살아가고자 하는 의지
와 춘추말기 도가 계통 인물의 '세상을 피하는'(辟世) 행위를 대비하여 드
러내어 주고 있다. 이 경문에 대하여 이등인재는 다음과 같이 해설을 하
였다.

걸익(桀溺)은 천하를 바꾸고자 하였지만 성인은 천하를 바꾸고자 하지 않았
다. 천하를 바꾸고자 하는 이들은 자신의 도로써 천하 사람들에게 강요하
고, 천하를 바꾸고자 하지 않는 이들은 천하로써 천하를 다스린다. 대개 천
하는 사람에 의거하여 세워진 것이니 사람을 버리고 홀로 설 수는 없다. 그
러므로 성인들은 천하로써 즐거워하고 천하로써 근심하니, 천하를 피해서
홀로 자신의 몸만을 깨끗이 한 적이 없다. 장저와 걸익 같은 무리들은 참으
로 천하에 통할 수 없고 만세의 도에 도달할 수 없다. 부처는 적멸(寂滅)을
가르침으로 삼았고 노자는 허무(虛無)를 도로 삼아 천하를 바꿀 것을 생각
하였다. 그러나 지금에 이르기까지 2000년 동안 부처는 천하의 군신, 부자,
부부를 없앨 수 없었고 노자도 태고(太古)의 무위(無爲)를 회복할 수 없었다.
이에 우리 공자의 가르침이 크게 중도에 맞고 지극히 옳아서 고금을 관철하
여 다시 더할 것이 없음을 알 수 있다. 또 『논어』 「위령공」에서 "이 백성은
삼대시대(三代時代)에 정직한 도(道)로 행해 왔다."고 하였고, 또 『중용』에서
"사람의 도리로써 사람을 다스리다가 잘못을 고치면 그친다."고 하였는데,
성인이 사람을 끊지 않고 세상에 대하여 분개하지 않음이 이와 같았다. 당
나라 위징(魏徵)은 "오제와 삼왕은 백성을 바꾸지 않고 교화하였다."고 하였
으니 대개 이 뜻과 합치된다.(桀溺欲變易天下, 聖人不欲變易天下. 欲變易天下
者, 是以己之道強天下也. 不欲變易天下者, 是以天下治天下也. 蓋天下以人而立,

不能去人而獨立. 故聖人樂以天下, 憂以天下, 未嘗避天下而獨潔其身. 如長沮桀溺
之流, 固非通乎天下, 達乎萬世之道也. 夫佛氏以寂滅爲敎, 老氏以虛無爲道, 思以
易天下. 然到今二千有餘歲, 佛氏未嘗能滅天下之君臣父子夫婦, 而老氏亦未嘗能復
太古之無爲, 於是益知吾夫子之敎, 大中至正, 貫徹古今, 不可以復加也. 又曰: "斯
民也, 三代之所以直道而行也." 又曰: "以人治人, 改而止." 聖人之不絶物憤世也若
此. 唐魏徵曰: "五帝三王, 不易民而化." 蓋得此意.)-伊藤仁齋, 『論語古義』

위의 인용문에서 보듯이 이등인재의 불가와 도가에 대한 비판은 웅장
하고 힘차며, 그 이론적 기초는 그의 유가의 '도(道)'에 관한 해석에 있다.
"도 밖에 사람 없고, 사람 밖에 도 없다."[39]는 그의 말처럼 '도'는 인륜과
일상생활 사이에 있는 것이기에, 이등인재는 "하필 세속을 도외시하고
도를 구할 것이 있겠는가."[40]고 말하였다. 이등인재의 사상세계에서는
절대로 세상을 버리고 홀로 서서 날개가 자라 신선의 경지에 오른 고인
이나 은자는 없는 것이다.

이등인재는 『논어』에 대한 새로운 해석을 통하여 도가와 불가의 학문
에 의해 모호해진 내용들을 분석 비판하고서 공자의 '도'의 본래 면목을
회복하고자 한다. 이러한 각도에서 보면, 이등인재의 논어학은 확실히
정통을 똑바로 세우고 이단을 논박하는 호교학(護敎學)의 성향이 강하다
고 할 수 있다.

---

39) 伊藤仁齋, 『論語古義』, 145면. "道外無人, 人外無道."
40) 伊藤仁齋, 『論語古義』, 130면. "何必外俗而求道哉?"

(2) 송대 유학자들을 논박함

이등인재의 『논어』 해석의 또 다른 목적은 바로 송대 유학자 특히 주자의
사상세계에 대한 비판이다. 이등인재는 공자의 학문에 대한 재구축을 통
하여, 주자가 14세기 이후 동아시아 유학계에서 건립한 '리(理)'를 중심
으로 하는 사상세계를 타파하고자 하였다. 이에 이등인재의 새로운 경전
해석은 대부분 주자학을 비판한 데서 생긴 것이다. 그 본말을 알기 위하
여 우리는 먼저 주자학에 대하여 약간 이해할 필요가 있다.

주자는 동아시아 근세의 대유학자로 여러 경서를 주석하였다. 특히 사
서(四書)에 주석을 단 『사서장구집주(四書章句集注)』는 종래 오경(五經)이
누린 위치를 대신하게 하였으며, 이는 동아시아 근세유학의 서막을 열었
는데,[41] 14세기 이후 동아시아 사상계에 매우 큰 영향을 미쳤다. 주자는
『사서장구집주』를 편찬할 때, 한대의 주석과 당대의 주소, 그리고 북송
이후 여러 선배 학자들의 주석을 따랐지만, 이러한 것들을 녹여서 새로
운 이념을 주조하였다. 그것은 바로 '리(理)'를 중심으로 하는 새로운 철
학체계인데, 사서(四書)를 이 가운데로 녹여 내어 연구하였다.[42] 주자의

---

41) 宇野精一은 五經은 중세사회에 기반하여 저술된 것이며, 四書는 문장은 간단하지만 의미
는 광대하여 근대성을 많이 구비하고 있어서 오경의 지위를 쉽사리 차지할 수 있었다고 하였다.
이에 대해서는 宇野精一, 「五經から四書へ──經學史覺書」, 『東洋の文化と社會』第一輯, 京
都, 1952, 1-14면 참조. 朱子의 『四書章句集註』의 지위의 상승은 南宋의 社會와 經濟, 政治
등 외부적 요인과 밀접한 관계가 있다. 이에 대해서는 James T. C. Liu, "How Did a Neo-
Confucian School Become theState Orthodoxy?" Philosophy East and West, 23.4(Oct.,
1973), pp. 483-505.

42) 『四書章句集註』의 繼承과 創新의 면모에 대해서는 大槻信良의 「四書集註章句に現れた朱
子の態度」, 『日本中國學會報』 5, 1953, 80-90면 참조(中譯本, 黃俊傑 譯, 「從四書集註章句論朱子
爲學的態度」, 『大陸雜誌』 60卷 6期, 1980.6, 25-39면) 주자가 四書를 하나의 서적으로 파악한 것에
대해서는, Wing-tsit Chan, "Chu Hsi's Completion of Neo-Confucianism," in tudes Song
in Memoriam tienne Balazs, Edit es par Fran oise Aubin, S rie 2 n. I (Paris: Mouton & Co.
and cole Practique de Haute tudes, 1973), pp. 60-90.

사서(四書) 해석에서는 『대학』이 가장 중요하다. 이에 대하여 주자는, "학문은 반드시 『대학』을 먼저 하고, 그 다음으로 『논어』를 그리고 그 다음으로 『중용』을 하여야만 한다."[43]고 하였다. 또한 "나는 사람들에게 먼저 『대학』을 읽게 하여 그 규모를 확정하게 하고, 다음으로 『논어』를 읽게 하여 그 근본을 확립하게 하며, 그 다음으로 『맹자』를 읽어 그 뛰어난 점을 관찰하게 하며, 마지막으로 『중용』을 읽어서 옛 사람들의 은미한 곳을 살펴보게 한다."[44]고 말하기도 하였으며, "『논어』, 『맹자』, 『중용』은 『대학』의 내용을 완전하게 이해한 다음에 공부해야 한다."[45]고 말하기도 하였다. 특히 주자는 「격물보전(格物補傳)」을 편찬하여, 마음이 이치에 대하여 지니는 인식능력을 서술하고, 사물의 이치를 파고들어 지식을 명확히 하는 것의 중요성을 강조하였다.[46] 주자는 또한 '인(仁)'의 창조성을 강조하며, '인'을 '마음의 덕, 사랑의 이치'(心之德, 愛之理)로 해석하고 이 리

---

43) 黎靖德編, 『朱子語類』(一), 卷14, 北京: 中華書局, 1986, 249면. "學問須以『大學』爲先, 次『論語』, 次『中庸』."

44) 『朱子語類』 卷14, 249면. "某要人先讀『大學』, 以定其規模, 次讀『論語』, 以立其根本, 次讀『孟子』, 以觀其發越, 次讀『中庸』, 以求古人之微妙處."

45) 『朱子語類』 卷14, 250면. "論『孟』『中庸』, 待『大學』貫通浹洽."

46) 楊儒賓은 朱子의 「格物補傳」의 사상에 대하여 다음과 같은 새로운 견해를 제시하였다. "格物의 본래적 의미는 인지 활동을 가리킨다고 볼 수 없다. 주자의 格物의 본질은 마음의 전일함을 강조하는 것이다. 이는 사물에 내재된 이치에 대하여 마음을 집중하는 것으로 바로 일종의 '敬' 공부이다. 이 敬은 動靜을 관통하는 것으로 豁然貫通을 이루게 해 주는 것이다. 주자의 이러한 豁然貫通의 경험은 바로 초월과 경험의 합일을 보증해 준다. 배우는 자들이 본질과 현상의 막힘이 없는 경계를 느꼈을 때, 이는 어떤 의미 내지 경지의 존재를 긍정하는 것으로써, 이러한 '豁然貫通'은 原初의 自我에 다가감을 가리키는 말이다. 이 경지는 心靈이 맑고도 虛靜하며, 萬理가 具備되어 있으며, 또한 담박한 본성을 지니게 된다. 배우는 자들은 우주와 태극의 진리의 세계에 들어서게 된다. 본래 불완전하고 편파적이며 미숙한 상태가 내재되어 있던 사물들도 이 지점에서는 그 불완전성을 전부 극복하게 되어 원만한 존재로 탈바꿈하게 된다. 이를 일러 주자는 '衆物之表裡精粗無不到, 而吾心之全體大用無不明.'이라고 하였다"(楊儒賓, 「格物與豁然貫通——朱子『格物補傳』的詮釋問題」, 『朱子學的開展——學術篇』(鍾彩鈞), 臺北: 漢學研究中心, 2002). 양유빈의 이러한 해석은 과거의 학자들이 '心'으로 物의 '理'를 파악하는 이중적 구조로 격물을 이해한 것과는 매우 다른 창의적 견해이다. 나는 이 두 종류의 해석이 상호 보완해 주는 지점이 있다고 본다.

(理)가 바로 천지의 마음으로 만물을 생성시키는 이치라고 주장하였다. 주자는 정이(程頤)가 '낳고 낳는 것'(生生)으로 인을 해석한 것을 가져다가 자신의 리철학의 기초로 삼았다. 천지가 만물을 생성하는 것을 마음의 이치로 삼았기에 바로 여기서 사랑이 생겨나는 것이라고 하였다. 주자의 이러한 '인설(仁說)'은 유가의 윤리에 형이상학적 이론의 기초를 부여한 것이라고 할 수 있다.[47]

이처럼 주자가 『사서장구집주(四書章句集註)』를 통하여 제기한 중요한 철학 명제는 대부분 이등인재의 비판을 받았는데, 특히 '도(道)'와 '인(仁)'의 해석에 그 비판이 집중되었다.

① 이등인재는 '도(道)'는 바로 인륜과 일상생활에서의 도라고 주장한다

이등인재는 주자가 공자의 '도'를 '사물의 당연한 도리'로 해석하는 것을 강력하게 비판하였는데, 그 이유는 주자가 지극한 도를 이해하기 어려운 존재로 만들었다고 여겨서이다.

송유(宋儒)들은 매번 앞 시대의 성인들이 드러내지 못한 것을 드러내는 것을 공부로 삼았다. 그러나 그들은 성인의 말이 위로 통하고 아래로 통하며 갖추어지지 않은 바가 없고 도달하지 않는 곳이 없음을 알지 못하였다. 어찌 다시 드러내지 않은 것이 있어서 반드시 후인들이 드러내 주기를 기다렸던 것이 있겠는가. 맹자의 성선(性善), 양기(養氣) 등과 같은 학설은 모두 인의(仁義)를 드러낸 것으로 근본적으로는 공자의 말을 해설한 것이다. 그런

---

47) 陳榮捷, 「論朱子之仁說」, 『朱學論集』, 臺北: 臺灣學生書局, 1982, 37-68면; 「朱熹集新儒學之大成」, 『朱學論集』, 1-35면.

데 선유(송유)들은 앞 시대의 성인들이 드러내지 못한 것을 드러내었다고 여겼다. 그리고 자신의 학설을 맹자의 뒤에 붙이고자 하여 지경(持敬), 주정(主靜) 등의 학설들을 연달아 지었다. 그리하여 도를 논함에 "텅 비어 신령하며 어둡지 않다.", "텅 비어 아무 조짐도 없다", "맑은 거울과 고요한 물", "체용은 하나의 근원이니, 드러남과 은미함에 간격이 없다."고 하였다. 이런 말들은 모두 부처와 노자의 후예에게서 나온 것으로, 우리 공자와 맹자의 책에는 본래 이런 말도 없고 이런 이치도 없다. 그러니 "전술하기만 하고 창작하지 않는다.", "옛것을 믿고 좋아한다."고 할 수 있겠는가. 그 시비와 득실은 분별하지 않아도 분명하다.(宋儒每以發前聖之所未發爲功, 殊不知聖人之言, 徹上徹下, 無所不備, 無所不到, 豈復有所未發, 而必待後人之發之邪? 若孟子性善, 養氣等說, 皆爲仁義而發, 本述夫子之言者也. 先儒以爲, 發前聖之所未發, 而亦自欲以其說附于孟子之後, 持敬, 主靜等說, 種種繼作, 而其論道, 必曰 '虛靈不昧', 必曰 '沖漠無朕', 必曰 '明鏡止水', 必曰 '體用一源, 顯微無間.', 其言皆出於佛, 老之緖餘, 而至於吾孔, 孟之書, 則本無此語, 亦無此理, 謂之 '述而不作', '信而好古', 可乎? 其是非得失, 不待辨而明矣.)-伊藤仁齋, 『論語古義』

이 글의 요지는 송유, 특히 주자가 '도'를 지나치게 허황하게 말하였다고 비판한 것이다. 이등인재는 주자의 언어는 공맹의 서적에서 보지 못한 것이며 주자는 명확하게 공맹의 본래적 언어에서 이탈하였다고 지적하였다. 한편 그는 송대 유학자들이 '도'를 논함에 있어서 허황하고 착실하지 않은 것은 불교의 영향을 받았기 때문이라고 여겼다.

이등인재는 여기서 한 걸음 더 나아가 송대 유학자들이 지나치게 깊게 추구한 '도'는 일상생활을 이탈하였다고 지적하였다.

논하여 말한다. 높은 데서 도를 구하고 먼데서 일을 찾는 것이 배우는 자들의 일반적인 병폐이다. 오직 『시경』과 『서경』에서 가르치는 것만이 인정(人情)에 가깝고 일상 생활과 접해 있으니, 처음부터 사람과 멀리 떨어진 것을 도라고 여기지 않았고 또한 사람과 멀리 떨어져 있는 것을 말하지 않았다. 예(禮)를 고수하고 지키려는 자는 또한 사풍(士風)을 모범으로 삼고 세도(世道)를 유지하고자 하였으니, 때문에 공자는 항상 이 세 가지로 말씀하셨다. 부처와 노자의 학문은 세속을 떠나서 오로지 고원(高遠)한 것을 일삼아서 천하에 통용될 수가 없으니, 이는 실로 『시경』과 『서경』의 이치를 이해하지 못했기 때문이다. 후세의 유학자들은 또한 『시경』을 외우고 『서경』을 읽지만 추구하는 것이 매우 어렵고 깊어서 평이하고 인정에 가까운 것을 추구해야 됨을 알지 못한다. 그러므로 그들의 언행(言行)에 드러나는 것을 보면 매번 기구하고 어렵고 깊은 근심은 있으되 정대(正大)하고 너그러운 기상이 없다. 이것은 이른바 잘못된 독서에서 오는 어려움이지 바른 독서에서 오는 어려움이겠는가.(論曰: 求道於高, 求事於遠, 學者之通病. 唯『詩』,『書』之爲敎, 近于人情, 達于日用, 初不遠人以爲道, 亦不遠人以爲言, 而執禮能守者, 亦可以範士風維世道, 所以夫子常言此三者也. 若夫佛, 老之學, 所以離世絕俗, 專事高遠, 而不能通乎天下者, 實不達『詩』,『書』之理故也. 而後世儒者, 亦雖知誦『詩』讀『書』, 然求之甚過艱深, 而不知求之於平易近情, 故其著於言行者, 每有崎嶇艱深之憂, 而無正大從容氣象. 豈非所謂非讀書之難, 而善讀書之難乎?)-伊藤仁齋, 『論語古義』

이등인재는 '도'는 반드시 "사람의 정서에 가깝고 일상생활에 도달해야 한다."고 주장하는데, 이는 바로 세속이 바로 '도'이니, 세속 밖에 별다른 도는 없기 때문이다.[48] 한편 이등인재는 『논어』「자로」 18장(葉公語

---

48) 伊藤仁齋, 『論語古義』, 130면.

본론(ⅰ): 일본 논어학의 대가(大家)

孔子曰: "吾黨有直躬者, ······ ")을 주자가 해석하면서, "부자가 서로 숨겨줌은 천리와 인정의 지극한 이치이다."[49]라고 말한 것에 대하여 다음과 같이 비판하였다.

옛 주석에서 "아버지와 자식이 서로 숨겨 줌은 천리(天理)와 인정(人情)의 지극히 당연한 것이다."라고 한 것은 잘못되었다. 이는 인정과 천리를 나누어서 두 개로 여기는 것이다. 인정은 천하 고금에 동일한 것으로 오상(五常)과 백행(百行)이 모두 여기에서 나왔다. 어찌 인정 외에 별도로 천리라고 하는 것이 있겠는가. 진실로 인정에 합치되지 않는다면 천하에서 하기 어려운 것을 하더라도 실로 승냥이와 이리의 마음이니 해서는 안 된다. 다만 예(禮)로써 절제하고 의(義)로써 분별할 뿐이다. 후세의 유학자들은 '공(公)'자를 좋아하여 그 폐단이 도를 해치는 데에 이르렀다. 어째서인가? 옳은 것을 옳게 여기고 그른 것을 그르게 여겨 친하고 멀고, 귀하고 천한 것을 구분하지 않는 것을 '공'이라고 하였기 때문이다. 지금 아버지가 자식을 숨기고, 자식이 아버지를 숨기는 것은 정직하지 않으니 '공'이라고 말할 수 없다. 그러나 공자가 취한 것은 아버지와 자식이 서로 숨겨 주는 것이었다. 사람의 지극한 정에 예(禮)가 있고 의(義)가 있는 것이다. 그러므로 성인은 예를 말하였지 리(理)를 말하지 않았고, 의를 말하였지 공(公)을 말하지 않았다. 인정을 도외시하고 은애(恩愛)를 떠나서 도를 구하는 것은 실로 이단(異端)에서 높이는 것으로 천하의 공통된 도가 아니다.(舊註謂: "父子相隱, 天理人情之至", 非也. 此以人情天理, 歧而爲二. 夫人情者, 天下古今之所同然. 五常百行, 皆由是而出. 豈外人情而別有所謂天理者哉? 苟於人情不合, 則藉令能爲天下之所難爲, 實豺

49) 朱熹, 『論語集注』, 146면. "父子相隱, 天理人情之至也."

狼之心, 不可行也. 但在禮以節之, 義以裁之耳. 後世儒者喜說 '公'字, 其弊至於賊
道. 何者? 是是而非非, 不別親疏貴賤, 謂之 '公'. 今夫父爲子隱, 子爲父隱, 非直也,
不可謂之 '公'也. 然夫子取之者, 父子相隱. 人之至情. 禮之所存, 而義之所在也. 故
聖人說禮而不說理, 說義而不說公. 若夫外人情離恩愛而求道者, 實異端之所尙, 而
非天下之達道也.)–伊藤仁齋, 『論語古義』

이등인재의 이 같은 언급은 그의 '도'의 함의에 대한 해석과 서로 호응
하며 앞뒤로 일관된 논리를 지니고 있다. 즉 송대 유학자들이 '인성'과
'천리'를 두 개로 나누어서 '천리'로써 '인정'을 통합하고 '세속'을 떠나
서 '도'를 추구하는 것에 대하여 비판한 것인데, 여기서 이등인재는 송대
유학자들이 공자가 말한 '도'의 본래적 의미를 벗어났다고 여겼다.

② 이등인재는 『논어고의』에서 주자의 '인(仁)'을 비판하였다

주자는 공자의 덕행 중 '인(仁)'에 대하여 가장 크게 관심을 가졌다. 진영
첩(陳榮捷, 1901-1994)의 고증에 의하면, 주자는 36, 37세(1165-1166)부터
약 10년 간 모든 정력을 다하여 '인'의 문제를 사고하였으며, 그 결과 42
세(1171) 때 「인설(仁說)」을 발표하였다. 「인설」이 완성된 연대는 『이락연
원록(伊洛淵源錄)』보다 이르고, 또한 『근사록(近思錄)』의 편집 시기(1175)
보다 이르다. 그리고 『사서집주』, 『사서혹문』을 저술하고 나서(1177) 이
를 간행한 시기(1190)와 『옥산강의(玉山講義)』(1194)를 지은 시기보다도 이
르다. 『사서집주』를 주자학의 기초라고 한다면 『옥산강의』는 주자학의
윤곽이라고 할 수 있는데, 주자의 인학(仁學)은 이보다 20년 전에 이미 성
숙된 것이다.[50] 주자 인학의 가장 중요한 관건은 '인이란 마음의 덕성이
고 사랑의 이치이다'(仁者, 心之德, 愛之理)라는 말인데, 이 말은 주자의 『논

맹집주』에서 약 10여 곳에 보이며, 이는 주자의 중요한 독창적인 견해의 하나라고 볼 수 있다.[51]

하지만 주자의 인에 대한 이 같은 정의는 이등인재에 의해 엄격하게 비판을 받았다. 이등인재는 주자가 '인'을 구체적 덕행에서 추상적 이치로 끌어올린 주장을 논박하였다.

선유의 학설에서 "인의(仁義)는 사람의 본성에 갖춰져 있는 이치이니, 본성 가운데에는 다만 인의예지 네 가지가 있을 뿐이다. 어찌 효제로부터 나왔겠는가."라고 하였다. 만약 이 학설과 같다면 인은 본체로 근본이 되고 효제는 작용으로 말단이 되어서, 유자의 말과는 서로 모순된다. 그러므로 "인을 행함에 효제를 근본으로 여기고, 본성을 논함에 인을 효제의 근본으로 여긴다."라고 하였다. 그러나 이미 『논어』「학이」에서 "그 사람됨이 효성스럽고 우애롭구나."라고 하였고, "근본이 확립되면 도(道)가 발생한다."라고 하였으니, 효제를 인의 근본으로 여겼음을 알 수 있다. 그렇다면 맹자가 인의를 고유한 것으로 여긴 것은 어째서인가? 아마도 사람의 본성이 선하다고 하였기 때문에 인의를 본성으로 여겼을 것이다. 이것은 인의로 본성을 이름한 것이지, 곧바로 인의가 사람의 본성이라 여긴 것은 아니다.(先儒之説以爲: "仁義者人性所具之理, 性中只有仁義禮智四者而已, 曷嘗有孝弟來?" 若如其説, 則仁體而爲本, 孝弟用而爲末, 於是與有子之言, 似相柄鑿. 故曰: "爲仁以孝弟爲本, 論

50) 陳榮捷,「論朱子之仁説」,『朱學論集』, 41-42면.

51) 日本學者 山崎美成(1796-1856) 다음과 같이 말하였다. "『龍龕手鑑』에서 '仁'을 해석하면서, '音人, 心之德, 愛之理也.'라고 하였다. 이 책은 沙門인 智光이 편찬한 것으로 遼 統和15년(997년)에 저술된 것이다. 朱子의 『논어』와 『맹자』의 集注는 淳熙 四年(1177년)에 완성된 것으로 이 책보다 180年 뒤에 저술되었다. 그러므로 '心之德, 愛之理'는 본래 佛家의 말로 주자가 이를 인용한 것이다." 이에 대하여 陳榮捷은 『龍龕手鑑』의 이 말은 후대인이 위조한 것이라고 고증하면서, 朱子가 불가의 말을 인용한 것이 아니라고 하였는데, 이 설은 믿을 만하다.

性以仁爲孝弟之本."然旣曰: "其爲人也孝弟", 又曰: "本立而道生", 則其以孝弟爲
仁之本可知矣. 然則孟子以仁義爲固有者何也? 蓋謂人之性善, 故以仁義爲其性也.
此以仁義名性也, 非直以仁義爲人之性也.)-伊藤仁齋,『論語古義』

이등인재가 주자를 공격하는 주요 논점은 주자가 공자 당시의 언어적
환경에서 벗어난 주장을 하였다는 데 초점이 맞추어져 있다. 이에 이등
인재는 맹자의 말을 인용하여 주자의 잘못을 지적하였는데, 그 논리는
확실히 설득력을 갖고 있다.

이등인재는 주자를 비롯한 송대 유학자들이 '인'을 공허하게 해석한
것은 선종의 영향에서 기원한 것이라고 지적하며 다음과 같이 말하였다.

맹자가 죽은 뒤에 이 도가 천하에 밝혀지지 않았다. 세상의 유학자들이 강
론하고 추구한 것은 훈고학과 문자학에 지나지 않는다. 송나라가 흥기하자
이름난 유학자들이 배출되어 바름을 높이고 사악한 것을 물리쳐, 한당(漢
唐)의 누추함이 한 번에 제거되었으니 그 공이 참으로 훌륭하다. 그러나 당
시에 선학(禪學)이 성행하여 그 학설로 성인의 뜻을 해석한 것이 실로 적지
않다. 이에 오로지 일심(一心)만을 귀하게 여겨 명경지수(明鏡止水)를 수신
의 지극한 공부로 삼았다.(孟子旣歿, 斯道不明乎天下. 世儒之所講求者, 不過訓
詁文字之間. 及宋氏興, 鉅儒輩出, 崇正黜邪. 漢唐之陋爲之一洗, 其功固偉矣. 然當
時禪學盛行, 以其遺說解聖人之旨者, 實爲不少. 於是專貴一心, 而以明鏡止水, 爲修
身之極功.)-伊藤仁齋,『論語古義』

이등인재는 송대 유학자들이 의리를 추구하는 것에 대하여 상당히 추
앙하였지만, 그들이 '도를 고원(高遠)한 데서 구하는 것'[52]에 대해서는
찬성하지 않았다. 이등인재는 송대 유학자들의 '인'과 같은 유학의 이념

에 대한 해석이 모두 불가와 도가의 학설에 의해 더럽혀졌다고 생각하였다. 이에 그는 암흑을 물리치고 광명을 찾아 주듯이, 공자 학문의 본래적 의미—그의 용어로 말하자면 '고의(古義)'—를 재구축할 필요가 있다고 여겼다.

여하간 이등인재의 『논어』 해석은 단지 말에만 그친 것이 아니라 실천적 행위로 연결되었다. 그는 불가, 도가, 주자학을 억누르고 주자의 경전 해석의 약점을 지적함에 매우 엄격한 비판을 가하였는데, 이는 경전 해석에 있어서 일종의 호교학적 기능을 한 것이라고 할 수 있다.

5. 결론

본 장에서 이등인재의 『논어』 해석을 분석하고, 그의 논어학이 동아시아 유학의 경전해석사에서 일종의 유형을 창출하였는데, 그것은 바로 호교학(護敎學)으로서의 경전해석학임을 밝혔다. 이런 유형의 경전해석학은 경전의 주석 혹은 해석을 수단으로 하여, 경전의 본래적 의미를 재구축하고 이단을 비판하는 것을 목적으로 삼고 있다. 이등인재의 이 같은 호교학적(護敎學的) 특징을 갖고 있는 경전해석학은, 방법적 측면에서 훈고학적 수단을 사용하여 경전해석학의 문제를 해결하고자 하였다. 그의 훈고학적 방법의 구체적인 특징은 공자 생전의 본래적 언어 환경으로 돌아가서 『논어』의 글자와 문장의 '고의(古義)'를 찾아내고자 하는 데 있다. 이 과정에서 송대 유학자들(특히 주자)의 해석이 고대유학의 사상과 언어적

52) 伊藤仁齋, 『論語古義』, 79면.

맥락을 이탈하였다고 비판하였으며, 주자의 『논어』 해석이 『논어』의 언어를 잘못 이해한 것이라고 지적하였다.

이등인재는 마치 외과 의사가 메스를 가지고 수술을 하듯이, 경전의 본래적 언어로 되돌아가고자 하였다. 특히 『논어』의 중요 단어, 예를 들어 '도' 혹은 '인(仁)'의 고의(古義)를 되찾고, 『논어』와 여러 경서를 하나로 융합하여 연구하였으며, 주자의 해석에 대한 비판을 통해 고학파의 경전 해석의 전범을 구축하였다. 이등인재는 『논어』의 '오도일이관지(吾道一以貫之)'의 '관(貫)'자를 주자가 해석한 '통(通)'에서, 충서(忠恕)의 도(道)로서의 '통(統)' 또는 오륜(五倫) 등 인륜과 일상생활에서의 덕행으로 매우 섬세하고 정교하게 되돌려놓았다. 이등인재는 하늘을 비상하는 송골매와 같은 안력을 지니고서, 『논어』의 중요한 개념인 '일관지도(一貫之道)' 같은 용어들을 매우 적절하게 해석해 내었다. 특히 그의 주자에 대한 비판은 정확하게 그 문제점을 갈파하였다고 할 수 있다. 18, 19세기 청대 유학자들의 『논어』의 '일이관지(一以貫之)'에 대한 논쟁과 비교해 보면,[53] 이등인재는 실로 뛰어난 안목을 지니고서 청대 유학자들보다 100년 일찍 '일이관지'에 대한 새로운 해석을 통해 주자의 『논어』 해석을 반박하였다.

이등인재의 논어학이 도달하고자 했던 지점은 불가와 도가를 물리치고 송대 유학자들을 비판하며, 궁극적으로 공자 학문의 중심인 '도'의 '고의(古義)'를 재건하는 데 있다. 이렇게 본다면 이등인재의 『논어』 해석

---

53) 阮元(1764~1849)은 "孔子之道, 皆於行事見之, 非徒以文學爲敎. 故告曾子; '吾道一以貫之.' '貫', 行也, 事也. …… 故以 '行事'訓 '貫', 則聖賢之道歸於儒. 以 '通貫'訓 '貫', 則聖賢之道近於禪. 至其所行爲何道? 則卽『中庸』所謂忠恕, 庸德, 庸言, 言行相顧之道也."라고 하였다. 方東樹(1772~1851)는 이 해석을 반박하면서, "'一貫'之義, 兼知行而言, 不單主一邊. …… '忠恕'是鹽, '一貫'是鹹, 味及之而後知耳. 了此, 則知其解, 非淺儒所及也. 至焦氏循解作'吾道一以通之於人', 蓋又泥 '忠恕'字面, 望文生義, 又隔一重."라고 하였다. 이 두 문장은 모두 方東樹의 『漢學商兌』에 실려 있다.

학은 실로 호교학적 특징을 농후하게 지니고 있다고 할 수 있다. 이등인재의 이 같은 호교학으로서의 경전해석학은 18세기 중국의 대진(戴震, 1724-1777)의 경전해석학과 비교하면서 살펴볼 수 있다. 필자는 이전에 『맹자자의소증(孟子字義疏證)』을 중심으로 대진의 맹자학을 분석하면서, 그가 해석학의 문제를 훈고학의 문제로 변환하였다는 점을 지적하였다. 이런 방법론상의 전환 때문에, 그는 청대 유학자들 속에서 남다르게 자신만의 체계를 이룩할 수 있었다. 하지만 대진의 맹자학은 송대 유학자들의 사상적 맥락에서 벗어나, 맹자학의 사상적 본질을 정확하게 파악하지 못하였을 뿐만 아니라, 그의 송대 유학자들에 대한 비판도 비록 힘 있는 지점도 있지만 치명적이지 못하였다. 때문에 대진은 송대 유학자들의 경전 해석의 고리를 완전히 벗어나지는 못하였다. 즉 대진은 맹자 해석을 통하여 송대 유학자를 비판하는 마음은 있었지만, 방법론의 한계가 그로 하여금 송대 유학자들의 경전해석의 고리를 벗어나지 못하게 만들었다. 이러한 의미에서 우리는 그의 맹자학이 종래와는 다른 변모를 이루었지만 호교학으로 완성되지는 못하였다고 평가할 수 있다.[54]

이등인재의 경전해석학도 대진과 비슷한 문제가 있다. 이등인재의 『맹자』 해석을 예로 들어 보자. 이등인재의 『맹자』에 대한 해석은 안팎을 두루 관통하고 있는데, 특히 '왕도정치론'을 맹자학의 중심으로 삼고 있다. 이등인재는 맹자의 왕도정치론을 분석하고서 왕자(王者)의 어진 마음을 근간으로 삼았는데, 이는 자못 식견이 돋보이는 곳으로 맹자 정치사상의 요점을 잘 파악하였다고 할 수 있다. 즉 이등인재가 맹자의 '폭군을 추방해야 된다'는 논의에 대하여 긍정한 것은 맹자 정치사상의 정수를 파악

---

54) 黃俊傑, 『孟學思想史論』(卷二), 第八章, 臺北: 中央研究院中國文哲研究所, 1997, 371면.

했다고 할 만한 것이다. 한편 이등인재의 맹자의 성선론에 대한 해석은 맹자의 '마음의 선함에서 본성의 선함을 논함'이라는 주지와 상당한 어긋남이 있다. 이등인재는 '기질(氣質)'로 본성의 선함을 논하고, 특히 인륜과 일상생활 등 그 구체성과 특수성의 맥락에서 인성을 논하고 있다. 이러한 태도는 맹자의 '성선설'에서 사람이라면 누구나 가지고 있는 보편성, 필연성, 초월성 및 연속성에 대하여 벗어난 지점이 있기에 매우 아쉽다. 이와 같은 것은 모두 덕천시대 고학파가 고전유학을 해석할 때의 식견과 그 한계점을 보여주는 것이다. 이등인재가 『맹자』를 해석할 때 그 한계성이 나타나는 주요 원인은, 그가 훈고학적 방법으로 해석학의 문제를 해결하고자 하였기 때문이다. 이등인재는 『맹자』를 해석할 때, 자서(字書)와 한대 유학자들의 해석을 광범위하게 참고하였으며, 공자와 맹자의 '고의(古義)'를 재건하는 것을 사명으로 삼았다. 그렇지만 방법론의 한계로 인하여 그는 맹자의 사상세계에서 자유롭게 헤엄칠 수 없었고 송대 유학자들의 사상세계로 들어가지도 못하였다. 때문에 그의 『맹자』 해석학은 『맹자』의 정신을 밝히는 부분이 적었고, 한대 유학자들의 관점에 속하는 것이 많아짐을 면할 수 없었다.

상대적으로 이등인재의 논어학은 그의 맹자학에 비하여 성공적이었다고 할 수 있다. 양자 모두 호교학적 성질을 지니고 있지만, 이등인재의 『논어』 해석은 비교적 설득력을 지니고 있으며, 그가 공자의 학문을 재건하고자 송대 유학자, 불가, 도가에 대한 비판을 제기한 것도 비교적 정밀하고 힘이 있다. 왜 이런 현상이 일어났을까? 이런 현상을 초래한 원인은 물론 단일하지 않겠지만, 경전의 원문 자체에 함유된 사상적 특성이 아마도 결정적인 요소일 것이다. 『논어』의 사상은 평이하고 실질적이며, 공자 문하에서는 현세에 관심을 가지고 불가사의한 힘을 말하지 않고, 본성, 천명, 천도를 잘 언급하지 않으며, 일종의 평범함 속에서 위대함이 보이는 세계를 펼쳐 보여 주고 있다. 하지만 『맹자』의 내용은 일종의 '내재적이면서 초월적인' 인성(人性)과 세계이다. 맹자는 인간 존재의 초월성과 현실성을 관통하여 이를 일체로 여겼다. 한편으로 자신의 '사단(四端)의 마음'으로 사람에게 내재되어 있는 선(善)의 단초의 보편성과 필연성을 증명하였다. 그리고 이를 바탕으로 인간의 고난을 짊어지거나 폭군을 내쫓으며 사이(邪異)한 학설을 배척하고 권력과 이익의 투쟁에 휩쓸리지 않고자 하였다. 맹자는 사람들에게 현실생활에 그 초월적 근원이 내재되어 있기에 모든 생명은 빼어난 가치를 부여받았다고 일깨워 주었다. 다른 한편으로 맹자는 인간의 초월성을 현실의 생활 속에서 실천하게 하여, 사람들로 하여금 불가의 공허함과 도가의 허무함으로 흘러 들어가지 않게 하였다. 이등인재와 고학파 여러 제자의 학문과 인격은 『논어』와 가깝고 『맹자』의 사상세계와 거리가 멀다. 때문에 이등인재가 『논어』를 해석할 때는 순조로웠지만 『맹자』를 해석할 때는 막힘을 면치 못하여서, 그 지엽적인 것은 알았지만 그 본질은 보지를 못하였다.

이등인재의 『논어』 해석학은 우리들에게 다음과 같은 점을 생각하게 해 준다. 경전해석학은 단지 경전 의미의 해석 과정만이 아니라, 동시에 해석자의 내면 경지의 증명이며 더불어 자신을 명료하게 이해하고자 하는 깊은 언어의 표출이다. 그렇다면 이 같이 경전 해석을 행할 때, 최종적인 수혜자는 누구인가? 원본으로서의 경전, 예컨대 『논어』가 다른 시대 지기(知己)를 만나 경전으로서의 생명력을 다시 얻었기에 운이 좋은 것인가? 아니면 경전의 해석자가 경전 해석을 통하여 자신을 명료하게 이해하였기 때문에 그들이야말로 가장 큰 수혜자인가? 혹은 양자 모두 수혜자인가? 이런 점을 상기시켜 주는 이등인재 『논어』 해석학은 우리들로 하여금 깊은 사고를 가능케 하는 이론적인 과제를 제시해 주고 있다.

2장

적생조래(荻生徂徠): 정치학적 『논어』 해석학

1. 머리말

지금부터 우리는 덕천시대 고문사학파(古文辭學派)의 대가 적생조래(荻生 徂徠)의 『논어』 해석에 대하여 살펴보기로 하겠다. 적생조래의 논어학은 정치학적 『논어』 해석학의 대표적 실례라고 할 수 있다. 적생조래는 덕천 사상사에서 독자적으로 한 유파를 형성하였는데, 암교준성(岩橋遵成, 1883-1933)은 적생조래를 가리켜 일본 사상계에서 영향력이 가장 크며 또한 가장 많은 논쟁을 불러일으킨 사상가라고 지적하였다.[1] 이런 의미 에서 보자면 일본 사상사에서 적생조래 이후에 등장한 사상가는 적생조 래를 찬양할 수도 있고 적생조래를 비판할 수도 있었으나, 적생조래를 소홀히 하거나 뛰어넘을 수는 없었다고 할 수 있다.

적생조래의 사상을 살펴보면, 그는 송대 유학자와 주자를 비판하였으 며 또한 이등인재(伊藤仁齋)도 비판하였다. 그러나 그의 사상 또한 후대

----

1) 岩橋遵成, 『徂徠硏究』, 東京: 關書院, 1934, 1면.

유학자들의 비판을 면치 못하였다.[2] 그럼에도 불구하고 적생조래는 일본의 경전연구의 최고봉으로 추앙받는데,[3] 그는 육경(六經)을 존중하기는 하였지만, 『논어』와 『맹자』를 특히 중시하여 이 두 경전에 대하여 독창적인 해석을 제기하는 전문적인 주석서를 편찬하였다.[4] 특히 적생조래가 편찬한 『논어징(論語徵)』은 독창적 견해와 분석이 뛰어난 주석서인데, 설사 옛 주석을 인용하더라도 자신의 평가와 새로운 견해에서 나온 것이 대부분이다.[5] 적생조래는 고학파의 대가 이등인재의 논어학을 크게 비판하지만 그가 지은 『논어징』도 강백구(岡白駒, 1692-1767)[6], 편산겸산(片山兼山, 1730-1782)[7], 오정난주(五井蘭洲, 1697-1762)[8], 중정죽산(中井竹山, 1730-1804)[9], 우야명하(宇野明霞, 1678-1745)[10], 석천정항(石川正恒, 1707-1759)[11], 복부소문(服部蘇門, 1724-1769)[12], 해유안(蟹維安, 1705-

2) 子安宣邦은 徂徠學에 대한 批判과 反批判의 논쟁을 '事件'이라 칭하였다. 徂徠學에 대한 반복된 논쟁은 일종의 사건을 구성하였기 때문이다. 子安宣邦은 徂徠가 '孔子의 道를 先王의 道'라고 한 명제를 예로 들면서, 이 논쟁이 함유하고 있는 사건적 의의를 분석하였다. 이 논쟁은 새로운 의미를 지닐 뿐만 아니라, 동의와 반대의 파동을 불러일으키면서 논쟁의 사건적 특징을 구성하였다고 하였다(子安宣邦, 「序論」, 「第二章, 事件としての徂徠學」, 「事件としての徂徠學」, 東京: 靑土社, 1990).

3) 小柳司氣太(1870-1940)가 岩橋遵成의 『徂徠研究』의 서문에 쓴 말이다.

4) 徂徠의 『孟子識』는 그의 晩年의 未定稿이다. 이 주석서는 『孟子』 「梁惠王」장에만 주석이 달려 있다.

5) 大木彌生, 「荻生徂徠 『論語徵』についての一考察──孔子が「古言」を引くとする說を中心に──」, 『櫻美林大學中國文學論叢』第13號, 1987, 128-150면.

6) 岡龍洲, 『論語徵批』, 臺北: 藝文印書館, 1966.

7) 片山兼山, 『論語徵廢疾』, 東京: 崇文院, 1930.

8) 五井蘭洲, 『非物篇』, 東京: 吉川弘文館, 1989年 懷德堂文庫復刻本.

9) 中井積善, 『非徵』, 東京: 吉川弘文館, 1988年 懷德堂文庫復刻本.

10) 宇士新, 『論語考』共6卷, 1-3卷 大阪의 河內屋, 江戶의 須原屋, 京都의 菱屋에서 출판되었으며, 4-6卷은 尾洲의 和泉屋에서 출판되었다. 出版年代는 1789-1801年이다.

11) 石川麟洲, 『辨道解蔽』, 京都大學準貴重書庫館藏. 1775年版.

12) 服部蘇門編, 『燃犀錄』, 東京: 博文館, 1891.

본론(i): 일본 논어학의 대가(大家)

1778)[13], 부영란(富永瀾, 1733-1765)[14] 등 여러 사람의 비판을 받았다.[15] 이렇게 본다면 덕천시대 『논어』 해석사에서 적생조래는 확실히 분수령의 위치에 있다고 할 수 있다.

적생조래의 『논어』 해석은 독자적인 계통을 이루었는데, 이 계통은 주로 '도(道)', '성인(聖人)', '육경(六經)' 등 세 개의 지점으로 구성되어 있다. 적생조래는 공자의 사상에 대하여 정치적 독법의 태도를 지녔는데, 그는 '도'는 선왕이 창조한 것이고 '성인'은 선왕을 가리키며 성인(聖人)의 도는 오로지 '육경'에서만 추구할 수 있다고 지적하였다. 적생조래의 『논어』 해석에서, 이 세 개의 지점은 긴밀하게 연결되어 갈라놓을 수 없는데, 이것이 바로 탐구할 만한 주제이다.

본 장에서는 적생조래의 『논어징』을 중심으로, 그의 『논어』 해석에서 '도(道)', '성인(聖人)', '육경(六經)'의 관계양상을 분석하고, 사상사적 맥락에서 적생조래의 『논어』 해석학의 특징과 거기에 내재된 세계관을 규명해 보고자 한다.

2. 공자의 '도(道)'에 대한 정치적 독법

(1) '도(道)'는 바로 선왕의 도이다

적생조래는 『논어』 해석의 첫 번째 지점을 공자의 '도(道)'에 대해 일련의

---

13) 蟹養齋, 『非徂徠學』, 東京: 鳳出版, 1978.

14) 富永滄浪, 『古學辨疑』, 筑波大學貴重書庫館藏, 1834版.

15) 反徂徠學의 硏究에 대해서는 小島康敬, 『徂徠學と反徂徠學』, 東京: ぺりかん社, 1994, 201-223면 참조.

해석을 통해 제기하였다. 공자는 평생 도를 흠모하고 추구하여, 도를 자신의 임무로 여겼으며 아침에 도를 깨달으면 저녁에 죽어도 좋다고까지 말하였다. 또한 『논어』에서 두 번씩이나 자신의 도는 '하나의 원리로 관통되어 있다'(一以貫之)라고 '도(道)'를 형용하기도 하였다(『논어』 「이인」 15장, 「위령공」 3장) 이처럼 '도'는 확실히 공자사상의 중요한 핵심 개념이지만, 2000년 동안 각국의 동아시아 유학자들은 공자의 '도(道)'에 대하여 각기 다른 이해를 하였다.

적생조래는 『논어』를 해석하면서 정치적 각도에서 공자의 '도'를 다음과 같이 재해석하였다.

공자의 도는 바로 선왕의 도이다. 선왕의 도는 선왕이 백성을 편안하게 하기 위해 세운 것이다. 그러므로 그 도에는 인이 있고, 지혜가 있고, 의로움이 있고, 용기가 있고, 검소함이 있고, 공손함이 있고, 신령함이 있고, 사람이 있고, 자연과 비슷한 것이 있고, 인위적인 면이 있고, 근본이 있고, 지엽적인 것이 있고, 가까운 것이 있고, 먼 것이 있고, 예가 있고, 악이 있고, 군사가 있고, 형벌이 있다. 제도와 운위(云爲)로는 하나로 다 포괄할 수가 없고 어지럽게 뒤섞여 궁구할 수가 없다. 그러므로 명명하여 '문(文)'이라고한다. 또한 "유학자들의 도는 두루 넓기는 하지만 요점이 적다."고 하는데, 그 귀결점을 요약하면 백성을 편안히 하는 것에 귀착되지 않는 것이 없다. 그러므로 공자의 문하에서 사람을 가르칠 때, "인에 의지한다.", "여러 문헌에서 넓게 배우고 예로써 요약한다."고 한 것은 선왕의 도를 배워서 자신의 덕을 이루고자 한 것이다. 선왕의 도를 배울 때 넓게 하지 않으면 다 할 수가 없다. 그러므로 "여러 문헌에서 넓게 배운다."고 하였다. 자신에게로 돌아가고자 하면 예로 하는 것만 한 것이 없다. 그러므로 "예로써 요약한다."고 하였다. 그러나 예는 또한 번거롭다. 그래서 '인(仁)'으로 가르쳤다. 인은

본론(i): 일본 논어학의 대가(大家)

선왕의 한 가지 덕이니, 때문에 선왕의 도는 인으로 다한다고 일컬을 수 없다. 그러나 선왕의 도는 백성을 편안히 하는 데로 모두 모이므로 인은 선왕의 큰 덕이고 인에 의지하면 선왕의 덕을 관통할 수 있다. 그러므로 '일(一)'이라고 하지 않고 '일이관지(一以貫之)'라고 한 것이다.(蓋孔子之道, 卽先王之道也. 先王之道, 先王爲安民立之, 故其道有仁焉者, 有智焉者, 有義焉者, 有勇焉者, 有儉焉者, 有恭焉者, 有神焉者, 有人焉者, 有似自然焉者, 有似僞焉者, 有本焉者, 有末焉者, 有近焉者, 有遠焉者, 有禮焉, 有樂焉, 有兵焉, 有刑焉, 制度云爲, 不可以一盡焉, 紛雜乎不可得而究焉, 故命之曰 '文'. 又曰: "儒者之道, 博而寡要." 然要其所統會, 莫不歸於安民焉者. 故孔門敎人, 曰: "依於仁." 曰: "博文約禮." 爲學先王之道以成德於己也. 學先王之道, 非博則不足盡之, 故曰: "博文." 欲歸諸己, 則莫如以禮, 故曰: "約禮." 然禮亦繁矣哉, 故又敎之以 '仁'. 仁, 先王之一德也, 故謂先王之道仁盡之, 則不可矣. 然先王之道, 統會於安民, 故仁, 先王之大德也, 依於仁, 則先王之道, 可以貫之矣. 故不曰 '一', 而曰 '一以貫之'.)-荻生徂徠, 『論語徵』

적생조래는 '선왕의 도'로 공자의 '일관(一貫)'의 '도'를 해석하였는데, 이는 『논어징』 전체를 관통하는 논리이며, 그가 지은 「변도(辨道)」 각 조목에서 더욱 깊은 해명이 이루어졌다.[16]

적생조래는 공자의 '도'를 '선왕의 도'로 파악하는 입장에서 출발하여 공자사상의 중요한 개념에 대해 일련의 새로운 해석을 제기하였다. 예를 들어 『논어』 「학이」 1장(子曰: "學而時習之, 不亦悅乎?")에 대하여 다음과 같이 해석하였다.

----

16) "道者, 先王之道也."라는 말은 徂徠의 著作에 자주 나온다. 예컨대 『論語徵』 79면, 82면, 149면, 297면, 324면, 308면과 「辨道」의 각 조목에 보인다. 田原嗣郎(1924-)는 徂徠學의 '道'에 대하여 치밀하게 검토한 바 있다(田原嗣郎, 『徂徠學의 世界』, 東京: 東京大學出版會, 1991, 53-130면 참조).

농사일을 배우고 궁술과 마술을 배울 때에도 모두 '이것들을 배운다'고 말한다. 그러나 '배운다'고 한마디로 말할 때는 선왕의 도를 배우는 것이다. 선왕의 도를 배우는 것은 선왕의 가르침에서 유래한다. 전(傳)에서(『예기(禮記) 왕제(王制)』) "음악은 사술(四術)을 높이고 사교(四敎)를 세운다. 선왕의 『시경』, 『서경』, 『예기』, 『악기』를 따라 인물을 양성한다."고 한 것이 이것이다.(學農圃, 學射御, 亦皆言學. 而單言學者, 學先王之道也. 學先王之道, 自有先王之敎. 傳(『禮記』「王制」)曰: "樂正崇四術, 立四敎. 順先王『詩』, 『書』, 『禮』, 『樂』以造士." 是也.)-荻生徂徠, 『論語徵』

적생조래는 또 『변명(辨名)』에서 공자의 '학(學)'에 대하여 다음과 같이 상세하게 설명하였다.[17]

'배운다'는 것은 선왕의 도를 배우는 것이다. 선왕의 도는 『시경』, 『서경』, 『예기』, 『악기』에 있으므로 배우는 방법도 또한 『시경』, 『서경』, 『예기』, 『악기』를 배우는 것일 뿐이니 이것을 사교(四敎)라고 하고 사술(四術)이라고 한다. 『시경』, 『서경』은 의(義)가 담겨 있는 창고이고 『예기』, 『악기』에는 덕이 기록되어 있다. 덕은 자신을 세우는 원리이고 의는 정치에 종사하는 이치이다. 그래서 『시경』, 『서경』, 『예기』, 『악기』는 충분히 인재를 양성할 수 있다. 그러나 그 가르침의 방법은 『시경』은 암송하는 것이고 『서경』은 읽는 것이고 『예기』와 『악기』는 익히는 것이다. 봄과 가을에는 『예기』와 『악기』로 가르치고 겨울과 여름에는 『시경』과 『서경』으로 가르쳐서 한가한 때에 음양의 원리를 따라서 기르고 양육하여 배우는 자로 하여금 그 가운데서 흠뻑

---

17) 荻生徂徠의 '學'의 해석에 대한 검토는, 末木恭彦, 「荻生徂徠の『學』解釋」, 『中國古典學研究』 第32號, 1987, 21-34면 참조.

본론(i): 일본 논어학의 대가(大家)

젖어들게 하며 은거하고 수양하며 휴식하고 노닐게 하여 저절로 덕이 서고 지식이 밝아지게 한다. 요점은 그것들을 익숙해지도록 익혀서 오래됨에 우주의 원리와 동화됨에 있다. 이것이 옛날의 가르치는 방법이었으니 『논어』 「옹야」에서 "문헌에서 두루 배우고 예로써 요약한다."라고 한 것이 이것이다. 그럼에도 불구하고 선왕의 도는 백성을 편안하게 하는 이치이다. 그러므로 선왕의 도를 배워도 그 이치를 알지 못한다면 그 배움은 완성될 수 없다. 그러므로 공자 문하에서의 가르침은 반드시 인(仁)에 의거하며 또한 그 마음이 항상 선왕의 백성을 편안하게 하는 덕에 의거한다. 급작스러운 순간에도 위급한 순간에도 여기에 의거한다. 그리고 밥 한 끼 먹는 동안에도 감히 떠나지 않는다면 덕이 이루어짐이 빨라질 것이니, 선왕의 마음에 통달했다고 할 수 있다.(學者, 謂學先王之道也. 先王之道, 在『詩』, 『書』, 『禮』, 『樂』, 故學之方, 亦學『詩』, 『書』, 『禮』, 『樂』而已矣, 是謂之四教, 又謂之四術. 『詩』, 『書』者, 義之府也. 『禮』, 『樂』者, 德之則也. 德者, 所以立己也. 義者, 所以從政也, 故『詩』, 『書』, 『禮』, 『樂』, 足以造士. 然其教之法, 『詩』日誦, 『書』日讀, 『禮』, 『樂』日習. 春秋教以『禮』, 『樂』, 冬夏教以『詩』, 『書』, 假以歲月, 隨陰陽之宜以長養之, 使學者優柔厭飫于其中, 藏焉脩焉息焉游焉, 自然德立而知明焉, 要在習而熟之, 久與之化也. 是古之教法爲爾, 『論語』所謂博文約禮者是也. 雖然, 先王之道所以安民也, 故學先王之道, 而不知其所以然, 則學不可得而成矣. 故孔門之教, 必依於仁, 苟其心常依先王安民之德, 造次於是, 顚沛於是. 終食之間, 不敢與之離, 則德之成也速, 而可以達先王之心也.)-荻生徂徠, 『辨名』

적생조래가 위의 글에서 명백하게 지적하였듯이, 이른바 '선왕의 도'는 『시경』, 『서경』, 『예기』, 『악기』 등의 경전에 기재되어 있다. 이 선왕의 도로써 백성을 편안하게 할 수 있는데, 이 도의 큰 단서는 '예(禮)'와 '의(義)'에 있으며,[18] 이들은 모두 '인(仁)'으로 통합되는 것이다.[19] 적생조래가 말하는 '학(學)'은 바로 백성들을 편안하게 하는 방법으로 제시된 '선왕의 도'를 배우는 것이다.

적생조래는 어떤 의미에서 '도란 선왕의 도이다'라고 선언한 것인가? 적생조래의 저작을 통해 보면, 그는 '도'는 '선왕'이 창조한 것이라는 의미에서 이렇게 주장한 것으로 파악할 수 있다. 이 점에 대하여『논어』「자한」3장(子曰: "麻冕, 禮也. 今也純, 儉, 吾從衆.")에 대한 적생조래의 해석을 예로 들어 분석해 보기로 하겠는데, 그 시각을 분명히 하기 위하여 이등인재의 해석과 대비해서 살펴보기로 하겠다.

> 일이 진실로 의(義)에 해롭지 않으면 풍속이 곧 도가 된다. 풍속을 제외하고 다시 도라고 부를 것이 없다. 때문에『중용』에서 "군자의 도는 부부(夫婦)에서 시작된다."라고 하였다. 그러므로 요임금과 순임금은 선양함에 백성의 마음을 좇았고, 탕왕과 무왕도 방벌함에 백성의 마음을 따랐다. 백성의 마음이 따르는 곳이 바로 풍속이 이루어지는 곳이다. 그러므로 오직 의에 합치되는지의 여부를 보아야 할 것이다. 하필 세속을 도외시하고 도를 구할 것인가. 만약 세속을 도외시하고 도를 구한다면 실로 이단의 부류이지 성인의 도가 아니다.(夫事苟無害於義, 則俗卽是道. 外俗更無所謂道者. 故曰: '君子之道, 造端於夫婦', 故堯舜授禪, 從衆心也. 湯武放伐, 順衆心也. 衆心之所歸, 俗之所成也. 故惟見其舍於義與否可矣, 何必外俗而求道哉? 若夫外俗而求道者, 實異端之流, 而非出人之道也.)-伊藤仁齋,『論語古義』

이등인재는 공자의 이 말을 해석하면서, 이른바 '도는 세속에 있다'는

---

18) 荻生徂徠,『論語徵』, 121면.

19) 荻生徂徠,『論語徵』, 184면.

관점을 제기하고, '도'의 사회성을 강조하며, '도'는 사회생활 속에서 형성된 가치기준이고, 이 가치기준 혹은 행위규범에는 사회성이 깊게 스며들어 있다고 하였다. 그런데 '도'가 사회생활에서 자연스럽게 형성된다는 관점은 적생조래의 비판을 받았다. 적생조래는 『논어』「자한」 3장을 해석하면서 다음과 같이 말하였다.

이등인재는 이 장을 해석하면서 성인이 일에 대처하는 권도(權道)라고 하였다. 그러나 예를 어찌 일에 비교하겠는가? 인재는 예를 알지 못한 것이다. 또 정자(程子)가 '일이 의(義)를 해치지 않으면 세속을 따라도 괜찮다'고 한 것을 기롱하여 "일이 진실로 의(義)에 해롭지 않으면 세속이 곧 도가 된다. 세속을 제외하고 다시 도라고 부를 것이 없다."고 하였다. 이는 인재가 또한 도를 알지 못한 것이다. 도는 옛 성인이 세운 것으로, 어찌 세속을 바로 도라고 하는 것이 옳겠는가.(仁齋解此章, 以爲聖人處事之權衡. 禮豈事之倫哉? 其人之不知禮也. 又譏程子事之無害於義者, 從俗可也, 而曰: "事苟無害於義, 則俗卽是道, 外俗更無所謂道." 是其人又不知道也; 道者, 古聖人之所建, 豈謂世俗所爲卽道可乎?)-荻生徂徠,『論語徵』

적생조래는 '도'는 고대 '선왕'이 창조한 것이지, 결코 인류사회의 장기적 생활경험의 누적으로 자연스럽게 형성된 가치가 아니라고 주장하였다. 그는 『변도(辨道)』에서 이 점을 비교적 상세하게 설명하였다.

도는 전체를 포괄하는 명칭이다. 도는 선왕이 세운 모든 예악(禮樂)과 형정(刑政)을 합쳐서 명명한 것이다. 그러므로 예악과 형정을 떠나서 별도로 도라고 일컬어지는 것은 있지 않다. 『논어』「자장」에서 "현자(賢者)는 그 큰 것을 기억하고 어질지 못한 자들은 작은 것을 기억하고 있어서 문왕과 무왕의 도(道)를 갖고 있지 않음이 없다."라고 한 것과, 또한 무성(武城)에서 거문고에 맞춰 부르는 노랫소리를 공자가 듣고 '소 잡는 칼을 쓴다'고 말하자 자유(子游)가 '군자와 소인이 도를 배운다'라고 인용한 것에서 볼 수 있다. 공안국(孔安國)은 "도는 예와 악을 말한다."라고 하였으니 옛 시대의 언어인 한학(漢學)에도 오히려 그 전해짐을 잃지 않았구나!(道者, 統名也. 舉禮樂刑政凡先王所建者, 合而命之也. 非離禮樂刑政別有所謂道者也. 如日賢者識其大者, 不賢者識其小者, 莫不有文武之道焉. 又如武城絃歌, 孔子有牛刀誚, 而子游引君子小人學道, 可見已. 孔安國註: 道謂禮樂也. 古時言語, 漢學猶不失其傳哉!)-荻生徂徠, 『辨道』

위에서 보듯이 적생조래는 예악형정(禮樂政刑) 등 선왕이 수립한 각종 제도를 '도'로 통칭하고 있다.[20] 이어서 그는 다음과 같이 말하고 있다.

선왕의 도는 선왕이 만든 것으로 천지 자연의 도가 아니다. 대개 선왕은 총명예지(聰明睿知)의 덕으로 천명을 받아 천하에서 왕 노릇 하였고 그 마음은 오로지 천하를 편안히 하는 것에 힘썼다. 이것으로 그 마음의 작용을 다하고 지혜와 기교를 극진히 하여 이 도를 만들고, 천하 후세의 사람들로 하여금 이를 말미암아서 행동하게 하였으니 어찌 천지의 자연에 그러한 것이 있겠는가. 복희씨, 신농씨, 황제도 또한 성인으로 그들이 만든 것은 이용후생(利用厚生)의 도에 지나지 않았다. 전욱, 제곡을 지나 요, 순에 이른 이후에야 예악이 비로소 세워졌고, 하, 은, 주 이후에 비로소 찬란히 구비되기 시작하여 다시 수천 년의 시간 동안 여러 성인의 심력(心力)과 지혜와 기교를

---

20) 荻生徂徠의 '道'에 관한 全面的 分析은 黑住眞, 「徂徠における「道」の樣態」, 『日本思想史學』 10, 1978(『近世日本社會と儒敎』, 東京: ペリかん社, 2003에 재수록), 372-399면 참조.

거쳐 완성되었다. 그러니 한 분의 성인이 일생의 노력으로 마련해 갖출 수 있는 것이 아니다. 그러므로 비록 공자라도 또한 배운 이후에야 알았으니 천지의 자연에 이런 것이 있다고 하는 것이 옳겠는가. 그런데 『중용』에서 "본성을 따르는 것이 도이다."라고 한 것은 당시 노자의 학설이 흥기하여 성인의 도를 인위적이라고 폄하하였기 때문에 자사(子思)가 『중용』을 지어 우리 유학을 확장한 것이다. 이에 선왕이 사람의 본성을 따라서 만들어 놓은 것을 도라고 한 것이다. 이 구절은 천지의 자연에 이 도가 있다는 것이 아니며, 또 인간의 본성의 자연스러움을 따라서 거짓되게 행하지 않는 것이 도(道)라는 의미도 아니다. 비유하자면 나무를 베어 집을 지을 때 또한 나무의 본성을 따라서 지을 뿐인 것이다. 비록 그렇다 한들 집이 어찌 나무의 자연스러운 모습이겠는가. 대체로 저절로 그러한 것은 천지의 도이다. 경영하여 운용하는 것은 사람의 본성이다. 후대의 유학자들이 이를 살피지 못하고 천지의 자연을 도라고 여겼으니, 어찌 노자와 장자에게로 귀속되는 것이 아니겠는가.(先王之道, 先王所造也, 非天地自然之道也. 蓋先王以聰明睿知之德, 受天命, 王天下, 其心一以安天下爲務. 是以盡其心力, 極其知巧, 作爲是道, 使天下後世之人由是而行之, 豈天地自然有之哉? 伏羲, 神農, 黃帝亦聖人也, 其所作爲, 猶且止於利用厚生之道. 歷顓頊, 帝嚳, 至於堯, 舜, 而後禮樂始立焉. 夏殷周而後粲然始備焉, 是更數千年, 更數聖人之心力知巧而成焉者. 亦非一聖人一生之力所能辨焉者. 故雖孔子亦學而後知焉, 而謂天地自然有之而可哉? 如『中庸』曰: '率性之謂道', 當是時, 老氏之說興, 貶聖人之道爲僞, 故子思著書, 以張吾儒, 亦謂先王率人性而作爲是道也, 非謂天地自然有是道也, 亦非謂率人性之自然不假作爲也. 辟如伐木作宮室, 亦率木性以造之耳. 雖然, 宮室豈木之自然乎? 大抵自然而然者, 天地之道也. 有所營爲運用者, 人之性也. 後儒不察, 乃以天理自然爲道, 豈不老, 莊之歸乎?)-荻生徂徠, 『辨道』

위에서 보듯이 적생조래는 '도'는 노자와 장자가 말하는 '천지자연의 도'가 아니라 선왕이 창조한 도이며, 이러한 '도'는 자연스럽게 생겨난 것이 아니라 백성들을 편안하게 하기 위하여 만들어진 것이라고 주장하였다.[21]

이처럼 적생조래는 '도'를 천하국가를 다스리는 도로 이해하였는데, 이는 주자가 '도'를 수신하고 마음을 닦는 도로 이해한 것과 대조를 이룬다. 전자는 도의 외재성을, 후자는 도의 내재성을 강조하고 있다. 『논어』「자장」12장(子游曰: "子夏之門人小子, 當灑掃應對進退則可矣, 抑末也. 本之則無, 如之何?")을 보면, 자유(子游)는 자하(子夏)의 제자들이 쇄소(灑掃), 응대(應對), 진퇴(進退)의 예절만 할 줄 알고 근본적인 것에 대한 인식은 없다고 비판하였다. 주자는 이 경문에 주석을 달면서, 자유가 말하는 근본을 『대학』의 정심(正心)과 성의(誠意)의 일로 이해하였는데,[22] 이는 일종의 사적 영역으로서 개인의 내적인 도덕 수양을 말하는 것이라고 할 수 있다. 그런데 적생조래는 주자학의 이 같은 경전 해석에 대하여 일종의 '외재적 반전'을 시도하였다.

대체로 선왕의 도는 외재하는 것이니, 예와 의는 모두 대부분 사람들에게 베푸는 것으로 말한 것이다. …… 그러므로 선왕의 가르침은 오직 예로써 마음을 제재할 뿐이다. 이 외에는 망령되이 만든 것으로 어찌 근거 없이 허황하게 만든 것이 아니겠는가.(大抵先王之道在外, 其禮與義, 皆多以施於人者言之. …… 故先王之敎, 唯有禮以制心耳. 外此而妄作, 豈不杜撰乎?)-荻生徂徠,

---

21) 荻生徂徠는 『辨道』第2條, 200면과 第7條, 202면에서 공히 "先王의 道는 천하를 편안히 하는 도이다."라고 주장하고 있다.

22) 朱熹, 『論語集註』(四書章句集註), 北京: 中華書局, 1983, 190면.

본론(i): 일본 논어학의 대가(大家)

『辨名』

적생조래는 『논어징』에서 선왕의 가르침은 예로써 '마음을 통제하는 데 있다'(以禮制心)는 것을 반복하여 강조하면서,[23] 사적 영역의 개인적 도덕 주체성은 반드시 공적 영역의 사회성에 복종하여야 함을 주장하였다. 여기서 공적 영역의 주재자는 바로 '선왕'이고 '도'는 이 선왕이 창건한 것이다.[24] 동아시아 유가사상사에서 '공(公)', '사(私)'의 경계 및 그 관련성에 관해서는 오늘날 중국과 일본의 학자들이 이미 깊이 토론하였으므로[25] 여기서는 다시 언급하지 않기로 한다.

(2) '도(道)'의 정치적 독법과 그 의미

위에서 우리는 적생조래가 공자의 '도'에 대하여 철저하게 정치적 독법의 자세를 지녔음을 확인할 수 있었다. 환산진남(丸山眞男, 1914-1996)이 "조래학(徂徠學)은 주자학의 반명제이다. 조래학에 의해 주자학의 '궁리(窮理)'의 능력이 정지당하였으며, 성인이 일반 사람과 다른 이질적인 존재로 되어 버렸고, 규범과 자연의 연속성은 끊어졌으며, 엄격주의는 폐기되었다. 나라를 다스리고 천하를 평안하게 하는 것은 몸을 닦고 집안

---

23) 荻生徂徠, 『論語徵』, 304면.
24) 荻生徂徠가 말한 道德은 공적 영역의 범위에 속한다. 이 공적 영역과 사적 영역은 서로 단절되어 있다. 荻生徂徠가 논한 孔子의 가르침은 오로지 정치와 경제에 국한되며, 社會道德의 개발에 주목하고 있다. 이에 荻生徂徠는 유학자의 도덕을 개인의 수양에 국한시키는 편견을 교정하고자 적극적으로 노력하였다. 岩橋遵成은 徂徠學의 이러한 특징을 두고서 일본 사상사에서 불후의 공적이라고 평가하였다(『徂徠研究』, 291면).
25) 동아시아사상사에서 '公'과 '私'의 문제에 대해서는 근래 연구성과가 풍성하다. 최신의 논저는 다음과 같다. 黃俊傑, 江宜樺 編, 『公私領域新探: 東亞與西方觀點之比較』, 臺北: 臺大出版中心, 2005.

을 다스리는 것으로부터 독립하게 되었다. 이리하여 주자학의 연속성의 사유는 여기서 완전히 분해되어 각각 독자적인 길을 걷게 되었다."[26]라고 지적한 것처럼, 적생조래는 공적 영역과 사적 영역을 엄격하게 구분하였으며, 사적 영역의 도덕은 공적 영역의 정치에 종속되어야 함을 강조하였다. 때문에 적생조래의 학설은 공리적 경향을 지니는 것을 면치 못하게 되었다.[27] 그는 정치적 입장에서 공자의 '도'를 다시 새롭게 해석하여, '리(理)'를 중심으로 구축된 주자학의 사상체계를 전복하였다.

적생조래는 정치적 노선에 의거하여 '도(道)'에 대하여 새로운 해석을 하였는데, 여기에는 두 가지 중요한 의미가 있다.

① '왕(王)'과 '도(道)' 사이의 긴장성의 해소

'왕도정치(王道政治)'는 유가의 정치이론에서 중요한 이념이고 역대 유가 지식인들의 영원한 향수이다. 유가에서 왕도정치의 기치를 세운 사람은 바로 맹자이다. 맹자는 전국시대에 오랫동안 왕자(王者)가 나타나지 않음을 통감하였다. 이에 그는 "왕자(王者)가 나타나지 않음이 지금보다 오래된 적은 없다."(『孟子』「公孫丑 上」1장. "王者之不作, 未有疏於此時者也.")고 하

---

26) 丸山眞男, 『日本政治思想史研究』, 東京: 東京大學出版會, 1952, 115면.

27) 일본 학자들은 荻生徂徠의 사상이 지닌 功利的 경향에 주목하였다. 18세기 朱子學者 尾藤二洲(1747-1813)가 편찬한 『正學指掌』, 懷德堂의 學者인 中井竹山(1730-1804)이 편찬한 『非徵』 등의 서적에서 徂徠學이 功利에 근본을 두어 인심을 유약하게 만들고 있다고 비판하였다. 현대의 일본학자들은 비록 徂徠學의 功利的 경향에 대하여 크게 비판을 하지는 않지만, 荻生徂徠를 功利主義者로 인식하였다. 岩橋遵成, 狩野直喜(1868-1947), 今中寬司(1913-) 등의 논의가 모두 이러하다(岩橋遵成, 『徂徠研究』, 89면; 狩野直喜, 『中國哲學史』, 東京: 岩波書店, 1953; 今中寬司, 『徂徠學の基礎的研究』, 東京: 吉川弘文館, 1966). 이 중 狩野氏와 今中氏는 徂徠學을 中國 宋代의 功利學派思想家 葉適(1150-1223)의 학문과 상호 비교하였는데, 참고할 만하다.

거나, "오늘날의 대부들은 임금의 악을 미리 이끌어 준다."(『孟子』「告子下」7장. "今之大夫, 皆逢君之惡.")고 하면서, 덕(德)으로 인(仁)을 실행하는 왕자(王者)의 위대한 모습을 소리 높여 부르짖었다. 또한 맹자는 요(堯), 순(舜), 우(禹), 탕(湯), 문왕, 무왕이 행한 것이 바로 왕도정치라 여겼으며, "초야의 백성들의 마음을 얻어야만 천자가 된다."(『孟子』「盡心 下」14장. "得乎丘民而爲天子")고 하여, 정권의 이전은 반드시 민의(民意)에 의거해야 함을 주장하였다.

하지만 맹자의 이런 '백성 본위'의 왕도정치론과 동아시아 각국(특히 중국)의 '군주 본위'의 제왕정치의 현실은, 실로 백성 본위적 이상세계와 군주 본위적 현실세계의 이중 주체성의 모순을 존재하게 하였다.[28] 만약 '왕(王)'과 '도(道)'가 합일되지 않으면, 심지어 '왕'이 '도'를 배반하여 행동하면 백성은 어떻게 해야 하는가? 맹자의 답변은 다음에서 보듯이 간결하고 힘차다. "(도를 위반한 주임금을 토벌한 것에 대하여 평가하기를) 한 사내 주(紂)를 토벌하였다는 것은 들었어도, 임금을 시해하였다는 것은 듣지 못하였다."(『孟子』「梁惠王 下」8장. "聞誅一夫紂矣, 未聞弑君者也.") 맹자의 이 말 이후 동아시아 정치의 현실적 맥락에서 '왕도(王道)'정치사상은 일종의 위험한 시한폭탄이 되었다.

적생조래는 '선왕(先王)의 도(道)'로 '도'를 해석하면서, 왕도정치사상에 잠재된 위험성을 해소하였다. 적생조래의 『논어』 해석을 보면, '도'는 선왕이 세운 것이고 선왕은 더욱 이 모든 가치의 구축자이다.[29] 이에 적생조래는 공자의 도가 바로 선왕의 도라고 하면서,[30] 선왕의 가르침은

28) 二重 主體性의 矛盾에 대해서는 徐復觀, 『儒家政治思想與民主自由人權』, 臺北: 八十年代出版社, 1979, 218–219면.

29) 荻生徂徠는 "義也者先王之義也, 敬也者先王之敬也, 哀也者先王之哀也"라고 하였다(『論語徵』, 341면).

『시』, 『서』, 『예』, 『악』에 보인다고 하였다. 적생조래는 공자의 "예에서 선다"(立於禮), "음악에서 완성한다"(成於樂) 등을 해석하면서 다음과 같이 말하였다.

『논어』 「태백」에서 "예에서 선다."라고 한 것은 위로는 조정과 종묘에서부터 아래로는 향당과 붕우에 이르기까지, 밖으로는 빙회, 군사, 사냥, 안으로는 부인의 일, 언어와 용모, 기물과 의복 제도에 이르기 까지 선왕은 모두 예를 세워 덕의 준칙으로 삼았다는 것이다. 이에 굳게 지키고 오래 익힘에 사람들이 모두 도에 서서 이탈할 수가 없었다. "음악에서 완성한다."라고 한 것은 음악 역시 덕의 법칙이라는 것이다. 예로써 제재하고 음악으로써 기르며, 예로써 공경하고 음악으로써 조화를 이루는 것이다. 때문에 음악은 자연스레 기뻐하며, 흥분하며 즐거워하는 마음을 도출해 내지만, 예는 오히려 잡는 바가 있고 반드시 인지하는 바가 있게 된다. 음악이 고무시켜 기르는 데 이르면 그러함을 알지 못함이 있다. 기르게 되면 즐거워지고, 즐거워지면 부지불식간에 저절로 두루두루 길러진다. 그러므로 사람이 도에서 완성되는 것은 반드시 여기에 근거한다. 때문에 흥기하는 것은 도에서 흥기하고 서는 것은 도에서 서는 것이고 완성되는 것은 도에서 완성되는 것이다. 사람이 도를 배운다고 하는 것은 『시경』, 『예기』, 『악기』에서 가르치는 것으로 그 특수함이 이와 같다.("立於禮."云者, 凡上自朝廷宗廟, 下至鄕黨朋友, 外則聘會軍旅蒐狩, 內則閨門之中, 以至言語容貌之間, 器服制度之際, 先王皆立之禮, 以爲德之則. 執而守之, 習之之久, 人皆有以立於道而不可移奪也. "成於樂."云者, 樂亦德之則矣, 禮以制之, 樂以養之, 禮以其敬, 樂以其和. 故樂者自驩欣悅豫之心導之者

....

30) 荻生徂徠, 『論語徵』, 308면, 305면.

也, 禮尙有所操, 必有所知. 至於樂之鼓動以養之, 則有不知其然者焉. 養之則樂, 樂則油然以生, 養之於其不知不覺之間, 莫周焉, 故人之成於道, 必於是焉. 故興者, 興於道也, 立者, 立於道也, 成者, 成於道也, 言人之學道, 『詩』, 『禮』與『樂』所以敎者, 其殊如此也.)-荻生徂徠, 『論語徵』

적생조래는 예와 악 등 모든 전장제도는 모두 선왕이 세운 '도'라고 여겼다. 때문에 '왕'과 '도'는 긴장 관계가 없을 뿐만 아니라, '도'는 '왕'에 의해 창조되고 견제를 받는다. 적생조래의 해석에 의하면, '도'는 자주성이 없고 오로지 '왕'에게 자주성이 있으며, '도'는 '왕'에 의해 통제를 받는다.[31]

하지만 깊이 고찰해 보면, 적생조래는 '선왕의 도'로 '도'를 해석하였지만 결코 '도'와 '왕' 사이의 긴장을 완전히 해소하지는 못하였다. 적생조래가 말한 '도'는 '선왕의 도'인데, '선왕'은 개국의 이상적 전범을 가리키는 개념이며 일종의 이치상으로만 가능한 존재이다. 이렇게 본다면 '도'와 현실의 '왕' 혹은 '왕도'는 충돌이 없을 수 없으며, 그 위험성은 결코 완전하게 해소되지 않는다. 유가정치사상의 전통에서 소위 '왕도' 혹은 '선왕의 도'는 현실정치를 비판하는 일종의 이상이고, 현실정치의 논의를 비판하는 일종의 '반논술'(反論述, counter-argument)인 것이다. 맹자의 정치사상에서 이른바 '왕도'는 선왕의 도를 가리키는데, 이는 덕치를 기초로 하고 민본을 귀의처로 삼고 있다. 왕도와 패도는 상대되는 개

---

31) 荻生徂徠의 弟子 太宰春台(1680-1747)는 적생조래의 이 설에 대하여 다음과 같은 더욱 진일보한 해석을 하였다. "先王之道, 悉在六經. 六經卽『詩』, 『書』, 『禮』, 『樂』, 『易』, 『春秋』也. 先王之道, 天下之治道也, 六經, 治天下之道具也." 太宰春台는 순수하게 '治道'의 정치적 측면으로 六經의 道를 말하였다(太宰春台, 『經濟錄』(『徂徠學派』, 東京: 岩波書店, 1972, 日本思想大系 37), 43면).

념인데 전자는 덕을 후자는 힘을 중시한다. 여기서 맹자는 삼대(三代)의 선왕의 도를 표방하며 현실정치를 비판한다.

한편 적생조래의 사상은 순자(荀子)와 가까운데, 그가 저술한 『훤원수필(護園隨筆)』의 도처에서 순자사상의 영향을 볼 수 있다. 그러나 설혹 순자의 예를 높이고 군주를 존중하는 정치사상의 맥락에서 등장하는 군주라 할지라도, 이는 일종의 윤리와 법제를 다 지키는 형상의 전형이기 때문에 현실세계의 군주와는 여전히 그 긴장관계가 존재한다. 그러므로 적생조래가 '도'를 '선왕의 도'로 해석하였다 할지라도, 여전히 덕천시대의 통치자에 대하여 일정한 비판적 작용을 하였다고 할 수 있다.

② '도'의 의미 축소

'도'는 공자사상의 핵심 개념이다. 공자는 두 번씩이나 '일이관지(一以貫之)'로 그가 지향하는 '도'를 형용하였으며, 공자는 평생 도를 흠모하고 추구하여 심지어 도를 들으면 죽어도 여한이 없다고까지 하였다. 공자사상에서 '도'는 인간 행위의 공통적 준칙을 가리킨다. 때문에 공자는 "누군들 집을 나설 때 문을 지나지 않겠는가. 그런데 어찌하여 살아가면서 이 도는 말미암지 않는가."(『論語』「雍也」17장. "誰能出不由戶, 何莫由斯道也.")라고 말하기까지 하였다.

그런데 적생조래는 자신의 정치의 독법에 의거하여, 인간 행위의 보편적 원리인 공자의 '도'를 그 의미를 축소시켜 정치적 의미의 '도'로 재규정하였다. 적생조래의 『논어』「양화」24장에 대한 해석을 통해 이 점을 살펴보기로 하자. 먼저 『논어』「양화」24장의 경문은 다음과 같다.

자공: "군자도 미워하는 것이 있습니까?"

공자: "미워하는 것이 있다. 남의 악함을 칭찬하는 자를 미워하며, 아래에 있으면서 윗사람을 헐뜯는 자를 미워하며, 용맹하기만 하고 무례한 자를 미워하며, 과감하지만 꽉 막힌 자를 미워한다."

이어서 공자께서 말씀하시길: "사야! 너도 미워하는 것이 있느냐?"

자공: "남의 잘못 엿보는 것을 지혜롭다 여기는 자를 미워하며, 불손함을 용맹하다 여기는 자를 미워하며, 남의 비밀을 들추어내는 것을 정직하다 여기는 자를 미워합니다."(子貢曰: "君子亦有惡乎?" 子曰: "有惡. 惡稱人之惡者, 惡居下流而訕上者, 惡勇而無禮者, 惡果敢而窒者." 曰: "賜也亦有惡乎?" "惡徼以爲知者, 惡不孫以爲勇者, 惡訐以爲直者.")

이 경문의 마지막 구절의 '엿보다'(徼)는 글자에 대하여, 공안국(孔安國)은 "요(徼)는 훔친다(抄)라는 뜻이니, 타인의 생각을 훔쳐다가 자신의 것인 양 한다는 것이다."(徼, 抄也. 抄人之意以爲己有)라고 풀이하였고, 유보남(劉寶楠, 1791-1855)은 『논어정의(論語正義)』에서 "『설문해자』에서 '요(徼)는 순(循)자와 같은데, 순(循)자는 따라서 행한다는 의미이다'라고 하였으며, 『한서』에서 '중위(中尉)가 경사(京師)에서 막고 취하였다'라고 하였는데 인신의(引申義)는 막고서 취한다는 뜻이다. 그러므로 주에서 훔친다고 풀이한 것이다."[32]라고 하였다. 그런데 주자는 "요(徼)는 사찰(伺察)하는 것이고, 알(訐)은 남의 사사로움을 들추어내는 것이다."[33]라고 주석을 달았는데, 이등인재(伊藤仁齋)는 주자의 해석을 받아들여 다음과 같이 말하였다.

....

32) 劉寶楠, 『論語正義』: "『說文』: '徼, 循也. 循, 順行也.' 『漢書』言: '中尉徼循京師.' 引申爲凡遮取之義, 故『注』訓抄."
33) 朱熹, 『論語集註』. "徼, 伺察也. 訐謂攻發人之陰私."

공자가 미워한 것은 사람이 스스로 선하지 않음을 알지 못하는 것이었으니, 그 뜻이 평이하다. 미워하는 바를 쉽게 알 수 있었으니, 미워하는 데 뜻을 두지는 않았다. 자공이 미워한 것은 사람이 스스로 선하다고 자처하는 것이었으니 그 뜻은 매우 선하지 않고 그 마음은 각박한 것 같다. 미워함을 살피기 어렵지만, 미워하는 데 뜻을 둔 것이다. 오직 공자의 말씀만이 천지에 평이하고 간략함과 같아서 알기 쉽고 따르기 쉬우니 어찌 크지 않겠는가.(夫子之所惡, 是惡人自不知其不善者, 其意平也, 其惡易知, 而無意於惡之者也. 子貢之所惡, 是惡人自以爲善, 而其意甚不善者, 其情似刻矣, 其惡難察, 而有意於惡之者也. 唯夫子之言, 猶天地之易簡, 而易知易從, 豈不大哉?)-伊藤仁齋, 『論語古義』

이상에서 살펴본 공안국, 주자, 이등인재에서 유보남에 이르기까지 '요(徼)'에 대한 해석은 다소 다르지만, 모두 개인의 도덕 영역 안에서 공자와 자공 사이의 대화의 의미를 해석한 것이다.

그런데 적생조래는 『논어』의 이 장의 의미에 대하여 일찍이 없었던 해석의 대반전을 시도하였다. 그는 다음과 같이 말하였다.

대개 '요(徼)'를 '사찰(伺察)'로 풀이하는데, 주자가 이처럼 풀이한 것은 후세 사람들의 견해이다. 공자 때에는 정치를 도(道)로 생각하였기 때문에 계책을 잘 내는 것을 지(知)로 간주하였고, 후세에는 학문을 도(道)로 생각하였기 때문에 모르는 것이 없는 것을 지(知)로 간주하였다. 그러므로 '사찰(伺察)'로 풀이한 것은 옛 뜻이 아니다. '훔친다'(抄)로 풀이한 것은 옛 뜻에 맞는데, '요이위지'(徼以爲知)는 남의 좋은 계책을 훔쳐서 자신의 지(知)로 삼는 것이다. 이등인재 선생은 다음과 같이 말하였다. "공자가 미워한 것은 사람이 스스로 선하지 않음을 알지 못하는 것이었으니, 그 뜻이 평이하다. 미워하는 바를 쉽게 알 수 있었으니, 미워하는 데 뜻을 두지는 않았다. 자공이 미워한 것은 사람이 스스로 선하다고 자처하는 것이었으니 그 뜻은 매우 선하지 않고 그 마음은 각박한 것 같다. 미워함을 살피기 어렵지만, 미워하는 데 뜻을 둔 것이다. 오직 공자의 말씀만이 천지에 평이하고 간략함과 같아서 알기 쉽고 따르기 쉬우니 어찌 크지 않겠는가." 이등인재의 이 말은 진실로 성리학자 같은 말이도다! 대개 세상에서 도학선생이라 부르는 이들이 두건을 벗고 이마를 내놓고 신음하면서 정자(程子)가 말한 의미(意味)와 기상(氣象)을 구하기를 이 말과 같이 하니 어찌 천착함이 아니겠는가. 자공이 미워한 것은 사이비(似而非)한 자들을 미워한 것으로, 공자께서 향원(鄕原)과 정성(鄭聲)과 이구(利口)를 미워한 것과 같다. 다만 공자가 미워한 것은 정치를 해치고 세속을 파괴시키는 자들을 미워한 것으로 관계되는 바가 크니 이것은 인(仁)이며, 자공이 미워한 것은 덕을 어지럽힌 자들을 미워한 것이니 관계되는 바가 작으며 이것은 지(知)이다.(蓋徵訓伺察, 乃朱子以其意爲解者, 後世之見也. 孔子時猶以政治爲道, 故善出謀慮爲知, 後世則以學問爲道, 故無所不知爲知, 故訓伺察, 非古義也. 訓抄爲得古意, 徵以爲知謂抄取人之嘉謀善慮, 以爲己知者也. 仁齋先生曰: "夫子之所惡, 是惡人自不知其不善者, 其意平也, 其惡易知, 而無意於惡之者也. 子貢之所惡, 是惡人自以爲善, 而其意甚不善者, 其情似刻矣. 其惡難察, 而有意於惡之者也. 唯夫子之言, 猶天地之易簡而易知易從, 豈不大哉?" 仁齋此言, 眞理學者流之言哉! 大抵世所謂道學先生, 岸其幘呻吟, 以求程子所謂意味氣象者, 如此言, 豈不鑿乎? 殊不知子貢所惡, 惡似是而非者, 亦與孔子惡鄕原鄭聲利口同焉, 但孔子所惡, 惡害政敗俗者, 所關係者大焉, 是仁也. 子貢所惡, 惡亂德者, 所關係者小焉, 是知也.)-荻生徂徠, 『論語徵』

적생조래의 이 단락의 해석은 주자가 '사찰(伺察)'로 '요(徵)'를 풀이한 것을 취하지 않고, 공안국이 '요(徵)'는 '훔친다(抄)'라는 뜻으로 풀이한 것을 '고의(古意)'를 제대로 파악했다고 여겼다. 하지만 여기서 주목할 점은 적생조래가 제시한 진일보한 관점이다. 그는 '요(徼)'를 "타인의 좋은 계책과 생각을 훔쳐다가 자신의 지식으로 삼는 것이다."라고 하면서, 공자 당시에는 정치(政治)를 도(道)로 여겼기 때문에 좋은 계책을 내는 것을 '지(知)'라고 여겼다고 하였다.

적생조래의 이러한 해석은 실로 독특하다. 그는 공안국의 주석을 받아들였지만, 공안국이 "타인의 생각을 훔쳐다가 자신의 것인 양한다."라고 말한 것에서, '생각'(意)자에 정치적 의미를 부여하여 이를 '타인의 좋은 계책과 생각'으로 확대 해석하고서, 공자 당시에는 정치를 도로 여겼다고 주장하였다. 이에 적생조래는 '요(徼)'의 의미를 확대 해석하는 가운데, 공자의 '도'는 정치적 도라고 확정하였다. 『논어』 「양화」 24장은 공자와 자공이 개인의 도덕적 수양에 관한 대화로 해석할 수 있다. 그런데 적생조래는 여기서 확실하게 공자의 '도'의 함의를 축소시켜, 공자의 도를 선왕의 도와 동일시하였으며, 선왕의 도는 바로 천하를 편안하게 하는 도이자 국가와 사직을 편안하게 안정시키는 큰 절도라고 하였다.[34]

3. 성인(聖人)으로서의 선왕

적생조래가 『논어』를 해석하는 두 번째 지점은 바로 '성인(聖人)'에 대한 개념 규정이다. 적생조래의 해석에 의하면 '성인'은 세 가지 층위를 지닌다.

---

34) 荻生徂徠, 『論語徵』, 161면. 이 외에도 荻生徂徠는 孔子의 '道'의 함의를 협소화시켰다. 그는 공자가 말씀하신 '吾道一以貫之'를 해석하면서, "吾道者, 孔子所道也. 孔子所道, 卽先王安天下之道也"라고 하였다(荻生徂徠, 「答東玄意問」, 『荻生徂徠』, 542면).

(1) 개국(開國)의 선왕(先王)으로서의 성인(聖人)

공자는 감히 '성인'으로 자처하지 않았지만, 일생 동안 성인의 경지에 도달하는 것을 목표로 삼았다. 『논어』「술이」 26장에서 공자는 "성인을 내가 볼 수 없다면, 군자라도 보면 좋을 것이다."(子曰: "聖人吾不得而見之矣, 得見君子者, 斯可矣.")라고 말하였는데, 여기서 '성인'의 함의는 중국과 일본의 학자들이 지적하듯이, 개인의 도덕적 수양의 최고의 경지에 도달한 사람을 가리킨다. 주자는 『논어집주』에서 "성인은 측량할 수 없는 신명함을 지닌 이에 대한 호칭이며, 군자는 재주와 덕이 출중한 사람을 가리키는 이름이다."[35]라고 하였으며, 유보남은 『논어정의(論語正義)』에서 "『대대예기』에서 '이른바 성인이란 지혜가 대도를 통달하여 무궁한 변화에 응하며, 만물의 실정을 헤아릴 수 있는 자이다'라고 하였으니, 곧 성인이란 통달하지 못한 곳이 없으며 자신을 완성하고 타인을 완성시켜 주는 사람을 말하는 것이다."[36]고 하였다. 그리고 일본의 이등인재는 "성인이란 인(仁), 지(智)가 합일되어 행동함에 극치에 이른 이에게 붙이는 이름이며, 군자는 덕이 있는 사람들을 통칭하는 말이다."[37]고 하였다. 이와 같은 여러 가지 해석은 모두 내재적 수양의 성취를 이룩한 이를 가리켜 성인(聖人)이라 규정한 것이다.

그런데 『논어』의 '성인(聖人)'이란 단어는 적생조래에 이르러, 내재적 수양을 완성한 이로부터 외재적 업적을 이룩한 이를 가리키는 개념으로

---

35) 朱熹, 『論語集注』. "'聖人, 神明不測之號. 君子, 才德出衆之名."

36) 劉寶楠, 『論語正義』. "'大戴禮」「五義」篇」: '所謂聖人者, 知通乎大道, 應變而不窮, 能測萬物之情性者也.' 是言聖人無所不通, 能成己成物也."

37) 伊藤仁齋, 『論語古義』, 108면. "聖人者, 仁智合一, 行至其極之名. 君子者, 有德之通稱."

바뀌었다. 적생조래는 『논어』「술이」 26장을 해석하면서 다음과 같이 말하였다.

성인은 본래 개국한 선왕에 대한 칭호이고 선인(善人)은 제환공(齊桓公), 진목공(秦穆公)과 같은 사람들이다. 그러므로 "성인의 자취를 밟지 않는다."라고 한 것은(『논어』「선진」) 선왕의 구업(舊業)에 구애받지 않음을 말하는 것이다. 그리고 이처럼 훌륭한 일을 한 사람도 세상에 항상 있는 것이 아니기 때문에, "만나 볼 수 없다."고 말한 것이다. …… 그런데 대체로 송나라 유학자 이후 장주(莊周)의 내성외왕(內聖外王)의 설에 빠져 공자의 도가 선왕의 도임을 망각하였다. 때문에 걸핏하면 문득 궁색한 서생의 해석을 내놓았으니 지극히 우려스럽다.(聖人本開國先王之稱, 善人亦齊桓秦穆之倫. 故曰: "不踐迹."(「先進」), 謂其不拘先王之舊也. 是有大作用者, 亦世不恒有, 故曰: "不得而見之矣." …… 大抵宋儒以來, 陷於莊周內聖外王之說, 而忘於孔子之道爲先王之道, 故動輒作窮措大解, 可憫之至.)−荻生徂徠, 『論語徵』

적생조래의 '성인'에 대한 해석은 그야말로 독특하다. 적생조래의 새로운 해석에 의하면 '성인'은 개국의 군주로서, 사람마다 도덕적 수양을 통하여 도달할 수 있는 개념이 아니다.

(2) 인간세상의 질서 구축자로서의 성인(聖人)

적생조래는 '성인'을 정치제도의 건립자로 정의였는데, 특히 '예를 제정하고 악을 제작하는'(制禮作樂) 개국의 군주를 가리킨다. 적생조래는 『태평책(太平策)』에서 개국의 시조가 모두 성인인 까닭은 그들이 폐단을 방지하는 예악제도를 설치하였기 때문이라고 반복하여 강조하였다.[38] 적생조래는 『논어』「자한」 8장(子曰: "鳳鳥不至, 河不出圖, 吾已矣夫.")을 해석하면서 다음과 같이 말하였다.

공자께서 또 말씀하시기를 "성인을 내 만나 볼 수 없다."(『논어』「술이」)라고 하신 것도 이 뜻이다. 대개 봉황(鳳凰)과 하도(河圖)는 '제례작악(制禮作樂)'의 서징(瑞徵)이기 때문에 성왕이 출현하였으면 공자는 '제례작악(制禮作樂)'의 책임을 맡아 그 공부한 것을 다 발휘했을 것이다. 그러나 성왕이 출현하지 않아 공자께서 그 재주를 다 발휘할 수 없었기 때문에 탄식하신 것이다. 다만 '제례작악(制禮作樂)'은 반드시 혁명의 시기에 있기 때문에 공자께서는 드러내 놓고 말씀하려 하시지 않고, 봉황과 하도(河圖)를 가지고 말씀하셨을 뿐이다. 후세의 유학자들은 '성(聖)'자의 뜻에 어두웠기 때문에 이 뜻을 알지 못했다.(孔子又曰: "聖人吾不得而見之矣."(「述而」), 亦此意. 蓋鳳鳥河圖, 制作之瑞, 聖王出則孔子得當制作之任, 而盡其所學. 聖王不出, 孔子不能竭其才, 所以嘆也. 祇制作必在革命之世, 故孔子不欲顯言之, 乃以鳳鳥河圖言之耳, 後世儒者昧乎聖字之義, 故不知此意.)-荻生徂徠, 『論語徵』

적생조래는 위의 글에서 오직 왕이야말로 '성인(聖人)'이라고 명백하게 지적하였으며, 공자는 다만 성왕이 출현할 때에야 '제례작악(制禮作樂)'의 중임을 담당할 수 있다고 하였다. 적생조래는 『훤원수필』에서 주(周), 진한(秦漢), 당(唐), 송(宋), 금원(金元), 명청(明淸) 등 역대왕조의 교체를 나열

---

38) 荻生徂徠는 『太平策』에서 "所謂聖人, 係開國之君, 善鑑於未來, 致力使禮樂制度之弊少而稱立者."라고 하였다. 이 『太平策』은 오로지 聖王이 制定한 禮樂制度의 方法論을 논한 것으로, 荻生徂徠가 별도로 禮樂制度의 具體的 細目과 節度를 논한 『政談』과는 重點이 다르다. 이에 대해서는 中村春作, 「古文辭の學から『政談』へ」, 『中國古典學研究』第32號, 1987, 35-47면 참조.

하면서 다음과 같이 결론지었다.

> 500년이 지나면 반드시 성인이 나타나는데, 또한 500년이 지나면 기운이 쇠퇴하여 이전 시기의 예와 악을 다시 사용할 수 없게 된다. 때문에 '제례작악(制禮作樂)'하는 자가 출현하니, 이는 자연스러운 이치이다.(五百年而必有 聖人出焉, 亦謂五百年之外, 氣運旣變, 則前世禮樂不復爲用, 故必有制作之者出矣, 自然之理也.)

이른바 '성인'은 적생조래가 강조하듯이 500년의 역사 순환에서 새로운 왕조를 건립하고 정치제도를 창립한 개국의 군주이다.

또한 적생조래는 『변명(辨名)』이란 책에서 진일보한 관점을 제시하였는데, 그는 '성인이란 창작자를 일컫는 말이다'(聖者, 作者之稱也)라는 구절의 뜻을 논하면서 다음과 같이 말하였다.

> '성(聖)'이라는 것은 창작자에 대한 칭호이다. 「악기(樂記)」에 "창작하는 이를 성(聖)이라 하고 전술(傳述)하는 이를 명(明)이라 한다."고 하였다. 「표기(表記)」에서는 "후세에 비록 창작하는 이가 있었지만 순임금에게는 미치지 못한다."고 하였다. 옛날의 천자는 총명과 예지(睿智)의 덕을 가지고서 천지의 도에 통하고 사람과 물(物)의 성(性)을 다하여 창작하는 바가 있었으니 그 공이 신명(神明)과 같았다. 그리하여 이용후생(利用厚生)의 도를 세워 만세토록 그 덕을 입지 않음이 없으니, 이른바 복희(伏羲)나 신농(神農) 황제와 같은 분이 모두 성인이다. 그러나 그 당시에는 정덕(正德)의 도가 서지 못하고 예악이 일어나지 않아 후세에 조술(祖述)할 수가 없었다. 요순에 이르러 예악을 창작하니 정덕(正德)의 도가 비로소 이루어졌다. 군자는 그것으로 덕을 이루고 소인은 그것으로 풍속을 이루어서 형벌은 버려두고 쓰지 않게

본론(i): 일본 논어학의 대가(大家)

되어서 천하가 크게 다스려졌으니 왕도(王道)가 여기에서 비롯되었다. 이는 그 인륜의 지극함이 조화를 참찬(參贊)하여 천지의 도를 마름질하여 이루고 천지의 마땅함을 도와서, 그것을 세워 만세의 표준으로 삼은 것이다. 공자 께서 『서경』의 차례를 정할 때에 요순 이전은 끊어버리고 요순부터 시작한 것은 이 때문이다. 삼대(三代)의 성인들은 모두 요순의 도를 따라서 예악을 창작하여 일대(一代)의 표준을 세우셨다. 대개 세월은 다시 돌아오지 않고 사람은 죽고 세상은 변천하여 풍속은 날로 경박해져서 더럽혀지고 쇠퇴해 지는데, 비유하자면 도도히 흐르는 시내의 흐름을 되돌릴 수 없는 것과 같 다. 삼대(三代)의 성인들은 이와 같음을 아시고서 전대(前代) 예악을 손익(損 益)함을 통하여 수백 년 풍속을 유지시켜 갑자기 쇠퇴되지 않도록 하였으 니, 이에 그것이 남아 있게 되었다. 저 요, 순, 우, 탕, 문, 무, 주공의 덕은 광대하고 높고 심오하여 갖추지 않음이 없으니, 어찌 이름 짓고 형상할 수 있겠는가? 단지 그 사업의 광대함과 신화(神化)의 지극함은 창작 이상의 것 이 없기 때문에 명명하기를 '성인'이라 한다. 공자는 때를 만나지 못해서 창 작의 임무를 감당할 수 없었는데, 그때에 선왕의 도의 파괴는 이미 극에 달 했다. 그리하여 선왕의 도가 아닌데도 명명하여 선왕의 도라고 한 경우도 있었고, 선왕의 도인데도 내버리고 선왕의 도로 생각하지 않은 경우도 있었 으니, 시비가 뒤섞여 어지러움을 다 기록할 수 없다. 공자께서 사방에서 찾 아 구하여 정리하고 바로잡으신 연후에야 도가 공자에게 크게 모이고 육경 이 이에 기록되었다.(聖者作者之稱也. 「樂記」曰: "作者之謂聖, 述者之謂明." 「表 記」曰: "後世雖有作者, 虞帝弗可及也已矣." 古之天子, 有聰明睿智之德, 通天地之 道, 盡人物之性, 有所制作, 功侔神明, 利用厚生之道於是乎立, 而萬世莫不被其德, 所謂伏羲神農皇帝, 皆聖人也. 然方其時, 正德之道未立, 禮樂未興, 後世莫得而祖述 焉. 至於堯舜, 制作禮樂, 而正德之道始成焉. 君子以成德, 小人以成俗, 刑措不用, 天 下大治, 王道肇是矣. 是其人倫之至, 參贊造化, 有以財成天地之道, 輔相天地之宜,

而立以爲萬世之極. 孔子序『書』, 所以斷自唐虞者, 爲是故也. 三代聖人, 皆亦遵堯舜
之道, 制作禮樂, 以立一代之極. 蓋歲月弗反, 人亡世遷, 風俗日漓, 以汙以衰, 辟諸川
流滔滔, 不可得而挽也. 三代聖人知其若是, 乃因前代禮樂有所損益, 以維持數百年
風俗, 使其不遽趨衰者, 於是乎存焉. 夫堯舜禹湯文武周公之德, 其廣大高深, 莫不備
焉者, 豈可名狀乎? 祇以其事業之大, 神化之至, 無出於制作之上焉者, 故命之日聖人
已. 至於孔子, 則生不遭時, 不能當制作之任, 而方其時先王之道廢壞已極, 乃有非先
王之道, 而命以爲先王之道焉者. 有先王之道而黜不以爲先王之道焉者, 是非淆亂,
不可得而識也. 孔子訪求四方, 釐而正之, 然後道大集於孔子, 而六經於是乎書.)-荻
生徂徠, 『辨名』

적생조래의 이 단락의 말은 비록 지루하지만 매우 중요하다. 적생조래
는 요(堯), 순(舜), 우(禹), 탕(湯), 문(文), 무(武), 주공(周公) 등의 사람을 '성
인(聖人)'으로 여겼는데, 그가 중시한 것은 개국창업하고서 그 왕통을 후
세에 전하는 정치적 공적으로, 이것을 수행하는 '성인(聖人)'은 동시에
'선왕(先王)'이기도 하다. 공자는 다만 이 선왕의 도가 이미 붕괴된 후에
이를 정리한 사람이다.[39] 결론적으로 적생조래가 중시하는 것은 정치적
공적이지 덕의 수행이 아니었다.

(3) 천명을 받들어 실행하는 성인(聖人)

적생조래의 『논어』 해석학에서 '성인(聖人)'에 대한 세 번째 주목할 만한

---

39) 荻生徂徠는 「對問」에서 "夫吾所謂聖人者, 古帝王也. 聖人之道者, 古帝王治天下之道也,
孔子所傳是已. 秦漢以來, 用法律治天下, 而聖人之道無所用, 唯儒者守之, 遂謬以爲儒者之道
者."라고 하였다.

본론(i): 일본 논어학의 대가(大家)

언급은, '성인'은 백성을 다스릴 때 반드시 하늘을 공경하고 천도를 받들어 행하는 것을 강조하고 있는 점이다. 『논어』「위정」20장에서 공자는 계강자(季康子)가 정치를 묻는 것에 답하면서 "장엄함으로 임하면 백성들은 공경합니다."(臨之以莊, 則敬.)라고 하였는데, 이에 대하여 적생조래는 공자의 말을 다음과 같이 해석하였다.

장엄함으로써 임함은 아랫사람에게 임하는 도이다. 하늘은 지극히 높아 발돋움하여 미칠 수 없고, 지극히 멀어 엿보고 헤아릴 수 없고, 지극히 커서 다할 수가 없으니, 해와 달과 별이 하늘에 빽빽하게 늘어서 있다. 군자가 백성을 다스림에 있어서는 하늘의 도를 받들어 행하기 때문에 재계하고 밝고 성대한 복장을 하여 '예가 아니면 움직이지 않는'(非禮不動) 모습으로 형상화되는데, 이는 바로 하늘을 공경하기 때문이다. 무릇 백성을 '천민(天民)'이라 하여 임금에게 소속시키지 않고 하늘에 소속시키고, 신하는 모두 임금의 신하인 것이 옛날의 도이다. 그러므로 하늘의 도를 받들어 임할 경우 이를 '장(莊)'이라 한다.(臨之以莊, 臨下之道也. 蓋天至高而不可企及矣, 至遠而不可窺測矣, 至大而不可盡矣, 日月星辰森羅於上焉. 君子之治民, 奉天道以行之, 故齋明盛服, 非禮不動以象之, 所以敬天也. 夫民曰天民, 不屬諸君而屬諸天, 臣則皆君之臣也, 古之道也, 故奉天道以臨之, 是謂之莊.)-荻生徂徠, 『論語徵』

『논어』의 위 구절에서 공자와 계강자의 대화의 본래적 맥락을 살펴보면, 결코 '천(天)'과 '인간'의 상관성에 대한 함의가 없다. 그렇지만 적생조래는 "군자가 백성을 다스림에 있어서는 하늘의 도를 받들어 행한다."는 새로운 의미로 읽고서 '경천(敬天)'의 필요성을 거듭 밝혔다.

적생조래는 『논어』「요왈」1장(天之曆數在爾躬)을 해석할 때도 특별히 성왕(聖王)의 '경천(敬天)'의 의미를 밝혀내었다.

옛 성왕의 도는 하늘을 받드는 것으로 근본을 삼았기 때문에 「요전(堯典)」에는 다른 일은 없고 하늘을 공경히 따라 백성에게 달력을 준다는 것만 있을 뿐이다. 「요전(堯典)」의 천서(天敍), 천질(天秩), 천공(天工)(『서경』「고요모(臯陶謨)」에 보인다)은 모두 하늘을 대행하여 행하는 것이며, 희화(羲和)는 천관(天官)으로 사악(四嶽)을 맡아 주관하는 직책으로 방백(方伯)이 되었으니, 저 요와 순과 하(夏)의 도는 동일하다.(蓋古先聖王之道, 以奉天爲本, 故「堯典」無它事, 唯有欽若昊天授民時耳, 舜典天敍, 天秩, 天工,(見「臯陶謨」) 皆稱天以行之, 羲和以天官分主四嶽爲方伯, 夫唐虞夏之道一矣.)－荻生徂徠, 『論語徵』

적생조래는 '선왕의 도'의 핵심이 바로 '경천(敬天)'에 있다는 것을 강조하였다.[40]

적생조래는 '성인'으로서의 '선왕'은 '봉천(奉天)', '경천(敬天)'을 근본으로 하고, 그 통치의 합법성은 우주론적 근거가 있다고 강조하였다. 적생조래는 『중용』의 "그러므로 대덕은 반드시 천명을 받는다."(故大德者必受命)는 구절을 해석하면서, "'수명(受命)'이란, 천자가 되는 것이다. 도의 큰 근원은 하늘에서 나온다. 그러므로 큰 덕이 있는 사람은 반드시 천명을 받는다."[41]라고 말하였다. 적생조래의 이 말은 동중서(董仲舒)가 「현량

----

40) 荻生徂徠는 "殊不知先王之道, 敬天爲本, 聖人千言萬語, 皆莫不本於是者焉, 詩書禮樂, 莫非敬天, 孔子動言天, 先王之道如是矣, 君子之道如是矣. ……湯武奉天命而行之, 亦奚疑哉? 孟子所以謂一夫紂者, 以明民之所棄卽天之所命也, 非惡紂之惡也. 祇好辨之至, 其言激烈, 遂致主義不明矣!"(『論語徵』, 306면)라고 말하였다. 그리고 「辨名」에서는 "先王之道, 本於天, 奉天命以行之."(「智」第1條)라고 말하였으며, 또한 "自古聖帝明王, 皆法天而治天下, 奉天道以行其政敎, 是以聖人之道, 六經所載, 皆莫不歸乎敬天者焉."(「天命鬼神」第1條)라고 말하기도 하였다. 荻生徂徠의 天命觀에 대한 분석은 片岡龍, 「荻生徂徠の天命說」, 『日本思想史學』 第29號, 1997, 참조. 4) 沙畹, 伯希和 著, 馮承鈞 譯, 『摩尼敎流行中國考』, 上海: 商務印書館, 1931, 1933.

41) 荻生徂徠, 『中庸解』, 27면. "受命, 爲天子也. 道之大原出於天, 故大德之人, 必受天命."

대책(賢良對策)」의 "순임금은 천명을 받아서 천하를 근심거리로 삼았다."[42], "도의 큰 근원은 하늘에서 나온다."[43]라고 한 말에 근거한 것이다. '선왕'의 통치권의 우주론적 근거를 강조하는 점에서 보자면, 적생조래와 동중서의 정치사상적 연관성은 상당히 명확한 것이다.

적생조래는 동중서와 동일하게 우주질서의 존재인 '천(天)'으로 인간질서의 가치인 '선왕(先王)'을 해석하였다.[44] 적생조래는 인간의 자각 너머에 '천(天)'이라는 권위를 별도로 확립하여 인간적 '가치'의 증거의 지점으로 삼았다.[45] 이런 해석은 공자가 인간적 관점에서 '가치'를 논하는 입장과 차이가 많이 난다.[46]

이상의 언급에서 보았듯이 적생조래의 새로운 『논어』 주석에서 '성인(聖人)'은 도덕적 모범일 뿐만 아니라 정치적 영도자이며 더 나아가 인간적 질서와 우주적 질서 사이의 소통자이다.[47] 그런데 여기서 꼭 지적해야 할 점은 적생조래가 중시한 것은 선왕이 창조한 명물(名物) 제도이고, 이 명물(名物) 제도의 틀 아래에서 '천(天)' 또는 인성(人性) 문제가 적정성을 부여받을 수 있다고 생각한 점이다.[48]

---

42) 王先謙, 『漢書補註』 卷56, 「董仲舒傳第26」, 9면. "堯受命以天下爲憂."

43) 王先謙, 『漢書補註』 卷56, 「董仲舒傳第26」, 16면. "道之大原出于天."

44) 勞思光은 董仲舒가 존재로 가치를 해석하였는데, 이는 가치문제를 우주론적 문제로 바꾼 것으로 유학의 일대 몰락을 대표한다고 주장하였다〔勞思光, 『新編中國哲學史』(二), 臺北: 三民書局, 2001, 39면 참조〕.

45) 荻生徂徠는 "孟子有天吏, 亂世之辭也. 天下有君, 則人以君爲天, 唯君奉天命以行之, 天下無君, 則無所稟命. 故君子直奉天命, 是謂天吏, 如湯伐桀, 武王伐紂, 皆稱天, 卽此義也"(荻生徂徠, 『辨名』, 「天命帝鬼神」 第17則, 88면)라고 하였다.

46) 『論語』, 「述而」. "子曰: '我欲仁, 斯仁至矣.'", 「顏淵」. "子曰: '克己復禮爲仁.'"에서 보듯이 모두 인간 의지의 자주와 자각을 전제로 하고 있다.

47) 荻生徂徠가 '王'을 '天'과 '人'의 소통자로 보는 관점은 董仲舒와 매우 유사하다. 董仲舒는 "三畫而連其中謂之王. 三畫者, 天地與人也, 而連其中者通其道也. 取天地與人之中, 以爲貫而參通之, 非王者孰能當是?"라고 말하였다(蘇輿, 『春秋繁露義證』 卷11, 王道通三第四十四, 9면).

적생조래는 그의 '성인'관에 의하여, 맹자의 탕임금과 무왕의 방벌론(放伐論)을 강력하게 비판하였다. 적생조래는 『논어』「자한」30장(子曰: "可與共學, 未可與適道, 可與適道, 未可與立, 可與立, 未可與權.")을 해석하면서 다음과 같이 말하였다.

탕임금과 무왕이 추방하고 친 것을 도라고 여기는 것에 대해, 나는 전혀 그렇지 않다고 생각한다. 왜냐하면 탕임금과 무왕은 성인이시니, 성인이란 도가 나오는 곳이기 때문이다. 공자께서 "성인의 말씀을 두려워한다."(「계씨」)라고 말씀하셨으니, 말씀도 두려워하는데 하물며 성인의 행위에 있어서랴. 그러므로 공자 이상으로는 성인이라 논할 사람이 없다. 저 탕임금과 무왕은 개국(開國)한 군주이다. 개국한 군주는 하늘에 배합하니 한 시대의 모든 사람이 존중하여 받드는데, 누가 감히 트집을 잡겠는가. 전국시대에 제자백가가 흥성한 이후에 성인을 비난하고 얕잡아 본 사람들이 있었으니, 이들은 천하의 죄인이다. 맹자가 그때에 태어나 말로써 이들을 이기려고 하여 드디어 한 사내 주(紂)를 죽였다는 설이 있게 되었다.(「양혜왕」) 탕임금과 무왕이 어찌 맹자가 사사로이 할 분이겠는가. 맹자가 스스로 헤아리지 않고 유학의 시조라고 망녕되이 이르면서 그들을 성인으로 분류하려고 힘썼으니, 이는 맹자의 허물이다. 후세에 탕과 무의 추방과 정벌을 논하는 자들은 맹자에서 비롯되었다. 그러므로 한(漢)나라 유학자들이 탕임금과 무왕의 방벌(放伐)을 권도(權道)라고 주장한 것과 이등인재가 이를 도라고 주장한 것은 모두 망녕된 말일 뿐이다.(至於以湯武放伐爲道者, 則大不然矣. 何者? 湯武, 聖人也. 聖人者, 道之所出也. 孔子曰: "畏聖人之言"(「季氏」) 言猶畏之, 況其所爲乎? 故孔子

48) 이것에 대해서는 中村春作, 「徂徠學の基層——「名」と「物」の世界における「俗」の形成」, 『大阪大學日本學報』第3號, 1984, 37~62면 참조.

본론(i): 일본 논어학의 대가(大家)

而上, 無論聖人者. 夫湯武者, 開國之君也. 開國之君, 配諸天, 擧一代之人, 尊而奉之, 孰敢間之? 戰國時, 諸子興而後有非薄聖人者, 是天下之罪人也. 孟子生其時, 欲以口舌勝之, 遂有誅一夫紂之說.(「梁惠王」) 湯武豈孟子所私哉? 孟子不自揣, 妄謂我道之祖, 務欲分疏其爲聖人, 是其過也爾. 後世有論湯武放伐者, 昉孟子也. 故漢儒以爲權, 仁齋以爲道, 皆僭妄已.)-荻生徂徠, 『論語徵』

『논어』「자한」 30장에서, 공자가 말한 '공학(共學)', '적도(適道)', '입(立)', '권(權)'은 모두 개인의 도덕적 맥락에서 언급한 것이다. 그러나 적생조래는 '적도(適道)'의 '도(道)'를 '선왕의 도'로 해석하였는데, 여기에서 탕임금과 무왕의 방벌론(放伐論)에 대한 새로운 관점을 획득하였다. 이에 적생조래는 맹자의 탕임금과 무왕의 방벌론(放伐論)을 비판하였는데,[49] 이는 그가 '선왕'을 '성인'으로 여기고 '선왕'이야말로 도의 원천임을 주장하는 『논어징』의 주장과 일맥상통하는 것이다.

4. 조래학(徂徠學)에서 육경의 위상

적생조래의 『논어』 해석의 세 번째 지점은 그의 육경에 대한 견해이다. 적생조래는 육경은 공자가 편찬한 것으로서 공자의 제자가 편찬한 『논어』보다 중요하기에 육경으로 『논어』의 의미를 확정할 수 있다고 생각하였다.

---

49) 이 문제의 분석에 관해서는 張崑將, 『日本德川時代古學派之王道政治論 : 以伊藤仁齋, 荻生徂徠爲中心』, 臺北: 臺大出版中心, 2004, 156-172면 참조.

(1) 육경의 위상

적생조래는 『논어징』의 첫머리에서 이 책을 저술하게 된 동기에 대하여 다음과 같이 말하였다.

공자께서는 주나라 말기에 태어나시어 그 지위를 얻지 못했기 때문에 물러나 문인들과 선왕의 도를 닦고 논의하여 정하였는데, 배우는 자들이 이것을 기록하고 전하니 육경의 전(傳)과 기(記)가 이것이다. 그리고 단서가 될 만한 말 가운데 소속시킬 수 없는 말들을 따로 편집하여 『논어』를 만들었으니, 이 책을 '어(語)'라고 한 것을 보면 분명하다. 대개 70명의 제자 이후에 여러 제자들이 전한 것은 덧보탠 것이 없지 않았는데, 유독 『논어』만이 지극히 순수하고 진실하였기 때문에 학자들이 높이어 육경과 나란히 하였다. 한대(漢代)에 이르러 학관(學官)에 세운 것은 성인의 말씀을 높인 것이다. 후세에 선왕의 도가 밝혀지지 않고 호걸스러운 선비들이 자신을 높여 성인의 지혜로 자처하였다. 그리하여 드디어 육경만을 선왕의 자취로 여겨 오직 이 책에만 몰두하기에 이르렀다. 그러나 학문에 있어 옛것을 스승 삼지 않는 것은 공자의 마음이 아니다. 이에 오만하게 자의적으로 취하여 해석한 사람은 한유(韓愈) 이하로 수백 명인데, 번성하면 할수록 더욱 잡되고 정밀하면 할수록 더욱 어긋났으니, 이는 모두 옛것을 스승 삼지 않았기 때문이다. 나는 고문사(古文辭)를 배운 지 10년 만에 조금씩 옛말이 있음을 알았는데, 옛말이 밝혀진 이후에 옛 뜻이 정해져서 선왕의 도를 말할 수 있게 되었다. 저 중화는 성인의 나라로 더욱이 1000여 년의 역사를 가지고 있으니, 유학자들을 어찌 한정할 수 있겠는가? 그런데도 오히려 내놓고 궤변을 일삼으면서 공자가 전한 것이 어떤 도인지 알지 못하니, 하물며 우리 동방에 있어서랴. 아! 이것이 슬프도다. 맹자가 "(공자 이래로 오늘에 이르기까지가 백여 년이니, 성인의 세대와의 거리가 이와 같이 멀지 않으며, 성인이 거주하신 곳과 가까움이 이와 같이 심하되,) 그런데도 성인의 도를 이해하는 이가 아무도 없으니, 그렇다면 또한 후에도 아무도 없겠구나!"라고 말하였는데, 아마도 지금의 시대를 두고 한 말인 듯하다. 이 때문에 함부로 나 자신의 견해로 헤아리지 않고 내가 아는 것을 삼가 기술하였으며, 내가 모르는 것은 대개 비워 두었다. 전고(典故)도 있고 뜻도 있고 지적한 것이 있지만, 모두 옛말에서 징험하였기 때문에 합하여 『논어징(論語徵)』이라고 명명하였다.(孔子生於周末, 不得其位, 退與門人脩先王之道, 論而定之, 學者錄而傳之, 六經傳與記是已. 其緖言無所繫屬者, 輯爲此書, 謂之語者, 裁然耳. 蓋七十子之後, 諸家所傳, 不無附益, 獨此至爲醇眞, 故學者尊之, 比諸六經. 迨漢代, 立之學官, 崇聖人之言也. 後世先王之道弗明, 豪傑士厚自封殖, 以聖知自處, 遂至於以六經爲先王轍迹, 獨潛心斯書, 然學不師古, 非孔子之心矣. 酒敷然自取諸其心以爲解者, 自韓愈而下, 數百千家, 愈繁愈雜, 愈精愈舛, 皆坐不師古故也. 余學古文辭十年, 稍稍知有古言, 古言明而後古義定, 先王之道可得而言已. 獨悲夫中華聖人之邦, 更千有餘歲之久, 儒者何限, 尙且曉曉然事堅白之辨, 而不識孔子所傳爲何道也. 況吾東方乎? 孟子有言曰: "無有乎爾, 則亦無有乎爾", 豈謂今之時與? 是以妄不自揣, 敬述其所知. 其所不知者, 蓋闕如也. 有故, 有義, 有所指摘, 皆徵諸古言, 故合命之曰『論語徵』.)-荻生徂徠, 『論語徵』

　　적생조래는 공자가 확정한 육경이야말로 공자가 진정으로 흠모한 '선왕의 도'가 담겨 있고, 공자의 제자들이 편찬한 『논어』는 다만 육경을 보조하는 것이라 여겼다. 그는 "공자 이전에는 육경이라는 책이 없었다. …… 후대의 유학자들이 이를 살피지 못하고서 망녕되이 공자 이전에도 육경이 있었다고 한다."[50]고 하면서, 후세에 공자의 도를 알려고 하면 공자가 배우고 확정한 육경을 배워야 하며, 단지 『논어』만으로는 공자를 알기에 실로 부족하다고 강조하였다.[51] 이에 적생조래는 이등인재(伊藤仁

齋)가 『논어』만을 존중하고 육경을 가볍게 여긴 것은 완전히 공자 시대의 실정을 모르고 후세의 관점에서 공자를 본 것이라고 비판하였다.[52] 또한 적생조래는 송유(宋儒)의 최대 착오는 '도(道)'를 인성에 내재된 것으로 본 것인데, 이 폐단은 마침내 육경을 폐지하는 데까지 이르렀다고 하였다.[53] 적생조래의 이러한 생각에 의해 『논어』의 성경으로서의 가치는 와해되었다.[54]

(2) 육경으로 『논어』를 해석함

적생조래가 육경을 앞세우고 『논어』를 뒤로 한 이상, 그가 육경으로 『논어』를 해석하는 것은 실로 자연스러운 것이다. 『논어징』에서 이러한 해석 방식은 흔히 볼 수 있다. 하나의 예를 들어 보기로 하겠다.

『논어』 「계씨」 8장을 보면, "공자께서, '군자는 세 가지 두려워하는 것이 있다. 첫째는 천명을 두려워하고, 둘째는 대인을 두려워하며, 셋째는 성인의 말씀을 두려워한다'라고 하셨다."(孔子曰: "君子有三畏, 畏天命, 畏大人, 畏聖人之言.")고 하였는데, 이 구절에서 '대인(大人)'을 어떻게 해석할 것인가? 하는 문제는 2000년 동안 그 해석의 일치점을 찾을 수 없었다. 정수덕(程樹德, 1877-1944)은 『논어집석(論語集釋)』을 편찬하면서 여러 학파의 주석을 정리하였다. 그는 '대인'에 대하여 "대인은 두 가지 설이 있

---

50) 荻生徂徠, 『論語徵』, 187면. "孔子之前, 六經無書……, 後儒不察, 妄謂孔子之前亦有六經."

51) 荻生徂徠, 『論語徵』, 3면.

52) 荻生徂徠, 『論語徵』, 188면.

53) 荻生徂徠, 『論語徵』, 4면.

54) 藤本雅彦, 「『論語』の聖典性の喪失」, 『季刊日本思想史』 15, 1980, 53-69면 참조.

다. 정현은 지위를 지닌 이를 대인이라 하였고, 하안은 지위에다 덕을 겸한 이를 대인이라 한다고 하였다. …… 대체로 상위(上位)에 있는 자들을 모두 대인이라 할 수 있다. 한대 유학자들이 경전을 해석하는 방식은 원래 이와 같으니, 정현의 주석이 더 뛰어나다."[55]고 하였는데, 이 주장은 따를 만하다.

적생조래는 '대인(大人)을 두려워 함'을 해석하면서, 하안(何晏)의 '대인은 바로 성인이다'(大人卽聖人)는 설과 또한 주자가 '대인(大人)'을 가리켜 '지위', '나이', '덕'을 지닌 사람[56]으로 규정한 것을 취하지 않았다. 이등인재의 "대인이란, 덕망이 융성하여 한 시대의 사표가 될 만한 사람이다."[57]라는 설도 취하지 않았다. 적생조래에게 있어서 '대인'이란 바로 '성인(聖人)'으로 나라를 연 개국의 군주를 가리킨다. 이에 그는 다음과 같이 말하였다.

다음과 같이 생각한다. 『주역』에서 "대인을 만나는 것이 이롭다."(「乾」九五)고 하였고, "대인이 보고서 밝음을 이어 사방에 비추었다."(「離」象傳)고 하였으며, "대인이 호랑이처럼 변하였다."(革九五)고 하였고, 「문언전(文言傳)」에 "무릇 대인이란 천지와 그 덕을 합하며 일월과 그 밝음을 합하며 사계절과 그 차례를 합하며 귀신과 그 길흉을 합한다."고 하였다. 『맹자』(「盡心」)에서는 "대인이란 자기를 바르게 하여 남을 바르게 하는 사람이다."라고 하였는데, 이것은 모두 지위와 덕을 겸하여 말한 것으로 중점은 덕에 있다. 맹

---

55) 程樹德, 『論語集釋』(四) 卷33, 1157면. "大人有二說, 鄭注有位者, 何注有位有德者. …… 蓋凡在上位者皆謂之大人, 漢人解經原如此, 鄭注義爲長."

56) 黎靖德 編, 『朱子語類』(三) 卷46, 1173면. "問: '大人, 是指有位者言之否?' 曰: '不止有位者, 是指有位, 有齒, 有德者, 皆謂之大人.'"

57) 伊藤仁齋, 『論語古義』 권8, 249면. "大人者, 德望隆重, 爲一時師表者."

자는 또 "대인에게 유세할 때는 가볍게 보아야 한다."고 하였고, 「사상견례
(士相見禮)」에서는 "무릇 대인과 말할 때는 처음에는 얼굴을 보고 중간에는
가슴을 보며 마지막에는 얼굴을 본다."고 하였으며, 『좌전』(襄公 30년)에는
"대인 가운데 충성스럽고 검소한 자를 좇아 그와 함께 한다."고 하였는데,
이것은 모두 지위로써 말한 것이다. 이 장과 같은 경우는 중점이 덕에 있는
데, '소인이 대인을 친압한다'라는 말을 살펴보면 어찌 오로지 지위만 가지
고 말하였겠는가. 그 임금과 윗사람에게 친압하는 군소(群小)의 무지한 자
들이 간혹 있지만, 이들은 그 임금과 윗사람이 부리는 자들로 저들은 아부
를 하기 때문에 그런 것이지 모든 소인들이 다 그러한 것은 아니다. 대개 대
인은 당대를 가지고 말한 것이고, 성인은 개국한 임금으로 지난 세대를 가
지고 말한 것이기 때문에 '성인의 말씀'이라고 말한 것이다. 성인의 법과 같
은 것은 바로 국가의 법전이니, 누가 준수하지 않겠는가. 그러므로 특별히
"성인의 말씀을 두려워한다."라고 말했을 뿐이다. 큰 덕을 가진 사람을 반
드시 모두 다 성인이라고 할 수 없으므로 뒷날 논의하여 확정한 이후에야
그가 성인임을 알 수 있는데도, 하안(何晏)이 곧바로 대인을 성인이라 한 것
은 잘못되었다. 하안 뿐만이 아니라 후세의 여러 유학자들도 모두 성인의
뜻을 몰랐다. 옛날 왕자(王者)가 출정하면 하늘에 고하고 종묘에서 명을 받
고 태학에서 전략을 받고는 돌아와서 태학에 수급을 바쳤다(『예기』「王制」).
무릇 큰일이 모두 그렇지만 하늘을 높이고 조종(祖宗)을 높이고 성인을 높
이는 것은 선왕의 도를 행하는 것이어서 그러하다. 여기에서 부모와 종묘를
말하지 않은 것은 '두려움'(畏)이라고 말할 수 없기 때문이니, 비록 군자가
아니더라도 선조를 높일 줄은 안다. 후대의 유학자들은 공자의 도가 바로
선왕의 도임을 알지 못했기 때문에 군자를 논하면서 선왕의 예(禮)에 돌릴
줄 몰랐으니, 이 어찌 공자의 뜻이겠는가.(按『易』曰: "利見大人"(「乾」九五). "大
人以繼明照于四方"(「離」象傳). "大人虎變"(「革九五」), 「文言」曰: "夫大人者, 與天地

合其德, 與日月合其明, 與四時合其序, 與鬼神合其吉凶." 『孟子』(「盡心」)曰: "有大
人者, 正己而物正者也." 是皆兼位德以言之, 而重在德. 孟子又曰: "說大人則藐之."
「士相見禮」曰: "凡與大人言, 始視面, 中視抱, 卒視面." 『左傳』(襄三十年)曰: "大人
之忠儉者, 從而與之." 是皆以位言之. 如此章, 則重在德. 觀於小人狎大人, 則豈專以
位乎? 間或有群小無知狎其君上者, 是其君上所使, 彼阿其意爲之, 故非小人皆然焉.
蓋大人, 以當世言, 聖人, 開國之君也, 以往世言. 故曰聖人之言, 如聖人之法, 乃國家
之典也. 孰不遵守者? 故特曰畏聖人之言耳. 大德之人, 不必皆聖人, 他日論定而後識
其爲聖人矣, 何晏卽之, 亦非矣. 不啻何晏, 後世諸儒皆不知聖人之義矣. 古昔王者出
征, 告諸天, 受命于廟, 受成于學, 還亦獻馘于學(見于『禮』「王制」等) 凡大事皆然, 是
尊天, 尊祖宗, 尊聖人, 先王之道爲爾. 此不言父母宗廟者, 不可以畏言. 且雖非君子,
亦知尊祖先也. 後儒不知孔子之道卽先王之道, 故其論君子, 不知歸諸先王之禮, 豈
孔子之意哉?).-荻生徂徠, 『論語徵』

이 해석에서 보듯이 적생조래는 『주역』, 『맹자』, 『의례』, 『춘추좌씨전』
등의 경전을 빌려다가, 성인이 개국의 군주라는 자신의 주장을 뒷받침하
려 하였으며, 더 나아가 '성인'과 '대인'을 구분하고 '대인'의 중점은 '지
위'에 있는 것이지 '덕'에 있는 것이 아니라고 하였다. 또한 적생조래는
『예기』「왕제」편을 인용하여 그가 주장한 '선왕의 도'는 '하늘을 높이고
조종(祖宗)을 높이고 성인을 높이는 것'에 있음을 논증하였다.

적생조래가 육경을 높이고 『논어』와 『맹자』을 물리친 점을 중일의 비
교사상사적 시야에 놓고 보면, 우리는 다른 역사적 맥락에서 의의를 발
견할 수 있다.

『논어』는 공자 문하의 사제 간의 대화의 기록이며, 그 내용은 정치질서
와 관련되고 세계질서에 대하여 총체적 계획이 있지만[58] 결국은 몸을 다
스리는 것을 그 요지로 한다. 반면 『오경』 혹은 적생조래가 존중하는 육

경은 국가의 전장제도와 나라를 다스리는 계책을 주요 내용으로 하기에, 이 양자의 대비는 극히 선명하다. 중국은 12세기에 주자가 『사서장구집주(四書章句集註)』를 완성하고 원(元) 인종(仁宗) 경황(皇慶) 2년(1313)에 주자의 『사서장구집주』가 과거시험의 정본이 된 뒤,[59] 『사서(四書)』가 『오경(五經)』을 대체하면서 중국의 지식인들이 반드시 읽어야 하는 경전이 되었다. 중국사의 관점에서 보면, 『오경』은 제국의 다스림을 주요 내용으로 하지만, 『사서』는 개인의 주체성을 건립하고 개인의 도덕적 각성을 과녁으로 한다. 이를 중국사의 맥락에서 보자면, 13세기 이후 『오경』 권위의 감퇴는 곧 사상사적 영역에서 나타나는 중국 근세사회의 발전으로 볼 수 있다.[60]

그런데 일본의 사상사적 맥락에서 적생조래가 육경을 숭상하고 『논어』와 『맹자』를 물리친 것은 일본 '근대성'의 도래라고 해석할 수 있다. 환산진남(丸山眞男, 1914-1996)이 "송학의 『대학』, 『중용』 중심주의는 이등인재의 『논어』, 『맹자』 중심주의를 거쳐서 다시 적생조래의 육경 중심주의로 옮겨갔다. 이처럼 근본 경전이 시대적으로 거슬러 올라가는 것은, 한편으로는 성인과 일반인의 연속성이 절단되고 더더욱 절대화되는 과정과 다른 한편으로는 리학(理學)에서 고의학(古義學, 이등인재)으로 그리

---

58) 余英時는 다음과 같이 말하였다. "儒家的「內聖外王」是一個不可分的連續體, 歸宿於秩序重建. 所謂「秩序重建」並不專指政治秩序(「治道」); 人一生下來便置身於重建秩序之中, 因此秩序重建可以從最近的「家」開始"(余英時, 『宋明理學與政治文化』, 臺北: 允晨文化出版公司, 2004, 388-407면).

59) 宋濂, 『元史』(四部備要本) 卷81, 2-3면.

60) 宇野精一, 「五經から四書へ——經學史覺書」, 『東洋の文化と社會』 第1輯, 1952, 1-14면. 故 劉子健(1919-1993)敎授는 四書의 地位 上昇과 南宋의 政治는 밀접한 관계가 있다고 주장하였다. 이에 劉子健 교수는 "韓侂冑的死亡, 宋代皇室繼位的風潮, 宮廷的黨爭, 蒙古南侵的危機以及蒙古與宋政權在文化上的競賽等因素都共同促成了朱子『四書集註章句』地位之上昇." 라고 하였다(James T. C. Liu, "How Did a Neo-Confucian School Become the State Orthodoxy?" Philosophy East and West, 23: 4, Oct., 1973, pp. 483-505, esp. pp. 501-504.를 참고할 것).

고 다시 고의학(古義學)에서 고문사학(古文辭學)으로라는 주관성, 즉 적생조래가 말한 개인의 사사로운 지혜의 점차적인 배제 과정과 각각 밀접한 상응관계에 놓여 있다."[61]고 말한 것처럼, 적생조래 이후부터 정치적 영역은 점진적으로 상대적 독립성을 획득하여 다시는 개인적 영역으로 들어가지 않게 되었다. 또한 적생조래의 사상세계에서 제도 구축의 중요성은 도덕심의 각성보다 높다. 적생조래에 의한 이러한 여러 가지 새로운 견해는 일본이 전통시대에서 근대로 나아가는 징조라고 볼 수 있다.[62]

5. 결론

적생조래의 『논어』 해석학은 덕천시대 일본 『논어』 해석사에서 일종의 정치학적 경전해석학의 유형을 대표한다. 이른바 '정치학적 경전해석학'에는 최소한 두 가지 표현 방식이 있다. 첫째는 경전 해석을 통하여 현실의 정치에 대하여 어느 정도 평가하거나 호응한다. 두 번째는 정치적 관점을 취하여 경전에 대한 새로운 읽기를 진행하는 것이다. 여러 상황 아래 양자가 항상 동시에 있다. 다만 그 차이는 전자나 후자에 편중하는 차이가 있을 뿐이다.

---

61) 丸山眞男, 『日本政治思想史研究』, 80면.
62) 荻生徂徠는 禮樂制度論을 강조하는 관점에서 政治와 道德을 분리하였는데, 明治維新 이후 日本의 지식인들은 이 관점을 계승하였다. 西周(1829~1897)는 『百一新論』을 저술하면서, 政治(法)와 道德(敎)의 구별과 차이를 논하였으며, 加藤弘之(1836~1916)는 徂徠를 日本의 (Thomas Hobbes, 1588~1679)라고 하였다. 이에 荻生徂徠는 加藤에 의해 國權論을 제창한 정신적 친우가 되었다. 근대 일본 사상계의 이러한 동향에 대해서는 子安宣邦, 「先王の道は禮樂のみ」, 『江戸思想史講義』, 東京: 岩波書店, 1998, 171~205면; 黑住眞, 「徂徠學における「道」の樣態」, 『近世日本社會と儒敎』, 372~398면 참조.

하지만 이러한 '정치학적 경전해석학'은 어떤 형식으로 표현되든지 모두 '실천해석학'(praxis hermeneutics)적 특징을 갖고 있으며, 이는 바로 동아시아사상사에서 이른바 실학적 전통이다. 정치학적 경전해석학은 동아시아 경전 해석 전통에서, 경전 해석자가 '무엇인가?'에 대하여 가진 관념은 항상 '어떻게 해야 하는가?'와 하나로 종합 통일되는 특징을 지니고 있다. 또한 해석자는 고전에 대한 회고식의 '재현'(representation)을 통하여 미래에 대한 전망의 계획을 온축시키기도 한다.

이 장에서 논의한 적생조래의 『논어』 해석을 볼 때, 적생조래의 『논어』 해석학은 기본적으로 세 개의 지점 '도(道)', '성인(聖人)', '육경(六經)'으로 구축되었다. 적생조래의 『논어』 해석학에서 공자의 '도(道)'는 요(堯), 순(舜), 우(禹), 탕(湯), 문(文), 무(武), 주공(周公) 등 일곱 분의 정치 지도자, 문화적 영웅이 구축한 '선왕지도(先王之道)'로 변하였다. 다음으로 공자가 일생 흠모한 '성인(聖人)'은 적생조래에 의해 하늘을 본받은 '선왕(先王)'이 되었다. '성인(聖人)'은 인간 질서의 건립자이지만, '성인(聖人)'이 제작한 예의(禮義), 정형(政刑) 등 정치적 제도는 천(天) 혹은 우주론적 근원을 가지고 있다. 그 다음으로 이른바 '성인지도(聖人之道, 先王之道)'는 주로 육경(六經)에 기재되어 있으며, 육경은 공자가 공부하는 경전이고 그 지위는 『논어』보다 우월하다. 요컨대 적생조래가 '도', '성인', '육경', 이 세 가지 지점으로 구축한 『논어』 해석학은 확실히 독자적 계통을 이룬다. 여기서 적생조래는 '옛 언어'를 해석하는 방법을 응용하여 주자학과 인재학(仁齋學)을 반대하는 가운데 고문사학파(古文辭學派)의 학풍을 유감없이 표현하였다.

적생조래가 확립한 정치학적 해석학으로서의 논어학에는 일종의 깊은 철학적 의미가 내재되어 있다. 적생조래는 육경에서 '성인지도(聖人之道, 先王之道)'를 추구하였는데, 육경이 확정된 이후 시대에서 생성된 '도(道)'

의 새로운 의미에 대해서는 어떤 관점을 지녔는가?[63] 적생조래는 이 문제에 대하여 대답하지 않았다. 적생조래는 후천적이고 인위적으로 구축된 예의(禮義), 정형(政刑) 등 제도를 중시하고, 선천적이고 자연적인 인심(人心)의 각성을 경시(輕視)하였다. 이에 적생조래는 맹자의 '왕도'정치설을 비판하면서 "겨우 민심을 수습하는 데 그쳤으며, 민간의 제도에 대해서는 상세하게 언급하지 않았다."[64]라고 하였다. 적생조래의 사상에서 '도(道)'의 시공성, 특수성, 구체성은 찾아볼 수 있지만, '도'의 초시공성, 보편성과 추상성을 증명해 내기는 어렵다.

적생조래가 이상에서 언급한 철학적 문제에 대하여 적절하게 해결하지 못하였기에 적생조래를 비판하는 후세 학자들이 우후죽순처럼 나타났는데 이는 당연한 것이라 할 수 있다.

---

63) 荻生徂徠의 後學인 龜井昭陽(1773-1836)은 『讀辨道』에서 徂徠의 육경의 도에 대하여 다음과 같은 의문을 제기하였다. "三代之後, 禮樂崩, 刑政變, 所謂道者, 果焉適乎?" 한편 이 문제에 대해서는 청대 유학자 章學誠(1738-1801)도 『文史通義』에서 다음과 같이 유사한 견해를 제출한 바 있다. "夫道備於六經, 義薀之匿於前者, 章句訓詁足以發明之; 事變之出於後者, 六經不能言, 固貴約六經之旨而隨時撰述以究大道也."

64) 荻生徂徠, 『孟子識』, 11면.

본론(ii):
일본 논어학의 중요 개념

학문: '학이시습지(學而時習之)'에 대한 해석

1. 서론

앞에서 이등인재의 호교학적 경전해석학과 적생조래의 정치학적 경전해석학을 살펴보았다. 이어서 일본 논어학의 중요한 세 개념—학문(學而時習之), 진리(吾道一以貫之), 천명(五十而知天命)—에 대하여 분석하고자 한다. 공자의 이 세 마디 말에 대한 일본 유학자들의 해석에 담겨 있는 의미, 위상, 방법론적 의의에 대하여 논하고자 한다.

　그러면 왜 『논어』에서 이 세 마디의 말을 선택하여 분석의 주축으로 삼으며, 또한 학문(學而時習之), 진리(吾道一以貫之), 천명(五十而知天命)의 순으로 설명하고자 하는가?

　『논어』는 공자 문하의 사제 간의 대화의 기록이고, 일상생활, 수신양성(修身養性), 사회비판에서 나라를 다스리는 이념에 이르기까지 그 논의의 범위가 매우 광대하다. 하지만 유학의 기본적 이념은 노사광(勞思光) 선생이 말한 '인도(引導)의 철학'(orientative philosophy 혹은 philosophy as proposal)이다.[1] 공자는 '자아'를 '세계'의 기초와 기점이라고 강조하며, '자아'와 '세계'를 하나의 연속체로 상정한다.

『논어』에서 '자아'에 대한 관점은 '학(學)'에서 시작된다. 이에 『논어』의 첫 편은 「학이(學而)」편이고, 공자가 말한 첫 번째 글자가 바로 '학(學)' 자이다. 『논어』 전편에 '학(學)' 자가 도합 64번 나타난다. 공자는 '나면서부터 아는 사람'(生而知之)이 최상등의 사람이고, 그 다음은 '배워서 아는 사람'(學而知之)이라고 여겼다(『論語』「季氏」9장). 공자는 비록 '나면서부터 아는 사람'이 있다고 하였지만, 그 자신은 "나는 나면서부터 아는 사람이 아니라, 옛것을 좋아하여 민첩하게 이를 구하는 사람이다."(『論語』「述而」20장, "我非生而知之者也, 好古, 敏以求之者也.")라고 하였다. 공자는 '배워서 아는 사람'(學而知之)을 강조하고, 학생이 '배워서 수시로 익히는 것'(『論語』「學而」1장, "學而時習之")을 격려하고, "15살에 학문에 뜻을 두었다." (『論語』「爲政」4장, "十有五而志於學")라고 말하였으며, "나는 일찍이 종일토록 먹지 않고 밤새도록 잠자지 않고 생각해 보았는데 유익함이 없었다. 배우는 것만 못하였다."(『論語』「衛靈公」31장, "吾嘗終日不食, 終夜不寢, 以思, 無益, 不如學也.")고 하였다. 또한 공자는 '학문을 강마하지 않는 것'(『論語』「述而」3장, "學之不講")을 우려하였으며, '묵묵히 기억하고 배우기를 싫어하지 않고 남을 가르침에 게을리하지 않는 것'(『論語』「述而」2장, "默而識之, 學而不厭, 誨人不倦.")으로 자신이 그렇게 되기를 기대하였다.

『논어』의 대화에 보이는 '학(學)' 자를 자세히 살펴보면, '학'은 후천적인 기술 혹은 지식을 학습하는 것을 가리킨다. 예컨대 '농사법을 배움' (『論語』「子路」4장, "學稼"), '『시경』을 배움'(『論語』「季氏」16장, "學『詩』"), '군

---

1) 勞思光, 『中國哲學史』, 臺北: 三民書局, 1981, 894-895면; Lao Sze-kwang, "On Understanding Chinese Philosophy: An Inquiry and a Proposal," in Robert A. Allinson ed., Understanding the Chinese Mind: The Philosophical Roots(Hong Kong: Oxford University Press, 1989), pp. 265-293; 勞思光, 「對於如何理解中國哲學之探討及建議」, 『中國文哲研究集』 創刊號, 1991年 3月, 89-116면.

대의 일을 배움'(『論語』「衛靈公」1장, "學軍旅之事") 등을 들 수 있다. 그런데 때로 공자는 '덕을 닦음'(修德)의 맥락에서 '학(學)'을 거론하였다. 예를 들어 노(魯) 애공(哀公)은 공자에게 "제자들 중 누가 학문을 좋아합니까?"라고 물으니, 공자가 "안회라는 자가 학문을 좋아하는데, 노여움을 옮기지 않고 허물을 거듭하지 않습니다."(『論語』「雍也」2장, "哀公問弟子, 孰爲好學? 孔子對曰: '有顔回者好學, 不遷怒, 不貳過.'")라고 칭찬하였으며, 항상 '덕이 닦이어지지 않음과 학문이 강마되지 않음'(『論語』「述而」3장, "德之不修, 學之不講.")을 우려하였고, '학(學)'이 '인(仁)' '지(知)' '신(信)' '직(直)', '용(勇)', '강(剛)' 등의 여러 가지 덕으로 통하는 경로라고 강조하였다.[2](『論語』「陽貨」8장, "好仁不好學, 其蔽也愚, 好知不好學, 其蔽也蕩, 好信不好學, 其蔽也賊, 好直不好學, 其蔽也絞, 好勇不好學, 其蔽也亂, 好剛不好學, 其蔽也狂.")

이처럼 '학(學)'은 공자학의 첫째 가는 개념이기 때문에, 일본 유학자의 『논어』 해석을 분석함에 있어서 '배우고 수시로 익힘'(學而時習之)이란 말에 대한 해석을 연구하고 그 의미를 밝혀 보고자 한다.

여기서 한 걸음 더 나아가 공자가 말한 '학(學)'의 목적이 무엇인지 생각해 보기로 하자. 공자는 "도에 뜻을 둔다."(『論語』「述而」6장, "志於道.")라고 하였으며, 또한 "함께 공부할 수 있지만, 함께 도에 나아갈 수는 없다."(『論語』「子罕」30장, "可以共學, 未可與適道.")라고 하여, '학(學)'은 도에 나아가기 위한 필수 경로이지만 모든 사람이 '학(學)'을 통하여 도에 나아갈 수는 없다고 강조하기도 하였다. 그리고 자하(子夏)도 "군자는 배워서 도에 이르고자 한다."(『論語』「子張」7장, "君子學以致其道.")고 하여, '학(學)'의 목적이 '도(道)'를 추구하는 데 있다는 것을 보여 주었다. 공자는 평생

---

2) 栗田直躬,「學と敎との觀念──上代シナの典籍に於いて」,『中國上代思想の硏究』, 東京: 岩波書店, 1948, 147–242면 참조.

도를 동경하고 도를 추구하여, "아침에 도를 들으면 저녁에 죽어도 좋다."
고 하였으며, 두 번씩이나 '일이관지(一以貫之)'란 말로 자신의 '도(道)'를
언급하였다(『論語』「里仁」15장; 「衛靈公」3장). 이에 앞 장을 이어서 일본 유
학자들의 '오도일이관지(吾道一以貫之)'에 대한 해석을 살펴보기로 한다.

마지막으로 일본 유학자들의 '천명'에 대한 해석을 살펴보기로 하겠
다. 공자는 '학'의 목적을 내재적 덕성의 수양을 목적으로 할 뿐 아니라,
학의 최종 경지를 자신의 마음과 하늘의 마음을 소통하는 데 두었기 때
문이다. 공자가 "하늘을 원망치 않고 사람을 탓하지 않으며, 아래에서 배
워 위로 통달하니, 나를 알아주는 것은 하늘이다."(『論語』「憲問」35장, "不
怨天, 不尤人, 下學而上達, 知我者其天乎!")라고 한 데서 이를 알 수 있다. 이렇
게 보면 공자가 말한 '학(學)'은 실로 초월적인 측면을 가지고 있는 것이
다. 이명휘(李明輝)는 "「학이(學而)」편의 첫 구절은 '학(學)'이 반드시 전통
적 맥락에서 이해되어야 함을 강조하고, 두 번째 구절은 '학(學)'이 반드
시 사회적 맥락에서 이해되어야 한다고 강조하고 있다. 공자는 하학(下學)
을 통해 상달(上達)하는 것은 배움을 통해 하늘의 경지에 도달함을 희망
하는 것이라 보았다. 공자는 '학(學)'이 전통적 맥락과 사회적 맥락을 초
월한 어떤 영역을 긍정하였는데, 이는 세 번째 구절에 표현되어 있다. 때
문에 「학이」 1장의 세 구절은 '학(學)'의 본질을 완전하게 설명하고 있는
데, 바로 내재성(immanence)과 초월성(transcendence) 사이의 긴장을 지
니고 있다. 다시 말해 공자가 이해한 '학(學)'은 한편으로 전통과 사회적
맥락—이는 바로 문화적 맥락이다—이 내재되어 있으며, 다른 한편으로
는 이 맥락을 초월하고 있다."³)고 하였다. 공자는 '배우고 수시로 익힘'

---

3) 李明輝, 「孔子論學: 儒家的文化意識」, 『儒家視野下的政治思想』, 臺北: 臺大出版中心,
2005, 10면.

(學以時習之)을 힘써 행하여 '천명을 아는'(知天命) 것을 최고의 경지로 여겼다. 그러므로 공자의 수양 과정은 '학(學)'에 뜻을 두는 것에서 시작하여 '도(道)'에 이르기를 구하며 마지막으로 '천명(天命)'을 아는 것에 이르고자 하는 것인데, 이는 정신적 영역에서 연속되면서 상승하는 과정이라고 할 수 있다. 이에 본 장의 마지막에서는 일본 유학자들이 '오십에 천명을 알다'(五十而知天命)에 대한 인식의 층위를 논할 것이다.

이상의 논의에서 짐작할 수 있듯이, 『논어』「학이」1장 '학이시습지(學以時習之)'장은 동아시아 유가사상사에서 실로 특수한 위상을 지니고 있다. 명나라 유학자 유종주(劉宗周, 1578-1645)는 "'학(學)'이란 글자는 공자의 학문에서 가장 중요하고, '시습(時習)'장은 『논어』20편에서 가장 중요한 장이다. 공자의 일생의 정신세계는 영원한 진리의 문호를 열어 주었는데, 그 핵심은 바로 여기에 있는 것이다."[4]라고 하였다. 그리고 일본의 덕천시대 고학파 유학자인 이등인재는 "『논어』는 '학(學)'이란 한 글자를 이 책의 첫머리로 삼고 있다. 그리고 문인들은 「학이」1장을 이 책의 첫머리에 놓았으니, 이 장은 작은 논어(小論語)라고 할 만하다."[5]라고 하였다. 한편 18세기 조선의 유학자 기학경(奇學敬, 1741-1809)은 "「학이」1장은 『논어』에서 가장 중요한 의미를 담고 있는 장으로, 체용(體用)과 본말(本末)을 겸하고 있다. 그리고 초학자로서 덕에 막 진입하려는 사람부터 군왕의 정치적 내용에 이르기까지 들어 있지 않은 것이 없다."[6]

---

4) 劉宗周, 『論語學案』, 臺北: 臺灣商務印書館景印文淵閣四庫全書本, 1986, 1면. "'學'字是孔門第一義, '時習'一章是二十篇第一義. 孔子一生精神, 開萬古門庭閫奧, 實盡於此."

5) 伊藤仁齋, 『論語古義』, 2면. "『論語』以 '學' 之一字. 爲一部開首, 而門人以此章置諸一書之首, 蓋一部小論語云."

6) 奇學敬, 『御製經義條對-論語』, 3면. "學而一章, 卽是書開卷第一義, 而其該體用, 兼本末, 自初學入德, 以至人君爲治之序, 莫不推驗."

고 하였다. 이처럼 동아시아 각국의 유학자들은 『논어』를 송독할 때, '학이시습지'장에 대하여 여러 가지 해석을 제기하였다.

일본 유학사에서 많은 유학자들은 『논어』의 '학이시습지'장에 대하여 여러 가지 해석을 제기하였으며, 그들의 개인 문집에서도 공자의 '학(學)'에 대하여 많이 논의하였다. 이러한 해석들은 다분히 일본 유학의 실학적 경향을 함유하고 있다. 이에 본 장에서는 먼저 일본 유학자들이 '학(學)'을 해석하는 세 가지 경로를 규명할 것이다. 다음으로는 중국 유학자들의 해석을 논의하고, 이어서 조선 유학자들의 해석을 연구하며, 마지막으로 동아시아 비교사상사적 관점에서 일본 유학자들의 해석의 특징을 선명하게 드러내고자 한다.

2. '학이시습지' 장을 해석하는 세 가지 측면

『논어』 「학이」 1장의 '학이시습지(學以時習之)'에 대한 해석을 논의하기 이전에, 반드시 '학'에 대한 일반적인 관점을 설명해야 할 것이다. 일본 유학자들의 주된 관점은 '학(學)'은 모종의 기능을 배워서 일상생활 속에 실천하는 것을 가리키는데 이는 이른바 '실학(實學)'이다.

17세기 구주(九州) 복강(福岡) 출신의 패원익헌(貝原益軒, 1630-1714)은 바로 '술(術)'을 상당히 강조하는 유학자였다. 그는 '술(術)'을 정확하게 선택하는 것이 학문의 가장 중요한 일이라고 주장하였다. 그는 "학문을 하는 자는 반드시 도에 나아가고자 해야 되는 것이며, 도에 나아가고자 하는 자는 '술(術)'을 택하는 것을 귀중하게 생각해야 된다. 그러므로 배우는 자는 반드시 '술(術)'을 선택하는 것을 제일 가는 일로 삼아야 된다."[7]고 하였다. 패원익헌(貝原益軒)이 '술(術)'에 대한 생각을 가장 상세하게 논의한 글은 「장생유술론(長生有術論)」이다.

> 천하의 일에는 법술(法術)이 있지 않은 것이 없다. 군자의 학문이 비록 삼재(三才)의 덕을 다하더라도 술자(術者)가 배우는 것과 그 크고 작음이 같지 않다. 그러나 이것도 수기치인(修己治人)의 법술(法術)일 뿐이기 때문에 유술(儒術)로 일컫는다. 농부의 농사일, 여자들의 방직일, 장인들의 만드는 일, 문인들의 저술, 군인들의 전투, 의사들의 치료, 요리사들의 요리하는 일 따위와 같이 대체로 무언가 함이 있는 것은 각각 법술을 가지지 않은 것이 없다. 그 밖에 곡예(曲藝)와 소기(小技)들도 모두 그러하다. 모든 천하의 일에 법술이 있는 것은 반드시 배운 이후에 잘할 수 있기 때문이니, 그 술(術)을 배운 사람은 쉽게 성공한다.(天下之事無不有法術矣. 君子之學, 雖窮三才之德, 而與術者之所學, 其大小不同, 然是亦修己治人之法術而已矣, 故稱之爲儒術. 若夫農夫之耕稼, 婦女之織紝, 工匠之修造, 文人之著述, 兵家之戰鬪, 醫家之治療, 庖人之割烹之類, 大率有所作爲者, 各無不有法術, 其餘之曲藝小技亦皆然. 凡天下之事有法術者, 必學而後能焉, 故得其術而學焉者易成功.)-貝原益軒, 「自娛集」

패원익헌이 말한 것처럼 사람은 응당 일정한 '법술(法術)'이 있어야 한다. 이런 입장에서 볼 때 '군자의 학문' 즉 유학도 '수기치인(修己治人)'의 '법술(法術)'에 지나지 않는다. 다시 말해 농업, 방직, 공업, 의료, 요리 등도 그 술(術)이 있으며, 유학도 역시 일종의 위대한 '술(術)'로서 이른바 '유술(儒術)' 혹은 '학술(學術)'인 것이다.

18세기 유학자도 실학적 맥락에서 '학(學)'의 의의를 사고하였다. 예를

---

7) 貝原益軒, 「愼思錄」(「益軒全集」, 東京: 國書刊行會, 1973) 卷1, 12면. "爲學者, 必欲造道, 欲造道者, 貴在擇術. 故學者須以擇術爲第一之事."

들어 고학파의 대가 이등인재의 제자인 병하천민(並河天民, 1679-1718)은 '학(學)'을 논하면서 그 첫머리에 "학문의 도는 독서에 있지 않으며, 실천에 있다."[8]는 취지를 거론하였다. 병하천민은 '도(道)'는 결코 일상생활에서 유리된 추상적 개념이 아니라 반드시 생활 속에서 체득해야 할 원리라고 강조하며 다음과 같이 말하였다.

도는 바로 사람의 도로 이륜(彝倫)을 말하는 것인데, 천하가 함께 말미암는 것이고 백성이 날마다 사용하는 것으로 진실로 알기 어렵고 행하기 어려운 것이 없다. 만약 일이 있게 되면 책을 읽을 수 없고 스승을 가까이할 수 없다. 그러나 "세 사람이 길을 가면 반드시 나의 스승이 있다."는 말이 있으니, 선을 보면 옮겨 가고 허물이 있으면 고칠 뿐이다. 만약 일을 하고 겨를이 있으면 바로 서책을 가까이 할 수 있는데 또한 알기 쉽고 행하기 쉬운 것부터 착실하게 공부해 가면 유익하지 않은 것이 없을 것이다.(道, 乃人之道也, 謂之彝倫, 蓋天下之所共由, 斯民之所日用, 固無難知難行者. 若有事役, 未得讀書, 未得親師, 所謂三人行, 必有我師焉. 見善則遷, 有過則改爾, 若事役有暇, 便可親書冊, 亦由所易知易行, 而著實作工夫, 則無不有益者.)-並河天民,『天民遺言』

한편 그는 한(漢), 송(宋) 이후의 유학자가 '학문'과 '사업'을 두 가지로 나누는 것을 비판하며 다음과 같이 말하였다.

후대의 학자들은 학문과 사업을 확연하게 둘로 나누기 때문에 현허한 도리를 고매하게 담론하고 성리(性理)를 정밀하게 연구함을 유아(儒雅)하고 득도

---

8) 並河天民,『天民遺言』卷上, 2면. "學問之道, 不在讀書上, 而在實行之上."

본론(ii): 일본 논어학의 중요 개념

한 것으로 여긴다. 그리하여 경국제세의 일과 부국강병의 책략을 도리어 비루하다고 여겨 말단의 일로 치부하였다. 겉으로는 유자(儒者)이지만 속으로는 불교도임을 스스로 알지 못하니, 실로 탄식할 만하도다!(後之學者, 以學問事業判然爲二, 故高談虛玄, 硏精性理, 以爲儒雅, 以爲得道. 如經濟之業, 富强之策, 反以爲卑野, 附之事爲之末. 不自知陽儒陰佛, 實可歎哉!)-並河天民, 『天民遺言』

병하천민의 뜻은 매우 명확하다. 이른바 '학문'은 결코 '사업'과 유리된 추상적 개념이 아니라, 오히려 '경제의 업(經濟之業)'과 '부강의 업(富强之業)'에서 나올 수 있는 술업(術業)이다.

병하천민의 '학(學)'에 대한 견해는 부영창랑(富永滄浪, 1732-1765)의 호응을 얻었다. 33세의 나이에 요절한 이 유학자는 공자의 학문은 "요컨대 일을 행사하는 데서 베풀어지는 것이니, 어찌 일을 행사하는 이외에 별도의 도리라는 것이 있겠는가."[9]라고 하면서 다음과 같이 말하였다.

대개 옛날의 학자들은 실천을 위주로 하여 각각 그 스승의 설을 지켜 실천을 하고 일을 시행하였을 뿐이다. 비록 약간의 차이는 있지만 요컨대 대강(大綱)을 잃지는 않았다. 후세의 학자들은 말하는 것을 위주로 하여 옛사람의 책에서 각각 자신이 좋아하는 것을 취하여 거기에 대해 주장하고 일가(一家)의 학문을 세워 성교(聖敎)의 종지를 얻었다고 스스로 생각하였다. 그리고는 각기 이것을 주인으로 삼고 저것을 종으로 여겼으니, 이는 불가에 종문(宗門)이 있는 것과 같다. 도의 분열이 여기에 이르러 극에 달했다!(蓋

---

9) 富永滄浪, 『古學辨疑』 二卷(『日本儒林叢書』 第5卷), 67면. "孔子之學, 要皆施之於行事耳, 豈行事之外別有所謂道也者邪?"

古之學者主行之, 各守其師說, 以施之於行事耳. 雖有少異同, 要不失大綱. 後世學者主言之, 就古人之書, 各取其所好, 爲之主張, 以立一家之學, 自謂得聖教之宗, 各主此而奴彼, 猶佛氏之有宗門也. 道之裂至於斯而極矣!)—富永滄浪, 『古學辨疑』

부영창랑은 행위를 위주로 하느냐 말을 위주로 하느냐에서 고금의 학술의 차이가 생긴다고 주장하였다. 그가 말하는 학문은 응당 행위를 위주로 하는 것으로, 이는 바로 '실학(實學)'의 정신이 투영된 것이다.

18세기의 유학자이자 병학자(兵學者)인 송궁관산(松宮觀山, 1685-1780)은 "이 나라의 유학자들은 모국을 천시하니, 이는 이미 근본에서 어긋나는 것이다."[10)고 비판하였다. 그는 일본 유학자들은 응당 일본의 학술적 전통으로 회귀해야 한다고 호소하면서 다음과 같이 말하였다.

우리나라 옛 학문에는 네 가지 도(道)가 있으니, 기전도(記傳道), 명경도(明經道), 명법도(明法道), 산도(算道)이다. 기전도(記傳道)란 역사를 널리 보고 다른 나라의 풍속에 두루 통하여 시부(詩賦)와 문장을 닦아서 사명(辭命)을 감당하는 것으로 직업을 삼는 것인데, 관가(菅家)와 강가(江家)가 이것이다. 명경도(明經道)란 13경에 정통하는 것을 업으로 삼는데, 청가(清家)와 중가(中家)가 이것이다. 명법도(明法道)란 율령과 격식을 외우는 것을 임무로 삼는데, 판상(坂上)과 중원(中原)이 이것이다. 산도(算道)란 수학으로 역법과 천문을 겸하는데, 소규(小槻)와 안배(安倍)가 이것이다. 모두 다 국가적 쓰임에 대비하는 것으로 실학이라 할 만하다. 일찍이 듣건대 본조의 국학 임가(林家)가 제생(諸生)을 교도했던 시초에 5과(科)와 10등(等)을 세웠다고 한다.

---

10) 松宮觀山, 『學論二編』二卷(『日本儒林叢書』第5卷), 2면. "此方儒者, 多賤惡父母之國, 而大本已違矣."

이른바 5과란 경학과, 독서과, 시과(詩科), 문과, 자과(字科)가 이것이다. 이른바 10등이란 계급을 세우고 5과에 익숙한 바에 따라 그 석차를 올려 주고 상을 내림에 차등을 두어 학자를 격려하며 또한 인재를 양성하여 국가적 쓰임에 충당하려고 하는 것이다. 근래의 학풍은 대부분 나랏일은 돌아보지 않고 가까운 것을 버리고 먼 것으로 치달리며 낮은 것을 태만히 하고 높은 것에만 힘쓴다. 아! 쇠하였구나!(國朝古之學有四道焉. 日記傳道, 日明經道, 日明法道, 日算道. 記傳道者, 博覽歷史徧通殊俗, 修詩賦文章, 以堪辭命爲職, 菅家江家是也. 明經道者, 以精通於十三經爲業, 淸家中家是也. 明法道者, 以諳律令格式爲務, 坂上中原是也. 算道者, 數學也, 兼曆法天文, 小槻安倍是也. 皆備國用者, 可謂實學矣. 嘗聞當朝國學林家, 敎導諸生之始, 立五科十等云. 所謂五科者, 經學科, 讀書科, 詩科, 文科和字科是也. 所謂十等者, 立階級以隨五科所熟進其席次, 賞賜有差, 以激勵學者, 亦欲養作人材以充國用也. 近日學風, 多不顧國事, 措近馳遠, 怠卑務高. 吁! 衰矣哉!)-松宮觀山,『學論二編』

송궁관산은 '학(學)'이 바로 '실학(實學)'이라고 여겼다. '실학'에는 기전(記傳), 명경(明經), 명법(明法), 산술(算術), 실용(實用)의 학문이 포함된다. 이에 그는 "오늘날 선비들은 도가 실제로 행해지는 것은 살피지 않고, 다만 문자나 명목(名目)에 얽매여 도의 유무(有無)를 논한다. 어찌 이리도 눈이 멀었는가."[11]라고 비판하였다.

이상에서 서술한 논의를 정리해 보면, 일본 유학자들은 기본적으로 '학(學)'을 구체적인 기예 혹은 치술(治術)로 정의하며, 이것은 이른바 '실학(實學)'으로 반드시 일상생활 속에서 실현되어야 한다고 생각하였

---

11) 松宮觀山,『學論』卷上(『日本儒林叢書』第5卷), 4면. "世儒不觀道之所實行, 徒拘文字名目之末, 而論道之有無, 何其盲其耶?"

다. 일본 유학자들의 이 같은 학에 대한 해석은 주로 세 가지 양상을 지니고 있다.

(1) '학(學)'을 통해 수기치인(修己治人)의 도, 특히 선왕의 도를 배우고자 한다

이러한 해석은 17세기 고학파의 대가 이등인재에서 시작하여 17세기말 18세기 초의 고문사학파인 적생조래에 이르러 큰 흐름을 이루었다.

이등인재는 『논어고의(論語古義)』를 저술하고서 '학이시습지'를 다음과 같이 해석하였다.

배우고 수시로 익히면 터득한 것이 날로 익숙해지는데, 이렇게 되면 참으로 기쁘게 된다. 벗이 먼 곳에서 오면 선(善)을 남과 함께 할 수 있는데, 이렇게 되면 참으로 즐겁게 된다. 그리고 위로 하늘을 원망하지 않고 아래로 사람을 탓하지 않고 어디를 가든 자득하지 않음이 없다면 평범한 사람으로 그치지 않을 뿐만 아니라 참된 군자가 될 것이다. 벗이 찾아와 기뻐하고 남이 알아주지 않아도 서운해 하지 않는 군자의 경지는 모두 학문을 통해 얻게 되는 것이니, 그렇다면 학문의 공이 크지 않겠는가. 공자께서 천지를 위해 도를 세우고 생민을 위해 표준(極)을 세우고 만세를 위해 태평을 연 것은 또 학문의 공이다. 그러므로 『논어』는 '학(學)' 한 글자로 머리말을 삼았고, 문인들은 이 장을 책의 머리에 두었으니, 이 장은 작은 『논어』인 셈이다.(學而時習, 則所得日熟, 是爲誠悅矣. 有朋自遠方來, 則善與人同, 是爲誠樂矣. 而至於上不怨天, 下不尤人, 無入而不自得焉, 則不啻免爲鄕人, 是爲誠君子矣. 而朋來之樂, 不慍之君子, 皆由學而得焉, 則學之爲功, 不其大乎? 夫子所以爲天地立道, 爲生民建極, 爲萬世開太平者, 亦學之功也. 故『論語』以學之一字爲一部開首, 而門人以此章置

본론(ii): 일본 논어학의 중요 개념

諸一書之首, 蓋一部小『論語』云.)-伊藤仁齋, 『論語古義』

이 해석의 앞부분은 수기(修己)의 범위에 속하고, 뒷부분은 치인(治人)에 속한다.

또한 이등인재는 『어맹자의(語孟字義)』에서 '학(學)'자의 함의를 다음과 같이 해석하기도 하였다.

배움이란 본받는 것이고 깨닫는 것이니, 본받는 바가 있어 깨닫는 것이다. 고찰하건대 옛날의 '학(學)'자는 바로 지금의 '효(效)'자이다. 그러므로 주자의 『논어집주』에서는 "학(學)자의 뜻은 '본받는다(效)'이다."라고 하였다. 『백호통(白虎通)』에서 말하기를 "학(學)은 깨닫는 것이다."라고 하였으니, 모르던 것을 깨닫는 것이다. '학(學)'자의 풀이는 이 두 가지 뜻을 겸한 이후에야 그 뜻이 비로소 온전해진다. 이른바 본받는다는 것은 서예를 배우는 것과 같으니, 처음에는 법첩(法帖)을 임사하여 그 필의(筆意)와 점획을 본받는 것이다. 이른바 각(覺)이란 것은 서예를 배운 지 한참 지나 옛사람의 운필(運筆)의 묘를 자각하는 것이니, 하나의 뜻으로 다 말할 수 있는 것이 아니다. 『논어집주』에 말하기를 "뒤에 깨달은 사람은 반드시 선각이 한 바를 본받는다."라고 한 것 역시 각(覺)자의 뜻을 포함하고 있는데, 학자들은 대부분 이를 살피지 않았다.(學者, 效也, 覺也, 有所效法而覺悟也. 按古學字, 即今效字. 故朱子『集註』曰: "學之爲言效也." 『白虎通』曰: "學, 覺也." 覺悟所不知也. 學字之訓, 兼此二義而後其義始全矣. 所謂效者, 猶學書者, 初只得臨摹法帖, 效其筆意點畫. 所謂覺者, 猶學書既久, 而後自覺悟古人用筆之妙, 非一義之所能盡也. 『集註』曰: "後覺者必效先覺之所爲." 又含覺字之意在, 學者多不察.)-伊藤仁齋, 『語孟字義』

이등인재는 기본적으로 주자의 견해를 받아들여, '학(學)'은 '본받는 것'(效)이며 또한 '깨닫는 것'(覺)이라고 하면서, 전자는 공부의 과정이고 후자는 '학(學)'의 목표라고 하였다. 때문에 '학(學)'은 지(知)와 행(行)을 겸하여 하는 말이라고 하면서 다음과 같이 말하였다.

학문은 도덕으로 근본을 삼고 견문으로 쓰임을 삼는다. 공자께서 "안회(顔回)라는 이가 학문을 좋아하는데 노여움을 옮기지 않고 같은 잘못을 두 번 반복하지 않는다."고 하였으니, 성인은 도덕을 닦는 것을 학문으로 여겼음을 볼 수 있으며, 지금 사람들이 도덕을 도덕으로 여기고 학문을 학문으로 여김과 같지 않다. 또 "아마도 모르면서 창작하는 이가 있을 테지만 나는 이것이 없다. 많이 듣고 그 좋은 것을 택하여 따르고 많이 보고 기억하면 이것이 아는 것의 다음이 된다."고 하셨다. 또 "많이 듣고 의심나는 것은 비워두고 그 나머지를 삼가 말하면 허물이 적고, 많이 보고 위태로운 것은 비워두고 그 나머지를 삼가 행하면 후회가 적다. 말에 허물이 적고 행실에 후회가 적으면 녹봉이 그 가운데 있게 된다."고 하셨다. 이 말씀에서 견문을 쓰임으로 삼음을 볼 수 있으니, 지금 사람들이 오로지 서책에 의지하여 의리를 강구하는 것을 학문으로 삼는 것과 같지 않다. 맹자가 말한 존심양성(存心養性)과 확충(擴充) 등이 모두 '학(學)'이다. 선유(先儒)가 "학문은 지(知)와 행(行)을 겸하여 말한 것이다."라고 한 것은 옳은 말이다.(學問以道德爲本, 以見聞爲用. 孔子曰: "有顔回者好學, 不遷怒, 不貳過." 可見聖人以修道德爲學問, 而非若今人之以道德爲道德, 以學問爲學問也. 又曰: "蓋有不知而作之者, 我無是也. 多聞擇其善者而從之, 多見而識之, 知之次也." 又曰: "多聞闕疑, 愼言其餘, 則寡尤. 多見闕殆, 愼行其餘, 則寡悔. 言寡尤, 行寡悔, 祿在其中矣." 可見以見聞爲用, 而非若今人之專以靠書册講義理爲學問之類也, 孟子所謂存養擴充之類, 皆卽是學. 先儒云: "學兼知行而言." 得之矣.)-伊藤仁齋, 『語孟字義』

본론(ii): 일본 논어학의 중요 개념

이등인재는 '학(學)'이란 지(知)와 행(行)을 겸하고 있다고 하였는데, 이는 주자의 주석을 따른 것이다. 이에 대해서는 뒤에 상세하게 설명하기로 하겠다.

이등인재는 수기(修己)와 치인(治人)의 도로 '학(學)'의 내용을 해석하였는데, 여기서 한 걸음 더 나아가 정치적 관점에서 '선왕의 도(先王之道)'로 공자의 '학(學)'을 해석한 유학자는 적생조래이다. 적생조래는 『논어징』에서 다음과 같이 말하였다.

선왕의 도는 백성을 편안하게 하는 도인데, 학(學)이란 그것을 배우는 것이다. 이 배움이 넉넉해지면 벼슬하여 그 도를 행한다. 자로(子路)가 "벼슬하지 않음은 의리가 없음이니, 군신(君臣)의 의리를 어떻게 폐할 수 있겠는가."라고 하였으니, 공자 당시의 의론(議論)이 이와 같다. 그러므로 남이 알아주지 않아 벼슬하지 못하면 그 마음에 울분이 있게 되는 것이 선비들의 상정이다. 『시』와 『서』를 즐기며 근심을 잊음은 유자(儒者)의 일이다. 공자께서는 이것으로 자처하여 사람을 권면하였다는 것이 이 장의 뜻이다.(蓋先王之道, 安民之道也. 學者, 學之也. 學優則仕, 以行其道. 子路曰: "不仕無義, 君臣之義, 如之何其廢之?" 孔子時議論如此. 故人不知而不仕, 其心有所怫欝, 士子之常也. 樂『詩』, 『書』以忘憂, 儒者之事也. 孔子以此自處, 亦以勸人, 此章之義也.)-荻生徂徠, 『論語徵』

적생조래는 '학(學)'을 '선왕의 도를 배우는 것'으로 해석하였는데, 이는 그가 공자의 '도(道)'를 '선왕의 도'로 해석한 것과 일맥상통한다. 다음의 구절을 보면 이러한 점이 잘 드러난다.

공자의 도는 바로 선왕의 도이다. 선왕의 도는 선왕이 백성을 편안하게 하

기 위해 세운 것이다. 그러므로 그 도에는 인(仁)도 있고, 지(智)도 있고, 의
(義)도 있고, 용(勇)도 있고, 검(儉)도 있고, 공(恭)도 있고, 신(神)도 있고, 인
(人)도 있고, 자연과 흡사한 것도 있고, 거짓과 흡사한 것도 있고, 본(本)도
있고, 말(末)도 있고, 가까운 것도 있고, 먼 것도 있고, 예(禮)도 있고, 악(樂)
도 있고, 병(兵)도 있고, 형(刑)도 있어 제도와 말과 행위 같은 것으로써 한
가지로 다 할 수 없으니, 복잡다단하여 다 밝힐 수 없다. 그러므로 이를 명
명하기를 '문(文)'이라고 한다. 또 말하기를 "유자(儒者)의 도는 넓어 요점이
적다."라고 하였다. 그러나 통합된 지점을 구해 보면 백성을 편안하게 하는
것으로 귀결되지 않음이 없다.(蓋孔子之道, 即先王之道也. 先王之道, 先王爲安
民立之, 故其道有仁焉者, 有智焉者, 有義焉者, 有勇焉者, 有儉焉者, 有恭焉者, 有神
焉者, 有人焉者, 有似自然焉者, 有似僞焉者, 有本焉者, 有末焉者, 有近焉者, 有遠焉
者, 有禮焉, 有樂焉, 有兵焉, 有刑焉, 制度云爲, 不可以一盡焉, 紛雜乎不可得而究
焉, 故命之曰文. 又曰: "儒者之道, 博而寡要." 然要其所統會, 莫不歸於安民焉者.)-
荻生徂徠, 『論語徵』

한편 적생조래는 공자의 '학(學)'의 의미를 진일보한 관점에서 해석하
였는데, 다음과 같이 말하였다.

학(學)이란 선왕의 도를 배우는 것이다. 선왕의 도는 『시』, 『서』, 『예』, 『악』
에 있기 때문에 학문하는 방법은 『시』, 『서』, 『예』, 『악』을 배울 뿐이다. 이것
을 사교(四敎)라 이르고, 또 사술(四術)이라 이른다. 『시』, 『서』란 의(義)의 창
고요, 『예』, 『악』이란 덕의 법칙이다. 덕은 자기를 세우는 것이요, 의는 정치
에 종사하는 것이다. 그러므로 『시』, 『서』, 『예』, 『악』으로 선비를 만들 수 있
다. 그러나 가르치는 방법은 『시』는 송(誦)하고, 『서』는 독(讀)하고, 『예』,
『악』은 습(習)한다. 봄과 가을에는 『예』, 『악』으로 가르치고 겨울과 여름에

본론(ii): 일본 논어학의 중요 개념

는 『시』, 『서』로 가르치는데, 세월을 빌려 음양의 알맞음을 따라 길러서 학자로 하여금 그 속에서 넉넉하고 부드럽고 익숙하도록 하여 간직하고 닦고 쉬고 노닐도록 하면 자연스럽게 덕이 서고 지혜가 밝아진다. 요컨대 익혀서 익숙하게 하면 오래되어 그것과 동화하게 된다. 이것은 옛 교육법이 그러한 것인데, 『논어』의 이른바 박문(博文)과 약례(約禮)가 이것이다. 비록 그러하나 선왕의 도는 백성을 편안하게 하는 것이기 때문에 선왕의 도를 배우고 그 소이연(所以然)을 모른다면 학문을 이룰 수 없다. 공문(孔門)의 가르침은 반드시 인(仁)에 의거하니, 진실로 그 마음이 항상 선왕의 백성을 편안하게 하는 덕에 의거하여 다급할 때도 여기에 있고 위급할 때도 여기에 있어 밥 한 끼 먹는 사이에도 감히 그것과 떨어지지 않는다면, 덕의 완성이 빨라서 선왕의 마음에 도달할 수 있을 것이다.(學者, 謂學先王之道也. 先王之道, 在 『詩』, 『書』, 『禮』, 『樂』, 故學之方, 亦學『詩』, 『書』, 『禮』, 『樂』而已矣, 是謂之四敎, 又謂 之四術. 『詩』, 『書』者, 義之府也. 『禮』, 『樂』者, 德之則也. 德者, 所以立己也. 義者, 所以從政也, 故『詩』, 『書』, 『禮』, 『樂』, 足以造士. 然其敎之法, 『詩』曰誦, 『書』曰讀, 『禮』, 『樂』曰習. 春秋敎以『禮』, 『樂』, 冬夏敎以『詩』, 『書』, 假以歲月, 隨陰陽之宜以長 養之, 使學者優柔厭飫于其中, 藏焉, 脩焉, 息焉, 游焉, 自然德立而知明焉, 要在習而 熟之, 久與之化也. 是古之敎法爲爾, 『論語』所謂博文約禮者是也. 雖然, 先王之道所 以安民也, 故學先王之道, 而不知其所以然, 則學不可得而成矣, 故孔門之敎, 必依於 仁, 苟其心常依先王安民之德, 造次於是, 顚沛於是. 終食之間, 不敢與之離, 則德之 成也速, 而可以達先王之心也.)-荻生徂徠, 『辨名』

앞에서 논한 것처럼 적생조래의 『논어』 해석은 독자적 계통을 이루고 있는데, 이 계통은 주로 '도(道)', '성인(聖人)', '육경(六經)'의 세 지점으로 구축되어 있다. 적생조래가 이해한 공자의 사상은 '도(道)'는 선왕이 구축한 것이고, '성인(聖人)'은 선왕을 가리켜 한 말이며, '성인의 도'는 단지 육경 속에서만 추구할 수 있다는 것이다. 적생조래의 이 같은 해석에서 이 세 가지 지점은 긴밀하게 연결되어 있어 갈라놓을 수 없다. 적생조래의 육경을 숭상하는 사상은 순자와 가깝고 맹자와는 거리가 먼데, 국학파인 본거선장(本居宣長, 1730-1801)은 적생조래의 이 같은 경전 해석 태도를 계승하였다.

적생조래의 논어학에서 '선왕'은 핵심적 지위에 있으며, 공자의 '도'는 요, 순, 우, 탕, 문왕, 무왕, 주공이 창건한 '선왕의 도'로 해석되었다. 적생조래의 해석에서 공자가 제기한 '학(學)'은 '선왕의 도를 배우는 것'이다. 적생조래가 정치적 입장에서 제기한 이런 해석은, '왕(王)'과 '도(道)'를 분리할 때에 일어날 수 있는 백성에 의한 혁명이라는 시한폭탄을 해소하였다. 그러나 '학(學)'을 '선왕의 도를 배우는 것'으로 해석하였기에 공자의 학문을 편협하게 만들었으며 학문을 정치에 복속시켰다.

(2) '학(學)'의 내용으로서의 전통문화

일본의 유학자들이 '학이시습지'를 해석하는 두 번째 측면은 '학(學)'의 내용을 전통문화 특히 『시』, 『서』, 『예』, 『악』의 학습으로 해석하는 것이다. 태재춘대(太宰春台, 1680-1747)는 이 점에 대하여 다음과 같이 말하였다.

> 학(學)이란 도예(道藝)를 배우는 것이다. 주희가 오로지 심법(心法)으로 해설한 것은 바로 석씨(釋氏)의 학이다. …… 옛날에 이른바 학(學)이란 도예(道藝)를 배우는 것이다. 도예란 『시』 『서』 『예』 『악』을 이르는 것이니, 옛사람들이 이른바 모두 일삼던 것이다. 이는 후세의 한갓 그 글만 외우는 것과 같은 것이 아니다. 왕숙(王肅)이 오로지 외워 익히는 것으로 말한 것은 잘못되

었다. 열(悅)이란 유쾌하다는 뜻이다. 무릇 학자들이 학업을 할 때, 처음에는 능숙해지기 어려움을 괴로워하지만 오래도록 익혀서 익숙하게 되면, 오직 그 마음이 하고자 하는 대로 되어 좌우에 막힘이 없는 것과 같다. 그 익힘이 더욱 익숙하게 되면, 학업이 자기와 하나가 되어서 무심히 하지만 자연히 능숙하게 된다. 이것은 습관처럼 자연스러워지는 것이니 학문을 하여 이 경지에 이르면 매우 유쾌하지 않겠는가.(學者, 學道藝也. 朱熹專以心法爲說, 乃釋氏之學也. …… 古之所謂學者, 學道藝也. 道藝者, 『詩』, 『書』, 『禮』, 『樂』之謂也, 古人所謂皆事也, 非如後世徒誦其文也. 王肅專以誦習言之, 非也. 悅者, 愉快之意也. 凡學者之於業也, 始者苦其難能, 習之熟, 則唯其心之所欲爲, 若左右無所澁滯. 及其習之益熟, 則業與己爲一, 無心爲之而自然能之. 此謂習慣若自然, 學而至此, 不亦愉快乎?)-太宰春台, 『論語古訓外傳』

태재춘대는 '학이시습지'를 해석하면서, '학(學)'은 바로 '도예를 배우는 것'이며, '도예(道藝)'는 『시』, 『서』, 『예』, 『악』을 가리킨다고 하였다. 한편 대판(大阪) 회덕당(懷德堂)의 유학자인 중정리헌(中井履軒)은 '학이시습지'를 다음과 같이 해석하였다.

성은 선하니 그 최초의 모습을 회복해야 하며 후배는 반드시 선각자를 본받아야 된다는 주자의 말은 이 장의 해석에 불필요한 것이다.(性善復初, 及先後覺. 此章不必言.)

'학(學)'과 '습(習)'은 비슷한 종류이나 다른 일이다. '학(學)'은 남을 따르면서 지도를 받는 것이니, 서적에서 고찰하기도 하고 고인의 말을 택하여 사법(師法)으로 삼기도 한다.(學與習, 同類而異事. 學是從人受指道焉, 或考之書傳, 擇古人之言而師法之也.)

아직 행동에 익숙지 않더라도 습관이 되면 점차 익숙하게 될 것이다. 주자처럼 배움을 멈추지 않는 것을 '습(習)'이라 하는 것은 부당하다.(未著於行矣, 習則駸駸入乎行, 不當以學之不已爲習.)-中井履軒, 『論語逢原』

중정리헌의 해석에서 "성은 선하고 그 최초의 모습을 회복해야 하며 후배는 반드시 선각자를 본받아야 된다는 말은 이 장의 해석에 불필요한 것이다."는 언급은 주자를 겨누어 한 말이다. 주자는 『논어집주』에서 "학(學)이란 말은 본받는다는 뜻이다. 사람의 본성(本性)은 모두 선(善)하나 이것을 앎에는 먼저 하고 뒤에 함이 있으니, 뒤에 깨닫는 자는 반드시 선각자(先覺者)가 하는 바를 본받아야 선(善)을 밝혀서 그 최초의 모습을 회복할 수 있는 것이다."[12]고 하였다. 주자의 이 해석은, '학(學)'이란 바로 선성(先聖)과 선현(先賢)이 하는 바를 본받는 것을 통하여 인간에게 내재된 선한 본성을 드러내는 것으로 본 것이다. 중정리헌은 '리(理)'를 기초로 하여 형이상학적 사상세계를 구축한 주자학을 반대한다. 때문에 중정리헌은 '학(學)'을 해석하면서 "'학(學)'과 '습(習)'은 비슷한 종류이나 다른 일이다. '학(學)'은 남을 따르면서 지도를 받는 것이니, 혹은 서적에서 고찰하거나 고인의 말을 택하여 사법(師法)으로 삼기도 한다."고 풀이하였는데, 이는 문화적 전통의 맥락에서 '학(學)'을 해석하면서 '학(學)'의 내용이 바로 경서 중에 기재된 고인의 언행이라고 여긴 것이다.

중정리헌은 '학(學)'에 대하여 해석할 때, 반드시 '도(道)'에 대한 해석과 함께 논의하였다. 『논어』 「이인」편에 공자의 "나의 도는 하나로 관통되어 있다."(吾道一以貫之)라는 말이 기재되어 있다. 주자는 이 구절을 '리일분수(理一分殊)'의 명제로 공자의 '일관(一貫)'된 '도(道)'를 해석하였으

---

12) 朱熹, 『論語集注』 「學而」 1장. "學之爲言效也. 人性皆善, 而覺有先後, 後覺者必效先覺之所爲, 乃可以明善而復其初也."

며, 중정리헌은 초월적 리의 아래에 관통된 도를 위치 지우는 이러한 주자의 논법을 반대하였다. 그는 "공자의 도는 인(仁)만이 있을 뿐이니, 별도의 도가 있는 것이 아니다."라고 공언하였다. 또한 중정리헌은 "주자가 말한 '혼연한 일리(一理)', '작용의 지점에 본체는 동일함' 등의 이론은 모두 공허한 논의이다."라고 하여, 주자의 이학(理學)을 비판하고 공자의 '도(道)'의 인간성을 다시 구축하였다. 그는 공자의 '도(道)'가 모두 인간의 일상생활의 '도(道)'라고 여겼다. 중정리헌은 『논어』「술이」편의 "공자는 말씀하시기를 '도에 뜻을 두었다'"는 말을 해석하면서 "도(道)는 군자의 도, 요순(堯舜)의 도, 공자의 도, 오도(吾道)의 도와 같은 것이다. 이는 인간의 일상생활에서 마땅히 해야 될 것으로, 두 가지 일이 아니다. …… 『논어집주』에서 '도(道)'를 해석하면서 '사물의 당연한 이치'라고 하면서 또한 '인간의 일상생활에서 마땅히 해야 될 것'이라고 하여 확연히 다른 두 가지 일로 여겼으니, 그 의미가 경의 본의에 합치되는지를 알지 못한 것이다. 이는 동일한 의미로 이해하는 것이 좋다."[13]라고 하였다. 중정리헌은 '도(道)'가 바로 인간의 일상생활에 마땅히 행해야 될 도리라고 명백하게 천명하였다.

중정리헌은 공자의 '도(道)'에 내포되어 있는 인간성을 재구축하기 위하여 노력하였다. 그는 고대 경전에서 『논어』, 『맹자』, 『중용』의 내용이 겨우 공자의 도를 전할 뿐, 『역경』과 『춘추』는 증거로 삼기에 부족하다고 생각하였다.

---

13) 中井履軒, 『孟子逢原』, 127면. "道, 如君子之道, 堯舜之道, 夫子之道, 吾道之道, 此與人倫日用當行者, 非兩事. …… 『集註』解道字, 或云: '事物當然之理.' 或云: '人倫日用之間所當行者.' 如判然兩物, 不知其義果經乎? 竊恐不若用一意解之." 이에 대한 자세한 논의는 黃俊傑, 「中井履軒對朱子學的批判從『四書』的再詮釋出發」, 『東亞儒學的新視野』, 209-240면 참조.

공자께서 만년에 육경을 바로 잡으심은 진실로 가르침을 드리운 뜻이 없지 않다. 그러나 진한(秦漢) 이후 예악이 이미 없어져 버렸다. 『시』, 『서』도 빠지고 없어지고 어지러워져서 공자의 공덕을 볼 수가 없어졌다. 『역경』이 비록 존재했지만 또한 그 공이 없어졌다. 『춘추』도 공자의 필적(筆跡)이 아니기 때문에 공자의 도를 전한 것은 오직 『논어』, 『맹자』, 『중용』 세 책뿐이다. 이는 모두 후인들의 공적으로 재아(宰我)가 알던 바가 아니었으니, 어찌 이들 설에 의거함을 용납할 수 있겠는가. 이 때문에 공자께서 가르침을 드리운 업적은 모두 진(秦)나라의 분서(焚書)에서 없어지고 후세에는 전하는 것이 없다. 이것은 자못 우리 일가(一家)의 말로 사람들이 혹 이를 믿지 않고 여전히 『역전』, 『춘추』를 믿고 쓰는 자들은 겨우 두 가지 일만 가질 뿐이다. 배우는 자들은 『역전』, 『춘추』를 시험 삼아 가져다가 한번 통독하여 평가해 보라. 어느 곳에 요순의 도가 전해지고 있는가.(夫子晚年緒正六經, 固非無垂教之意. 然秦漢以降, 禮樂已泯滅矣. 『詩』, 『書』缺亡紛亂, 無以見夫子之功. 『易經』雖存矣, 亦無功. 『春秋』亦非孔子之筆, 故傳孔子之道者, 唯『論語』, 『孟子』, 『中庸』三種而已矣, 皆後人之績, 而非宰我所知. 豈容据此等說哉? 是故夫子垂教之績, 皆泯於秦火, 而後世無傳也. 此頗吾一家之言, 人或不之信, 仍信『易傳』, 『春秋』者, 則廑廑亦唯有是二事而已. 學者試取『易傳』, 『春秋』. 通讀一過以評之, 何處是傳堯舜之道者?)-中井履軒, 『孟子逢原』

중정리헌은 『논어』를 비롯한 세 부의 경전이 전하는 것은 바로 일상생활의 '도(道)'라고 강조하였다. 이러한 사상적 맥락에서, 그는 '학(學)'의 내용이 바로 상술한 경전에 기재된 고인의 언행을 배우는 것을 가리키는 것이라고 주장하였다.

중정리헌은 전통문화의 맥락에서 '학이시습지'를 읽었다. 이러한 해석 방법은 여러 일본 유학자에게서도 볼 수 있다. 예컨대 고옥애일재(古屋愛

日齋)가 "배우는 자들은 『시』, 『서』, 『예』, 『악』을 배워야 한다."[14]고 말한 것도 전통문화의 맥락에서 '학(學)'의 내용을 해석한 것이다.

19세기의 양명학자 산전방곡(山田方谷, 1805-1877)은 『논어』의 '학(學)' 자를 해석하면서 이러한 해석의 방향을 추종하였다. 산전방곡은 좌등일 재(佐藤一齋, 1772-1859)에게 배운 적이 있으며, 『방곡유고(方谷遺稿)』 3권 을 저술하였다.[15] 그의 사상은 '기일원론(氣一元論)'의 특징이 매우 뚜렷 하다. 그는 "『논어』에서 '학(學)'자는 대체로 『시』, 『서』, 『예』, 『악』의 일 을 말하는 것이다."[16]고 하였으며, 이어서 사람의 심성 본체는 큰 근본이 이미 밝아져 있기 때문에 안에서 밖으로 더 나아가 일에서 학습을 해야 한다고 하였다. 산전방곡의 이러한 생각은 양명학적 사유를 충실하게 표 현한 것이다.

(3) 사회의 일상생활의 맥락에서 '학(學)'을 해석함

일본 유학자들이 '학이시습지'를 해석하는 세 번째 양상은 '학(學)'을 사 회생활윤리의 실천에 놓아두고 이해하는 것이다.

18세기 절충학파(折衷學派)의 유학자 개천기원(皆川淇園, 1734-1807)은 훈고(訓詁)와 고증학에 능통하였다. 그는 『논어역해(論語繹解)』 10권을 저 술하였는데, '학이시습지'에 대하여 다음과 같이 해석하였다.

---

14) 古屋愛日齋, 『愛日齋隨筆』, 「論語說」, 京都: 愛日書院, 寬政八年(1796)木刻本, 卷26, 1면 上-2면上. "學者, 學『詩』, 『書』, 『禮』, 『樂』."

15) 山田方準編, 『山田方谷全集』, 東京: 明德出版社, 2000. 山田方谷의 傳記에 관해서는, 矢 吹邦彦, 『炎の陽明學——山田方谷傳——』, 東京: 明德出版社, 1996 참조.

16) 山田方準編, 『師門問辨錄』(『日本儒林叢書』 第6卷), 3면. "『論語』中之『學』字, 大率皆言『詩』, 『書』, 『禮』, 『樂』之事上也."

이 편은 군자의 도는 효도와 공손으로써 근본을 삼고, 글을 배움은 바로 덕에 나아가기 위하여 설정한 것임을 총괄적으로 말하였다. 그러나 군자의 도는 본말(本末)과 시종(始終)이 있으니, 충신(忠信)으로써 하지 않으면 모두 이룰 수 없다. 이 때문에 충신(忠信)으로써 바탕을 삼아, 이로써 행하고 배우는 것이 군자가 힘쓸 바이다.(此篇總言君子之道, 以孝悌爲本, 學文乃爲進德之設矣. 而君子之道, 本末始終, 不以忠信, 皆不可成. 是故忠信爲質, 以行以學, 是乃君子之所務矣.)-皆川淇園,『論語譯解』

개천기원은 '학(學)'은 바로 고대의 경전이 전하는 가치 이념과 행위규범을 배우는 것이고, 그것을 일상생활의 '군신', '부자', '남녀', '장유(長幼)', '붕우'의 사이에서 실천해야 한다고 지적하였다.

개천기원과 같이 절충학파에 속하는 동조홍(東條弘, 1778-1857)은 주자학이 불노(佛老)의 학설을 혼합한 것에 불만을 품고『논어지음(論語知音)』을 편찬하여 주자의 학설을 바로잡고자 하였다. 동조홍은 '학이시습지'장을 다음과 같이 해석하였다.

고찰하건대 옛날에 '학(學)'자에는 두 가지 뜻이 있었는데, 오로지 문학만을 가리켜서 말한 것도 있고, 일상생활에서 실천하는 일을 겸하여 일컫는 것도 있다. 오늘날에는 고훈(古訓)을 배우는 것과 일상생활의 실천을 겸하여 말한다. 아래의 "비록 아직 배우지 않았다고 말하더라도 나는 반드시 배웠다고 말할 것이다."와 같은 내용은 일상생활의 실천의 일을 이른 것이 명확하니, 이것이 바로 학문이다. 그러니 주자의 해석은 분명히 잘못되었다. 자로가 "백성이 있고 사직이 있는데, 하필 독서한 후에 학문을 한다 하겠습니까."라고 하였는데, 이는『서경』에서 말한 "고훈(古訓)을 배워 얻음이 있는가?"와 온고지신(溫故知新)과 같은 이른바 시습(時習)하는 것으로써 어찌

본론(ii): 일본 논어학의 중요 개념

공자께서 학문으로 간주하셨겠는가. 오직 문학만을 학문으로 일컬은 것은 아마도 전국시대가 처음일 것이다. 『맹자』 「등문공」에 "나는 학문을 한 적이 없으며 말 달리는 것과 칼 쓰는 것을 좋아했다."라고 한 것을 보면, 그것이 변했음을 알 수 있다.(按古單稱學有二義焉. 有專指文學而言者, 有兼日用實踐之事而稱者. 今所稱者, 兼學古訓及日用實踐而言, 如下方雖曰未學, 吾必謂之學矣. 謂日用實踐之事, 明矣, 是卽學問也. 朱注誤, 宜哉. 子路曰: "有民人焉, 有社稷焉, 何必讀書然後爲學?" 然此孔子豈以『書』所謂學於古訓乃有獲? 及溫故知新, 所謂時習之者乎? 若夫獨謂文學稱學問者, 蓋以戰國爲始乎?『孟子』「滕文公」曰: "吾未嘗學問, 好馳馬試劍." 是其變遷.) – 東條弘, 『論語知音』

동조홍은 '학(學)'이 바로 일상생활의 실천적 일을 배우는 것이라고 주장하였다.

일상생활에서 공자가 말한 '학(學)'의 함의를 읽어 내는 것은 일본 유학자의 주류적인 의견이다. 이등인재의 아들 이등동애(伊藤東涯, 1685–1780)는 "학문은 그 방도를 얻으면 사물을 응접함에 각기 마땅함을 얻어서 자신도 이롭고 남도 이롭게 해 줄 수 있으니, 이보다 나은 것이 없다."[17]라고 하여, '학(學)'을 사물을 응접하는 것으로 파악하였다. 이는 바로 전형적인 고학파 학풍으로 평이하고 실질적이며 고원하거나 공허하지 않다.

19세기의 병학자(兵學者) 일미형산(日尾荊山, 1788–1858)은 당시 일본 유학자들의 「학이」 장에 대한 해석에 불만을 가지고서 "'학(學)'이란, 그 스승 삼는 바를 배우는 것을 말함이다. 도예, 덕행, 형정(刑政) 등 수기(修己)와 치인(治人)에 유익한 모든 것이다. …… 성인의 말씀은 활용이 자유

---

17) 伊藤東涯, 『閒居筆錄』(『日本儒林叢書』 第1卷), 23면. "學得其方, 則應事接物, 各得其當, 自益益人, 莫以尙焉."

자재이나 오로지 인사(人事)에 절실하다.”[18]라고 자신만의 독특한 견해를 밝혔다. 이러한 해석에서 '학(學)'은 특히 그 사회적인 측면을 중시하고, 사회생활과 연관되는 학문인 것이다.

이상의 논의를 종합하면, 일본 유학자들은 『논어』「학이」 1장을 해석할 때 그 논의의 사소한 부분은 다소 차이가 있지만 대체로 모두 '실학'적 해석의 경향을 띠고 있다. 그들은 공자의 '학이시습지'를 언급할 때, 수기치인(修己治人)의 '선왕의 도'를 떠올리곤 하였다. 또한 일본의 유학자들은 '학(學)'의 내용은 『시(詩)』, 『서(書)』 등 경전에서 전해지는 문화 전통을 가리키는 것이며, 이런 문화 전통 중의 가치 이념은 반드시 일상생활 중에서 실천되어야 한다고 여겼다.

이러한 일본 유학자들의 '학(學)'에 대한 해석은 장점과 단점이 다 있다. 그 장점은 공자의 학문에서 일상성을 강조하는 데 있고, 그 단점은 공자가 말한 “나를 알아주는 자, 하늘이로다.”라고 말한 것에서 볼 수 있는 초월적인 측면을 소홀히 한 데 있다.[19] 이 같은 일본 유학자들의 해석을 동아시아 유학사의 맥락에서 비교하기 위하여 우리는 중국과 조선의 유학자들의 '학이시습지' 장에 대한 해석을 분석해 보고자 한다.

---

18) 日尾荊山, 『管仲非仁者辨』(『日本儒林叢書』 第5卷), 11면. “'學者也, 學其所師之謂. 道藝也, 德行也, 刑政也, 凡有益於修己治人者皆是也. ……聖人之辭, 活用自在, 專切於人事.”

19) 李明輝는 「孔子論學: 儒家的文化意識」에서, “일본 학자들 중에는 공자가 말씀하신 '學而習時之'의 초월적 측면에 대하여 주목한 경우가 있다. 예컨대 18세기의 森省齋(1713-1774)는 '學而習時之'를 해석하면서, '其所學而習者, 亦莫非人事, 而其所遠而說者, 亦莫非天理. …… 下學人事, 而上達天理, 皆有以知其性之所有而全之者, 衆人之所以復其性也.'(森省齋, 『聖學或問』, 『日本儒林叢書』 第6卷, 2-3면)라고 하기도 하였다.”라고 하였는데, 이러한 해석이 당시 주류를 형성한 것은 아니었다.

3. 중국 유학자들의 해석과 그 철학적 문제

중국 『논어』 해석사에서 많은 유학자들은 '학이시습지'장에 대하여 여러 가지 해석을 제기하였다. 그들의 무수한 해석에는 많은 철학적 문제가 언급되었다. 이 중에서 비교적 중대한 것, 예를 들어 (1) '학(學)'의 본질은 무엇인가? (2) 지식과 행동 사이의 관계는 어떤가? (3) '심(心)'과 '리(理)'의 관계는 어떤가? 등등의 문제는 중국 유가사상사의 중요한 문제이며 보편적인 철학적 의미를 지니고 있다.

『논어』는 '학이시습지(學而時習之)'로 시작하는데, 이는 공자학에서 '학(學)'의 중요성을 명백하게 제시한 것이다. 공자는 사람이 태어나서 자질이 다른 것을 인정하였다. 공자는 '나면서부터 아는 사람'(生而知之)이었지만, 다음 단계인 '배워서 아는 사람'(學而知之)을 인정하였다(『論語』 「季氏」 9장.) 그 자신은 "나는 나면서부터 아는 사람이 아니라, 옛것을 좋아하여 민첩하게 이를 구하는 사람이다."(『論語』 「述而」 20장)고 하였다. 공자는 '배워서 아는 사람'(學而知之)을 강조하고, 학생이 '배워서 수시로 익히는 것'(『論語』 「學而」 1장)을 격려하고, "나는 일찍이 종일토록 먹지 않고 밤새도록 잠자지 않고 생각해 보았는데 유익함이 없었다. 배우는 것만 못하였다."(『論語』 「衛靈公」 31장)고 하였다. 또한 공자는 '학문을 강마하지 않는 것'(『論語』 「述而」 3장)을 우려하였으며, '묵묵히 기억하고 배우기를 싫어하지 않고 남을 가르침에 게을리하지 않는 것'(『論語』 「述而」 2장)으로 자신이 그렇게 되기를 기대하였다.

(1) '학(學)'의 본질

2000년 동안 중국 유학자들이 『논어』를 해석할 때 언급하는 첫 번째 문제가 바로 공자의 '학(學)'은 내면적 반성 활동인가, 아니면 외면적 공부인가? 하는 문제이다. 이 문제는 공자가 말한 '학이시습지'라는 말에 잠재되어 있다. 한(漢)과 위(魏) 고주(古注)에는 '학'에 관한 주석이 비교적 적다. '학'자는 아직 주석의 대상이 되지 못한 것 같다. 당시 학자들이 관심 있어 한 부분은 '시(時)'자였다. 왕숙(王肅, 195-256)은 "시(時)는 배우는 자가 때때로 송습(誦習)하는 것이다."[20]라고 하였으며, 황간(皇侃, 488-545)은 "학(學)에는 세 종류의 때(時)가 있다."고 설명하였다. 한편 청대 유학자 임계운(任啓運, 1670-1744)은 『사서약지(四書約旨)』를 편찬하고서, "공자 당시에는 선왕의 교화가 멀지 않아서 학(學)에 대해서는 근심할 것이 없었으며, 다만 수시로 익히는 것만이 근심의 대상이었다. 그러므로 경문에서 학(學)자에 대해서는 논의하지 않고 오직 수시로 익히는 것을 힘쓰게 하였다. 수시로 익히는 것은 『맹자』의 마음에서 잊지 말라는 것이니, 여기에 조장하지 말라는 의미가 내재되어 있다."고 하였는데,[21] 이 주장은 따를 만하다.

그리고 황간(皇侃)은 『논어의소(論語義疏)』에서 『백호통(白虎通)』의 '학(學)'을 '각(覺)'으로 풀이한 것을 인용하였는데, 그 내용은 다음과 같다. "학(學)은 각(覺)이자 오(悟)이다. 이는 선왕의 도를 이용하여 사람의 성정(性情)을 인도하여 스스로 깨닫게(覺悟) 하는 것이다. 잘못된 것을 버리고 옳은 것을 취하여 군자의 덕을 쌓아 완성하는 것이다."[22] 이 해석에는 다

---

20) 何晏 集解, 皇侃 義疏, 『論語集解義疏』, 臺北: 藝文印書館景印知不足齋叢書本, 1966, 1-4면. "時者, 學者以時誦習."

21) 任啓運, 『四書約旨』(四庫全書存目叢書 第178冊), 臺南: 莊嚴文化事業, 1997, 60면. "但孔子時, 先王之敎未遠, 學尙不患其差, 患在不能時習. 故本文不于學字上分辨, 只于時習上策勵也. 時習只有勿忘意, 而勿助卽在其中."

22) 何晏 集解, 皇侃 義疏, 『論語集解義疏』, 1-4면. "『白虎通』云: '學, 覺也, 悟也.' 言用先王之道, 導人情性, 使子覺悟也. 去非取是, 積成君子之德也."

음과 같은 몇 가지 의미가 포함되어 있다.

① 선왕의 도를 이용함(用先王之道): 학(學)의 내용이 경서 등 성왕의 자취임을 표시한다. ② 스스로 깨닫게 함(使自覺悟): 사람은 본래 본연의 상태가 있지만 후천적 기질에 의해 가려져 있다. '학(學)'의 목적은 이러한 가리워짐을 없애고 본연의 상태를 회복하는 데 있다는 것을 표시한다. ③ 군자의 덕을 쌓아 완성함(積成君子之德): 학문하는 목적은 덕을 이루는 데 있으며 견문(見聞)과 지식(知識)을 축적하는 데 있는 것이 아니다. 이는 송대 유학자들이 강조하는 덕을 이루는 학문에 가깝다.

(a) 북송(北宋)에 이르기까지 '학(學)'은 '깨달음(覺)'으로 풀이되었다

형병(邢昺, 931-1010)은 『백호통』을 인용하여 '학(學)'자를 '각(覺)'으로 풀이하였는데, 이는 '학(學)'을 내면의 도덕적 사고활동으로 해석한 것이다. 이 같은 해석은 전시(錢時, 1175-1244)에 의해 더욱 세밀하게 해석되었다.

> 학(學)이란 자신의 고유한 본성을 깨닫는 것일 뿐이다. 그러므로 "대학의 도는 명덕(明德)을 밝히는 데 있다."고 말하는 것이다. 마음은 본래 형체가 없어서 허명(虛明)하여 비추지 않는 것이 없지만, 사물에 유혹되고 뜻에 가리고 정(情)에 조종되어서 밝고 밝은 것이 어둡고 어둡게 된다. 이 때문에 깨달음을 귀하게 여기니, 깨닫지 못하면 무엇을 익히겠는가.(學者, 覺其所固有而已, 故曰: "大學之道, 在明明德." 心本無體, 虛明無所不照, 爲物所誘, 爲意所蔽, 爲情所縱, 而昭昭者昏昏矣. 是故貴於覺也, 不覺則何以習?)-錢時, 『融堂四書管見』

전시(錢時)는 '학(學)'을 '자신의 본성을 깨닫는 것'으로 해석하였다. 마음은 본래 허명(虛明)하고 맑지만 외물에 의해 가리워진다. 이른바 '각

(覺)'이란 바로 이 마음의 허명(虛明)하고 맑은 최초의 상태를 회복하는 것이다. 전시의 이러한 생각은 송명의 유학자들이 관습적으로 사용하는 '심체(心體)', '태허(太虛)', '징연(澄然)' 등의 어휘를 사용했지만 기본적으로는 맹자의 사유체계를 따르는 것이다. 『논어』 해석사에서 '학(學)'자를 '각(覺)'으로 해석하는 학자들은 기본적으로 맹자의 사유에 의거하여 공자를 해석한 것이다.

남송(南宋)의 양간(楊簡, 1140-1225)은 '학(學)'자를 풀이하면서, 맹자의 '잃어버린 마음을 구함'(求其放心)의 설법에 의거하여 '각(覺)'의 과정을 해석하였다.

학문의 도는 다른 것이 없고, 잃어버린 마음을 찾는 것일 뿐임을 알아야 한다. 단지 방일(放逸)하게 되면 수고롭게 다른 곳에서 찾게 되고 다른 곳에서 찾게 되면 방일하게 된다. 또 다른 곳에서 찾게 되면 수고롭게 되어 버린다. 이 마음은 편안함과 기쁨이 있으며, 수고로움과 괴로움이 없다. 이 마음은 애초에 기이함도 없고 마음조차도 없으니, 내가 눈으로 보고 귀로 듣는 것, 손으로 들고 발로 밟는 것, 입으로 말하고 마음으로 생각하는 그런 것이 마음이다. 이 마음은 물질이 아니어서 형체도 없고, 한량(限量)도 없고, 처음과 끝도 없고, 과거와 현재도 없이 어느 때고 그러하지 않음이 없다. 그러므로 어느 때고 익히지 않음이 없다. 시습(時習)의 습(習)은 지혜도 아니고 힘도 아니니, 지혜를 쓰면 지혜는 다하는 때가 있고 힘을 쓰면 힘은 쉬는 때가 있기 때문이다. 다하지 않고 쉬지 않음은 지락(至樂)의 영역이다.(當知夫學問之道無他, 求其放心而已矣. 但夫放逸則勞他求, 他求則成放, 他求則成勞. 是心有安有說, 無勞無苦, 是心初無奇, 初無心, 則吾目視耳聽, 手持足履, 口語心思之心, 此心非物, 無形無限量, 無終始, 無古今, 無時不然, 故曰無時不習. 時習之習, 非智非力. 用智, 智有時而竭, 用力, 力有時而息. 不竭不息, 至樂之

본론(ii): 일본 논어학의 중요 개념

域.)-楊簡, 『慈湖遺書』

양간의 해석을 보면 '심(心)'은 시간과 공간의 제약을 받지 않고 형체도 없고 한량도 없기에, 언제 어디서나 깨달을 수 있는 것이다. 육구연(陸九淵, 1139-1192)은 『상산어록(象山語錄)』에서 "'학이시습지(學而時習之)'라고 하였는데, '시습(時習)'이 무엇인지를 알지 못한다. 학문에 본령(本領)이 서지 않으면 쉽게 읽어 낼 수가 없기 때문이다. 만약 학문에 본령이 선다면 앎이 미치는 바도 이것이 미치게 하는 것이며, 인을 지키는 것도 이것이 지키게 하는 것이며, 수시로 익히는 것도 이것이 익히게 하는 것이며, 기뻐하는 것도 이것이 기쁘게 하는 것이며, 즐거워하는 것도 이것이 즐겁게 하는 것이다. 마치 높은 집 위에 세워놓은 항아리의 물과 같은 것이다. 학문에 만약 그 근본을 안다면, 육경(六經)은 모두 내 마음의 주석(註釋)일 것이다."[23]라고 하였다. 육구연은 학문을 할 때 반드시 그 근본을 알아야 된다고 하였는데, 이는 모두 내면을 반성하는 도덕적 사고활동을 가리킨다.

'학(學)'을 '각(覺)'으로 풀이할 때는 반드시 '심(心)'의 각성이 언급된다. 이 같은 해석의 양상은 명대(明代) 심학(心學)을 지닌 사상가에 이르러 크게 번창하였다. 명대의 학경(郝敬, 1558-1639)은 "배워야 할 것이 어떤 것인지를 말하지 않았지만, 아마도 마음을 두어 어떤 일이든지 배우지 않는 것이 없는 것이다."[24]라고 하여, '심(心)'을 '학(學)'의 전제로 삼았

---

23) 陸九淵, 『象山語錄』, 臺北: 臺灣中華書局, 1966, 卷34, 1-2면. "如學而時習之, 不知時習者何事? 非學有本領, 未易讀也. 苟學有本領, 則知之所及者, 及此也, 仁之所守者, 守此也, 時習之, 習此也. 說者, 說此. 樂者, 樂此. 如高屋之上建瓴水矣. 學苟知本, 六經皆我註脚."

24) 郝敬, 『論語詳解』, 續修四庫全書第153冊, 上海: 上海古籍出版社, 1995, 61면. "…… 然不言所學何事, 蓋心在則無事非學."

다. 한편 왕양명(王陽明, 1472–1529)은 "학(學)이란, 인욕(人欲)을 제거하고 천리(天理)를 보존하고자 하는 것이다. 인욕(人欲)을 제거하고 천리(天理)를 보존하고자 하는 일에 종사하면 저절로 선각(先覺)에 질정(質正)하고 고훈(古訓)에서 고찰하여 이에 허다한 문변(問辨), 사색(思索), 존성(存省), 극치(克治)의 공부가 이루어진다. 그렇지만 이는 마음의 인욕(人欲)을 제거하고 내 마음의 천리(天理)를 보존하는 데 불과하다."[25]고 하였다. 왕양명은 '학(學)'을 '본받다(效)'라고 풀이하는 주장에 동의하지 않고, '학(學)'은 외적인 지식을 구하는 활동이 아니고 그 근본 내용은 바로 '인욕(人欲)을 제거하고 천리(天理)를 보존하는 것'으로써, 일종의 '심(心)'의 원초적 상태를 회복하는 것이라고 여겼다.

왕양명 이후 심학(心學)이 크게 번창하였다. 왕국호(王國瑚, 1592년 진사)는 "총괄하여 천하의 유쾌한 마음의 일을 논해 보면, 모두 '학(學)'의 가운데에 있다. 이는 속정(俗情)으로부터 도정(道情)으로 들어가게 하는 것이다. …… 이 학문은 속학(俗學)이 아니라 바로 심학(心學)이다. 문(文)에서 널리 배워 그 마음을 알기를 구하고, 예에서 요약하여 그 마음을 회복하기를 구한다. 『대학』의 삼강령, 팔조목은 모두 마음으로 마음을 구하는 것이기 때문에 마음으로 마음을 얻는 것이다. 만약 속학을 따른다면 머리털이 희어지도록 영화를 누린다 하더라도 무슨 열락(悅樂)이 있겠으며, 어찌 군자가 될 수 있겠는가."[26]라고 말하였다. 왕국호의 '학'에 대한 이

---

25) 王陽明, 『王文成公全書』, 臺北: 臺灣商務印書館景印文淵閣四庫全書本, 1986, 卷1, 54면. "學是學去人欲, 存天理, 從事於去人欲存天理, 則自正諸先覺, 考諸古訓, 自下許多問辨思索存省克治工夫, 然不過欲去此心之人欲, 存吾心之天理耳."

26) 王國瑚, 『四書窮鈔』, 四庫全書存目叢書第181冊, 373면. "總論天下快心之事, 盡在學中. 從俗情引入道情也. …… 此學不是俗學, 迺是心學. 博文而求識其心, 約禮而求復其心. 『大學』八條目, 皆是以心求心, 故以心得心. 若如徧物之俗學, 皓首狗象, 何悅何樂, 而成其爲君子乎?"

러한 해석은 양명학적 풍모를 선명하게 구현한 것이다. '문을 널리 배워 예에서 요약한다'(博文約禮), 삼강령, 팔조목은 모두 마음으로 마음을 구하는 것이니, '학(學)'은 바로 심학(心學)이다.

다른 예를 하나 더 들어 보기로 하겠다. 주종건(周宗建, 1582-1626)은 "고인(古人)의 학문은 심성(心性)을 이해하는 것이다. 이 마음이 흐트러지지 않는다면, 한가로이 걷고 앉아 있으면서 버들과 꽃을 보더라도 그 어느 때인들 배움이 아니겠는가."[27]라고 하였는데, 이 해석을 보면 '학(學)'의 목적은 심성을 이해하는 데 있다. 때문에 걷고 머무르고 앉아 있고 누워 있는 모든 것이 배움의 대상이니, 여기에는 선종(禪宗)의 기미가 녹아 있다. 명대 말기의 고승 지욱(智旭, 1599-1655)은 공자의 '학(學)'을 해석하면서, "사람마다 영각(靈覺)의 본성이 있다. …… 이 학(學)은 바로 첫 깨달음의 지혜이다."[28]라고 하였는데, 민국 시기의 강겸(江謙, 1876-1942)은 지욱(智旭)의 뜻을 부연하기를 "원각(圓覺)을 한 사람은 천하의 일체의 일이 모두 나의 마음임을 안다. 그리하여 한 가지 일이라도 다스려지지 않고 한 사물도 편안하지 않으면 나의 마음도 다스려지지 않고 편안하지 않은 것이다. 다스려지고 편안해진다면 그 기쁨을 알 만하다."[29]고 하였다. 이상에서 언급한 여러 학자들은 모두 '학(學)'의 목적이 '심(心)'을 각성하는 데 있다고 주장하였으니, 이는 바로 '마음을 보존하고 본성을 회복하는 것'(存心復性)이다.

---

27) 周宗建, 『論語商』, 臺北: 臺灣商務印書館景印四庫全書珍本, 1973, 卷上, 1-2면. "古人之學, 總是理會心性, 此心苟不放散, 閒行散坐, 傍柳隨花, 何時非學?"

28) 智旭 注, 江謙 補注, 『論語點睛補註』(四書滿益解), 南投: 中台山佛教基金會, 1997, 224면. "人人本有靈覺之性, …… 今學卽是始覺之智."

29) 智旭 注, 江謙 補注, 『論語點睛補註』, 224-225면. "圓覺之人, 知天下一切事物皆吾心也. 一事未治, 一物未安, 則是吾心未治未安也. 治之安之, 悅可知矣……."

(b) '학이시습지'의 두 번째 해석 방향은 '학(學)'을 '본받다(效)'로 해
    석하는 것이다

주자는 『논어집주』에서 '학(學)'의 함의를 해석하면서 "'학(學)'이란 말은
본받는다는 뜻이다. 사람의 본성(本性)은 모두 선(善)하나 이것을 앎에는
먼저 하고 뒤에 함이 있으니, 뒤에 깨닫는 자는 반드시 선각자(先覺者)의
하는 바를 본받아야 선(善)을 밝게 알아서 그 최초의 모습을 회복할 수 있
다."[30]고 하였다.

　　주자는 또 "학(學)이란 저쪽에서 본받는 바가 있어서 내가 완성을 추구
함을 일컫는 것이다. 자신이 알지 못하는 것이 있으면 아는 사람을 본받
아서 앎을 구하고, 자신이 능하지 못하는 것이 있으면 능한 사람을 본받
아서 능함을 구하는 것은 모두 학(學)의 일이다."[31]고 말하였다. 주자가
여기서 말한 '앎(知)'과 '능함(能)'은 '지(知)'와 '행(行)'의 문제와 연결할
수 있다. 이 문제를 좀 더 자세하게 살펴보기로 하자.

　　주자의 해석에서 '학(學)'은 일종의 외재적 리(理)를 구하는 지식 활동
이다. 하지만 주자는 '학(學)'의 목적이 '선을 밝혀 최초의 모습을 회복하
는 것'(明善而復其初)에 있다고 강조하였으니, 이는 바로 학습을 통해 획득
한 '리(理)'를 심성에 투영시키는 것이다. 그러므로 주자가 해석한 '학
(學)'은 비록 발생 과정에서는 외재하는 리를 추구하는 행위이지만, 본질
은 실로 심성과 도덕 수양을 목적으로 하는 것이다.

----

30) 朱熹, 『論語集注』, 「學而」 1장. "學之爲言效也. 人性皆善, 而覺有先後, 後覺者必效先覺
　　之所爲, 乃可以明善而復其初也."

31) 朱熹, 『四書或問·論語或問』, 上海: 古籍出版社, 2001, 103면. "所謂學者, 有所效於彼,
　　而求其成於我之謂也. 以己之未知而效夫知者, 以求其知; 以己之未能而效夫能者, 以求其能.
　　皆學之事也."

주자의 후학들은 주자의 주석을 전범으로 삼아서, '학(學)'으로 고성(古聖)과 선현(先賢)의 하는 바를 모방하고 학습하는 것을 가리킨다고 하였다. 주자 문하의 뛰어난 제자인 진순(陳淳, 1153-1217)은 '학(學)'이란 선각자(先覺者)의 행위를 모방하는데, 그 목적은 기질에 의한 폐단을 없애고 본연(本然)의 성(性)을 회복하는 데 있다고 주장하였다.[32] 또한 김이상(金履祥, 1232-1303)은 '학(學)'이란 성현의 행위를 본받아 이를 실제적인 일에 적용하여 실천하는 것이라고 주장하였다.[33] 그리고 허겸(許謙, 1270-1337)은 주자의 주석을 풀이하면서 '학(學)'은 선각(先覺)을 모방하는 것을 가리키지만 이 '선각'은 지금 사람이 아닌 고인(古人)을 가리키는데 이 사실은 여러 경전에서 볼 수 있다고 하였다.[34]

이상의 학자들 외에도 고공(高拱, 1512-1578)과 장거정(張居正, 1525-1582)은 모두 '학(學)'이란 성현을 모방하는 것이지만, 그 목적은 인간이 부여받은 최초의 모습을 회복하는 데 있다고 하였다. 명대(明代) 유학자 유종주(劉宗周, 1578-1645)는 '학(學)'이란 깨달음을 추구하는 것'이라고 강조하면서 다음과 같이 말하였다.

학(學)이란 말은 본받는다는 뜻이니, 한(漢)나라 유학자들이 깨닫는 것이라고 한 것은 잘못되었다. 학(學)은 깨달음을 구하는 것이다. 깨달음은 마음의 본체(本體)이니, 마음의 본체는 본래 깨닫는 상태인데, 외물(外物)에 가려지고 기질(氣質)이 병폐(病弊)로 작용하기 때문에 학(學)으로 본성을 회복하고자 하는 것일 뿐이다.(學之爲言效也, 漢儒日覺, 非也. 學所以求覺也, 覺者

---

32) 陳淳,『北溪大全集』, 臺北: 臺灣商務印書館景印四庫全書珍本, 1971, 卷18, 3-5면.

33) 章一陽 輯,『金華四先生四書正學淵源』, 四庫全書存目叢書第163册, 643면.

34) 許謙,『讀論語叢說』, 續修四庫全書第153册, 1면.

心之體也, 心體本覺, 有物焉蔽之, 氣質之爲病也, 學以復性而已矣.)-劉宗周, 『論語
學案』

　유종주는 '마음의 본체(心之體)'는 수시로 외재(外在)의 사물에 의해 쉽
게 가려지기 때문에 반드시 '학(學)'의 공부(工夫)와 과정을 거쳐야만 '본
성을 회복함'(復性)의 목적에 도달할 수 있다고 생각하였다.

(2) 지(知)와 행(行)의 관계

2000년 동안 중국의 『논어』 해석자들이 '학이시습지'를 해석하면서 지녔
던 두 번째 문제는 지(知)와 행(行)의 관계를 어떻게 설정하느냐 하는 문제
였다. 『논어』를 살펴보면, 이 문제는 이미 공자의 학문에 잠재되어 있었
다. 공자는 지행합일(知行合一)을 매우 강조하였다. 예를 들어 보자. 공자
는 "군자(君子)는 그 말을 조심하고 행실을 말보다 앞서게 한다."(『論語』
「憲問」 27장. "子曰: '君子恥其言而過其行'")고 하였으며, 또한 자공(子貢)에게
는 "먼저 그 말한 것을 실행하고, 그 뒤에 말이 행동을 따르게 해야 된
다."(『論語』「爲政」 13장. "先行其言而後從之")고 강조하였다. 그리고 또 "군자
(君子)는 말은 어눌(語訥)하게 하고, 실행(實行)에는 민첩하고자 한다."(『論
語』「里仁」 24장. "君子欲訥於言而敏於行")고 하거나, "옛날에 말을 함부로 내
지 않은 것은 궁행(躬行)이 미치지 못할까 부끄러워해서였다."(『論語』「憲
問」 20장. "古者言之不出, 恥躬之不逮也.")고 말하기도 하였다. 요컨대 공자는
'언(言)'보다 '행(行)'이 먼저라고 주장하였으며, 더 나아가 이 양자의 일
치를 도모하였다. 공자의 이러한 지행관(知行觀)은 순자(荀子)에 의해 충분
하게 발휘되었다. 순자는 "학(學)은 행(行)에 이르러 그칠 뿐이다."(『荀子』
「儒效」. "學至於行而止之矣")라고 말하였다. 또한 『예기』「중용」편에서는

"널리 배우고 자세히 살피며 신중하게 생각하고 명석하게 밝히며 독실하게 행하는 것"("博學之, 審問之, 愼思之, 明辨之, 篤行之.")이 학문의 차례라고 하여, '학(學)'은 반드시 '행(行)'의 전제임을 역설하였다.

주자는 『논어집주』에서 '학이시습지'를 해석할 때, 정이(程頤, 1033-1107)의 "배우는 것은 장차 이것을 행하고자 해서이다."[35)]는 말을 인용하였으며, 『논어혹문(論語或問)』에서는 배움은 실행하고자 해서인데 그 관건은 선배를 본받는 것이라는 취지에서 다음과 같이 말하였다.

어떤 이가 "배움은 본받음이란 것은 무슨 뜻입니까?"라고 물었는데, 대답하기를 "배움이란 것은 상대방을 본받아서 나도 그렇게 되기를 바라는 것을 말한다."고 하였다. 자기가 아직 모르기 때문에 아는 자를 본받아 그 앎을 구하고, 자기가 아직 능하지 못하기 때문에 능한 자를 본받아 그 능함을 구하는 것이니, 이 모든 것이 배움의 일이다.(或問: "學之爲效, 何也?" 曰: "所謂學者, 有所效於彼而求其成於我之謂也." 以己之未知, 而效夫知者, 以求其知, 以己之未能, 而效夫能者, 以求其能, 皆學之事也.)-朱熹, 『四書或問』

주자는 또 "'학(學)'이란 한 글자는 지식의 추구와 실천을 아우르는 말이다."[36)]라고 했으며, "박학(博學), 심문(審問), 근사(謹思), 명변(明辨), 독행(篤行)은 모두 학(學)의 일이다."[37)]라고 말하였다.

주자는 '학(學)'이란 '아는 자(知者)', '능력 있는 자(能者)'의 행위를 모

---

35) 朱熹, 『論語集注』「學而」1장. "學者, 將以行之也."

36) 胡廣, 『論語集註大全』, 無求備齋論語集成第七函, 卷1, 2면. "學之一字, 實兼致知, 力行而言."

37) 胡廣, 『論語集註大全』, 無求備齋論語集成第七函, 卷1, 2면. "'正是如此. 博學, 審問, 謹思, 明辨, 篤行, 皆學之事."

방하는 것이라고 주장하였다. 주자의 『논어집주』에서 "학(學)이란 본받는 것이다."[38]고 한 말은 지식과 실천을 포함하는 말이다. 명대(明代) 여남(呂柟, 1479-1542)은 주자의 뜻을 부연설명하면서 '학(學)'은 '지(知)'와 '행(行)'을 겸하고 있다고 지적하였다. 그리고 모방하고 학습하는 대상은 옛 현인일 수도 있고 당대의 전범이 되는 인물일 수도 있으며, 학습하는 내용은 바로 '인(仁)'이라고 지적하였다.[39] 여남의 해석을 통해 보면, 공자의 '학(學)'은 기본적으로 도덕가치의 학습과 실천을 가리킨다고 할 수 있다.

그러면 이러한 '지행합일(知行合一)'의 '학(學)'은 어떻게 가능한 것인가? 진력(陳櫟, 1252-1334)은 주자의 뜻을 부연설명하면서 '지행합일(知行合一)'의 기초가 성선론(性善論)에 있다고 하였다. 진력(陳櫟)은 인간의 본성이 본래 선(善)하기 때문에 주자가 '학(學)'자를 '선을 밝혀 그 최초의 모습을 회복하는 것'(明善而復其初)이라고 한 해석이 가능하였다고 설명하였다.[40]

주자 이후 주자의 해석을 따르는 학자들은 '학(學)'은 반드시 지(知)와 행(行)을 동시에 중시해야 한다는 것을 주장하는 경우가 매우 많았다. 정여해(鄭汝諧, 1126?-1205?)는 '학(學)'과 '습(習)'으로 '지(知)'와 '행(行)'의 관계를 개괄하였으며,[41] 청대 유학자 이광지(李光地, 1642-1718)는 '학(學)'은 바로 『시(詩)』, 『서(書)』, 『예(禮)』, 『악(樂)』을 배우는 것이며 이는 지(知)와 행(行)을 겸하는 것이라고 하였다.[42]

----

38) 朱熹, 『論語集注』「學而」1장. "學之爲言, 效也."

39) 呂柟, 『四書因問』, 臺北: 臺灣商務印書館景印四庫全書珍本, 1971, 卷3, 14면.

40) 胡廣: 『四書大全·論語集註大全』, 臺北: 臺灣商務印書館景印文淵閣四庫全書本, 1986, 卷1, 頁2면.

41) 鄭汝諧, 『論語意原』, 臺北: 臺灣商務印書館景印文淵閣四庫全書本, 1986, 卷1, 1-2면.

본론(ii): 일본 논어학의 중요 개념

(3) '심(心)'과 '리(理)'의 관계

중국의 유학자들이 '학이시습지'를 해석할 때 언급하는 세 번째 문제는 바로 '심(心)'과 '리(理)'의 관계 양상에 대한 논의이다. 이 문제는 선진 유학에서 볼 수 없는 것이다. 주자 이전에 '학(學)'과 '이치를 궁구함'(窮理)을 연계시킨 학자는 유작(游酢, 1053-1123)이었는데, 그는 "리(理)와 의(義)는 사람 마음에 누구나 가지고 있는 것이다. 학문의 도는 다른 것이 없으니, 이 같은 부분을 구하는 것일 뿐이다. 배우고 수시로 익히면 사람 마음에 누구나 다 가지고 있는 그 부분을 얻을 수 있을 것이다. 이것이 바로 '학이시습지'의 의미이다."[43]고 하였다. 한편 진상도(陳祥道, 1053-1093)는 『논어전해(論語全解)』에서 "학(學)이란 이치를 궁구(窮究)하는 것이고, 가르침이란 사물과 통하고자 하는 것이다. 배우고 수시로 익히면 이치를 보는 것이 있기 때문에 기쁜 것이다."[44]고 하였다. 그리고 주자보다 3년 늦게 태어난 장식(張栻, 1133-1180)은 『계사논어해(癸巳論語解)』에서 "배우는 자는 의리에 있어서 마땅히 수시로 그 단서를 찾아 궁리해 보아야 한다."[45]고 하였다. 이상의 주장은 아마도 정이(程頤)의 영향을 받았다고 보여진다. 유작(游酢)은 정자의 문하였고, 진상도와 장식(張栻)은 모두 정자의 계발을 받았기 때문이다.

---

42) 李光地, 『讀論語劄記』, 臺北: 臺灣商務印書館景印文淵閣四庫全書本, 1986, 卷上, 1-2면.

43) 朱熹, 『論語精義』, 臺北: 臺灣商務印書館景印文淵閣四庫全書本, 1986, 卷1上, 1-7면. "理也義也, 人心之所同然也. 學問之道無也他, 求其心所同然者而已. 學而時習之, 則心之所同然者得矣, 此其所以說也."

44) 陳祥道, 『論語全解』, 臺北: 藝文印書館景印無求備齋論語集成本, 1966, 卷1, 1면. "學所以窮理, 敎所以通物. 學而時習之, 則於理有所見, 故悅."

45) 張栻, 『癸巳論語解』, 臺北: 臺灣商務印書館景印文淵閣四庫全書本, 1986, 卷1, 1면. "言學者之於義理, 當時紬繹其端緒, 而涵泳之也."

'학(學)', '지(知)', '행(行)'의 관계도 동일한 양상을 지닌다. 정이가 "배우는 것은 장차 이를 행하고자 해서이다."[46]라고 하였는데, 이 말은 '학(學)', '지(知)', '행(行)', '심(心)', '리(理)'의 관계양상에 대한 논의의 단초를 연 것으로, 이는 주자에 이르러 더욱 체계화되었다. 주자의 해석이 확립된 후에, '심(心)'과 '리(理)'의 관계는 유학자들이 '학이시습지'를 해석할 때 매우 중요한 문제가 되었다. 주자와 제자 사이의 문답을 살펴보기로 하자.

유(劉)가 '학이시습지(學而時習之)'에 대하여 질문하기에 다음과 같이 대답하였다. "모름지기 '학(學)'을 이해해야 되니 학(學)이 무엇인가를 이해한 연후에 '습(習)'자와 '시(時)'자를 이해할 수 있다. 사람이 지니고 있는 마음에는 천하의 이치가 모두 모여 있다. 이 마음은 자신의 일신(一身)을 주재(主宰)하는 것이다. 만약 마음이 있지 않다면 어디에서 리(理)를 얻을 수 있겠는가! 오직 학(學)이 오래되면 심(心)과 리(理)가 하나가 되어 두루 흐르고 널리 응하여 자세하게 들어맞지 않는 것이 없게 된다."(劉問學而時習之. 曰: "今且理會簡學, 是學簡甚底, 然後理會習字, 時字. 蓋人只有簡心, 天下之理皆聚於此, 此是主張自家一身者. 若心不在, 那裏得理來! 惟學之久, 則心與理一, 而周流泛應, 無不曲當矣.")-黎靖德 編, 『朱子語類』

이상의 주자의 해석은, 공자의 '학(學)'은 바로 '심(心)'이 '리(理)'에 대한 인지능력을 발휘하면 천하의 '리(理)'가 모두 '심(心)'에 집중하게 되며, 이렇게 되면 '심(心)과 리(理)가 합일(合一)되는 경지'에 도달함을 가리

---

46) 朱熹, 『論語精義』, 臺北: 臺灣商務印書館景印文淵閣四庫全書本, 1986, 卷1上, 1-7면. "所以學者, 將以行之也."

킨다고 한 것이다.

주자의 이른바 '심(心)과 리(理)가 합일(合一)되는 경지'는 일종의 완성된 경지를 가리킨다. 이러한 경지의 도달은 '학(學)'의 공부에 의거하는 것인데, 『논어혹문』에서 다음과 같이 말하였다.

사람은 배우지 않으면 마땅히 알아야 될 이치를 알 수가 없으며 마땅히 능하여야 할 일에 능할 수 없으니, 참으로 밤길을 가는 것과 같을 따름이다. 그러나 배우기만 하고 익히지 않으면 겉과 속이 충돌하여 그 배우는 도를 이룰 수가 없으며, 익히기는 하되 수시로 익히지 않는다면 공부가 끊어져서 그 익히는 공을 이룰 수가 없다. 이렇게 되면 그 가슴속에서 비록 힘써 스스로 나아가려고 해도 마르고 생삽(生澁)하여 즐길 만한 맛이 없게 되고, 위태롭고 불안하여 편안함이 없게 된다. 그러므로 배우고 또 반드시 수시로 익히면, 그 마음과 이치가 서로 스며들어 아는 것이 더욱 정밀해지고, 몸과 일이 서로 편안해져 능한 것이 더욱 견고해질 것이다. 그리하여 아침저녁으로 내려보고 올려보는 사이에 조용히 배워서 알고 능한 모든 것을 마음속에서 자득하여 남에게 말로 표현할 수 없는 것이 생겨나게 된다. 이는 마음속에서 저절로 일어난 기쁨의 맛으로, 맛있는 고기로도 그 훌륭한 맛을 비유할 수가 없다. 이것이 학문의 시작이다.(蓋人而不學, 則無以知其所當知之理, 無以能其所當能之事, 固若冥行而已矣. 然學矣而不習, 則表裏扞格, 而無以致其學之之道, 習矣而不時, 則工夫間斷, 而無以成其習之之功. 是其胸中雖欲勉焉以自進, 亦且枯燥生澁, 而無可嗜之味, 危殆扤陧, 而無可卽之安矣. 故旣學矣又必時習之, 則其心與理相涵, 而所知者益精, 身與事相安, 而所能者益固, 從容於朝夕俯仰之中, 凡其所學而知且能者, 必皆有以自得於心, 而不能以語諸人者, 是其中心油然悅懌之味, 雖芻豢之甘於口, 亦不足以喩其美矣, 此學之始也.)-朱熹, 『四書或問』

위의 글에서 보듯이 주자는 오로지 '학(學)'의 공부를 통해야만 마음과 이치가 서로 스며들 수 있다고 강조하였다. 주자는 '학이시습지'를 해석하면서 '심(心)'과 '리(理)'는 본질적으로 합일되지 않는데 어떠한 인지 과정을 거치면 합일될 수 있다고 주장하였다. 주자는 『맹자』를 해석하면서도 이 같은 주장을 되풀이하였다.

심(心)은 사람의 신명(神明)이니, 모든 리(理)를 갖추어 있고, 만사(萬事)에 응하는 것이다. 성(性)은 심(心)에 갖추어져 있는 리(理)요, 천(天)은 또 리(理)가 나오는 곳이다. 사람이 가지고 있는 이 마음은 전체(全體) 아님이 없으나 리(理)를 궁구하지 않으면 가리워진 바가 있어 이 심(心)의 양(量)을 다하지 못하는 것이다. 그러므로 심(心)의 전체(全體)를 지극히 하여 다하지 않음이 없는 자는 반드시 리(理)를 궁구하여 알지 못함이 없는 자이니, 이미 그 리(理)를 알면 그것이 나오는 것도 여기에서 벗어나지 않을 것이다. 『대학(大學)』의 순서로써 말하면 지성(知性)은 물격(物格)을 이르고, 진심(盡心)은 지지(知至)를 이른다.(心者, 人之神明, 所以具衆理而應萬事者也. 性則心之所具之理, 而天又理之所從以出者也. 人有是心, 莫非全體, 然不窮理, 則有所蔽, 而無以盡乎此心之量. 故能極其心之全體而無不盡者, 必其能窮夫理而無不知者也. 旣知其理, 則其所從出亦不外是矣. 以『大學』之序言之, 知性則物格之謂, 盡心則知至之謂也.)-朱熹, 『孟子集注』

위에서 주자는 심(心)이란 사람의 신명(神明)한 부분으로 모든 이치를 갖추고 있으면서 만사(萬事)에 응대하는 것이라고 하였다. 여기서 '심(心)'은 '격물치지(格物致知)'의 공부를 거쳐서 리(理)와 합일되는 최고의 경계에 도달한다고 하였다.[47] 이러한 경지에 도달하는 과정에서 '학(學)'은 절대로 필요한 공부이다. 주자 이후 '심(心)'과 '리(理)'의 관계에 대한 문제는 동아시아 유학자들이 『논어』의 '학이시습지'장을 해석할 때 매우 중시하였는데, 특히 조선 유학자들은 이 문제를 깊이 사고하였다.

그런데 '학(學)'을 통해 '심(心)'과 '리(理)'가 융합하는 경지를 완성하기 위해서는 또 하나의 문제를 고려해야만 한다. 바로 '이치를 궁구하는 것' (窮理)과 '마음을 다하는 것'(盡心) 중에 어느 것을 먼저 고려해야만 하는가 하는 점이다. 이 문제는 주자학에서 필연적으로 나타나는 문제로써, 주자 이후 유학자들은 자신들의 사상에 따라 약간씩 다르게 접근하였다. 먼저 청대의 유학자 여유량(呂留良, 1629-1683)의 말을 들어 보기로 하자.

유학자들이 말하는 깨달음이란 이치를 가리키며, 외도(外道)에서 말하는 깨달음이란 단지 마음만을 가리킨다. 이치는 반드시 격물치지(格物致知)한 이후에 깨달으니, 이른바 성(性)을 알고 천(天)을 알아 마음을 다하는 것이다. 마음에서 깨닫고자 하면, 반드시 먼저 사리(事理)의 막힌 부분을 버리고 곧바로 본체(本體)를 가리키고자 하기 때문에 격물치지를 외물에 힘쓰는 지리 (支離)한 것이라 여긴다. 그러나 스스로 본체를 깨달았다고 생각하는 자들은 일의 이치를 궁구함에는 열중하지 못한다. 이에 후대에 겉으로는 유학 (儒學)처럼 보이지만 속으로는 불학(佛學)의 설이 되어 버렸고, 또한 그 본체를 먼저 보고자 하고 사물에 대한 궁리를 뒤로 여기는 설로 변하게 되었다. 그 자신들은 오묘함을 포괄하였다고 생각하지만, 요약함을 먼저 하고 넓음을 뒤로 하며 일관(一貫)을 먼저 하고 학식(學識)을 뒤로 함을 알지 못했으니, 이것이 오히려 이른바 지리(支離)하게 외물(外物)에 힘쓰는 것이다. 성문

---

47) 朱子學에서 '心'과 '理'의 관계에 대해서는, 市川安司, 「朱子哲學における物の意義」, 「與朱子哲學に見える「知」一考察──『大學章句』「致知」の注を中心にして」, 『朱子哲學論考』, 東京: 汲古書院, 1985, 3-68면.

(聖門)에는 종래 이러한 교법(教法)이 없었다. 이런 내용은 육경(六經)에 실려 있으니 징험(徵驗)해 보기 바란다.(儒者之所謂覺者, 指此理. 外道之所謂覺者, 單指心. 理必格物致知而後覺, 所謂知性知天而心乃盡也. 覺心則必先去事理之障而直指本體, 故以格致爲務外支離, 然自以爲悟本體者, 於事理究竟膠黏不上. 於是後來陽儒陰釋之說, 又變爲先見本體, 而後窮事物. 自以爲包羅巧妙, 不知先約而後博, 先一貫而後學識, 乃所謂支離務外. 聖門從無此教法, 六經具在, 可覆驗也.)－呂留良, 『論語講義』

한편 유금(劉琴, 1736년 거인(擧人))은 다음과 같이 말하였다.

공자께서 "사람이 선을 밝히고 처음의 본성을 회복하고자 한다면 진실로 배움에 의지하여야 한다."고 하였다. 배움이란 앎을 지극히 하고 힘써 행하여 옛 성인과 선현이 알던 바와 능한 바를 본받는 것이다. 만약 배우기만 하고 익히지 않으면 안과 밖이 어긋나 배워서 아는 도를 이룰 수 없고, 익히기는 하되 수시로 하지 않으면 공부가 중단되어 익히는 공부를 이룰 수 없다. 그러므로 이미 배우고 나서 나아가 또 아는 이치와 능한 일을 수시로 온습(溫習)한다면, 마음과 이치가 서로 융합되어 아는 바가 더욱 정밀해지고, 몸과 일이 서로 편안해져 능한 바가 더욱 견고해질 것이다. 배움이 자기에게 익숙해지면 저절로 기뻐서 그 나아감을 멈출 수 없을 것이다. 배움은 지행(知行)을 겸하는 데 있으니, 만약 이와 같이 할 수 있으면 마음과 이치가 바야흐로 서로 융합될 것이다.(子曰: "人欲明善復初, 端有賴於學." 學也者, 致知力行以效法古聖先賢之所知所能也. 使學而不習, 則表裡扞格, 無以致學知之道. 習而不時, 則工夫間斷, 無以成習之之功. 故學旣矣, 而又時時溫習所知之理, 所能之事, 則心與理相融, 而所知益精. 身與事相安, 而所能益固. 學熟於己, 不亦油然喜悅而其進自不能已乎? 學在於兼知行, 若能如此, 則心與理方能交融.)－劉琴, 『四書順義解』

위에서 인용한 여유량과 유금의 '학이시습지'에 대한 해석은 모두 주자학의 범주에 속한다. 여유량은 '학(學)'이란 깨달음의 대상으로 이치를 상정해야 하는데, 반드시 격물치지의 공부를 거쳐야만 '리(理)'를 알 수 있다고 여겼다. 여유량의 견해는 주자의 해석을 따른 것이라 할 수 있다. 한편 유금은 '학(學)'이란 반드시 '지(知)'와 '행(行)'을 관통해야만 '심(心)'과 '리(理)'를 합일시킬 수 있다고 주장하였다. 이상의 두 해석은 모두 주자가 남긴 '궁리(窮理)'와 '진심(盡心)'에서 어느 것이 선결조건인가 하는 문제와 연관된다.

주자의 해석과 상대적 입장에서 왕양명은 '학이시습지'를 해석하였는데, 그는 '학(學)'이란 잃어버린 마음을 되찾는 것이라고 보았다. 그리고 '리(理)'는 후천적 '기질(氣質)의 마음(心)'을 선천적 '본연(本然)의 마음'으로 회복한 뒤에야 찾을 수 있다고 하였다. 왕양명의 이러한 주장을 사제 간의 대화를 통해 들어 보자.

자인(子仁)이 여쭈었다. "학이시습지(學而時習之)장에서 선유(先儒)들은 학(學)을 선각(先覺)이 한 바를 본받는다고 주장했는데, 어떻게 생각하십니까?" 선생께서 대답하셨다. "학(學)이란 인욕(人欲)을 버리고 천리(天理)를 보존하는 것을 배우는 것이다. 인욕을 버리고 천리를 보존함에 종사하게 되면, 선각(先覺)에게서 자신을 바로잡고 고훈(古訓)에서 고찰하여 문변(問辨), 사색(思索), 존성(存省), 극치(克治) 등의 허다한 공부를 스스로 하게 된다. 그러므로 요체는 이 마음의 인욕을 제거하고 나의 마음의 천리를 보존하고자 함에 지나지 않는다. 선각이 한 바를 본받는다고만 말한다면, 단지 학(學) 가운데의 한 가지 일만 말하여 오로지 밖에서만 찾는 듯하다."(子仁問: "學而時習之, 不亦說乎? 先儒以學爲效先覺之所爲, 如何?" 先生曰: "學是學去人欲, 存天理, 從事於去人欲存天理, 則自正諸先覺, 考諸古訓, 自下許多問辨思索存省克

治工夫, 然不過欲去此心之人欲, 存吾心之天理耳. 若日效先覺之所爲, 則只說得學中一件事, 亦似專求諸外了.")-王陽明, 『王文成公全書』

왕양명은 주자가 '학(學)'을 '본받는 것(效)'으로 풀이한 것을 비판하였다. 주자의 이러한 해석은 '학(學)'을 외적인 추구로 여긴 것이라고 생각해서였다. 그는 '학(學)'은 다만 인욕(人欲)을 버리고 천리(天理)를 보존하기만 하면 되며, 외재적 대상을 세워 모방할 필요가 없다고 하였다.

한편 채청(蔡淸, 1453-1508)은 『사서명유대전정의(四書明儒大全精義)』에서 "인성(人性)의 선함은 동일한 천리 때문이고 깨달음의 선후는 기질이 동일하지 않기 때문이다."[48]고 하였는데, 이 말은 왕양명의 주장과 비슷하다. 또한 명말의 왕긍당(王肯堂, 1589년 진사)은 『논어의부(論語義府)』에서 다음과 같이 말하였다.

하늘이 사람을 낼 때에 어떠한 이치도 그 마음에 포함하지 않음이 없고, 나의 마음의 이치는 한시도 느낀 바에 순조롭게 통하지 않음이 없다. 대개 어린 아기가 재롱을 피울 때부터 그러하다. 단지 행하면서 드러내지 않고 익히면서 살피지 않으니, 하늘이 이 백성을 낼 때에 선지자로 하여금 후지자를 깨우치도록 하고 선각자로 하여금 후각자를 깨우치도록 하였다. 지금 학자들이 학문을 함에 그 방법이 다단(多端)하나, 만약 선각자들의 경서를 빌려 길잡이 삼아 깨달으려 하지 않는다면 언제 성현의 때를 만나 익힐 수 있겠는가.(天之生人, 蓋無有一理而不渾涵于其心. 吾之心理, 亦無有一時而不順通于所感. 蓋自孩提之愛技而已然矣! 但行之而不著, 習矣而不察, 天生斯民, 便先知以覺

---

48) 湯子方 輯, 『四書明儒大全精義』, 四庫未收書輯刊/壹輯第捌册, 北京: 四庫未收書輯刊編纂委員會, 2000, 142면. "人性哉善者, 理之一也, 覺有先後者, 氣質之不一也."

본론(ii): 일본 논어학의 중요 개념

後知, 先覺以覺後覺. 今學者爲學, 其道術亦多端, 使非藉先覺經書, 啓迪而醒悟之,
安能的知聖時之時而習之也哉!)-王肯堂,『論語義府』

왕긍당은 위의 글에서, '리(理)'는 이미 마음속에 갖추어져 있지만 선
각자와 경서의 계발을 통해야만 각성할 수 있다고 주장한다. 그의 이러
한 해석은 왕양명과 가깝고 주자와는 거리가 멀다고 할 수 있다.

이상의 논의를 종합해 보자. 중국의 유학자들은 공자가 말한 '학(學)'
에 대하여 풍부하게 해석하였다. 첫 번째는 '각(覺)'으로 '학(學)'을 해석
하였다. 이러한 해석 방향은 북송의 형병(邢昺)에서 시작하여 남송의 양
간(楊簡)과 육상산이 그 주장을 계승하였고, 명대의 심학파(心學派)에 이르
러 크게 번창해졌으며 왕양명에 의해 집대성되었다. 두 번째는 '효(效)'로
'학(學)'을 해석하였다. 이러한 해석 방향은 주자에서 시작되어 주자의
후학들인 진순(陳淳), 김이상, 허겸 등에 의해 계승되었다. 이 밖에 중국
의 유학자들의 '학(學)'에 대한 해석은 '지(知)'와 '행(行)'의 관계, '심(心)'
과 '리(理)'의 관계 등 철학적 문제에도 영향을 미쳤다. 이러한 여러 해석
의 발전 도상에서 주자의 해석이 실로 분수령의 위치에 처해 있음을 알
수 있었다.

4. 조선시대 유학자들의 해석과 그 사상적 기반

조선시대 유학자들은 '학이시습지'장을 해석할 때, 대체로 두 가지 사상
적 기반에 의거한다. 첫째는 『대학』을 기반으로 하여 『논어』를 해석하는
것이고, 둘째는 주자의 해석에 의거하는 것이다.

첫째 경우는 조선의 유학자들이 '학이시습지'의 '학(學)'자를 『대학』의

'명명덕(明明德)'의 공부로 이해하는 것이다. 두 번째는 조선의 유학자들이 주자의 철학에 의거하여 공자의 학문을 해석하는 것인데, 특히 앞에서 언급한 심(心)과 리(理)의 관련이 매우 중요하다.

(1) 『대학』에 의거한 『논어』 해석: "학(學)이란 명덕(明德)을 밝히는 것이다"[49)]

조선의 유학자들은 『대학』에 의거하여 『논어』를 해석하였는데, 『논어』의 중요한 구절의 개념을 『대학』의 체계 속에서 해석한다. 18세기 후반기의 고정봉(高廷鳳, 1743-1822)은 『논어』 「학이」 1장을 해석하면서 다음과 같이 말하였다.[50)]

『논어』 「학이」장의 세 절은 『대학』의 전체(全體)와 대용(大用)이니, 그 공부의 효험이 철두철미하다. 천근하게 말하면 초학자가 덕에 들어가는 문이 이보다 절실한 것이 없고, 미루어 말하면 성신(聖神)의 공화(功化)의 지극함이 실제로 이보다 더한 것이 없다. 배우고 수시로 익힌다는 구절에서 배우는 것이란, '명덕(明德)을 밝히는 것'에 해당하고, 군주의 경우 뜻을 공손히 하여 '늘 민첩히 한다'고 할 때의 시(時)가 이 시(時)자와 의미가 같다. '벗이 와서 즐거워한다'는 구절은, 배우는 자들에게는 '백성을 새롭게 한다는 것'에 해당하며 군주의 경우 '문덕(文德)을 닦아 오게 한다'고 할 때의 '래(來)'자가 이 래(來)자와 의미가 같다. '알아주지 않더라도 성내지 않는다'는 구절은 배우는 자들에게는 '지선(至善)에 머무는 것'에 해당하고, 군주의 경우

....

49) 高廷鳳, 『御製經書疑義條對——論語』, 23-25면. "學者, 所以明明德也."
50) 이는 고정봉의 말이 아니라, 正祖의 질문이다 - 역자.

'넓고 넓어서 백성이 무어라 표현할 수 없다'는 구절과 그 공효(功效)가 같다. 한마디 말이면서도 위아래로 모두 통하고 범인(凡人)과 성인(聖人)이 일치하는 것은 육경(六經) 가운데서도 이 장과 비교할 만한 것이 드물다.(『論語』學而章三節, 卽一部『大學』之全體大用, 而其工夫效驗, 徹頭徹尾. 淺言之, 則初學入德之門, 莫切於此, 推言之, 則聖神功化之極, 實亦無以加此. 夫學而時習, 學者所以明明德也, 而在人君, 則遜志時敏之, 同此時字也. 朋來而樂, 學者所以新民也, 而在人君, 則修文德以來之來, 同此來字也. 不知不慍, 學者所以止至善也, 而在人君, 則蕩蕩乎民無能名焉, 同此極功也. 一言而上下皆通, 凡聖一致者, 雖於六經之中, 鮮有此章之比.)-高廷鳳, 『御製經書疑義條對-論語』

고정봉은 「학이」 1장의 사상적 의미가 바로 『대학』의 내용이라고 여겼다. 이른바 '학(學)'은 바로 『대학』의 '명명덕(明明德)' 공부를 가리킨다고 보았기 때문이다. 고정봉의 이러한 해석은 후세 유학자들의 호응을 얻었다. 19세기 전반기의 서준보(徐俊輔, 1770-1856)는 고정봉의 주장을 부연하여, 「학이」장의 요지는 『대학』, 『상서』, 『역』, 『시』 등의 경전 내용을 포함한다고 하면서 다음과 같이 말하였다.

나는 『논어』 첫 장을 읽고서 나도 모르게 손이 춤추고 발이 굴러서 소리가 귀에 들어오면 마음과 통하는 경지에 이를 것처럼 생각되었다. 첫 세 구절을 침잠하여 완미해 보니, 『대학』에 담긴 공부의 공효(功效)와 『상서』에 담긴 심학(心學)의 정사(政事) 및 『역(易)』, 『시(詩)』의 오묘하고 은미한 뜻이 이한 장에 모두 들어 있었다. '학이시습지(學而時習之)'라고 말한 것은 명명덕(明明德)의 공부니, 잘 익힌다면 지어지선(止於至善)의 공효(功效)가 드러날 것이다. 바로 은(殷) 고종(高宗)의 '학문을 함'과 요(堯)임금의 '준덕(峻德)을 밝힘'인 것이다. '벗이 있어 먼 곳에서 찾아온다'(有朋自遠方來)고 말한 것은 신민(新民)의 공부에서 그 즐거운 곳을 말한 것이니, 지어지선(止於至善)의 공효(功效)가 드러난 것이다. 바로 「대우모」의 "문덕(文德)을 닦아 오게 한다."는 것과 「제풍(齊風)」의 "그대가 옴을 안다."라는 것이다. "남이 알아주지 않아도 성내지 않는다."는 구절은 명덕(明德)과 신민(新民)과 지어지선(止於至善)의 극공(極工)과 능사(能事)의 의미를 다 말하였다. 『주역』에서 말한 "용덕(龍德)을 지니고 숨은 사람이다."는 구절은 바로 이를 가리킨다. 우리 공자께서 "잠긴 용은 쓰지 말라."는 처지에 있으시면서, 남에게 인정받지 못하더라도 고민하지 않는 덕을 가졌다는 것은 참으로 확실하도다. 흔들 수 없는 잠긴 용은 아마도 우리 공자가 이에 해당될 것이다. 『노론(魯論)』의 첫 머리에 이 장을 실은 것은 바로 향당(鄕黨)에서 성인을 묘사한 필법이니, 내 어찌 이것을 읽고서 손이 춤추고 발이 굴러서 소리가 귀에 들어오면 마음과 통하는 경지에 이를 듯하지 않겠는가.(吾讀『論語』首章, 不覺手舞足蹈, 若將聲入心通. 蓋嘗沉潛玩賾於首尾三節, 『大學』之工夫功效, 『尙書』之心學政事, 與夫『易』, 『詩』之奧旨微義, 盡在於此一章. 其曰學而時習者, 明明德工夫, 善習之, 則止至善之效著焉, 殷宗之典于學, 唐堯之明峻德也. 其曰有朋自遠方來者, 新民之工夫, 言其樂處, 止至善之效著焉, 「禹謨」之修文德以來之, 「齊風」之知子之來也. 其曰不知不慍云而, 明德, 新民, 所以止至善之極工能事畢矣. 大『易』所謂"龍德而隱者"也, 有是哉? 吾夫子處潛龍勿用之地, 眞有不見是而無悶之德, 此誠確乎! 其不可拔潛龍也, 其惟吾夫子當之. 『魯論』之首載此章者, 卽亦鄕黨畫聖人之筆法, 吾安得不讀之欲手足舞蹈, 若將聲入心通然乎哉!)-徐俊輔,『魯論夏箋』

서기덕(徐基德, 1832-?)도 '학(學)'을 '대학(大學)의 도(道)'로 해석하면서 다음과 같이 말하였다.

이 학(學)자는 '학문에 뜻을 둔다'고 할 때의 학(學)자와 같으니, 바로 『대학』의 도이다. '수시로 익힌다'고 말한 것은 치지(致知)와 역행(力行)의 일로 한갓 암송만 일삼는 속학(俗學)과 같지 않다. 지금의 배우는 자들이 『대학』으로부터 들어가서 지행(知行)에 의거하여 익힌다면 성인의 뜻을 잃지 않을 것이다.(此學字與志于學之學同, 卽大學之道也. 其日時習者, 致知力行之事, 而非若俗學之徒事講誦而已. 今之學者從大學而入, 據知行而習之, 則不失聖人之旨意也.)-徐基德, 『論孟經義問對-論語』

이금(李嶔, 1842-1928)도 다음과 같이 말하였다.

『대학』은 공자가 남긴 책으로 초학자들이 덕(德)에 들어가는 문이다. 「학이」편은 이 책의 첫 편으로 배우는 자들이 도에 들어가는 문이니, 덕(德)이 체(體)가 되고 도가 용(用)이 되어 서로 표리(表裏)가 된다. 당시 3,000명의 제자들이 그 말씀을 듣지 않음이 없었으니, 학습하여 따라 들어가는 방도를 성인이 비록 말씀하시지 않으셨지만 명덕(明德), 신민(新民), 지어지선(止於至善)의 '학'임을 모두 알았다. 그러므로 증자의 학은 "날마다 그 몸을 반성하고서 전해 받은 것을 학습하였다."는 것에서 보듯이 성인의 종지(宗旨)를 얻었으니, 배우는 자들이 수시로 익히는 공부를 마땅히 『대학』으로부터 입문하면 성인의 뜻에 가까울 것이다.(『大學』, 孔氏之遺書, 而爲初學入德之門也. 「學而」爲書之首篇, 而爲學者入道之門, 則德爲體而道爲用, 互相表裏之書也. 當時三千之徒, 莫不聞其說, 則聖人雖不言學習從入之方, 而皆知明德, 新民, 止於至善之學矣. 故曾子之學, 日省其身, 必日傳不習乎, 獨得聖人之宗旨, 則學者時習之工, 當從『大學』而入門, 庶幾乎聖人之旨意矣.)-李嶔, 『經義問對-論語』

이상에서 논한 고정봉, 서기덕, 이금은 「학이」 1장 '학이시습지'의 '학(學)'을 '『대학』의 도'에서 명덕을 밝히는 공부를 배우는 것으로 이해하였다.

이처럼 조선의 유학자들이 공자가 말한 '학(學)'을 '명덕을 밝히는'(明明德) 공부로 해석하고, 『논어』와 『대학』을 하나로 융합하여 바라보는 관점은 다음의 두 가지 문제를 생각하게 한다.

① '명덕(明德)'의 성립 기초는 어디에 있는가?
② '명덕을 밝히는 것'(明明德)은 어떻게 가능한가?

이 두 문제는 주자가 『대학장구』에서 명확하게 분석하였다.

대학(大學)은 대인(大人)의 학문이다. 명(明)은 밝힘이다. 명덕(明德)은 사람이 하늘에서 얻은 바, 허령(虛靈)하고 어둡지 않아서 중리(衆理)를 갖추어 있고 만사(萬事)에 응하는 것이다. 다만 기품(氣稟)에 구애되고 인욕(人慾)에 가리워지면 때로 어두울 적이 있으나, 그 본체(本體)의 밝음은 한 번도 그친 적이 없다. 그러므로 배우는 자는 마땅히 그 발(發)하는 바를 인하여 마침내 밝혀서 그 처음을 회복하여야 한다.(大學者, 大人之學也. 明明之也. 明德者, 人之所得乎天而虛靈不昧, 以具衆理而應萬事者也. 但爲氣稟所拘, 人欲所蔽, 則有時而昏. 然其本體之明, 則有未嘗息者. 故學者當因其所發而遂明之, 以復其初也.)-朱熹, 『大學章句』

주자의 해석에서 명덕은 바로 하늘이 사람에게 부여해 준 것으로, '중리(衆理)를 갖추어 있고 만사(萬事)에 응하는 것'의 본질이다. 이러한 본질을 주자는 '성(性)'이라 하였는데, 『맹자집주』에서 '타고난 본성을 성이라 함'(生之謂性)이라는 구절을 해석하면서 다음과 같이 말하였다.

본론(ii): 일본 논어학의 중요 개념

성(性)이란 사람이 하늘에서 얻은 바의 리(理)요, 생(生)이란 사람이 하늘에서 얻은 바의 기(氣)이니, 성(性)은 형이상(形而上)이요, 기(氣)는 형이하(形而下)이다. 인(人)과 물(物)이 태어날 때에 이 성(性)을 가지고 있지 않은 경우가 없으며, 이 기(氣)를 가지고 있지 않은 경우가 없다. 그러나 기(氣)로써 말한다면 지각(知覺), 운동(運動)은 사람과 동물이 다르지 않은 듯하되, 리(理)로써 말한다면 인의예지(仁義禮智)의 본성(本性)을 어찌 동물이 얻어 온전히 할 수 있는 것이겠는가.(性者, 人之所得於天之理也, 生者, 人之所得於天之氣也, 性, 形而上者也, 氣, 形而下者也. 人物之生, 莫不有是性, 亦莫不有是氣. 然以氣言之, 則知覺運動, 人與物, 若不異也. 以理言之, 則仁義禮智之稟, 豈物之所得而全哉!)-朱熹,『孟子集注』

주자는 이기이원론(理氣二元論)에서 출발하여 자신의 '성즉리(性卽理)'의 주장을 논증하고, '중리(衆理)를 갖추어 있고 만사(萬事)에 응하는 것'의 '본성(本性)'이 바로 사람이 하늘로부터 부여받은 '명덕(明德)'이라고 하였다. 하지만 이 '명덕(明德)'은 항상 '기(氣)'에 의해 막혀 밝지 않는 경우가 많다. 주자는 『대학혹문(大學或問)』에서 이 부분에 대하여 아주 상세한 해석을 제기하였다.

그 리(理)로써 말하면 만물은 하나의 근원으로 본래 인(人)과 물(物)의 귀천(貴賤)의 다름이 없다. 그 기(氣)로써 말하면 바르고 통하는 것을 얻으면 사람이 되고 편벽되고 막힌 것을 얻으면 물(物)이 되기 때문에 어떤 것은 귀하고 어떤 것은 천하여 가지런할 수가 없다. 저 천(賤)하여 물(物)이 된 것은 형기(形氣)의 편벽되고 막힌 것에 질곡되어 그 본체의 완전함을 충족시킬 수 없다. 오직 사람의 태어남은 그 기(氣)의 바르고 통한 것을 얻어서 그 성(性)이 가장 귀하기 때문에 방촌(方寸)의 마음이 허령(虛靈)하고 통철(洞徹)

하여 만리(萬理)가 모두 구비되어 있다. 사람이 금수와 다른 점이 바로 여기에 있으며, 누구나 요순이 되어 천지에 참가하여 화육(化育)을 도울 수 있는 소이연(所以然)도 이것에서 벗어나지 않는다. 이것이 이른바 명덕(明德)인 것이다. 그 통함에도 청탁(淸濁)의 다름이 없을 수 없고 그 바름에도 미악(美惡)의 다름이 없을 수 없다. 그러므로 그 품부받은 바탕이 맑은 사람은 지혜롭고 탁한 사람은 어리석으며, 아름다운 사람은 현명하고 악한 사람은 불초하여 같을 수 없는 것이 있다. 반드시 상지(上智)와 대현(大賢)의 자질이라야 그 본체를 온전히 하여 조금도 밝지 않음이 없으니, 이러한 자질에 이르지 못하면 이른바 명덕(明德)이라는 것도 가리어져 그 온전함을 잃어버리게 된다. 더군다나 또 기질에 가려진 마음으로 사물의 무궁한 변화를 접하면, 그 눈으로 보고 귀로 듣고 입으로 맛보고 코로 냄새 맡고 몸을 편안히 하는 것 등이 덕을 해치는 것이 될 것이니, 어찌 이런 경우를 이루 다 말할 수 있겠는가! 두 가지가 서로 인(因)하여 반복되고 깊어지고 고착화된다. 이 때문에 이 덕의 밝음이 날로 더욱 혼매해져서 이 마음의 영묘(靈妙)함으로 지각하는 것은 정욕과 이해(利害)의 사사로움에 지나지 않는다. 이러하다면 비록 사람의 형체를 가지고 있다고 하더라도 실로 어떻게 금수와 구별되겠는가. 요순이 되어 천지에 참여할 수 있다고 한다 할지라도 스스로 충족할 수가 없다. 그러나 본래 밝은 체(體)는 하늘에서 얻었기 때문에 결코 어둡게 할 수 없는 점이 있다. 이 때문에 극도로 어둡고 가리움이 있더라도 잠깐 사이에 한 번 지각이 있으면 이 빈틈 속으로 나아가 그 본체가 환해진다. 이 때문에 성인이 가르침을 베풀 때에는 『소학』에서 이미 길러 준 이후에 『대학』의 도로써 열어 준다. 반드시 격물치지의 설을 앞세우는 것은 그들로 하여금 수양에 나아가 그 발동한 바를 따라 밝음의 큰 단서를 열어 주려는 것이다. 성의(誠意), 정심(正心), 수신(修身)의 조목으로 이은 것은 그들로 하여금 이미 밝혀진 단서를 통해 자신에게 돌이켜서 그 밝음의 실체를 다 이루어 주려는 것이다. 이미 밝힘의 단서를 열어 주고 그 밝히는 실체를 다 이루어 준다면, 내가 하늘에서 얻어 밝지 않았던 적이 없는 것이 어찌 기질과 물욕의 누를 초연히 벗어나 그 본체의 온전함을 회복하지 않을 수 있겠는가! 이것이 이른바 명덕(明德)을 밝히는 것으로, 성분(性分)의 밖에서 작위(作爲)하는 것이 아니다.(以其理而言之, 則萬物一原, 固無人物貴賤之殊, 以其氣而言之, 則得其正且通者爲人, 得其偏且塞者爲物, 是以或貴或賤而不能齊也. 彼賤而爲物者, 旣梏於形氣之偏塞, 而無以充其本體之全矣. 惟人之生乃得其氣之正且通者, 而其性爲最貴, 故其方寸之間, 虛靈洞徹, 萬理咸備, 蓋其所以異於禽獸者正在於此, 而其所以可爲堯舜而能參天地以贊化育者, 亦不外焉, 是則所謂明德者也. 然其通也, 或不能無淸濁之異, 其正也, 或不能無美惡之殊, 故其所賦之質, 淸者智而濁者愚, 美者賢而惡者不肖, 又有不能同者. 必其上智大賢之資, 乃能全其本體, 而無少不明, 其有不及乎此, 則其所謂明德者已不能無蔽而失其全矣. 況乎又以氣質有蔽之心, 接乎事物無窮之變, 則其目之欲色, 耳之欲聲, 口之欲味, 鼻之欲臭, 四肢之欲安佚, 所以害乎其德者, 又豈可勝言也哉! 二者相因, 反覆深固, 是以此德之明, 日益昏昧, 而此心之靈, 其所知者不過情欲利害之私而已. 是則雖曰有人之形, 而實何以遠於禽獸, 雖曰可以爲堯舜而參天地, 而亦不能有以自充矣. 然而本明之體, 得之於天, 終有不可得而昧者, 是以雖其昏蔽之極, 而介然之頃一有覺焉, 則卽此空隙之中, 而其本體已洞然矣. 是以聖人施敎, 旣已養之於小學之中, 而後開之以大學之道. 其必先之以格物致知之說者, 所以使之卽其所養之中, 而因其所發, 以啓其明之大端也, 繼之以誠意, 正心, 脩身之目者, 則又所以使之因其已明之端, 而反之於身, 以致其明之之實也. 夫旣有以啓其明之之端, 而又有以致其明之之實, 則吾之所得於天而未嘗不明者, 豈不超然無有氣質物欲之累, 而復得其本體之全哉! 是則所謂明明德者, 而非有所作爲於性分之外也.)―朱熹, 『四書或問』

위의 주자의 해석에 의거하면, 인심(人心)의 최초의 상태는 허령(虛靈)

하고 통철(洞徹)하여 만리(萬理)가 모두 구비되어 있지만, 기질과 물욕에 의해 가리어져 있기에 그 어두움을 면치 못하는 것이다. 명덕을 밝히는 공부가 필요한 것은 이 때문이다.

조선의 유학자들이 『대학』에 근거해서 『논어』를 해석하며 '학(學)'을 '명명덕'의 공부로 해석하였지만, 위에 언급한 두 가지 문제에 대하여 논의한 적이 없으므로 다소 부족한 감이 없지 않다.

(2) 주자학을 전범으로 하는 『논어』 해석

조선의 유학자들이 '학이시습지' 장을 해석하는 두 번째 양상은 바로 주자의 해석을 전범으로 삼는 것이다. 사서(四書)의 해석에서 주자의 해석은 700년 동안 동아시아 유학자들의 전범이었다. 주자학자이든 반주학자이든 반드시 주자의 해석을 두고 받아들이거나 추론하거나 비판하거나 논쟁하지만, 주자의 해석을 염두에 두지 않으면 안 되었다. 조선의 유학자들은 주자학의 영향하에 있었기 때문에 '학이시습지' 장에 대해 해석할 때 주자의 해석을 준수하였다. 조선 유학자의 해석 방향은 주로 아래에서 다루고자 하는 두 가지 과제에 집중되어 있다.

① '학(學)'의 과정에서 '심(心)'과 '리(理)'의 관계

조선 유학은 주자학의 전통에 깊이 침잠해 있기 때문에 조선 유학자들은 '학이시습지'를 해석할 때에 주자의 해석을 따른다. 이는 '학(學)'의 과정에서 '심(心)'과 '리(理)'의 관계를 설명할 때도 동일하다. 19세기 유학자 박문일(朴文一, 1822-1894)은 다음과 같이 말하였다.

학(學)이라는 말은 본받는다는 뜻이다. 사람이 태어나 성(性)을 가지지 않음이 없고, 그 성(性)은 본래 착하다. 사람이 성(性)에 따라 그것을 지킬 수 있으면 곧바로 성인이니 다시 어찌 학(學)을 기다리겠는가. "요순은 본성대로 했다."라는 것이 이것이다. 그러나 품부받은 기질은 똑같지 않으니 진실로 선각(先覺)이 한 바를 본받지 않는다면 선(善)을 밝혀 그 처음을 회복할 수 없다. 학문에 힘쓰지 않으면 안 되는 까닭이 진실로 이와 같다. 또 수시로 익힘을 실천하지 않는다면, 공부가 중단되어 발명(發明)할 길이 없어 궁구할 바를 살필 수 없기 때문에 마음과 리(理)가 어긋나서 아는 것도 믿을듯 말듯해지고, 실천하는 것도 익숙지 않기 때문에 몸과 일이 위태로워져서 행하는 것이 혹 끊어졌다 이어졌다 한다. 그리하여 강학(講學)한다 할지라도 진실로 일을 이루지 못한다. 배우고 난 뒤에 다시 수시로 익혀서 다시 익히지 않을 때가 없어진 연후에 진실이 쌓이고 힘씀이 오래되어 발과 눈이 점점 이르게 된다. 그리하여 천하의 이치에 대해 확 트여 이전에 까마득하게 모르던 것이 장님이 눈을 뜨듯 환해져서 그 흑백을 변별할 수 있게 될 것이며, 또한 천하의 일에 대해서는 익숙하고 통쾌하게 할 것이다. 그리고 이전에 갈팡질팡하며 할 수 없었던 것도 마치 절름발이가 다리가 나은 것처럼 지극히 먼 곳까지 도달하게 된다. 이와 같다면 이른바 의리가 나의 마음을 기쁘게 하는 것이 어찌 다만 고기가 나의 입을 맛나게 하는 것에 그칠 뿐이겠는가. 이것이 학문을 스스로 그만두지 못하고 끝내 그 극도의 경지에 나아가는 이유이다.(學之爲言效也. 盖人之有生, 莫不有性, 而其性也本善, 人能因性以有之則, 合下便聖, 復何待於學也? 堯舜性之是也. 然氣質之稟或不能齊, 苟不效先覺所爲, 則無以明善而復其初也, 此學所以不容不務者固如是. 又不爲無時不習, 則工夫間斷, 無由發明, 其所以窮究者不審, 故心與理違, 而所知者若信若疑, 踐履者不熟, 故身與事殆, 而所行者或斷或續, 號爲講學者, 誠不濟事. 惟其學矣, 而復習習矣, 而復無時不習, 然後眞積力久, 足目漸到, 其於天下之理, 通透活絡, 而向之懵

然無知者, 曉然如盲者之眼明, 而無物不得以辨其黑白. 亦於天下之事, 爛熟痛決, 而向之倀然無能者, 坦然如凡者之脚健, 而無處不得以致其極遠也. 如是則所謂義理之悅我心, 豈特如芻豢之悅口而已哉? 此學所以不能自已, 而卒就乎其極者也.)-朴文一, 『經義-論語』

박문일의 이러한 주장은 완전히 주자의 생각을 추종하는 것이다. 그는 인간이 품부받은 기질이 혹 가지런하지 않으니 만약 선각(先覺)의 전범(典範)을 본받지 않는다면, 마음과 리(理)가 어긋나서 선(善)을 밝혀 최초의 모습을 회복할 수 없을 것이라고 하였다. 또한 사람은 반드시 '학(學)'의 공부를 거쳐야만 천하의 이치를 통달하고 천하의 일에 능숙할 수 있다고 주장하였다. 박문일의 이러한 해석은 다음의 주자의 글에서 보듯이 주자의 주장과 완벽하게 호응된다.

배우고 때때로 익히면 어째서 기쁘게 됩니까? 다음과 같이 대답하였다. "사람이 이미 배워 알고 능하며, 그 아는 이치와 능한 일을 또 때때로 반복하고 생각하기를 새가 자주 날갯짓 하는 것을 익히듯이 하면, 배운 것이 익숙해지고 마음이 기쁘게 된다. 대개 사람이 배우지 않으면 그 마땅히 알아야 될 이치를 알 수가 없으며 그 마땅히 능하여야 할 일에 능할 수 없어서 진실로 밤길을 가는 것과 같을 따름이다. 그러나 배우기만 하고 익히지 않으면 겉과 속이 충돌하여 그 배우는 도를 이룰 수가 없으며, 익히기만 하고 때때로 하지 않으면 공부가 사이가 끊어져서 그 익히는 공을 이룰 수 없다. 이리하면 그 가슴 속에서 비록 힘써 스스로 나아가려고 해도, 또한 마르고 생삽(生澁)하여 즐길 만한 맛이 없게 되고, 위태롭고 불안하여 가까이할 만한 편안함이 없게 된다. 그러므로 이미 배우고 또 반드시 때때로 익히면, 그 마음과 이치가 서로 젖어들어 아는 것이 더욱 정밀해지고, 몸과 일이 서로 편안해져 능한 것이 더욱 견고해진다. 그리하여 아침저녁으로 부앙(俯仰) 중에 조용히 모든 배워서 알고 능한 것이 마음속에서 자득하여 남에게 말로 표현할 수 없는 것이 반드시 모두 있게 된다. 이는 마음속에서 저절로 일어난 기쁨의 맛으로 비록 맛있는 고기 맛으로도 그 좋음을 비유할 수가 없다. 이것이 학문의 시작이다."(學而時習, 何以說也? 曰: "言人旣學而知且能矣, 而於其所知之理, 所能之事, 又以時反復而溫繹之, 如鳥之習飛然, 則其所學者熟, 而中心悅懌也. 蓋人而不學, 則無以知其所當知之理, 無以能其所當能之事, 固若冥行而已矣. 然學矣而不習, 則表裏扞格, 而無以致其學之之道, 習矣而不時, 則工夫間斷, 而無以成其習之之功. 是其胸中雖欲勉焉以自進, 亦且枯燥生澁, 而無可嗜之味, 危殆杌陧, 而無可卽之安矣. 故旣學矣又必時習之, 則其心與理相涵, 而所知者益精, 身與事相安, 而所能者益固. 從容於朝夕俯仰之中, 凡其所學而知且能者, 必皆有以自得於心, 而不能以語諸人者, 是其中心油然悅懌之味, 雖芻豢之甘於口, 亦不足以喩其美矣, 此學之始也.")-朱熹, 『四書或問』

주자는 '학(學)'에 의한 공부의 필요성을 강조하였다. 오로지 '학'이야말로 마음과 이치가 서로 융합될 수 있는 경지에 도달하게 해줄 수 있다고 여겼다. 주자는 그가 지은 「격물치지보망전」에 근거하여 '학이시습지'를 해석하였다. 주자는 「격물치지보망전」에서 우주의 모든 존재에는 이치가 들어 있고, 사람의 마음은 이를 인식할 수 있는 능력을 지녔다고 주장한다. 때문에 '심(心)'의 '리(理)'에 대한 인식과 통합이 가능하다고 하였다. 이는 '심'과 '리'의 상호 분리와 상호 소통의 양상으로 바로 주자학의 '심'과 '리' 관계의 두 측면이라 할 수 있다.[51]

주자의 이러한 주장은 『맹자』「공손추 상」2장의 '지언(知言)'에 대한 해석에서도 동일하게 나타난다. 주자는 '심(心)'은 '지각(知覺)'의 능력을 지녔는데,[52] 이러한 '심(心)'은 간극 없는 체(體)와 용(用)으로 이루어져 있으며 이치를 궁구하여 꿰뚫을 수 있게 한다.[53] 그리고 그 극치는 천하의 사물의 이치에 대하여 모두 파악하는 경지에 도달할 수 있게 해준다고 하였다.[54]

주자는 분리된 '심'과 '리'에서 '심'이 '리'를 감지하는 관건은 바로 인심(人心)의 '격물궁리(格物窮理)'에 있다고 여겼다. 다음 글을 통해 주자의 주장을 들어 보자.

유학자의 학문에 있어 요지는 이치를 궁구하는 것을 우선으로 삼는다. 무릇 하나의 사물에는 하나의 이치가 있으니, 반드시 먼저 이것을 밝힌 연후에야 마음에서 일어나는 경중(輕重)과 장단(長短)에 준칙(準則)이 있게 된다. 만약 이것에서 먼저 그 앎을 지극히 이루지 않고, 마음을 삼는 것이 이와 같음만 보고 마음을 삼는 것이 이와 같음을 알아 대충대충하여 준칙으로 삼을 바가 없다면 그 보존되고 일어나는 것이 어찌 이치에 맞겠는가.(儒者之學, 大要以 窮理爲先. 蓋凡一物有一理, 須先明此, 然後心之所發, 輕重長短, 如有準則. 若不於 此先致其知, 但見其所以爲心者如此, 識其所以爲心者如此, 泛然而無所準則, 則其 所存所發, 亦何自而中於理乎?)-朱熹, 『朱子文集』第3冊, 「答張敬夫」

'심(心)'이 '준칙(準則)'이 될 수 있는 까닭은 '치지(致知)'를 그 전제로

<hr />

51) 朱子의 「大學格物補傳」에 관한 최근 연구성과로는 楊儒賓, 「朱子的格物補傳所衍生的問 題」, 『史學評論』第5期(1983), 133-172면;市川安司, 「朱子哲學に見える「知」の考察——『大學 章句』「致知」の注を中心にして」, 『朱子哲學考論』, 29-68면; 大濱皓, 『朱子哲學』, 東京: 東京 大學出版會, 1983, 第7章, 239-267면.

52) 黎靖德 編, 『朱子語類』, 北京: 中華書局, 1994, 第1冊, 卷15, 300면.

53) 朱熹, 『孟子或問』, 「朱子遺書』, 臺北: 藝文印書館影印淸康熙中禦兒呂氏寶誥堂刊本, 第5 冊, 卷13, 1면.

54) 朱熹, 『孟子或問』卷13, 1면.

하기 때문이라고 주자는 생각하였다. 또한 주자는 모든 사물에는 도리가 있기 때문에 십분 그 이치를 궁구하여 격물을 해야 되니, 만약 이 마음이 아니라면 궁리할 수 없을 것이라고 하였다.[55] 주자의 사상에서 '심'과 사물의 '리'는 결코 동일체(同一體)의 두 측면이 아니다. 문제는 어떻게 하면 '심'으로 하여금 '리'를 인지할 수 있게 하는가라는 점이다.

주자는 『대학혹문』에서 "사람이 학문을 하는 대상은 심(心)과 리(理)일 뿐이다. 심은 일신(一身)의 주재자인데, 그 본체는 허령(虛靈)하여 천하의 이치를 파악하기에 충분하다. 리는 만사(萬事)에 산재(散在)해 있지만 그 작용은 신묘하기에 실로 사람의 마음 밖에 있는 것이 아니다."[56]고 하였다. 주자의 사상에서 '리'는 '자연(自然)', '소이연(所以然)', '소당연(所當然)' 등의 보편적인 이치를 포함하고 있다.[57] 이러한 보편적 이치는 모두 '심'이 인지 기능을 발휘하여 인식할 것을 필요로 한다. '리'는 곧 '심'과 같지 않다. 이에 '심'은 반드시 '리'를 인식하는 공부와 절차를 추구해야 한다. 이런 공부와 절차는 바로 공자가 말한 '학이시습지'를 의미한다.

조선의 유학자 박문일은 '심(心)'과 '리(理)'의 이분(二分)에서 '심'과 '리'의 합일(合一)에 이르기까지 학의 필요성을 논증하였는데, 이는 완전히 주자의 사상을 따른 것이다. 주자학의 계통에서 '리'라는 개념은 이중의 내포를 지니고 있다. '리'는 '우주의 만사만물의 운행의 이치'일 뿐만

55) 黎靖德 編, 『朱子語類』 第8冊, 卷121, 2940면. "事事物物皆有箇道理, 窮得十分盡, 方是格物. 不是此心, 如何去窮理?"

56) 朱熹, 『大學或問』, 京都: 中文出版社影印和刻近世漢籍叢刊本, 1977, 40면. "人之所以爲學, 心與理而已矣. 心雖主乎一身, 而其體之虛靈, 足以管乎天下之理. 理雖散在萬事, 而其用之微妙, 實不外乎一人之心."

57) 陳榮捷, 「理的觀念之進展」, 『崇基學報』 第4卷第1期, 1964年 11月, 1-9면; Wing-tsit Chan, Chu Hsi: Life and Thought(Hong Kong: The Chinese University Press, 1987), p. 49; 陳榮捷, 『宋明理學之概念與歷史』, 臺北: 中央研究院中國文哲研究所籌備處, 1996, 135면.

아니라 '인간 세상의 도덕규범'이기도 하다. '리'는 '소이연(所以然)'이면서 동시에 '소당연(所當然)'이기도 하다. 이 때문에 주자의 이학(理學)은 많은 철학문제를 파생하였다.

그런데 조선의 유학자들은 주자학적 전범하에서 '학이시습지'를 해석하면서 결코 '리'의 이중성 문제를 언급하지 않았다. 대다수 조선의 유학자들은 '리'를 심성의 '리'로 이해하였으며, 주자가 말한 '인간 세상의 도덕 규범'으로서의 '리'의 측면을 소홀히 하였다. 그들이 중시한 것은 '우주 만사만물의 운행 이치'로서의 리의 측면이었다.

조선 유학의 이러한 특징을 대표적으로 보여 주는 예는 19세기 하반기 전우(田愚, 1842-1928)의 '학이시습지'에 대한 해석이다.

『논어』라는 책을 펼치면 가장 첫 글자는 성(性)을 배우는 것을 가리켜 말하였고, 『맹자』 첫 장의 인의(仁義)도 성(性)이며, 『대학』 첫 장의 머무는 바의 지선(至善)도 성(性)이고, 『중용』 첫 구절에서도 또한 성(性)을 말하였다. 성현(聖賢)의 말씀은 성(性)자를 버리고 이른바 학(學)이라는 것이 없는데, 어찌하여 근래의 유학자들은 성(性)자를 폄하하는 것으로 종지(宗旨)를 삼는가. 그렇지 않은 자들도 마음에서 성(性)을 주재(主宰)로 삼으려 하지 않으니, 성문(聖門)의 성학(性學)이 거의 끊어질까 나는 두렵다. 학(學)이란 무엇을 배우는 것인가? 기(氣)를 배우고 마음을 배우고자 한다면, 기(氣)에는 부드럽고 거친 것이 있어 배울 만한 것이 아니다. 마음은 법도를 넘고 인(仁)을 어길 때가 있으니, 또한 배울 만한 것이 못 된다. 그렇다면 성(性)으로 스승을 삼지 않을 수 없다. 선각자(先覺者)들이 알고 행하는 것이 모두 성(性)이니, 이것이 바로 성문(聖門)의 하늘에 근본을 둔 학문이다.(『論語』開卷第一字, 是指學性言, 『孟子』首章仁義, 亦是性, 『大學』首章所止之至善, 亦是性, 『中庸』首句又直言性. 聖賢之言, 舍性字無所謂學, 奈何近儒卻以貶簡性字爲宗旨. 其不然者,

其心亦不肯以性爲主宰, 吾懼夫聖門性學殆其絶矣. 學是何所學? 欲學氣, 學心, 則氣
有精粗, 非可學者也. 心有時踰矩違仁, 亦非可學者也. 然則不得不以性爲師也. 夫先
覺之所知所行, 皆性也, 此聖門本天之學也.)-田愚, 『讀論語』

전우의 해석을 보면 '학(學)'의 대상은 인간에게 내재되어 있는 선성(善
性)을 가리킨다. '성(性)'을 배워서 덕(德)을 완성하는 것이니, 결코 외재적
'리'를 찾아 '심'과 '리'의 합일을 추구하는 것이 아니다. 전우가 말한
'성(性)'을 배워서 덕을 완성하는 것은 '학'의 최종 목적을 가리키는데,
이는 주자가 말한 '선을 밝혀 그 최초의 모습을 회복하는 것'(明善而復其
初)과 매우 유사하다. 주자는 『논어집주』에서 '학' 자의 함의에 대하여 다
음과 같이 해석하였다.

'학(學)'이란 본받는다는 말이다. 인성(人性)은 모두 선(善)하지만 깨달음에
는 선후(先後)가 있기에 뒤에 깨달을 이는 반드시 먼저 깨달은 사람이 한 것
을 본받아야만 선을 밝혀 그 최초의 모습을 회복할 수 있을 것이다.(學之爲
言效也. 人性皆善, 而覺有先後, 後覺者必效先覺之所爲, 乃可以明善而復其初也.)-
朱熹, 『論語集注』

주자는 공자의 '학(學)'을 일종의 모방으로 이해하였는데, 이는 일종의
외재적 리(理)를 탐구하는 지식 활동이라 할 수 있다. 그러나 주자의 이러
한 지식 활동의 목적은 '선을 밝혀 그 최초의 모습을 회복하는 것'(明善而
復其初)에 있으니, 이는 바로 모방 학습하여 얻은 '리'를 심성(心性)에 투영
시키는 것이라고 할 수 있다. 때문에 주자의 해석에서 '학'은 비록 그 발
생의 시점에서는 일종의 외재적 리를 탐구하는 것이었지만, 본질적으로
는 심성과 도덕의 수양을 목적으로 한다.

명대의 유학자 풍종오(馮從吾, 1556-1627?)는 "학문이란 깨달음을 추구하는 것이니, 배운 뒤에야 깨달을 수 있다."[58]고 하였는데, 이러한 언급들은 모두 '학'의 목적을 가리켜 한 말이다. 조선의 유학자 전우가 '성(性)'을 배워서 덕을 완성하는 것으로 '학'을 이해한 것은, 주자학의 '성즉리(性卽理)'의 입장을 따르는 한 필연의 결론이라 할 것이다.

(2) '지(知)'와 '행(行)'의 관계

공자의 가르침의 목적은 완전한 인격을 배양하는 데 있다. 공자가 "군자란 특정한 능력만을 가진 존재가 아니다."(『論語』「爲政」12장. "君子不器"), "어진 사람 근심하지 않으며, 지혜로운 사람 미혹되지 않고, 용감한 사람 두려워하지 않는다."(『論語』「憲問」28장. "仁者不憂, 智者不惑, 勇者不懼."), "군자는 정의를 본질로 삼아서 예를 통해 이를 실천하고 겸손을 통해 이를 표현하며 신의를 통해 이를 완성한다."(『論語』「衛靈公」18장. "義以爲質, 禮以行之, 遜以出之, 信以成之."), "군자는 먹을 때 배부름을 구하지 않고 거처함에 편안함을 추구하지 않으며, 일은 민첩하고 말은 신중하게 해야한다. 그러고도 미진한 점이 있으면 도를 깨우친 사람에게 나아가서 자신을 바로잡아야만 '학문을 좋아한다'고 할 만하다."(『論語』「學而」14장. "君子食無求飽, 居無求安, 敏於事而愼於言, 就有道而正焉, 可謂好學也已.")라고 한 것은 완전한 인격의 특징을 가리켜 한 말이다. 완전한 인격을 구비한 '군자(君子)'를 공자는 때때로 '사(士)'로 부른다. 그들은 완전한 인격을 갖고 있기에 그들의 행위는 "행동할 때 염치를 알고, 외국에 사신 가서는 임금

---

58) 馮從吾, 『少墟集』, 臺北: 臺灣商務印書館景印四庫全書珍本, 1979, 卷二, 29-30면. "學所以收其覺, 學然後覺."

의 명을 욕되게 하지 않을 수 있는 것."(『論語』「子路」20장. "行己有恥, 使於四方, 不辱君命.")이다. 또한 공자는 어떤 때는 '군자(君子)'를 '성인(成人)'으로 부르기도 하는데, 이러한 '성인(成人)'은 "이익을 보면 정의를 생각하고, 위험을 보면 목숨을 바치며, 오래 전에 한 약속도 평소 잊지 않는다면 완성된 인간이라 할 수 있다."(『論語』「憲問」13장. "見利思義, 見危授命, 久要不忘平生之言, 亦可以爲成人矣.")는 특징을 지니고 있다. 이처럼 공자가 말하는 '학(學)'은 '지(知)'와 '행(行)'을 겸한 것이라 할 수 있다.

주자 또한 '학이시습지'를 해석하면서 특히 '학(學)'의 목적이 '행(行)'에 있다는 것을 강조하였다. 주자는 "학(學)이란 본받는 것이다."[59]는 말의 함의를 "자신이 능력이 없으면 능력 있는 사람을 본받아서 그 해결책을 구하는 것, 이러한 모든 것이 바로 '학'의 일이다."[60]라고 규정하였다. 주자의 이러한 해석은 모두 '지(知)'란 반드시 '행(行)'의 실천이 전제되어야 함을 강조한 것이다.

조선의 유학자들은 주자학적 전범하에 『논어』를 해석하였기에, '학(學)'은 '지(知)'와 '행(行)'을 겸하여야 된다는 주자의 말을 특히 강조하였다. 18세기 하반기 이원배(李元培, 1745-1802)의 말을 들어 보자.

신 원배(元培)는 삼가 다음과 같이 생각합니다. 학이시습지(學而時習之)의 '학(學)'은 궁리(窮理)와 역행(力行)을 겸하여 말한 것이니, 바로 삼대(三代) 때 가르친 학문으로, 공자께서 열다섯 살에 학문에 뜻을 두었다고 할 때의 학문입니다. 그러니 이단의 가르침과 속유(俗儒)의 관습이 그 사이에 끼어

---

59) 朱熹, 『論語集注』, 「學而」 1장. "學之爲言效也."
60) 朱熹, 『四書或問』, 上海: 上海古籍出版社, 2001, 卷一, 103면. "以己之未能, 而效未能者, 求其解, 皆學之事也."

들 바가 아닙니다.(臣元培竊以爲學而時習之學, 兼窮理力行而言, 卽三代所以敎之之學, 而孔子十五而志于學之學也, 非異端之敎, 俗儒之習所厠列於其間也.)-李元培,『經義條對-論語』

　이원배는 공자의 '학(學)'은 바로 궁리(窮理)와 역행(力行)을 겸한 것으로, 이러한 학(學)이 궁구하는 리(理)는 바로 도덕적 이치로서 이는 대인(大人)의 학문이라고 여겼다.
　19세기 하반기의 박종영(朴宗永, ?-1875)도 지행합일(知行合一)의 각도에서 공자의 '학(學)'을 해석하였는데, 그는 다음과 같이 말하였다.

　배운다는 것은 모르던 것을 알려 하고 능하지 못한 것에 능하려고 하는 것이다. 그 귀결점을 궁구해 보면 지행(知行)을 겸하여 말씀한 것으로 본연의 선(善)을 회복하고자 하신 것이다. 생지(生知)의 성인일지라도 만약 배우지 않으면 어떻게 성인의 경지에 이르겠는가. 이 때문에 공자께서 "나는 학문을 싫어하지 아니하고 가르침을 게을리하지 않는다."고 말씀하신 것이다. 배웠다고 하더라도 만약 수시로 익히지 않으면 공부가 중단되어 익히는 공부를 이룰 수가 없다. 그러므로 반드시 "수시로 익힌다."고 말한 것이다. 그 학습은 자신을 닦아서 남에게 미치기 위함이니, 자기를 이루고 남을 이룸이 나의 학습을 통해 이루어지면 어찌 기뻐하는 마음이 없겠는가. 맹자께서 "리의(理義)가 나의 마음을 기쁘게 함은 고기가 나의 입을 기쁘게 함과 같다."고 하셨으니, 리의(理義)가 가는 곳마다 충만하여 결함이 없다면 자연스럽게 마음이 기뻐서 자기도 모르게 손과 발이 춤추게 될 것이니, 그 기쁨에 어찌 한도가 있겠는가.(學者欲知其未知, 欲能其未能也. 而究其歸則兼知行而言也, 欲復其本然之善也. 雖生知之聖, 苟不學焉, 則何以到聖人之域乎? 是以孔子曰: "我學不厭而敎不倦也." 旣學矣而苟不時習, 工夫間斷而無以成其習之之功, 故必曰時

習, 蓋其學習爲自修而及人也, 成己成物, 由吾學習而成, 則豈無所喜悅之心乎? 孟子曰: "理義之悅我心, 猶芻豢之悅我口." 理義隨處充滿, 無所虧欠, 則自然中心悅豫, 不知手之舞, 足之蹈, 其爲悅容有紀乎?)-朴宗永, 『經旨蒙解-論語』

결론적으로 조선의 유학자들은 주자학적 전범을 따라서 공자의 '학이시습지(學而時習之)'를 해석하였다. 그들은 대체로 '학(學)'이란 본래의 선(善)을 회복하는 것을 목표로 삼을 것을 강조하지만, 실천적 차원의 공부는 필요한 과정으로 인식하였다.

(3) 맺는말

주자학은 조선 유학자들이 공자의 사상체계를 재건하는 데 자원 역할을 한 사상이다. 조선의 유학자들은 '학이시습지'를 해석하면서, 공자가 말한 '학(學)'을 『대학』의 '명명덕(明明德)'의 사상구조에 두고서 이해하였다. 즉 그들은 '학'을 '명명덕'의 공부로 이해한 것이다. 또한 조선의 유학자들은 주자학의 사상적 경로를 따라서, '학이시습(學而時習)'의 과정에서 '심(心)'과 '리(理)'의 관계 및 '지(知)'와 '행(行)'의 관계를 언급하였다.

조선의 유학자는 대체로 '성즉리(性卽理)'의 주자학적 이론에 근거하여, 본성을 배워 덕을 이루는 것을 '학'의 목적으로 삼았으며, '학'이란 궁리(窮理)와 역행(力行)을 겸하여 한 말이라고 여겼다. 요컨대 조선 유학자들의 해석에서 공자의 '학'은 『대학(大學)』의 '대인의 학문'(大人之學)으로 일종의 덕행(德行)의 학문인 것이다.

5. 결론

우리는 이상에서 동아시아 유학사의 관점에서 일본 유학자들의 『논어』「학이」 제1장에 대한 해석을 검토해 보았다. 일본 유학자들이 공자의 '학이시습지'란 말을 해석할 때, 종종 정치적 맥락, 문화적 맥락, 사회적 맥락, 윤리적 맥락에서 '학(學)'의 내용과 의미를 이해하고 있음을 발견할 수 있었다. 일본의 유학자들은 '학'이란 고대 전적 중에 보이는 성현의 행동거지와 가치 이념을 가리키는데, 그들은 수기치인(修己治人)의 이념을 정치나 사회생활 속에서 실천하였다고 강조하였다. 이 같은 일본 유학자들의 해석은 일본 유학의 실학적 특징을 구체적이고 섬세하게 구현한 것이다.

일본 유학자들의 실학적 경향은 동아시아 『논어』 해석사의 맥락에서 보면 그 특징이 더욱 선명하게 드러난다.

중국 유학자들의 '학이시습지'장에 대한 해석을 살펴본 결과, 우리는 주자의 해석이 실로 전범의 지위에 있다는 것을 발견할 수 있었다. 주자는 '학(學)'이란 비록 선현(先賢)의 행동을 모방하는 과정을 반드시 겪어야 하지만, 그 최종의 목적은 '선을 밝혀 최초의 모습을 회복하는 것'(明善而復其初)이라 하였다. 주자의 이 같은 해석은 '지(知)'와 '행(行)'의 관계 및 '심(心)'과 '리(理)'의 문제에도 중요한 영향을 미쳤다. 이것은 모두 공부론의 문제와 연계되며 인간의 내재성과 초월성 문제와도 관계된다.

조선 유학자들의 '학이시습지'장에 대한 해석을 살펴보면, 완전히 주자학적 해석을 준수하고 있음을 알 수 있었다. 그들은 '학'을 '명명덕(明明德)'의 공부로 이해하였는데, 이는 주자학의 '심'과 '리'의 관계에도 영향을 미쳤다.

중국 유학자들은 '학이시습지'장을 해석할 때, 주자학적 '리'가 기반이

본론(ii): 일본 논어학의 중요 개념

된 형이상학의 세계를 언급한다. 중국 유학자들에 비하여 일본 유학자들의 해석 양상은 다르다. 그들은 주자가 구축한 '리'를 근간으로 하는 형이상학적 세계에 불만을 품었다. 그들은 공자의 '학'을 '선왕의 도'(先王之道) 혹은 '일상에서 항상 실천해야 하는 도'(日用常行之道)로 해석하였는데, 이는 '반이학(反理學)'의 실학적 성격을 지니고 있다.

조선 유학자들에 비하여 일본 유학자들의 '학이시습지'장에 대한 해석은 내면의 공부보다 외적인 도(道)와 예(禮)에 치중한 것을 특징으로 들 수 있다. 일본 유학자들의 해석을 보면, 공자의 학(學)은 '선왕의 도'(先王之道) 혹은 '인륜과 일상생활의 도'(人倫日用之道)를 추구하는 것이다. 또한 일본의 유학자들은 공자의 '학'을 사회적, 정치적 맥락 혹은 전통문화의 맥락에서 학습할 것을 강조하였는데, 이는 결국 공자의 '학'에 내재되어 있는 초월성을 감소시켰다. 비록 18세기에 삼성재(森省齋)가 "아래에서 인사를 배우고, 위로는 천리를 통달한다."라고 하였지만, 이는 일본 사상계의 주류가 결코 아니었다. 요컨대 일본 유학자들의 공자의 '학'에 대한 해석은 인간이 시공(時空) 속에 놓여 있는 현실적 존재임을 근본으로 삼고 있는 것이다.

진리: '오도일이관지(吾道一以貫之)' 에 대한 해석

1. 서론

공자는 자기 학문의 경지를 말하면서 두 번씩이나 "하나로써 관통되어 있다."(一以貫之)(『論語』「里仁」15장, 「衛靈公」 3장)라는 말로 자신의 '도(道)'를 표현하였다. 『논어』에 보이는 이 두 번의 '일이관지(一以貫之)'에 대하여 2000년 동안 동아시아 유학자들은 의견을 분분하게 내었다. 명대(明代) 문학가 하복징(賀復徵, 1600?~1646?)은 "나의 도는 하나로써 관통되어 있다는 말씀은 1000여 년 동안 그 비밀을 밝힌 자가 없다."[1]고 하였으며, 청대 유학자 유보남(劉寶楠, 1791~1855)은 "한대 이후 이 구절을 제대로 해석한 이가 없다."[2]고 하였는데, 이는 실로 적절한 언급이다. 이 구절에 대하여 중국, 일본, 한국 유학자들의 해석이 분분하여 각자 자신의 학설로 주석을 지어서 스스로를 옳다 하고 남을 그르다고 비판하니, 그

---

1) 賀復徵 編, 『文章辨體彙選』, 臺北: 臺灣商務印書館, 1983年景印文淵閣四庫全書本, 卷590, 13~14면. "吾道一以貫之, 千百年間未有明摘其蘊者."

2) 劉寶楠, 『論語正義』, 北京: 中華書局, 1990, 上冊, 152면. "自漢以來不得其解."

다툼의 곡절이 심하였다. 때문에 이는 동아시아 유학사에서 상당히 주의 할 만한 현상이라 할 것이다.

　여기에서는 일본 유학자들의 공자의 '나의 도는 하나로써 관통되어 있 다'(吾道一以貫之)는 구절에 대한 해석을 분석하고, 다시 동아시아 유학사 의 관점에서 그 해석의 특징을 논의하며 이를 바탕으로 일본 유학사상의 본질을 정리해 보고자 한다.

2. 일본 유학자들의 '오도일이관지(吾道一以貫之)'에 대한 해석

일본의 유학자들은 각기 파벌을 세워 다른 학파를 공격하는 등, 그 사상 의 양상이 상당히 복잡하다. 특히 『논어고의(論語古義)』, 『어맹자의(語孟字 義)』를 편찬한 이등인재(伊藤仁齋)와 『논어징』을 편찬하여 이등인재에 대 해 대거 비판한 고문사학파(古文辭學派)의 대가 적생조래(荻生徂徠)는 그 대 표적 인물이라 할 만하다. 이 두 유학자의 공자의 '오도일이관지(吾道一以 貫之)'에 대한 해석은 각기 다르다. 이 둘의 해석을 중심으로 일본 유학자 들의 해석을 살펴보기로 하자.

(1) 공자의 도는 선왕의 도이다[3]

일본 유학자 중 대다수는 공자의 '도(道)'를 사회정치적 의미의 '도(道)', 즉 세상을 다스리고 백성을 구제하는 도로 파악하였다. 일본의 유학자들 이 실학적 입장에서 공자의 '도(道)'를 해석하는 것은 덕천시대 초기에 이 미 보인다. 16세기 주자학의 관학화에 결정적 영향을 미친 임라산(林羅山,

1583-1657)은 공자의 '도(道)'를 일상생활에서 마땅히 실천해야 될 '인도(人道)'로 해석하였다.[4] 그리고 17세기 고학파의 대가 이등인재의 '도(道)'에 대한 정의도 이와 유사하다.[5]

성인의 도는 인륜(人倫)과 강상(綱常)에 불과하지만 사람을 구제하는 것이 크다. 그러므로 증자(曾子)께서는 충서(忠恕)로써 공자의 일이관지(一以貫之)의 뜻을 부연하였다. 아! 성인의 도를 전하여 후학들에게 알려 주니 그 뜻이 분명하고 다 표현되었다. 공자께서는 일찍이 번지(樊遲)의 인(仁)에 대한 물음에 답하시기를 "남과 함께 함에 충성스러워야 한다."고 하셨고, 자공(子貢)의 "종신토록 행할 만한 한마디 말이 있습니까?"라는 물음에 공자께서는 "아마도 서(恕)일 것이다."고만 대답하셨다. 맹자(孟子)께서도 "억지로라도 서(恕)를 실천하면 인(仁)을 구함에 이보다 더 가까운 것이 없을 것이다."고 하셨으니, 충서(忠恕) 두 글자는 인(仁)을 구하는 지극한 요체이고 성학(聖學)의 처음과 끝을 이루는 것임을 알 수 있다. 충서(忠恕)는 일이관지(一以貫之)하는 도이지, 충서(忠恕)로써 일이관지(一以貫之)를 풀이한 것은 아니다. 선배 유학자들이 주장하기를 "공자의 마음은 하나의 이치가 혼연(渾然)

---

3) 伊藤仁齋, 『論語古義』, 關儀一郎編, 『日本名家四書註釋全書』, 東京: 鳳出版, 1973, 第3卷, 論語部一, 「總論」, 4면; 伊藤仁齋, 『童子問』, 家永三郎等校注, 『近世思想家文集』, 東京: 岩波書局, 1966, 1981, 卷上, 第5章, 204면: "吾道者, 先王之道也."

4) 林羅山, 『聖敎要錄』, 井上哲次郎, 蟹江義丸編, 『日本倫理彙編』, 東京: 育成會, 1903, 第4册, 卷中, 20면.

5) 當代 日本學者 仁齋學의 反形上學性格에 대하여 대체로 공감하고 있다. 예컨대 石田一良은 仁齋學을 일종의 '絶對的人間學'이라고 하여 '天中心主義'적인 宋學에 반대하면서, 인간적 입장에서 인간을 이해하여야 됨을 주장하였다. 石田一良, 『伊藤仁齋』, 東京: 吉川弘文館, 1960, 1973, 140면; 相良亨, 「人倫日用における 超越--伊藤仁齋の場合」, 『相良亨著作集』, 東京: 株式會社ぺ리かん社, 1996, 第2册, 220-300면. 子安宣邦은 仁齋의 思想世界는 일종의 '人倫の世界'라고 하였는데, 이 학설은 매우 옳다. 子安宣邦, 『伊藤仁齋: 人倫の世界の思想』, 東京: 東京大學出版會, 1982, 第1章, 27-60면.

하여 두루 응하고 세부적으로도 들어맞는다. 오직 증자만이 이것을 알았으니, 배우는 자들이 함께 알 수 있는 것이 아니다. 그러므로 배우는 자들에게 충서의 조목을 빌려서 일이관지의 뜻을 깨우쳐 주었다."고 하였는데, 어찌 그러하겠는가.(聖人之道, 不過彝倫綱常之間, 而濟人爲大. 故曾子以忠恕發揮夫子一以貫之之旨. 嗚呼! 傳聖人之道而告之後學, 其旨明且盡矣. 夫子嘗答樊遲問仁曰: "與人忠.", 子貢問曰: "有一言而可以終身行之者乎?" 夫子唯曰: "其恕乎." 孟子亦曰: "强恕而行, 求仁無近焉." 可見忠恕二者, 乃求仁之至要, 而聖學之所始成終者也. 蓋忠恕所以一貫之道也, 非以忠恕訓一貫也. 先儒以爲: "夫子之心一理渾然, 而泛應曲當. 惟曾子有見於此. 而非學者之所能與知也. 故借學者忠恕之目. 以曉一貫之旨." 豈然乎哉?)-伊藤仁齋, 『論語古義』

이등인재는 이 구절에서 보듯이 '인륜(人倫)'과 '강상(綱常)'으로 공자의 '도(道)'를 해석하고 또한 '사람을 구제해 주는 것(濟人)'이야말로 '도(道)'의 핵심이라고 하였다. 이등인재의 해석에서 '도'는 결코 주자(朱子)가 말한 것처럼 일종의 우주가 창조하고 운행하는 원리가 아니다. '도'는 바로 사회적 정치적 의미를 내포하는 도덕규범과 그 실천이다.

한편 이등인재 이후 적생조래는 공자의 '도(道)'의 사회정치적 성격을 다음과 같이 명쾌하게 설명하였다.[6]

대개 공자의 도는 바로 선왕의 도이다. 선왕의 도는 선왕이 백성을 편안하

---

6) 荻生徂徠의 이러한 사상은 丸山眞男(1914-1996)의 學說에 의하여 증명되었다. 丸山眞男은 日本의 近代思想史의 發展을 논하면서, 이를 '自然'에서 '人爲'에 이르는 궤적으로 인식하였다. 丸山眞男은 朱子學의 '理' 혹은 '天理'는 自然的 秩序를 대표하며, 이러한 朱子學의 瓦解는 荻生徂徠의 朱子學에 대한 批判에서 시작되었는데, 이는 바로 日本思想의 근대로의 진입을 의미한다고 하였다. 丸山眞男, 『日本政治思想史研究』, 東京: 東京大學出版社, 1976, 第1章.

본론(ii): 일본 논어학의 중요 개념

게 하기 위해 세운 것이다. 그러므로 그 도에는 인(仁)도 있고, 지(智)도 있고, 의(義)도 있고, 용(勇)도 있고, 검(儉)도 있고, 공(恭)도 있고, 신(神)도 있고, 인(人)도 있고, 자연과 흡사한 것도 있고, 거짓과 흡사한 것도 있고, 본(本)도 있고, 말(末)도 있고, 가까운 것도 있고, 먼 것도 있고, 예(禮)도 있고, 악(樂)도 있고, 병(兵)도 있고, 형(刑)도 있어 제도와 말과 행위 같은 한 가지로 다 할 수 없으니, 다양하여 궁구할 수 없다. 그러므로 이를 명명하기를 '문(文)'이라고 한다. 또 말하기를 "유자(儒者)의 도는 넓어 요점이 적다."고 하였다. 그러나 요점을 찾아보면 백성을 편안하게 함에 귀결되지 않는 것이 없다. 그러므로 공문(孔門)에서 사람을 가르칠 때에 "인(仁)에 의거한다."고 한 것과 "문으로 넓히고 예로 요약한다."고 한 것은, 선왕의 도를 배워 자기에게 덕을 이룸이다. 선왕의 도를 배움에 있어 넓지 않으면 그것을 다할 수 없기 때문에 "문으로 넓힌다."고 하였다. 자기에게 돌리려 하고자 하면 예로써 하는 것만 한 것이 없기 때문에 "예로써 요약한다."고 말하였다. 그러나 예가 또한 번잡하기 때문에 '인(仁)'으로써 가르쳤다. 인(仁)은 선왕의 여러 가지 덕 가운데 하나의 덕이기 때문에 선왕의 도는 인(仁) 하나로 다한다고 말한다면 옳지 않다. 그러나 선왕의 도는 백성을 편안하게 함에 통합되기 때문에 인(仁)은 선왕의 큰 덕이다. 인(仁)에 의거하면 선왕의 도를 꿰뚫을 수 있기 때문에 '일(一)'이라 말하지 않고 '일이관지(一以貫之)'라고 말하였다.(蓋孔子之道, 卽先王之道也. 先王之道, 先王爲安民立之, 故其道有仁焉者, 有智焉者, 有義焉者, 有勇焉者, 有儉焉者, 有恭焉者, 有神焉者, 有人焉者, 有似自然焉者, 有似僞焉者, 有本焉者, 有末焉者, 有近焉者, 有遠焉者, 有禮焉, 有樂焉, 有兵焉, 有刑焉, 制度云爲, 不可以一盡焉, 紛雜乎不可得而究焉, 故命之曰文. 又曰: "儒者之道, 博而寡要." 然要其所統會, 莫不歸於安民焉者. 故孔門敎人, 曰: "依於仁." 曰: "博文約禮.", 爲學先王之道以成德於己也. 學先王之道, 非博則不足盡之, 故曰博文. 欲歸諸己, 則莫如以禮, 故曰約禮. 然禮亦繁矣哉, 故又敎之以仁. 仁, 先王之一德也,

故謂先王之道仁盡之, 則不可矣. 然先王之道, 統會於安民, 故仁, 先王之大德也, 依於仁, 則先王之道, 可以貫之矣. 故不日一, 而日一以貫之.)-荻生徂徠,『論語徵』

적생조래의 해석에서 공자의 '도'는 '선왕의 도(先王之道)'이며 이 선왕의 도는 백성들을 편안하게 하는 데 중점이 있다. 여기에 우주론, 본체론 같은 형이상학적 내포는 전혀 없다. 이러한 '도'는 시간과 공간의 교차점에 위치하는 '구체성'의 '도(道)'이며, 그 안에는 예악형정(禮樂刑政)과 같은 제도가 있고 인의예지(仁義禮智)가 있으며 백성의 고난과 선왕의 심혈로 가득 차 있다.

이등인재와 적생조래 이외에도 일본의 유학자들은 공자의 '일이관지(一以貫之)'의 '도(道)'를 해석할 때 대부분 '도'의 사회성과 정치성에 주목하였다. 예를 들어 귀정남명(龜井南冥, 1773-1836)은 이렇게 말하였다.

왜 오도(吾道)라고 하셨는가? 공자께서는 선왕의 도를 자신의 몸처럼 여겼기 때문에 '오도(吾道)'라고 하셨고, 문인들은 '선생님의 도'라고 하였다. 무엇을 선왕의 도라 하는가? 요순과 삼대(三代)의 성세(盛世)에 예악(禮樂)과 형정(刑政)은 천자가 시행하던 정치로써 문헌에서 증명할 수 있는 모든 일에는 도가 존재한다. 그 도를 닦아 천하를 가르친 이는 선왕이다. 이 때문에 '선왕의 도'라고 한다.(吾道者何? 夫子身先王之道, 故稱曰: '吾道', 門人稱之曰: '夫子之道'. 何謂先王之道? 唐虞三代之盛, 禮樂刑政, 一日萬機所施行, 凡事之所徵見於文獻者, 無不有道焉. 能修其道, 以訓天下者, 是先王也, 是以曰: '先王之道'.)-龜井南冥,『論語語由』

귀정남명도 '선왕의 도(先王之道)'로 공자의 '도(道)'를 해석하고, 또한 '예악형정(禮樂刑政)'을 '도(道)'의 내용으로 여겼다. 이처럼 일본의 유학자는 공자의 '도(道)'를 그 구체성의 측면에서 해석하였는데, 여기에서 일본 유학자들의 반주자학적인 분위기를 살펴볼 수 있다.

(2) '일이관지(一以貫之)'의 해석

일본 유학자들의 '일이관지(一以貫之)'에 대한 해석은 다음과 같다.

① 관(貫)은 통섭(統攝)하는 것이다

이등인재는 다음과 같이 말하였다.

> 관(貫)은 통섭함이다. 도가 비록 지극히 넓다고 하지만 전일하여 번잡하지 않다면 저절로 천하의 선(善)을 이루어 통섭하지 않음이 없으니, 많이 배운다고 얻을 수 있는 것이 아니다. …… 증자(曾子)는 충서(忠恕)로써 공자의 도를 다 나타낼 수 있다고 생각하였기 때문에 문인을 위해 공자의 일이관지(一以貫之)의 뜻을 이와 같이 기술하였다. …… 무릇 도는 하나일 뿐이지만, 오상(五常)과 백행(百行)은 지극히 다단(多端)하다. 그러므로 귀착점은 동일하지만 길은 달리 하고, 이르는 곳은 하나이지만 생각은 백 가지이기도 하다. 그러나 천하의 지일(至一)로써 천하의 온갖 선을 통섭할 수 있기 때문에 공자께서는 '심(心)'이니 '리(理)'니 말씀하시지 않으시고 오직 '일이관지(一以貫之)'만 말씀하신 것이다.(貫, 統也. 言道雖至廣, 然一而不雜, 則自能致天下之善, 而無所不統, 非多學而可能得也. …… 曾子以爲, 忠恕足以盡夫子之道也, 因爲門人述夫子一以貫之之旨如此. …… 夫道一而已矣. 雖五常百行, 至爲多端, 然同歸而殊塗, 一致而百慮. 天下之至一, 可以統天下之萬善, 故夫子不曰心, 不曰理, 唯曰吾道一以貫之也.)－伊藤仁齋, 『論語古義』

이등인재가 '통섭(統攝)'으로 '일이관지(一以貫之)'의 '관(貫)'을 해석한
것은 하안(何晏, 190-249)과 황간(皇侃, 488-545)의 해석을 받아들인 것이
다.[7] 이등인재 이후 일본의 유학자는 대체로 '통섭(統攝)'으로 '관(貫)'을
해석하는 경향이 많았다.[8]

② '인(仁)'으로 '일(一)'을 해석함.

일본 유학자들 대부분은 '일(一)'은 '인(仁)'을 가리켜 한 말이라고 여겼으
며, '충서(忠恕)'는 '인(仁)'을 추구하는 근본적 방법으로 보았다. 이등인재
가 이러한 주장을 한 이래, 절충학파인 편산겸산(片山兼山, 1729-1782)도
『논어일관(論語一貫)』에서 '인'으로 '일(一)'을 해석하는 입장을 지녔다.[9]
이 외에 적생조래도 '인'으로 '일관(一貫)'의 '일'을 해석하였는데, 그는
다음과 같이 말하였다.

선왕의 도는 백성을 편안하게 하는 데에 통일되어 모이기 때문에 인(仁)은
선왕의 큰 덕이다. 인(仁)에 의거하면 선왕의 도를 꿰뚫을 수 있다. 그러므

---

7) 何晏 集解, 皇侃 義疏, 鮑廷博 校, 『論語集解義疏』, 臺北: 藝文印書館景印知不足齋叢書
本, 1966, 卷8, 3면. 何晏註云: "善有元, 事有會, 天下殊途而同歸, 百慮而一致, 知其元則衆善
舉矣. 故不待多學, 一以知之也."; 皇侃疏云: "道者, 孔子之道也. 貫, 猶統也, 譬如以繩穿物,
有貫統也. 孔子語曾子日: '吾敎化之道, 唯用一道以貫統天下萬理也.' 故王弼日: '貫, 猶統
也.' 夫事有歸, 理有會, 故得其歸, 事雖殷大, 可以一名舉總其會, 理雖博, 可以至約窮也. 譬猶
以君御民, 執一統衆之道也."

8) 예를 들면 照井全都(1818-1881)는 '吾道一以貫之'를 해석하면서 "一者, 不二之謂也, 言不
變. 貫者, 統也. 之字設字, 蓋指交際之道也. 一以貫之. 猶『左傳』'壹以待之', 言接人之道, 不
以彼與此貳其心也"라고 하였다.

9) 葛山壽 述, 片山兼山 遺敎, 『論語一貫』, 京都: 靑藜館, 未載刊行年代, 京都大學藏本, 24
면. "曾子答門人以忠恕, 亦仁之方, 而夫子所云 '一以貫之'之 '一'卽爲仁可知也."

본론(ii): 일본 논어학의 중요 개념

로 '일(一)'이라고 하지 않고 '일이관지(一以貫之)'라고 말하였다. 돈과 돈꿰미에 비유하면, 인은 돈꿰미이고 선왕의 도는 돈이다. 돈이 바로 돈꿰미라고 한다면 옳겠는가? 이것이 일관(一貫)의 뜻이다. 송유(宋儒)들도 또한 돈과 돈꿰미로 비유한 적이 있는데(돈과 돈꿰미의 비유는 『대전(大全)』의 주자의 해석에 보인다.) 일리(一理)를 돈꿰미로 삼았다. 그러나 일리(一理)가 만리(萬理)를 꿰뚫으면 만리(萬理)와 일리(一理)의 구분에 어찌 꿰뚫는다고 할 수 있겠는가. 일리(一理)가 만사를 꿰뚫는다고 하는 것은 정밀함과 거침을 갈라 둘로 나눈 것으로 노불(老佛)의 견해일 뿐이니, 비유가 성립되지 않는다. 충서(忠恕)란 인(仁)의 방도이기 때문에 증자가 그렇게 말한 것이지만, 충서(忠恕)가 어찌 선왕의 도를 다 표현해 내었다고 할 수 있겠는가. 여기서부터 나아가면 선왕의 도를 다할 수 있게 되니, 이를 통해 그 방법을 보여 준 것이다. 그러므로 '이이의(而已矣)'라는 구절은 주자의 주석처럼 의미를 다 표현하여 남김이 없다는 말이 아니다. 예를 들면 '요순의 도는 효제(孝悌)일 뿐이다'(『맹자』 「고자」)라는 경우와 같으니, 효제가 어찌 요순의 도를 다하였다고 할 수 있겠는가. 이것을 말미암아 다할 수 있음을 말한 것뿐이다. 이 장의 뜻에 대해 후대의 유학자들 중(후대의 유학자들의 여러 설은 『집주』와 『대전』에 보인다.) 어떤 이는 일리(一理)라고 주장하고, 어떤 이는 일심(一心)이라고 주장하고, 어떤 이는 성(誠)이라고 주장한다. '일리(一理)'라고 말한 이는 관(貫)자에 어두웠고, '일심(一心)'이라고 주장한 이는 선왕의 도를 알지 못했고, '성(誠)'이라고 말한 이는 단지 동용(動容)과 주선(周旋)이 예에 맞는 것만 말하였으니, 공자가 도로 삼은 것을 알지 못했다. 충(忠)이란 남을 위해 도모함에 상세하고 두루 알아서 자기의 마음을 다하지 않음이 없음이요, 서(恕)란 자기가 하고 싶지 않은 것을 남에게 베풀지 않음을 이름이니, 모두 남과 관계하는 것으로써 말한 것이다. 인(仁)이 도가 됨은 남과 관계하는 사이에 키우고 기르며 바로잡고 이루어서 각각 그 삶을 이루도록 하는 것이다.(先王之道, 統會於安民, 故仁, 先王之大德也. 依於仁, 則先王之道, 可以貫之矣. 故不曰一, 而曰一以貫之. 辟諸錢與緡. 仁, 緡也. 先王之道, 錢也. 謂錢卽緡可乎? 是一貫之旨也. 宋儒亦有錢緡之喩(錢緡之喩見大全朱說), 以一理爲緡, 然一理貫萬理, 則萬理一理之分, 豈容言貫乎? 一理貫萬事, 則歧精粗而二之, 依然老佛之見已, 可謂不成喩矣. 忠恕者爲仁之方也, 故曾子云爾, 然忠恕豈能盡先王之道乎? 由此以往, 庶幾可以盡之, 示之以其方也. 故而已矣者, 非竭盡而無餘之辭, 亦如堯舜之道, 孝弟而已矣.(『孟子』「告子」篇)孝弟豈盡於堯舜之道乎? 亦言由此則可以盡之耳. 此章之義, 後儒(後儒諸說散見『集註』及『大全』)或以爲一理, 或以爲一心, 或以爲誠, 其謂之一理者, 昧乎貫字也, 其謂之一心者, 不知先王之道也. 其謂之誠者, 僅謂動容周旋中禮耳, 不知孔子之所爲道也. 忠者, 爲人謀而委曲周悉, 莫不盡己之心也. 恕者, 己所不欲, 勿施於人之謂也, 皆以與人交者言之. 仁之爲道, 亦在與人交之間, 而長之養之, 匡之成之, 使各遂其生者也.)-荻生徂徠, 『論語徵』

적생조래는 '인'으로 '선왕의 도'를 지목하였으며, '일(一)'은 '인(仁)'을 가리킨다고 여겼다.

적생조래가 '인'으로 '일이관지'의 '일(一)'을 해석하는 견해는 병학자(兵學者)인 송궁관산(松宮觀山, 1685-1780)과 절충학자(折衷學者)인 총전호(冢田虎, 1745-1832)에 의해 계승되었다. 특히 송궁관산은 '일관(一貫)'을 해석할 때 적생조래의 견해를 계승하여 주자의 격물궁리의 학문을 비판하였다.[10] 한편 이들보다 조금 뒷시대의 인물인 총전대봉(冢田大峰)은 다

---

10) 松宮觀山은 "天下事有大小, 物有精粗, 唯道無大小精粗, 一以貫之, 一者, 仁也. 夫子之道, 卽先王之道在安民, 苟知道之一而無二, 何必就一事一物, 究其大小精粗哉! 曾子學于夫已久, 苟就一事一物, 究其大小精粗莫不詳悉, 而未知其要歸一, 故夫子以此告知也. 仍就一事一物究其大小精粗, 是宋儒窮理之學, 卽物而窮其理也, 『大學』致知格物亦是也."라고 하였다. 松宮觀山, 『學論』, 『日本儒林叢書』, 第5卷, 25면 참조.

음과 같이 말하였다.

'오도(吾道)'란 선왕의 도이다. 공자께서 요순을 조술(祖述)하시고 문무(文武)를 헌장(憲章)하셨기 때문에 친하게 '오도(吾道)'라고 하신 것이다. 이른바 '일(一)'이란 무엇인가? 인(仁)이다. 인이란 무엇인가? 전(傳)에서 의를 쌓고 공을 풍성히 함을 인이라 이른 것이 이것이다. 이른바 일(一)이 인(仁)임을 어떻게 알 수 있는가? 대개 선왕들이 천하를 안정시킨 도인 삼강오전(三綱五典), 오륜구경(五倫九經)과 같은 것은 그 조목이 적지 않고 그 가르침도 각각 다르다. 그러나 요점은 모두 의를 쌓아 사람에게 공을 풍성하게 한 것이니, 효제도 인(仁)에 의거하고 충순(忠順)도 인에 의거하니, 모든 수신, 제가, 치국, 평천하의 도는 모두 다 인(仁)에 의거하지 않음이 없다. 그러므로 말하기를 "도에 뜻을 두고, 덕에 의거하고, 인에 의지한다."고 하였다. 무릇 사람의 불효하고 우애하지 않고 자애롭지 않고 충성스럽지 않는 등의 일이 모두 선하지 못해 나라와 집이 안녕하지 못하는 이유는, 사람마다 오직 자기 자신만을 위해 도모하고 의(義)로 말미암음을 생각하지 않아서이다. 이른바 인이란 남을 위해 도모하면서 의(義)의 도를 거스르지 않음이니, 사람마다 구차한 사이에도 인(仁)에 뜻을 둘 수 있다면 행하는 일이 모두 선하지 않음이 없을 것이다. …… 그러므로 성인의 도는 인으로써 꿰뚫음을 알 수 있다. 그렇다면 증자가 문인에게 답할 때에 어찌하여 '인(仁)일 뿐이다'고 말하지 않고, '선생님의 도는 충서(忠恕)일 뿐이다'고 말하였는가? 증자가 '충서일 뿐이다'고 말한 것을 통해 보면 하나라는 것이 인(仁)임을 더욱 잘 알 수 있다. 이른바 충(忠)이란 남을 위해 일을 도모할 때에 몸으로써 그 일을 받아들여 자기의 마음을 다하는 것이다. 서(恕)란 남에게 일을 베풀 때, 자신에 미루어서 자기 마음의 좋아하고 미워함과 같이 하는 것이다. 이것이 충서가 인(仁)의 방법이 된다는 것이다. 이를 어떻게 알겠는가? 공자께서 말씀하시기를 "인(仁)이란 것은 자기가 서고자 하면 남을 세워 주고 자기가 현달하려고 하면 남을 현달하게 하는 것이다. 가까이에서 취하여 비유할 수 있다면 인의 방법이라 말할 만하다."고 하셨다. 이 말은 자기가 하고자 하는 것에서 취하여 남에게 비유하여 남을 세워 주고 남을 현달시키는 것이 바로 충서(忠恕)라는 것이다. 그러므로 충서(忠恕)란 인(仁)의 방법임을 알 수 있다.(吾道者, 先王之道也. 夫子祖述堯舜, 憲章文武, 故親之曰吾道. 所謂一者何也? 曰仁也. 仁者何也? 傳曰蓄義豐功, 謂之仁是也. 何以知所謂一者仁也? 蓋先王安天下之道, 三綱五典, 五倫九經如此之屬, 其目不寡, 其敎各殊. 然其要皆蓄義以豐功爲人者, 而孝弟亦依於仁, 忠順亦依於仁, 凡修身, 齊家, 治國, 平天下之道, 盡莫不依於仁也. 故曰: "志於道, 據於德, 依於仁." 凡人之不孝不友, 不慈不忠, 事皆不善, 而邦家不寧者, 人人唯爲己謀, 而不思義之由也. 所謂仁也者, 能爲人謀而不悖義之道也, 則人人苟且之間, 猶能志於仁, 則行事皆無不善也. …… 故知聖人之道, 仁以貫之也. 然則曾子答門人, 何爲不曰之仁而已, 而曰夫子之道, 忠恕而已乎? 曰: 因曾子之言忠恕而已, 愈知一者仁也. 所謂忠者, 爲人謀事, 以身納其事, 而盡己中心也. 恕者, 施事於人, 反推之己, 而如己心之所好惡也. 此是忠恕者, 爲仁之方也. 何以知之? 孔子曰: "夫仁者, 己欲立而立人, 己欲達而達人, 能近取譬, 可謂仁之方也已." 此取於己之所欲以譬諸人, 而立人達人者, 卽是忠恕也. 故知忠恕者, 仁之方也.)-冢田虎, 『聖道合語』

총전대봉은 '일(一)'로서의 '인'의 구체적 내용을 '의를 쌓고 공을 풍성하게 하는 것'으로 규정하고, 수신(修身), 제가(齊家), 치국(治國), 평천하(平天下)의 도가 인에 말미암지 않음이 없다고 여겼다. 총전대봉의 이러한 해석은 적생조래와 일맥상통하며 모두 공자의 '도(道)'를 사회정치적 의미의 도로 해석한 것이다.

유가의 학문을 반대한 사상가 안등창익(安藤昌益, 1703?-1762)은 사서

(四書)를 비판하는 저술을 남겼는데, 그는 『논어평(論語評)』에서 '일이관지(一以貫之)'장은 공자의 일생의 안목이 발휘된 장으로 『논어』에서 최고의 구절이라고 지적하면서[11] 여기서 '일(一)'은 바로 '인(仁)'이라고 하였다.[12] 안등창익처럼 공자를 비판하는 입장에 서 있는 학자들도 '인'으로 '일(一)'을 해석하는 입장은 적생조래, 송궁관산, 총전대봉과 동일하였다.

3. 일본 유학자들의 송대 유학자들에 대한 비판과 그 사상사적 의미

(1) 송학(宋學)에 대한 비판

이등인재에서 시작된 '일이관지'에 대한 해석은 강렬한 반송학적 경향을 지니고 있는데, 특히 주자학을 주요 공격목표로 삼는다.

이등인재가 편찬한 『논어고의』를 보면 곳곳에서 '선유(先儒)'를 비판하고 있는데, 바로 주자를 가리켜서 한 말이다. 이등인재는 '일이관지'를 해석하면서 "선유(先儒)는 '공자의 마음은 일리(一理)가 혼연(渾然)하여 널

---

11) 安藤昌益,「世世聖人皆盜自然論」,『安藤昌益全集』, 東京: 農山漁村文化協會所, 1995, 卷二十, 88면. "孔丘一生至極最上智眼, 『論語』中神句也."

12) 安藤昌益,『論語評』,『安藤昌益全集』卷十八, 174-175면. "孔丘於吾道一以貫云, 此一何乎? 孔丘開口說仁, 云以之此一指仁. …… 孔丘所謂此一, 仁也. 以仁爲德, 仁人, 物, 謂之天道. 愼德行道, 是乃仁道. 以道周流天下, 以仁惠天下, 無所不至, 無所不來, 至天透地, 通萬物, 唯此一仁. 云一以貫之爲仁道, 行道爲仁. 故仁道二名, 一德也. 以德一貫云, 相同也. 是雖似廣大通達, 非自然轉道, 私失, 私法言也." 安藤昌益의 生平과 思想에 관해서는 다음의 서적을 참조할 것. Toshinobu Yasunaga (1929~), Ando Shoeki, Social Ecological Philosopher of Eighteenth-century Japan (New York: Weatherhill, Inc., 1992).

리 응하고 상세하게 대처한다'고 하였다."[13]고 하였는데, 이것은 바로 주자의 주석을 가리켜 한 말이다. 주자는 『논어집주』에서 다음과 같이 말하였다.

공자께서 하나의 리(理)로 혼연(渾然)하여 널리 응하고 상세하게 대처함은, 비유하면 천지(天地)가 지성무식(至誠無息)하여 만물(萬物)이 각기 제 곳을 얻음과 같은 것이다. 이 외에는 진실로 다른 방법이 없고, 또한 미룸을 기다릴 것이 없다. 증자(曾子)는 이것을 알았으나 말하기 어려웠다. 그러므로 학자(學者)들이 자기 마음을 다하고 자기 마음을 미루는 조목을 빌려 드러내 밝히셨으니, 사람들이 쉽게 깨닫게 하려고 하신 것이다. 지성무식(至誠無息)이란 도(道)의 체(體)이니 만수(萬殊)가 일본(一本)인 것이요, 만물(萬物)이 각기 제 곳을 얻음은 도(道)의 용(用)이니, 일본(一本)이 만수(萬殊)가 되는 것이다. 이것으로써 관찰한다면 일이관지(一以貫之)의 실제(實際)를 볼 수 있을 것이다.(夫子之一理渾然而泛應曲當, 譬則天地之至誠無息, 而萬物各得其所也. 自此之外, 固無餘法, 而亦無待於推矣. 曾子有見於此而難言之, 故借學者盡己, 推己之目以著明之, 欲人之易曉也. 蓋至誠無息者, 道之體也, 萬殊之所以一本也, 萬物各得其所者, 道之用也, 一本之所以萬殊也. 以此觀之, 一以貫之之實可見矣.) – 朱熹, 『論語集注』

주자는 공자의 '일이관지'를 '일리(一理)가 혼연하여 널리 응하고 상세하게 대처한다'라고 해석하였는데, 이는 '이학(理學)'으로 공자의 사상을 해독한 것으로, 17세기 이후 일본 유학자들은 이 해석에 대하여 일제히

---

13) 伊藤仁齋, 『論語古義』, 8면의 注.

비판하였다.

일본 유학자들은 『논어』를 읽을 때 송학을 비판하였는데, 특히 주자학에 대하여 엄격하였다. 일본의 유학자들이 송학 특히 주자학을 비판하는 주요 원인은, 그들의 학문이 불교 특히 선학(禪學)에 오염되었다고 여겼기 때문이다. 적생조래는 '일이관지'장을 해석하면서 이 점에 대하여 다음과 같이 말하였다.

송대에는 선학(禪學)이 매우 성행하였다. 그 괴수들은 자신이 성인이고 자신이 지혜로운 사람임을 왕공(王公) 앞에서도 떠들어 대며 일세에 횡행하였는데, 유학자들은 거기에 대항하지 못했다. 후세에 작위도 없이 존귀했던 이는 이들보다 더한 사람이 없었다. 유학자들은 마음속으로 부러워하면서 그 풍습에 물들어 그 소견도 이와 비슷해졌다. 그러므로 '성(性)'이니 '심(心)'이니 하는 것은 모두 저들의 법이 숭상하는 것이었다. 활연관통(豁然貫通)은 바로 저들의 돈오(頓悟)이고, 공자(孔子), 증자(曾子), 자사(子思), 맹자(孟子)가 도통을 서로 계승한 것은 바로 저들의 사칠이삼(四七二三)이다. 결국에는 공문(孔門)의 일관(一貫)을 크고 작은 대사(大事)로 간주했으며, 증자(曾子)의 '유(唯)'를 바로 가섭(迦葉)의 염화미소(拈花微笑)로 여겼다. 이 어찌 아이들의 장난이 아니겠는가. 이것을 좀 더 살펴보면 그들이 말하는 천리(天理)와 인욕(人欲)은 바로 진여(眞如)와 무명(無明)이며, 이기(理氣)는 바로 공가(空假)와 이제(二諦)이며, 천도(天道)와 인도(人道)는 바로 법신(法身)과 응신(應身)이며, 성현은 바로 여래와 보살이며, 십이원회(十二元會)는 바로 성주괴공(成住壞空)이며, 지경(持敬)은 바로 좌선(坐禪)이며, 지행(知行)은 바로 해행(解行)이니, 겉으로는 배척하면서 속으로는 선학을 배웠던 것이다. 후학에 이르러 창을 잡고 공격하지만, 요컨대 저들의 범위를 벗어나지 못했다. 슬프도다! 이 장의 일관(一貫)의 뜻은 큰 지혜를 가진 이가 아니면 미칠 바가 아니다. 그러나 자유(子游)와 자하(子夏) 이상의 제자들이 어찌 참여하여 듣지 않았겠는가. 다만 문인의 기록에 우연히 증삼(曾參)과 단목사(端木賜)가 있을 뿐이었다. 그런데 1000년 뒤에 고작 남은 글에 의거하여 두 사람만이 들을 수 있었다고 여기고, 또 그 상략(詳略)으로 두 사람의 우열을 삼았으니, 천착하였다고 말하지 않을 수 있겠는가. 공자의 도는 바로 선왕의 도이다. 선왕의 도는 선왕이 백성을 안정시키기 위해 세운 것이다.(大氐宋世禪學甚盛, 其渠魁者, 自聖自智. 稱尊王公前, 橫行一世, 儒者莫之能抗. 蓋後世無爵而尊者, 莫是過也. 儒者心羨之, 而風習所漸, 其所見亦似之, 故曰性, 曰心, 皆彼法所尙. 豁然貫通, 卽彼頓悟. 孔, 曾, 思, 孟, 道統相承, 卽彼四七二三, 遂以孔門一貫, 大小大事, 曾子之唯, 卽迦葉微笑矣, 豈不兒戱乎? 過此以往, 天理人欲卽眞如無明, 理氣卽空假二諦, 天道人道卽法身應身, 聖賢卽如來菩薩, 十二元會卽成住壞空, 持敬卽坐禪, 知行卽解行, 陽排而陰學之. 至於其流裔, 操戈自攻, 要之不能出彼範圍中, 悲哉! 如此章一貫之旨, 誠非不能大知之者所及. 然游夏以上, 豈不與聞? 特門人所錄, 偶有參與賜耳. 千載之後, 據遺文僅存者, 而謂二子獨得聞之. 又以其有詳畧而爲二子優劣, 可不謂鑿乎? 蓋孔子之道, 卽先王之道也. 先王之道, 先王爲安民立之.)-荻生徂徠, 『論語徵』

적생조래 이후, 18-19세기 사이의 고증학파 유학자인 저사경소(豬飼敬所, 1716-1845)도 긴 문장으로 이 장을 해석하였는데, 그 역시 송유를 비판하면서 다음과 같이 말하였다.

송대 유학자들은 이 장을 공자와 증자가 도를 전한 비밀로 생각하였다. 이 때문에 충서(忠恕)로는 일관(一貫)을 당할 수 없다고 의심하였다. 그러므로 정자(程子)에게는 천인(天人)이니 체용(體用)이니 하는 변별이 있었고, 주자는 학자의 수행의 항목을 빌려 말한 것이라는 설을 만들었다. 황동발(黃東

發)은 그 잘못을 이미 병통으로 여겼는데 그 지적이 평실(平實)하다. 주자는 일(一)은 성인이 마음에 갖춘 리(理)로 바로 도의 체(體)라고 생각하였다. 하지만 이것은 불씨(佛氏)가 심성(心性)을 귀하게 여긴 설일 뿐이니, 성인의 뜻과는 너무나 거리가 멀다. 그래서 도는 본래 저절로 하나여서 관(貫)을 말할 필요가 없다는 폐단까지 있었다. 이등인재는 그 허고(虛高)함을 싫어하여 순일불이(純一不二)를 이르는 것으로 생각하였는데, 이는 순일(純一)함으로 관(貫)을 말할 수 없음을 알지 못한 것이다. 공자께서 자공(子貢)에게 고한 말로 미루어 보면 이등인재의 해설이 통하지 않음을 더욱 잘 알 수 있다. 적생조래는 일(一)을 인(仁)으로 생각했는데, 옳은 말인 듯하다. 그러나 선왕의 도는 백성을 편안하게 하는 것으로 귀착시킨 것을 보면, 그가 말한 도는 공자의 도가 아니고 그가 말한 인(仁)은 공자의 인이 아니니 제대로 해석했다고 할 수 없다. 선왕의 도는 백성을 편안하게 함을 귀착점으로 삼음은 뚜렷한 상식이어서 쉽게 말하고 쉽게 들을 수 있는데, 공자께서 어찌하여 그 말을 난삽(艱澁)하게 하시어 증자에게만 특별하게 고하셨는가. 나는 선유(先儒)들의 해설이 모두 그 의미를 정확하게 파악하지 못했다고 생각한다. 이에 지금 자신을 헤아리지 못하고 감히 나의 견해를 부연하여 후대 군자들의 질정을 기다린다. 「위령공」편에 다음과 같은 말이 나온다. 공자께서 "사(賜)야! 너는 나를 많이 배워 그것을 기억하는 사람으로 생각하느냐?"고 물으시자, 대답하기를 "그렇습니다. 아닙니까?"라고 하였다. 이에 공자께서 대답하시기를 "아니다. 나는 하나로써 꿰뚫었다."고 하셨다. 증자에게 고할 때는 행(行)으로써 말씀하셨고, 자공에게 고할 때는 학(學)으로써 말씀하셨기 때문에 이른바 일(一)이라는 것이 본래 같지 않다. 공자께서 "배우고 싫증내지 않는다.", "많이 보고 기억한다."고 하셨는데, 공자는 어찌 많이 배워 기억한 분이 아니겠는가. 그런데 그 말씀이 또 이와 같은 것은 어째서인가? 대개 성인의 학은 『시』, 『서』와 같은 육예(六藝)와 제도문물로써 사리(事

理)의 본말이 상호 통섭(統攝)하는데, 이는 예지(叡智)로 꿰뚫고 박문(博文)과 다지(多識)에는 종사하지 않음이다. 공자께서는 또 지(知)로써 자처하지 않으셨기 때문에 오직 하나만을 말씀하셨다. 타인의 관점에서 지목하면 예지가 아니고 무엇이겠는가. 이것은 또한 이른바 지자(知者)가 보면 지(知)라고 이르는 것이다. 이것도 성인의 한 덕(德)이다. 제가(諸家)들은 모두 그 해석을 생략하였는데, 이른바 일(一)이 가리키는 것이 같지 않음을 살피지 못하였으니, 앞 해석은 여기에서 통하지 않는다.(宋儒以此章, 爲孔, 曾傳道之祕奧, 是以有疑於忠恕不足以當一貫, 故程子有天人體用等辨, 朱子有借學者之目說, 黃東發旣病其非, 平實矣. 朱子又以爲一是聖人具心之理, 乃道之體也, 是佛氏貴心性之說耳, 失聖人之旨遠矣, 宜其弊至有謂道本自一, 不必言貫者也. 仁齋厭其虛高, 以爲純一不二之謂, 不知純一不可言貫, 且推之於告子貢之言, 益見其說之不通也. 徂徠以一爲仁, 似得之, 然觀言其先王之道歸於安民, 則道非其道, 仁非其仁, 而不得其解也. 且夫先王之道, 安民爲歸, 固是顯然常理, 易言易聞, 夫子何爲艱澀其言, 而特告曾子. 愚竊謂先儒之說, 皆似未得其旨, 故今不自揣, 敢演管見, 以待後之君子. 「衛靈公」篇, 子曰: "賜也, 汝以予爲多學而識之者與?" 對曰: "然, 非與?" 曰: "非也, 予一以貫之." 告曾子則以行言, 而告子貢則以學言, 故所謂一者, 自是不同. 夫子嘗言學而不厭, 多見而識之, 豈非多學而識之者乎? 而其言又如是者, 何也? 蓋聖人之學, 『詩』, 『書』六藝, 制度文物, 事理本末, 互相統攝, 是睿智貫之, 不從事博文多識也. 夫子又不以知自居, 故亦唯曰一也. 自他人目之, 非睿智而何? 亦所謂知者見之謂之知也. 此亦聖人之一德也. 諸家皆略其解, 蓋不察所謂一者, 所指不同, 而前解於此不通也.)-豬飼敬所, 『日本儒林叢書』, 「論語里仁篇一貫章講義」

저사경소(豬飼敬所)는 이등인재, 적생조래와 마찬가지로 송유(宋儒)를 비판하였는데, 저사경소는 주자가 공자의 '일이관지'의 '일(一)'을 성인의 심(心)의 리(理)로 해석하는 것을 반대하였다. 그는 '일이관지'를 예지

(叡智)로 꿰뚫는 것이라 생각하였고, 박문(博文)과 다지(多識)에 종사하는 것은 아니라고 파악하였다.

저사경소를 비롯한 일본 유학자들의 관점은 논의의 여지가 있을 수 있지만, 이들 대부분이 '일이관지'의 '일(一)'을 '리(理)'로 해석하는 주자학적 관점을 반대하였다는 점에서는 동일하다.

(2) 사상사적 의미

그러면 일본 유학자들의 '일이관지'에 대한 해석을 중일 유학사의 맥락에서 그 의미를 살펴보기로 하자.

송유(宋儒)의 '일이관지'의 해석에 대한 일본 유학자들의 비판은 비록 격렬하지만 치명적이라고 할 수는 없다. 그 비판의 과정에서 두 가지 철학적 문제에 대하여 깊이 파고들지 않아서 그 핵심을 비판하지 못하였기 때문이다. 그러면 이 두 가지 문제에 대하여 살펴보기로 하자.

① 심(心)과 리(理)의 관계

주자와 송유가 '일이관지'를 해석할 때 언급하는 첫 번째 철학적 문제는 바로 '심(心)'과 '리(理)'의 관계이다.[14] 이 문제와 연관된 대목을 주자의 『논어집주』를 통해 먼저 살펴보기로 하자.

---

14) 錢穆(1895-1990)이 편찬한 『朱子新學案』에서는 朱子가 논한 '心'과 '理'의 관계에 대하여 정밀하게 분석한 글이 있다. 錢穆, 『朱子新學案』(二), 『錢賓四先生全集』 12冊, 臺北: 聯經出版事業公司, 1998, 95-121면 참조.

'삼(參)아!'란 증자(曾子)의 이름을 부르고 말씀하신 것이다. '관(貫)'은 통(通)함이다. '유(唯)'란 응하기를 속히 하여 의심이 없는 것이다. 성인(聖人)의 마음은 혼연(渾然)한 일리(一理)이지만, 널리 응하고 상세하게 대처함에 그 용(用)이 각기 같지 않다. 증자(曾子)는 그 용(用)의 부분에 있어서는 이미 일을 따라 정밀히 살피고 힘써 행하였으되, 다만 그 체(體)가 하나임을 알지 못하였을 뿐이었다. 공자께서는 그가 참을 많이 쌓고 힘쓰기를 오래해서 장차 터득함이 있을 줄을 아셨다. 이 때문에 이름을 부르고 말씀해 주셨는데, 증자(曾子)는 과연 그 뜻을 묵묵히 알고서 즉시 응하기를 속히 하여 의심이 없었던 것이다(參乎者, 呼曾子之名而告之. 貫, 通也. 唯者, 應之速而無疑者也. 聖人之心, 渾然一理, 而泛應曲當, 用各不同. 曾子於其用處, 蓋已隨事精察而力行之, 但未知其體之一爾. 夫子知其眞積力久, 將有所得, 是以呼而告之. 曾子果能默契其指, 卽應之速而無疑也)-朱熹,『論語集注』

윗글에서 보듯이 주자는 '성인(聖人)의 마음은 혼연(渾然)한 일리(一理)'라고 하면서, 공자가 '심'의 '일리(一理)'로써 천하 만물을 관통(貫通)하였다고 여겼다. 주자의 이 말은 일종의 정신적 경지를 표현한 언어이다. 즉 '심'의 '혼연한 일리'는 성인의 경지에 도달한 뒤의 정신적 상태를 가리키는 것이다. 이런 정신적 경지에 도달하려면 반드시 박학(博學)과 다문(多聞)의 경로를 따라야만 가능하다.『주자어류(朱子語類)』의 대화는 이 점에 대해 더욱 명확하게 설명하고 있다.

'일이관지(一以貫之)'는 진실로 마음으로 만물을 조감하여 빠뜨리지 않음이다. 그러나 반드시 많이 배워 기억해야 비로소 얻을 수 있다. 배우지 않고 스스로 일관(一貫)할 수 있는 자는 있지 않다.(一以貫之, 固是以心鑒照萬物而不遺, 然也須多學而識之始得, 未有不學而自能一貫者也.)-黎靖德 編,『朱子語類』

주자는 사람은 반드시 많이 배우고 습득해야 혼연 일리한 성인의 마음인 '일이관지'의 경지에 도달할 수 있다고 강조하였다. 한편 주자는 『맹자』「진심 상(盡心上)」 1장에서 맹자의 '진심(盡心)', '지성(知性)', '지천(知天)'을 해석하면서 이 문제에 대하여 심층적 분석을 하였다.

심(心)은 사람의 신명(神明)이니, 모든 리(理)를 갖추어 있고, 만사(萬事)에 응하는 것이다. 성(性)은 심(心)에 갖추어져 있는 리(理)요, 천(天)은 또 리(理)가 나오는 것이다. 사람이 가지고 있는 이 마음은 전체(全體) 아님이 없으나 리(理)를 궁구하지 않으면 가리워진 바가 있어 이 심(心)의 양(量)을 다하지 못하는 것이다. 그러므로 심(心)의 전체(全體)를 지극히 하여 다하지 않음이 없는 자는 반드시 리(理)를 궁구하여 알지 못함이 없는 자이니, 이미 그 리(理)를 알면 '그것이 나오는 것(天)'도 여기에서 벗어나지 않을 것이다. 『대학(大學)』의 순서로써 말하면 지성(知性)은 물격(物格)을 이르고, 진심(盡心)은 지지(知至)를 이른다.(心者, 人之神明, 所以具衆理而應萬事者也. 性則心之所具之理, 而天又理之所從以出者也. 人有是心, 莫非全體, 然不窮理, 則有所蔽, 而無以盡乎此心之量. 故能極其心之全體而無不盡者, 必其能窮夫理而無不知者也. 旣知其理, 則其所從出亦不外是矣. 以大學之序言之, 知性則物格之謂, 盡心則知至之謂也.)-朱熹, 『孟子集注』

주자는 '이치를 궁구하는 것'(窮理)이야말로 '심(心)'으로 하여금 모든 이치를 갖추어 만사(萬事)에 응하게 할 수 있게 한다고 여겼다. 맹자의 '진심(盡心)'에 대한 주자의 해석을 다시 살펴보기로 하자.

마음을 다함은 사물의 이치를 모두 알아 다하지 않음이 없음을 이름이요, 성(性)을 안다는 것은 군신, 부자, 형제, 부부, 붕우가 각각 그 이치를 따름을 아는 것을 이른 것이다. 하늘을 알면 이 이치의 자연스러움을 안다.(盡心, 謂事物之理皆知之而無不盡, 知性, 謂知君臣, 父子, 兄弟, 夫婦, 朋友各循其理, 知天, 則知此理之自然.)

마음을 다함은 어떻게 다하여야 하는가? 다할 수 없는 것은 마음의 일이요, 다할 수 있는 것은 마음의 리(理)이다. 리(理)를 다 알게 되면 애초에 전혀 알지 못하던 일물(一物)이 면전에 이를 경우, 바로 이 물(物)의 리를 알아 나의 마음의 리(理)를 다하게 된다. 마음을 다하는 리(理)가 바로 '지성(至性)'과 '지천(知天)'이다.(盡心, 如何盡得? 不可盡者心之事, 可盡者心之理. 理旣盡之後, 謂如一物初不曾識, 來到面前, 便識得此物, 盡吾心之理. 盡心之理, 便是知性, 知天.)-黎靖德 編, 『朱子語類』

주자는 이 두 단락에서 보듯이 맹자의 '진심(盡心)'을 의식의 인지 작용을 통해 만사만물의 리를 궁구하는 것으로 이해하였다. 이러한 해석은 맹자의 진심설의 본래적 의미와 차이가 나는데, 이에 대해서는 모종삼(牟宗三, 1909-1995) 선생이 견해를 제시한 바 있다.[15]

여기서 강조할 것은 주자가 '일이관지'를 해석하면서 '심'과 '리'의 관계 양상에 문제를 제기한 점이다. 주자가 제기한 '성인의 마음은 혼연(渾然)한 일리(一理)'라는 명제는 송대 유학자들의 '일이관지'에 대한 해석의 여러 양상을 선도하였다. 물론 주자 이전에 호굉(胡宏, 1105-1155)도 이미 '일심(一心)으로 회귀하여 관통한다'[16]고 강조하였지만, '심'과 '리'를 연

----

15) 牟宗三, 『心體與性體』, 臺北: 正中書局, 1968, 第3冊, 444면. "無論以知至說盡心, 或以誠意說盡心, 是認知地盡. 知至而后意誠, 以誠意說盡心, 是實行地盡. 但此實行地盡卻是依所知之理盡心而爲之, 心成虛位字, 是他律道德, 非孟子盡心之義. 孟子說盡心是充分實現(擴充)本心之謂, 旣非知至之認知地盡, 亦非依所知之理, 盡心力而爲之之他律式的實行地盡."

계하면서 양자의 관계를 논의하지는 못하였다. 주자 이후에야 비로소 '일이관지'를 해석할 때 이 문제가 철학적 명제가 된 것이다. 예컨대 채절(蔡節, 1184-1254)은 다음과 같이 말하였다.

공자께서 말씀하신 "나의 도는 하나로써 꿰뚫는다."는 것은 성인의 마음은 혼연(渾然)한 일리(一理)로써 포괄하지 않음이 없다는 것이다. 일에 응하고 사물을 접할 즈음에 리(理)는 각각 그치는 바가 있다고 하지만, 중리(衆理)는 일리(一理)에 근본하고 있는 것이다. 증자는 자득(自得)이 깊었기 때문에 이 것으로 일러 주었는데, 증자는 마음으로 깨닫고 정신으로 이해하여 곧바로 응하기를 '예(唯)'라고 하였던 것이다. 문인의 물음에 답함에 이르러서는 충서(忠恕)를 가지고 밝혔다. 자기의 마음을 아는 것으로 말하면 충(忠)이라 이르고, 자기의 마음에 나아가 사물에 미치는 것으로 말하면 서(恕)라 이른다. 충은 체(體)이고 서(恕)는 용(用)이니, 용(用)이 사물에 두루 하는 것이 바로 사체(事體)의 유행인 것이다. 이것이 이른바 일이관지(一以貫之)이다. "공자의 도는 충서(忠恕)일 뿐이다."는 것은 충서(忠恕)를 버리고서 다른 것으로 일이관지를 밝힐 만한 말이 없기 때문이다.(夫子所云吾道一以貫之者, 聖人之心渾然一理, 無所不該, 其於應事接物之際, 雖曰理各有所止, 然而衆理本一理也. 以曾子自得之深, 故告之以此, 曾子心領神會, 而直應之曰: "唯." 至答門人之問, 則卽忠恕以明之. 蓋自其近己知心而言之, 則謂之忠, 自其卽己之心以及物而言之, 則謂

---

16) 胡宏, 『五峰集』, 臺北: 臺灣商務印書館, 1969-70年景印四庫全書珍本, 卷5, 23-24면. "黃氏曰: '夫子垂世立教, 學者宗之, 或得其一體, 或聞其一言, 有稱其博學者, 有譽其多能者, 皆不能卞關而熟察之. 乃若聖人之道, 則聞而知之, 傳以心也, 默而識之, 悟以心也. 況其泛應於域中, 雖千變萬化, 未始有窮, 而會歸於一心, 則天地之純, 全萬人之大體, 皆其分內耳, 所謂一以貫之也. 曾子早遊聖門, 省身於內, 守之以約, 故夫子告之, 不待發問, 而曾子受之, 不復致疑, 可謂相契以心, 得於言意之外矣. 及其答門人之問, 語之以忠恕者, 亦以其違道不遠者告知, 始知求諸心而切於踐履者也.'"

之恕. 忠爲體, 恕爲用, 用之周乎物, 卽事體之流行者也, 此所謂一以貫之也. 其曰夫
子之道, 忠恕而已矣者, 捨忠恕之外, 他無足以發明一以貫之也.)−蔡節, 『論語集說』

채절은 또 다음과 같이 말하였다.

이른바 일(一)이라는 것은 리(理)일 뿐이다. 이른바 관(貫)이라는 것은 이 리
(理)가 사물 사이에 행하여 통하지 않음이 없는 것이다.(其所謂一者, 則理而
已. 其所謂貫, 則是理行乎事物之間, 而無有不通者也.)−蔡節, 『論語集說』

채절은 '리(理)'로 '일(一)'을 해석하였는데, 이는 주자의 해석을 벗어나
지 않는 것이다.

결론적으로 주자의 해석은 송대 유학자들이 『논어』의 '일이관지'를 해
석할 때 의거하는 해석의 전범이었다. 특히 송유들의 해석은 주자가 상
정한 '심'과 '리'의 관련 양상의 범위를 벗어나지 않고 있다.

이상에서 우리는 주자의 '일이관지'에 대한 해석이 『논어』 해석사에서
실로 분수령의 위치에 있음을 알 수 있다. 주자 이후 송유들은 '일이관
지'의 '일(一)'을 해석할 때 모두 주자의 사고 특히 '심'과 '리'의 관계에서
출발하였다. 이는 18세기에 이르러 청유 초순(焦循, 1763-1820)과 완원(阮
元, 1764-1849)이 '행(行)' 혹은 '사(事)'로 '관(貫)'자를 해석하여 또 다른
해석의 전범을 제시[17]하기 전까지 절대적 영향력을 행사하였다.

우리는 일본 유학자들의 '일이관지'에 대한 해석과 주자 및 송유의 해
석을 비교하여 다음과 같은 것을 발견할 수 있었다. 일본 유학자들의 주
자 및 송유에 대한 비판은 결코 주자학의 철학적 문제 '심(心)'과 '리(理)'
의 관계까지 깊이 파고 들어가지 못하였다. 일본의 유학자들은 공자의
'오도일이관지(吾道一以貫之)'의 '도(道)'를 사회정치적 의미의 '도'로 규

정함으로써 '도'에서 초월성을 제거하였다. 특히 적생조래와 이등인재는 공자의 도를 '안민(安民)'과 '인륜(人倫)'이라 규정함으로써, 주자와 송유가 건립한 '리(理)'의 형이상학적 세계를 뒤엎었다. 이처럼 그들은 공자의 '도'를 인륜(人倫)과 일상의 '도'로 환원시키는 데 힘을 다하였는데, 이는 일종의 구체성, 사회정치적 실천성을 중시하는 것이며 추상성의 규율 혹은 규범을 소홀히 여기는 것이다. 이 때문에 일본 유학자들의 공자의 학문에 대한 해석은 주자학처럼 '심'과 '리'의 관계 같은 중대한 명제에 이르지 못하였다. 이런 이유로 인해 일본 유학자들의 주자와 송유에 대한 비판은 정밀하게 주자의 사상을 타파하였다고 할 수 없다. 총전호(冢田虎)는 공자가 '일이관지'할 수 있는 관건은 '인(仁)'에 있다고 여기며, '리'와 '심'은 모두 성인이 말한 바가 아니기 때문에 이것을 가지고 '일이관지'를 해석하지 말아야 한다고 하였다.[18] 설사 이런 주장을 인정한다 하더라도,[19] 일본 유학자들의 송유에 대한 공격은 여전히 송유의 해석의 정수를 소홀히 하였기 때문에 그 초점을 잃었다고 할 수 있다.

---

17) 焦循, 『雕菰集』, 百部叢書集成本, 卷9, 「以貫之解」, 10면. "孔子言吾道一以貫之, 曾子曰：忠恕而已矣. 然則一貫者, 忠恕也. 忠恕者何？ 成己以及物也. 焦里堂駁前賢以以一貫之解一以貫之之說法, 並指出：'通於一而萬事畢, 是執一也, 非一以貫之也. 貫則不執矣, 執一則其道窮矣, 一以貫之則能通天下之志矣'"; 阮元, 『揅經室集』, 四部叢刊初編縮本, 卷2, 「語一貫說」, 31면. "貫, 行也, 事也, 三者皆當訓爲行事. 孔子呼曾子告之曰：吾道一以貫之. 此言孔子之道皆以行事見之, 非徒以文學爲敎也. 一與忠同, 壹以貫之, 猶言壹是皆以行事爲敎也. 弟子不知所行爲何道, 故曾子曰：夫子之道, 忠恕而已矣. 此卽『中庸』所謂：忠恕違道不遠, 施諸己而不願, 亦勿施於人. 君子之道四, 某未能一. 庸德庸言, 言行相顧之道也."; 方東樹, 『漢學商兌』, 江藩, 方東樹, 『漢學師承記(外二種)』(北京：生活, 讀書, 新知三聯書局, 1998, 300면. "六經之言, 一字數訓, 在『爾雅』, 『說文』中, 不可枚擧, 故曰『詩無達詁』. 今據『爾雅』, 『廣雅』, 訓貫爲習, 爲行, 爲事, 得矣. 而貫實有通貫之義, 『說文』「毌部」曰：穿物而持之, 貫字下曰：錢略之貫. 又『玉篇』：毌, 穿持也, 貫, 事也, 條也, 穿也, 行也. 惡得主一廢一？ 如『春秋傳』而矢貫于手及肘, 及貫革, 貫魚之類, 不可以行事訓, 明矣. 欲破宋儒之說, 並誣聖人之道, 其言曰：就聖賢之言而訓之, 或有誤焉, 聖賢之道亦誤矣. 吾請卽以其語邊質之云爾. 要之, 此之本意, 非解『論語』, 乃是攻朱子『補傳』一旦豁然貫通語. 故遠駕之『論語』, 以隱其跡, 不可爲其所護也"). 方東樹는 자신의 이러한 주장에 의거하여 "一貫之義, 兼知行而言, 不單主一邊. …… 忠恕是鹽, 一貫是鹹, 味及之而後知耳."(同上書, 301면.)라고 하였는데, 이 설명이 비교적 논리가 정연하다.

② 방법론에 있어서 개체론의 문제

주자가 '일이관지'를 해석할 때 언급한 두 번째 철학적 문제는 바로 '일이관지'가 어떻게 가능한가 하는 점이다. 여기서 주자가 택한 방법론은 개체론이라 할 수 있다. 방법론에 있어서 '개체론(個體論)'이란 각양각색으로 다른 이치를 확실하게 장악해야만 '일이관지'의 경지에 도달할 수 있다고 여기는 것을 가리킨다. 『주자어류』의 다음과 같은 말을 통해 이 점을 살펴보기로 하자.

이른바 일관(一貫)이란 하나의 원리(一貫)로 여러 가지 현상(萬殊)을 이해하는 것이다. 증자의 경우, 성인의 일언(一言)과 일행(一行)을 일일이 실천하여 모두 자세하게 이해한 것이지, 마음으로 묵묵히 터득한 것은 아니다. 「증자문(曾子問)」 중에 상례(喪禮)의 변(變)을 물은 것을 살펴보면 곡절을 상세하게 다하지 않은 것이 없으니, 증자의 당시 공부가 일일이 이해했음을 알 수 있다. 성인께서는 증자가 많은 도리를 모두 이해했음을 아시고 일관(一貫)이라는 말로써 많은 도리는 하나의 도리에 지나지 않음을 그에게 가르쳐 주

---

18) 荻田虎, 『聖道合語』上篇, 「一貫第六」, 18면. "其所一以貫之者仁, 而欲措之行事; 乃以忠恕示其方, 固孔子之敎誨而爾, 而後儒不曉焉, 或以一理一心解之者, 聖人之所未嘗言, 而未亦得忠恕之所以爲仁之方也, 則皆鑿空也已." 이 밖에 적생조래(荻生徂徠)의 후학인 龜井南冥(1742-1814)도 仁, 心, 理, 誠으로 '一以貫之'를 해석하였는데, 그의 아들인 龜井昭陽(1773-1836)의 『家學小言』(『日本儒林叢書』第6卷)에 다음과 같은 글이 실려있다. "先考(按: 指南冥)曰: 一以貫之, 爲曾子, 子貢言之, 二賢親炙, 聞而知之. 後儒乃曰理也, 心也, 誠也, 仁也, 亦各鳴其家言而已, 仲尼所謂一者, 爲是一也, 凡物固有不可明言者, 門人且不盡答, 然而欲以訓詁瞭然, 其可乎? 宋儒謂子貢, 不能如曾子之唯, 妄哉! 私欲溺沛哉!"

19) 中國哲學에서 '理'가 일종의 철학적 범주가 된 것은 주자에 이르러서였다. 陳榮捷, 「新儒學理之思想之演進」, 『王陽明與禪』, 臺北: 無隱精舍, 1973, 20–68면; Wing-tsit Chan, "The Evolution of the Neo-Confucian Concept li as Principle," Tsing-hua Journal of Chinese Studies, n. s. 2 (1964), pp. 123–149 참조. 荻田大峰은 '理'는 성인께서 말씀하지 않은 것이기에 이를 근거로 삼을 수 없다고 하였다.

셨다. 증자 역시 여기에 이르러 그 실천의 지점을 모두 이해하여 단번에 이것이 하나의 도리임을 알고서 '예!(唯)'라고 응답하였다. 문인이 여쭤보자 "충서(忠恕)일 뿐이다."고 바로 말하였는데, 충(忠)은 대본(大本)이고 서(恕)는 달도(達道)이다. 충이란 일리(一理)인데, 서(恕)는 바로 조목을 관통하는 것으로 만수(萬殊)가 모두 여기로부터 나온다. 비록 만수(萬殊)라 해도 단지 일리(一理)이니, 이른바 관(貫)이다. 자공은 평소 전언(前言)과 지나간 행실에서 공부하였으며, 식견(識見)에서도 성취하였다. 공자께서는 자공이 성인을 '많이 배워 기억하는 존재'로 생각할까 봐 물으신 것이다. 이에 자공이 의심하자 공자께서 드디어 일관(一貫)을 가지고 일러 주셨다. 자공은 이것을 듣고 별 말이 없었는데, 자공이 이해했는지 이해하지 못했는지 알 수가 없다. 지금 그것을 살펴보면 공자께서는 단지 일관(一貫)을 가지고 이 두 사람에게 말씀해 주셨다. 그들은 틀림없이 감당하였을 것이니, 생각건대 이해하지 못하는 사람에게는 말씀해 주시지 않으려 하셨을 것이다. 증자는 실천을 독실히 하여 도달하였고, 자공은 널리 듣고 힘써 기억하여 도달한 것이다. 공자께서는 두 사람 이외에는 별도로 말씀해 주시지 않았으니, 지금 사람들이 걸핏하면 일관(一貫)을 말하는 것과 같지 않다. 이른바 일(一)이란 만(萬)을 상대로 하는 개념이다. 지금은 일(一)에서 찾아서는 안 되고 반드시 만(萬)에서 이해해야 한다. 만약 공자께서 일관(一貫)을 말하는 것만 보고 수많은 해야 될 일을 하지 않는다면, 이는 단지 일(一)만 이해했지 꿰뚫은 것이 무엇인지 모르는 것이다.(所謂一貫者, 會萬殊於一貫. 如曾子是於聖人一言一行上──踐履, 都子細理會過了, 不是默然而得之. 觀「曾子問」中問喪禮之變, 曲折無不詳盡, 便可見曾子當時功夫是一一理會過來. 聖人知曾子許多道理都理會得, 便以一貫語之, 教它知許多道理卻只是一箇道理. 曾子到此, 亦是它踐履處都理會過了, 一旦豁然知此是一箇道理, 遂應曰: "唯!" 及至門人問之, 便云: "忠恕而已矣." 忠是大本, 恕是達道. 忠者, 一理也, 恕便是條貫, 萬殊皆自此出來. 雖萬殊, 卻只一理, 所謂

貫也. 子貢平日是於前言往行上著工夫, 於見識上做得亦到. 夫子恐其亦以聖人爲多學而識之, 故問之. 子貢方以爲疑, 夫子遂以一貫告之. 子貢聞此別無語, 亦未見得子貢理會得, 理會不得. 自今觀之, 夫子只以一貫語此二人, 亦須是它承當得, 想亦不肯說與領會不得底人. 曾子是踐履篤實上做到, 子貢是博聞强識上做到. 夫子舍二人之外, 別不曾說, 不似今人動便說一貫也. 所謂一者, 對萬而言. 今卻不可去一上尋, 須是去萬上理會. 若只見夫子語一貫, 便將許多合做底事都不做, 只理會一, 不知卻貫箇甚底!)-黎靖德 編, 『朱子語類』

주자의 이 같은 말은 매우 좋다. "이른바 일관(一貫)이란 하나의 원리(一貫)로 여러 가지 현상(萬殊)을 이해하는 것이다."는 말은 분명히 방법론에 있어서 개체론적 입장을 드러내 보인 것이다. 주자가 말하는 '일(一)'은 반드시 만 가지 현상 위에서 이해하여야만 하는 것으로, 이 점에 대하여 다음과 같이 말하기도 하였다.

"나의 도는 하나로써 꿰뚫는다."는 것은 비유하면 흩어진 많은 돈을 모아서 한 가닥의 줄로 꿰는 것이다. 이른바 일관(一貫)이란 반드시 흩어진 많은 것을 모은 연후에야 이 줄도 얻기 쉽다. 만약 많은 돈을 모으지 않고 달랑 한 가닥의 줄만 있다면, 무엇을 뚫겠는가! 우리 유학자들은 돈을 모아야 한다. 만약 강서(江西)의 학자(상산학을 가리킴)처럼 한 푼도 없으면서 단지 한 가닥 줄만 있다면, 무엇을 뚫어야 할지 모르게 될 것이다.(吾道一以貫之, 譬如聚得散錢已多, 將一條索來一串穿了. 所謂一貫, 須是聚箇散錢多, 然後這索亦易得. 若不積得許多錢, 空有一條索, 把甚麼來穿! 吾儒且要去積錢. 若江西學者都無一錢, 只有一條索, 不知把甚麼來穿.)

또 말하기를 "일(一)은 단지 하나의 도리로 꿰뚫는 것이다."고 하였다(又曰:

본론(ii): 일본 논어학의 중요 개념

"一, 只是一箇道理貫了."）

혹자가 질문하였다. "충서(忠恕)는 증자 이전에도 이해한 이가 있습니까?" 대답하였다. "증자는 충서에 대해 스스로 이해하였고 바로 자신의 이해를 가지고 성인의 뜻을 해석하였는데, 사실은 빌려온 것이다." 직경(直卿)이 질문하였다. "'일이관지(一以貫之)'는 지일(至一)로써 꿰뚫은 것입니다." 대답하였다. "일(一)은 단지 하나의 도리일 뿐이니, 지일(至一)을 말할 필요가 없다."（或問: "忠恕, 曾子以前曾理會得否?" 曰: "曾子於忠恕自是理會得了, 便將理會得底來解聖人之意, 其實借來." 直卿問: "一以貫之, 是有至一以貫之." 曰: "一, 只是一箇道理, 不用說至一."）-黎靖德 編, 『朱子語類』

주자의 '돈'과 '돈을 꿰는 줄'의 비유는, 만약 많은 개별적인 동전이 없고 다만 하나의 꿰는 줄만 있다면 결국 '일이관지'할 수 없다는 말이다. 한편 주자는 육구연이 '만수(萬殊)'로부터 착수하지 않는 것에 대하여 다음과 같이 비판하였다.

지금은 마음대로 억측하여 '일관(一貫)'을 말하고 무엇을 꿰뚫은 것인지는 알지 못한다. 성인이 곧바로 일일이 이해함은 "옛것을 좋아하여 재빨리 구하다."는 말처럼, 돌연히 이렇게 그것을 꿰뚫는 것이 아니다. 「증자문(曾子問)」의 수많은 곡절처럼, 그것에 대한 생각을 일일이 물으니 공자께서 일일이 일러 주신 것이다. 끝에 이르기를 "나는 노담(老聃)에게서 들었다."고 하였는데, 이것은 성인이 당초에 모두 일일이 이해한 것이다. 예컨대 천하의 성인께서는 어버이를 섬김을 말할 경우 어버이를 섬기는 중간에 많은 일이 있고, 임금의 섬김을 말할 경우 임금을 섬기는 중간에 많은 일이 있어서 지금은 일일이 적합한 곳을 볼 수 없어 실로 근심스러운데, 어떻게 '일관(一

貫)'을 바로 말하겠는가? 근래에 보자 하니 영가(永嘉)에 한 두 명의 아는 사
람이 있는데, 오로지 제도만 고찰하지 도무지 근본을 이해하지 못하였다.
하루아침에 이해(利害)에 임해서는 저것은 도무지 쓸 곳이 없고 일을 제대
로 처리하지 못했다. 여백공(呂伯恭)은 종래 사람을 가르치며 말하기를
"『논어』는 모두 허언(虛言)으로 실사(實事)를 논함만 못하다."고 하면서 역
사를 고찰하도록 하였다. 육자정(陸子靜)의 경우는 또 단지 허정(虛靜)만을
말하기를 "전혀 허한 일이 없다. 안자(顏子)는 배울 줄을 몰랐으니 '중용
을 택하여 하나의 선을 얻으면 간직하고서 잃지 않았다'고 하니, 선은 하나
인데 다시 택함을 어찌 쓰겠는가? '자로는 뭔가를 듣고 아직 실행하지 못하
였을 때에 다시 들음이 있을까 오직 두려워하였다'고 하였는데, 한 번 들은
이외에 다시 들음을 어찌 쓰겠는가? 이는 바로 선가(禪家)에서 말하는 것과
마찬가지다. 성인이 리(理)를 말함은 절대 이렇지 않으니, 두루 포괄하려다
가 치우쳤다고 할 만하다.(而今只管懸想說道一貫, 卻不知貫箇甚麼. 聖人直是事
事理會得, 如云: "好古敏以求之." 不是驀直恁地去貫得它. 如「曾子問」許多曲折, 它
思量一一問過, 而夫子一一告之, 末云: "吾聞諸老聃云." 是聖人當初都曾事事理會
過. 如天下之聖說道事親, 事親中間有多少事, 說道事君, 事君中間有多少事. 而今正
患不能一一見箇恰好處, 如何便說一貫? 近見永嘉有一兩相識, 只管去考制度, 卻都
不曾理會箇根本. 一旦臨利害, 那箇都未有用處, 卻都不將事. 呂伯恭向來教人亦云:
"『論語』皆虛言, 不如論實事." 便要去攷史. 如陸子靜又只說箇虛靜, 云: "全無許多
事. 顏子不會學, '擇乎中庸, 得一善則拳拳勿失.' 善則一矣, 何用更擇? '子路有聞,
未之能行, 唯恐有聞.' 一聞之外, 何用再聞? 便都與禪家說話一般了. 聖人道理, 都不
恁地, 直是周偏.)-黎靖德 編,『朱子語類』

주자는 영가학파가 다만 '만수(萬殊)'를 논하고 '근본(根本)'을 논하지
않은 것은 물론 틀리지만, 육상산(陸象山)처럼 다만 '일(一)'을 논하고 '다

(多)'를 논하지 않은 것도 선학(禪學)에 치우치는 것을 면치 못한다고 비판하였다.

여하간 주자의 '일이관지'에 대한 해석은 확실히 그 방법론에 있어서 개체론에 접맥해 있다. 송유의 개념으로 말하자면, '함양(涵養)'과 '찰식(察識)' 중 어느 것이 먼저인가? 혹은 '일관'과 '만수' 중 어느 것이 먼저인가 하는 문제이다. 이 철학적 문제는 주자와 송유가 『논어』를 읽으면서 발생한 것이 아니고, 일찍이 공자가 '많이 배워서 앎'(多學而識之)과 '일이관지'를 말할 때 이미 잠재되어 있었던 문제이다. 그런데 일본의 유학자들은 '일이관지'를 해석하면서 비록 주자를 격렬하게 비판하였지만, 주자의 방법론적 문제에 초점을 맞추지는 못하였다. 때문에 일본의 유학자들과 송유는 애초에 대화를 나누었다고 말할 수 없다.

4. 일본 유학자와 조선 유학자의 해석의 비교

(1) 조선 유학자의 해석

유학이 동전(東傳)되고 나서 고려후기에 이르러 권부(權溥, 1262-1346)의 『사서집주』 발간을 기점으로 주자학이 동전되었다.[20] 이후 조선시대에 들어와 유학사조는 성리학, 예학, 양명학, 실학 등으로 다양하였는데, 특히 주자학파의 영향력이 가장 컸다. 조선 주자학의 발전은 이황(李滉)과 이이(李珥)에게서 발원하여 송시열(宋時烈), 한원진(韓元震) 등이 뒤를 이었

---

20) 韓國哲學會 編, 龔榮仙 譯, 『韓國哲學史』(中卷), 北京: 社會科學文獻出版社, 1996, 89면.

다. 이 과정에서 조선의 주자학자들은 인간의 마음에 대하여 깊이 연구하였는데 이기(理氣), 본연지성(本然之性)과 기질지성(氣質之性), 사단칠정(四端七情), 이발미발(已發未發), 인심도심(人心道心) 등은 모두 조선 주자학의 주요 문제였다.[21]

조선 유학자들의 '일이관지'에 대한 해석을 보면, 기본적으로 주자 해석의 영향하에 있었으므로 창조보다는 모방이 많다고 할 수 있다. ① 모방의 경우, 주로 '심(心)'과 '리(理)'의 관계양상에 대한 해석에서 찾아볼 수 있으며, ② 창조의 경우, '성(誠)'으로 '일이관지'의 '일(一)'을 해석한 데서 찾아볼 수 있다. 이 두 가지 관점을 좀 더 상세하게 살펴보기로 하자.

① '심(心)'과 '리(理)'의 관계양상에 대한 재해석

조선 유학자는 『논어』를 해석할 때 주자학적 사유의 맥락에서 출발하지만 더욱 섬세한 경우가 많다. 주자가 '일이관지'를 주석하면서 "성인(聖人)의 마음은 혼연(渾然)한 일리(一理)여서 널리 응하고 상세하게 대처함에 용(用)이 각기 같지 않다."라고 하였는데, 이에 대하여 조선의 유학자들은 주자 주석의 궤적을 따르면서 두 개의 새로운 명제를 제시하였다.

(a) 어떻게 내 마음의 이치로써 만물의 이치를 꿰뚫을 수 있는가?

『논어집주』에서 "성인의 마음은 혼연한 일리여서 널리 응하고 상세하게 대처한다."고 하였는데, 이것은 어떻게 가능한가? 조선 유학자인 김근행

---

21) 錢穆, 「朱子學流行韓國考」, 『新亞學報』, 第12卷, 1977年 8月, 1~69면. 朝鮮儒學의 '四七論辨'에 대해서는 李明輝, 『四端與七情――關於道德情感的比較哲學探討』(臺北: 臺大出版中心, 2005) 참조.

(金謹行, 1712-?)은 이 문제에 대하여 다음과 같이 말하였다.

공자의 "삼(參)아! 나의 도는 하나로써 꿰뚫는다."는 말에서, 하나라는 것
은 리(理)이고 꿰뚫는다는 것은 마음의 일이다. 리(理)가 나의 마음에 있어
나의 마음의 리(理)로써 만물의 리(理)를 꿰뚫는 것이다.(子曰: "參乎! 吾道一
以貫之."者, 一者, 理也. 貫者, 心之事也. 理在吾心, 以吾心之理, 貫乎萬物之理
也.)-金謹行, 『論語箚疑』

김근행의 이러한 해석은 '심(心)'과 '리(理)'의 관계를 주자의 사유에 따
라 정립한 것이지만 보다 더 진일보한 측면이 있다. 일찍이 주자는 장식
(張栻)과 『논어』의 '일이관지'를 토론한 적이 있는데 여기서 성인의 마음
이 '일이관지'하지 않을 때가 없지만[22] 때로 육체의 욕망에 가려져서 이
것이 불가능할 때도 있다고 하였다.[23] 이때 궁리의 공부를 통해 '심'이
외재의 사물을 장악하여야 한다고 하였다. 주자의 이 설명을 좀 더 들어
보기로 하자.

유자(儒者)의 학문에 있어 요지는 이치를 궁구하는 것을 우선으로 삼는 것
이다. 무릇 하나의 사물에는 하나의 이치가 있으니, 반드시 먼저 이것을 밝

---

22) 朱熹, 「與張敬夫論癸巳論語說二十一」, 『朱子文集』, 臺北: 財團法人德富文教基金會,
2000, 第3册, 1212면. "聖人之心, 於天下事物之理無所不該, 雖有內外, 本末, 隱顯之殊, 而未
嘗不一以貫之也."

23) 朱熹, 「答張敬夫問目十」, 『朱子文集』, 1248면. "孟子曰: '盡其心者, 知其性也, 知性, 則
知天矣.' 心體廓然, 初無限量, 惟其梏於形器之私, 是以有所蔽而不盡. 人能克己之私以窮天
理, 至於一旦脫然, 私意剝落, 則廓然之體, 無復一毫之蔽, 而天下之理, 遠近精粗, 隨所擴充,
無不通達. 性之所以爲性, 天之所以爲天, 蓋不離此, 而一以貫之, 無次序之可言矣. 孔子謂天
下歸仁者, 正此意也."

한 연후에야 마음에서 일어나는 경중(輕重)과 장단(長短)에 준칙(準則)이 있게 된다. 『서경』에서 말한 '천서(天敍)와 천질(天秩), 천명(天命)과 천토(天討)'라는 말과 맹자에서 말한 "사물은 모두 그러한데 마음이 특히 심하다."라는 것은 모두 이것을 이름이다. 만약 이것에서 먼저 그 앎을 지극히 이루지 않고 마음을 삼는 것이 이와 같음만 보고 마음을 삼는 것이 이와 같음을 알아 대충대충하여 준칙으로 삼을 바가 없다면 그 보존되고 일어나는 것이 어디로부터 이치에 맞겠는가.(儒者之學, 大要以窮理爲先, 蓋凡一物有一理, 須先明此, 然後心之所發, 輕重長短, 各有準則. 『書』所謂天敍天秩, 天命天討, 孟子所謂物皆然, 心爲甚者, 皆謂此也. 若不於此先致其知, 但見其所以爲心者如此, 識其所以爲心者如此, 泛然而無所準則, 則其所存所發, 亦何自而中於理乎?)－朱熹, 「與張敬夫論癸巳論語說二十一」, 『朱子文集』

이 구절에서 보듯이 주자는 명백하게 '궁리(窮理)'를 마음과 이치의 선결조건으로 지적하였다.

주자의 이러한 사고에 대하여 조선의 유학자들은 일종의 돌파구를 마련하였다. 조선의 유학자 김근행은 공자의 '일이관지'를 '이치란 내 마음에 있는 것인데, 이 내 마음의 이치로써 만물의 이치를 꿰뚫는 것'이라고 하였다. 여기서 '내 마음에 있는 이치'(理在吾心)란 말은 외적 지식 활동으로서의 주자의 '궁리(窮理)'의 학설을 내적으로 전화시켰다고 할 수 있다.

이처럼 조선의 유학자들은 '일이관지'에 대한 주자의 해석을 내적으로 전화시킨 다음 일련의 새로운 해석을 제기하기도 하였다. 이병휴(李秉休, 1710-1776)와 정약용(丁若鏞, 1762-1836)이 그 대표적 예인데, 이병휴의 「논어일관설(論語一貫說)」을 먼저 살펴보기로 하자.

내가 『논어』를 읽어 보니 공자께서 증자에게 "삼(參)아! 나의 도는 하나로써 꿰뚫는다."고 하자 문인들이 알지 못하거늘, 증자가 "선생님의 도는 충서(忠恕)일 뿐이다."고 깨우쳐 주었다. 그렇다면 일관(一貫)의 뜻은 충서(忠恕)를 벗어나지 않음을 알 수 있다. 그러나 충서(忠恕) 두 글자는 모두 타인과 접촉할 때 생겨나는 말이다. 충(忠)하기 때문에 서(恕)한다면 충(忠)은 그 속에 있다. 어떤 경우는 충서를 병칭하고 어떤 경우는 서(恕) 하나만 칭하나, 실은 하나이다. 그렇다면 일관(一貫)은 대개 서(恕)로써 말한 것인데, 서(恕)가 일관(一貫)이 된다면 그 뜻은 무엇인가? 서(恕)란 자기를 미루어 상대에게 미치는 것을 이름이다. 무릇 천하의 리(理)와 만물의 정(情)은 나 한 사람의 마음으로 미루어 미치면 관통하지 않음이 없기 때문이다. 이것이 이른바 일관(一貫)이 아니겠는가?(余讀『論語』, 孔子謂曾子曰: "參乎! 吾道一以貫之." 門人未曉. 曾子喻之曰: "夫子之道, 忠恕而已." 則一貫之旨不外於忠恕可知也. 然忠恕二字, 皆從接人上說. 忠, 故能恕, 則忠在其中. 或並稱忠恕, 或單稱恕, 其實一也. 然則一貫, 蓋以恕言也. 恕爲一貫, 其義何居? 恕者, 推己及物之謂也. 夫以天下之理, 萬物之情, 而以余一己之心推以及之, 無不貫通. 此非所謂一貫乎?)-李秉休, 「論語一貫說」, 『論語稟目』

이병휴는 '일관(一貫)'을 '서(恕)'라고 해석하였다. '서(恕)'는 '자신을 미루어 남을 헤아리는 것'(推己及物)인데, 그는 이 뜻을 확대하여 자신의 마음으로 천하 만물의 실정을 헤아리는 것으로 여겼으며 이것을 바로 '일관'이라 하였다.

이병휴 이외에 정약용도 '서(恕)'로 '일(一)'을 해석하였다.[24] '서'로 '일'을 해석하는 정다산과 이병휴의 입장은 '자아(自我)'와 '타자(他者)' 사이의 유추성(類推性)을 강조하는 것이다. 이는 결코 주자가 강조한 것처럼 자아의 '심'이 타자에 내재된 '리'를 감지하는 것이 아니다.

(b) '일본(一本)'과 '만수(萬殊)'는 모두 '심(心)'으로 귀결된다

앞서 우리는 주자가 '일이관지(一以貫之)'를 해석할 때, 방법론적 측면에서 개체론적 입장을 지니고 있음을 살펴보았다.[25] 주자는 『논어집주』에서 '일이관지'를 해석하면서, 다음과 같이 말하였다.

공자의 일리(一理)가 혼연하여 두루 응하고 상세하게 대처함은, 비유컨대 천지가 지성무식(至誠無息)하여 만물이 각각 제자리를 얻는 것과 같다. 이것 밖에 참으로 다른 법이 없으니, 미룰 것도 없다. 증자는 이것을 보았으나, 말로 표현하기 어려웠기 때문에 배우는 자들을 위해 진기(盡己)와 추기(推己)의 조목을 빌려 드러내어 밝혀 알기 쉽도록 하고자 하였다. 대개 지성무식(至誠無息)이라는 것은 도의 체(體)이니 만수(萬殊)가 일본(一本)이 되는 소이연(所以然)이고, 만물이 각각 제자리를 얻었다는 것은 도의 용(用)이니 일본(一本)이 만수(萬殊)가 되는 소이연(所以然)이다. 여기에서 일이관지(一以貫之)의 실제를 알 수 있다.(夫子之一理渾然而泛應曲當, 譬則天地之至誠無息, 而萬物各得其所也. 自此以外, 固無餘法, 而亦無待於推矣. 曾子有見於此而難言之, 故借學者盡己, 推己之目以著明之, 欲人之易曉也. 蓋至誠無息者, 道之體也, 萬殊之所以一本也, 萬物各得其所者, 道之用也, 一本之所以萬殊也. 以此觀之, 一以貫之之實可見矣.)-朱熹, 『論語集注』

위의 해석에서 문제는 '만수(萬殊)'와 '일본(一本)'은 어떻게 연결되는가

---

24) 丁若鏞, 『論語手劄』, 116-117면. "一者, 恕也. 貫, 穿也 ……吾道不外乎人倫, 凡所以處人倫者, 若五敎九經, 以至於經禮三百, 曲禮三千, 皆行之以一恕字. 如以一緡貫千百之錢, 此之謂一貫也."

25) 주자는 "所謂一貫者, 會萬殊於一貫", "也須多學而識之始得, 未有不學而自能一貫者也", "而今只管懸想說道一貫, 卻不知貫箇什麽" 등의 말을 하였다.

본론(ii): 일본 논어학의 중요 개념

라는 점인데, 주자는 이 점에 대하여 명확하게 말하지 않았다.

그런데 이 문제에 관해서 조선 유학자는 새로운 견해를 제기하였다. 박지계(朴知誡, 1573-1635)는 '일본'과 '만수'가 '심'에서 연결된다고 하면서 다음과 같이 지적하였다.

> 공자께서 "나의 도는 하나로써 꿰뚫는다."고 하였고, 주자는 "사람들이 학문을 함은 심(心)과 리(理)일 뿐이다."고 하였다. '심(心)'이 바로 '일본(一本)'이고, '리(理)'가 바로 '만수(萬殊)'이다. 옛 성인이 가르치신 말씀은 일(一)과 만(萬)이 아닌 것이 없다. 소학(小學)에 종사하면서 단정하고 고요한 가운데 이 마음을 둔 자는 일(一)로부터 공부를 하는 것이고, 격물치지에 종사하면서 뭇 이치의 오묘함을 다한 자는 만(萬)으로부터 공부를 하는 것이다. …… 하나로부터 만까지, 만으로부터 하나까지, 다시 하나에서 만으로 가는 것이 바로 성인의 학이다. 일본(一本)과 만수(萬殊)는 양의(兩儀)의 상(象)이다. 지(知)와 행(行)에는 모두 이 두 가지 단서가 있다. 지각이 어둡지 않고 마음에 있는 것을 '지(知)의 일본(一本)'이라 하고, 사물의 이치를 밝게 비추는 것을 '지(知)의 만수(萬殊)'라고 하며, 일심(一心)이 혼연하게 가운데 있는 것을 '행(行)의 일본(一本)'이라 하고, 몸소 행하는 실천이 사물에 있는 것을 '행(行)의 만수(萬殊)'라고 하는데, 이른바 충서(忠恕)가 바로 이것이다.(孔子曰: "吾道一以貫之." 朱子曰: "人之爲學, 心與理而已." 心卽一本也, 理卽萬殊也. 古聖人垂敎之說, 無非一與萬而已. 從事於小學而存此心於端莊靜一之中者, 從一上做工也, 從事於格致, 而窮衆理之妙者, 從萬上做工也. …… 自一而萬, 自萬而一, 復自一而爲萬, 乃聖人之學也. 一本萬殊, 兩儀之象也. 知上行上皆有此兩端. 知覺不昧之在心, 曰: '知上之一本', 明燭事物之理, 曰: '知上之萬殊', 一心之渾然在中, 曰: '行上之一本', 躬行踐履之在事物, 曰: '行上之萬殊', 所謂忠恕是也.)-朴知誡, 『箚錄-論語』

박지계의 이 해석이 특별한 점은 주자의 '일본'과 '만수'를 다시 '지(知)의 일본(一本)' '지(知)의 만수(萬殊)', '행(行)의 일본(一本)', '행(行)의 만수(萬殊)'로 세분하고서 이 모든 것을 '심(心)'의 작용으로 귀결시킨 점이다.

한편 김근행의 경우도, 이처럼 '일본'과 '만수'를 '심'에 귀결시키고 있다.

일심(一心)에 모여 있는 것으로도 만사를 꿰뚫으면 만수(萬殊)의 도가 되고, 만사에 흩어진 것으로도 한 마음에 근본하면 총회(總會)의 도가 된다.(以道之總在一心者貫之於萬事, 則爲散殊之道. 以道之散在萬事者本之於一心, 則爲總會之道.)- 金謹行, 『論語箚疑』

김근행 역시 '심'으로 '만수'와 '일본'을 통일시키고 있는데, 이는 확실히 주자의 해석에서 진일보한 면이 있다고 할 수 있다.

② '성(誠)'으로 '일이관지'의 '일(一)'을 해석함

'일이관지'를 해석할 때, 조선 유학자들의 창조적 지점은 바로 '성(誠)'으로 '일이관지'의 '일(一)'을 해석하는 것이다. 양응수(楊應秀, 1700-1767)와 윤형로(尹衡老)의 해석이 대표적이라 할 수 있는데, 먼저 양응수가 편찬한 『논어강설(論語講說)』에서 그 내용을 살펴보기로 하자.

문(問): "일관(一貫)이란 일리(一理)로써 만사의 리(理)를 꿰뚫는 것입니까? 그 뜻을 듣기를 원합니다."
답(答): "성인의 한 마음은 허명(虛明)하고 통철(洞徹)하며 지성스러워 망녕됨이 없습니다. 그러므로 천하의 만사와 만물의 리(理)에 자연스럽게 통하지 않는 바가 없는데, 이것을 '일이관지(一以貫之)'라고 이릅니다. 그러나 이러한 도리는 말로써 전할 수 없고 듣고서 알 수 있는 것이 아니니, 오직 학문을 쌓음이 적절하고 지극하여 자득함에 달려 있습니다."(問: "一貫者, 以一理而通貫萬事之理歟? 願聞其義." 曰: "聖人之一心, 虛明洞徹, 至誠無妄, 故天下萬事萬物之理, 自然無所不通, 此之謂一以貫之也. 然此等道理, 不可以言傳, 亦不可聞而知之, 惟在積學切至而自得也.").

문(問): "일관(一貫)의 이치를 어떤 이는 행(行)으로써 얻고 어떤 이는 지(知)로써 얻는데, 그것을 얻게 하는 것은 어떤 것입니까?"

답(答): "성(誠)입니다"(問: "一貫之理, 或以行得之, 或以知得之, 其所以終能得之者何物歟?" 曰: "誠也.")-楊應秀, 『論語講說』

이 문답에서 보듯이 양응수는 '일이관지'를 가능하게 하는 것은 바로 '성(誠)'의 작용 때문이라고 강조하였다. 한편 윤형로도 『중용(中庸)』으로 『논어』의 '일이관지'를 해석하였는데, 다음과 같이 말하였다.

성인이 모르는 바가 없음은 많이 배워 기억함이 아니고 바로 일리(一理)의 관통함 때문이다. 일관(一貫)하여 아는 것은 바로 『중용』의 이른바 "스스로 성실하여 밝다."라는 것이니, 성(誠)이 지극한 이는 청명(淸明)함이 몸에 가득 차서 털끝만치도 인욕(人欲)에 의한 가리워짐이 없다. 그러므로 지기(志氣)가 신(神)과 같다. …… 유사한 사물이 오면 칼날로 맞이하여 해체하지 않음이 없다(按: 聖人之無所不知, 非多學而識也, 卽一理之貫通也. 一貫而知之, 卽『中庸』所謂自誠而明也, 誠之至者, 淸明在躬, 無一毫人欲之蔽, 故志氣如神. …… 相似事物之來, 無不迎刃而解.)-尹衡老, 『箚錄-論語』

윤형로가 이 단락에서 말한 '성(誠)'은 분명 형이상학이 아닌 윤리학적 의미의 '성(誠)'을 가리키고 있다.[26]

(2) 조선 유학자들의 해석과 대비적 관점에서 본 일본 유학자들의 해석의 특징

한일 유학자들의 '일이관지'에 대한 해석을 비교해 보면, 매우 뚜렷할 정도의 차이가 있다. 일본 유학자는 '개체성'(individuality)을 '사회성'(sociality)으로 치환하였기에 '인(仁)'으로 '일(一)'을 해석하지만, 조선 유학자는 '성(誠)'으로 '일(一)'을 해석하였다.[27] 일본 유학자는 '도(道)'를 백성을 안정시키기 위하여 선왕이 창제한 제도로 이해하였지만, 조선 유학자는 '도'를 사람의 '심(心)'에 통합된 추상적인 '리(理)'로 이해하였다.

이러한 해석의 차이는, 표면적으로 17세기 이후 주자학이 일본 사상계에서는 영향력이 축소되고 조선 사상계는 그 영향력이 심화된 데에서 찾을 수 있다. 하지만 한층 더 깊은 측면에서 살펴보면, 일본 유학자들은 주

---

26) 勞思光은 다음과 같이 말하였다. "『中庸』의 '誠' 자에는 두 가지 용법이 있다. 첫째는 '속이지 않는다'는 것으로 이는 일상 언어적 용법이다. 둘째는 '충만한 실현(Full realization)'으로 이는 『중용』에서 쓰이는 특수한 용법이다. 두 번째 의미를 취할 경우, '誠'은 '盡性'과 불가분의 관계에 놓이게 된다. 첫째 용법이 일반적 윤리 행위를 의미하기에 이는 'Ethical term'이라 할 수 있으며, 둘째 용법은 존재를 묘사한 언어이기에 'Metaphisical term'이라 할 수 있다. 『중용』의 사상 맥락에서 보자면, 둘째 용법은 첫째 용법의 확대 혹은 일반화에서 파생되어 나온 것이다. 때문에 이 두 가지 용법은 항상 연관해서 나타나곤 한다. 勞思光, 『新編中國哲學史』(一), 臺北: 三民書局, 1981-1988, 54-55면 참조.

27) 當代 日本學者 相良亨은 中國의 宋明儒學이 '敬'을 중심으로 발전했다면, 日本儒學은 '誠'을 중심으로 전개되었다고 파악하였다. 그는 德川 初期 주자학자인 中江藤樹(1608-1648), 熊澤蕃山(1619-1691), 山鹿素行(1622-1685), 伊藤仁齋(1627-1705) 등은 모두 주자학 연구를 통해 '誠' 중심의 유학체계를 구축하였는데, 특히 中井履軒은 '誠' 중심의 유학으로 문헌학의 기초를 확정한 인물이라고 평가하였다. 相良亨, 「德川時代의「誠」」, 『日本의 儒敎 II』, 『相良亨著作集』 第2卷, 東京: ぺりかん社, 1996, 121-136면 참조. 그렇지만 德川時代 유학자들은 孔子의 '吾道一以貫之'라는 말씀을 해석하면서 '誠'으로 '一以貫之'의 '一'을 해석하지는 않았다.

자의 해석에서 보이는 '심(心)'과 '리(理)'의 관계에 대해 논하지 않았는데 '성(誠)'이 아닌 '인(仁)'으로 '일관(一貫)'의 '일(一)'을 해석한 것이 그 원인이라 할 수 있다.

송유와 조선 유학자는 주자학의 영향하에 '리(理)'를 기초로 하는 형이상학적 사상체계를 세웠다. 이 과정에서 주자는 '이학(理學)'을 '실학(實學)'으로 규정하였다.

자정자(子程子)가 말씀하였다. "편벽되지 않음을 중(中)이라 이르고, 변치 않음을 용(庸)이라 이르니, 중(中)은 천하의 정도(正道)요, 용(庸)은 천하의 정리(定理)이다. 이 책은 바로 공문(孔門)에서 전수(傳授)해 온 심법(心法)이니, 자사(子思)께서 시간이 오래 지나면 차이가 있을까 두려워하셨다. 그래서 이것을 책에 기록하여 맹자(孟子)에게 주신 것이다. 이 책이 처음에는 한 이치를 말하였고, 가운데에는 흩어져 만사(萬事)가 되었고, 끝에는 다시 합하여 한 이치가 되었으니, 이것을 풀어놓으면 육합(六合)에 가득하고, 거두어들이면 물러가 은밀한 데 감추어져서 그 맛이 무궁하니, 모두 실학(實學)이다. 잘 읽는 자가 완색(玩索)하여 얻음이 있으면 종신(終身)토록 쓰더라도 다하지 못함이 있을 것이다."(子程子曰: "不偏之謂中, 不易之謂庸. 中者, 天下之正道, 庸者, 天下之定理. 此篇乃孔門傳授心法, 子思恐其久而差也, 故筆之於書, 以授孟子. 其書始言一理, 中散爲萬事, 末復合爲一理, 放之則彌六合, 卷之則退藏於密, 其味無窮, 皆實學也. 善讀者玩索而有得焉, 則終身用之, 有不能盡者矣.")-朱熹, 『中庸章句』

주자는 '이학'이 곧 '실학'이라고 명백하게 말하였는데, 17세기 이후 일본 유학자들도 비록 그 의미는 다르지만 자신들의 인륜과 일상의 수기치인을 중시하는 자신들의 학문을 가리켜 실학이라 하였다. 이등인재의 말을 들어 보자.

성인이 말한 '지(知)'라는 것은 후대 유학자들이 말하는 '지(知)'와는 현격하게 다르다. 이른바 지(知)라는 것은 수기(修己)로부터 치인(治人)에 미치고, 제가(齊家)로부터 평천하(平天下)에 미치니, 모두 유용한 실학(實學)으로 사물의 말단에 아무렇게나 종사하는 것이 아니다.(聖人所謂知者, 與後儒所謂知者, 亦逈然不同. 所謂知也者, 自修己而及乎治人, 自齊家而及于平天下, 皆有用之實學, 而非泛然從事於事物之末者也.)-伊藤仁齋, 『語孟字義』

이등인재는 '지(知)'란 추상적인 '리(理)'의 파악이 아니라, 구체적인 수기치인(修己治人)의 방도를 아는 것이라고 주장하였다. 또한 적생조래는 사람에게 베풀어지는 것이 선왕의 도라고 하였으니,[28] 이것이 바로 일본 유학자들이 이해한 공자의 '일이관지'의 도(道)인 것이다. 적생조래는 예와 의를 도외시하고 마음을 다스리는 도를 말하는 것은 모두 망녕된 짓이라고 비판하였으니,[29] 이들이 조선 유학자들처럼 '성(誠)'과 같은 '마음을 다스리는 도'(治心之道)로 '일이관지'의 '일(一)'을 해석할 수 없었던 것은 당연하다 할 것이다.

5. 결론

이상으로 우리는 공자의 '오도일이관지(吾道一以貫之)'를 중심으로 일본 유학자들의 해석을 중국과 조선 유학자의 해석과 비교하여 살펴보았다.

---

28) 荻生徂徠, 『辨名』上, 『日本倫理彙編』, 第6卷, 면65. "大抵先王之道在外, 其禮與義, 皆多以施於人者言之."

29) 荻生徂徠, 『辨名』上, 『日本倫理彙編』, 第6卷, 86면. "外禮而語治心之道, 皆私智妄作也."

본론(ii): 일본 논어학의 중요 개념

그 결과 일본 유학자들은 공자의 '일이관지'의 '도(道)'를 형이상학적 리(理)가 아닌 구체적인 제도와 인위적 조작으로서의 '선왕의 도(先王之道)'로 해석하고 있었다. 또한 일본 유학자들은 '인(仁)'으로 '일(一)'을 해석하였는데, 여기서 '도'는 일상생활에서 인간의 상호작용을 통해 확립된 것이지 만사만물에 대한 통제적, 우월적 위치에 있는 형이상학적 '리'가 아니었다.

일본 유학자들은 『논어』의 '일이관지'를 해석하면서 주자 및 송유에 대하여 비판적 관점을 지녔는데, 그들은 '선왕의 도' 밖에 또 다른 형이상학적 '리(理)'의 세계를 구축하는 것을 반대하였다. 하지만 중국과 일본의 비교유학사적 시각에서 볼 때, 일본 유학자들의 송학에 대한 비판은 핵심을 파고들지 못하였다. 일본 유학자들은 송유(宋儒)들이 『논어』를 해석하면서, '심'과 '리'의 관련양상, 방법론으로서의 개체론의 문제에 접근하지 못하였기 때문이다.

일본 유학자들의 해석에 비해, 조선 유학자들은 기본적으로 주자학의 궤도를 따랐다고 말할 수 있다. 조선 유학자들은 주자학의 '심'과 '리'의 관계 및 '일본(一本)'과 '만수(萬殊)'의 관련 양상에 대하여 보다 더 진일보한 해설을 하였다. 또한 조선 유학자들은 '성(誠)'으로 '일이관지'의 '일(一)'을 해석함으로써 유학사상에서 내적 전회를 명확하게 보여 주었다. 이처럼 일본과 조선 유학자들의 '일이관지'의 '도'에 대한 해석의 차이는 바로 일본 유학자들의 반(反)주자학 사조와 조선 유학자들의 존(尊)주자학적 사조를 반영한 것이라고 할 수 있다.

결론적으로 일본 유학자들의 '일이관지'에 대한 해석은 그들이 현실적 존재에 근거하여 본질을 파악하는 방법을 경서 해석에 채용한 것이라고 할 수 있다. 이에 일본 고학파 유학자들은 경전의 개념 혹은 명제는 구체적인 현실과 실천의 상황에 놓고 보아야만 그 진정한 의미를 파악할 수 있다고 주장하였다. 때문에 일본 유학자들은 '일이관지'를 해석하면서 선왕이 창제한 제도(制度), 정법(政法), 예의(禮義) 등 사회정치적 맥락에서 공자의 '도'의 함의를 규정하였다. 일본 유학자들의 이러한 해석은 인간의 주체성은 다만 군체성(群體性)에서 충분히 발전할 수 있고 그 의미를 얻을 수 있다는 의미를 지닌다고 할 수 있다.

3장

천명: '오십이지천명(五十而知天命)'에 대한 해석

1. 서론

『논어』 「위정」 4장에서 공자는 자신의 학문 역정을 언급하면서 "50세에 천명을 알았다."(五十而知天命)고 하였다. 이 말은 공자 일생의 내면 역정에서 매우 중요한 진술이며, 동아시아 경전해석사에서 지표적인 의미를 갖고 있다.

　2000년 동안 동아시아 유학자들은 공자의 이 말을 두 가지 측면에서 해석하였다. 첫째는 경학자가 항상 자신의 사상 혹은 시대사조의 맥락에서 경을 해석하기 때문에 그 해석해 낸 의미(significance)가 경전 자체의 본래적 의미(meaning)보다 훨씬 크다는 점이다.[1] 둘째는 경학자가 항상 구체적 실존의 상황에서 경전을 읽고 자신의 존재에 근거해서 본질을 논하는 경전 해석 방법을 택하였다는 점이다. 이는 동아시아 유교경전 해석사에서 '실존(實存)'의 특징을 체현한 것이라 할 수 있다.

---

1) 'significance'와 'meaning'의 差別에 관해서는, E. D. Hirsch, Jr., *Validity in Interpretation*(New Haven: Yale University Press, 1967), p. 8. 참고.

여기에서는 일본 유학자들이 '오십이지천명'을 해석한 주석들을 분석하고, 이를 중국, 조선 유학자들의 해석과 비교해 보고자 한다. 그리고 이를 통해 일본 유학자들의 경전 주석의 두 가지 측면과 그 방법론의 문제를 살펴보고자 한다. 서술의 진행은 먼저 2000년 동안의 동아시아 유학자들의 '오십이지천명'에 대한 해석을 살펴보고, 이어서 일본 유학자들이 '오십이지천명'을 해석한 두 가지 해석 방법과 그 문제점을 규명하고 결론을 내리고자 한다.

2. '오십이지천명(五十而知天命)'의 해석

동아시아 유학자들의 '오십이지천명'에 대한 해석을 살펴보기 전에, 먼저 '천명(天命)' 개념의 원류를 고찰하고, 공자의 '천명(天命)'관의 위상을 돌아보기로 하겠다.

(1) '천명' 개념의 원류와 공자의 창조성

기원전 11세기 주(周)나라 무왕(武王)이 주(紂)임금을 토벌하고 상(商)나라를 멸망시켜 주나라를 건립하였을 때, '천명(天命)'이 정치사상의 한 개념으로써 나타나기 시작하였다. 근래 연구문헌을 보면 은나라 사람들은 신을 '제(帝)'라 불렀는데 갑골문에 무정(武丁)시대에 '제(帝)'라는 칭호가 자주 보인다고 하였다. 그런데 이 '제'는 은나라의 천신(天神)으로 비와 가뭄을 내리거나 왕과 백성들을 보호하며 축복과 재앙을 내리는 역량을 지닌 존재로서 후대에는 상제(上帝)라 불리기도 했다. 이는 은나라 사람들이 신으로 섬기는 존재이면서 조상신의 면모를 지니기도 하였다.[2]

은(殷)과 주(周)의 시대에 '천(天)'의 칭호가 나타나기 시작한 이래, 무왕(武王)이 상(商)을 정복하고 나서 주공(周公)은 '천명(天命)'의 개념으로 주(周)나라의 군사적 승리를 합법화하였다. 이 과정에서 특히 은나라 유민(遺民)들에게 경고하는 경우, 주공(周公)은 늘 '천명'의 개념을 원용하여 혁명(革命)의 필연성을 강조하였다. 특히 『상서(尙書)』의 「소고(召誥)」, 「다사(多士)」, 「다방(多方)」 등 3편에는 주공(周公)의 말이 기록되어 있는데, 주(周)가 '천명'을 얻었기에 상(商)나라를 대체할 수 있었다고 은나라 유민(遺民)들을 훈계하는 내용이 담겨 있다.[3]

이러한 내용들은 대부분 주나라의 새로운 통치자가 전전긍긍하면서 힘써 '천명'을 받들고 있음을 보여 주고 있다. 주나라 초기 통치자들의 이러한 마음을 서복관(徐復觀, 1902-1982)은 '우환의식(憂患意識)'이라 불렀다. 이러한 '우환의식'은 초기 중국 인문정신의 약동이라고 볼 수 있다. 이 '우환의식'은 인간이 반성을 통하여 자기 행위의 결과를 돌아보거나 행위의 규범을 구축하게 하였는데, 이는 결국 신의 손에서 인간의 자주권을 획득하는 방향으로 의식을 전환시켰기 때문이다.[4]

---

2) 胡厚宣, 「殷人之天神崇拜」, 『甲骨學商史論叢』, 濟南: 齊魯大學國學研究所, 1944, 初集, 第二冊, 2-5면, 14면 ; 郭沫若, 『先秦天道觀之進展』, 上海: 中法文化出版委員會, 1936, 10-12면 참고.

3) 孫星衍, 『尙書今古文注疏』 「召誥」. "我不可不監于有夏, 亦不可不監于有殷. 我不敢知曰, 有夏服天命, 惟有歷年, 我不敢知曰, 不其延, 惟不敬厥德, 乃早墜厥命. 我不敢知曰, 有殷受天命, 惟有歷年, 我不敢知曰, 不其延, 惟不敬厥德, 乃早墜厥命, 今王嗣受厥命, 我亦惟茲二國命, 嗣若功. 王乃初服. 嗚呼! 若生子, 罔不在厥初生, 自貽哲命. 今天其命哲, 命吉凶, 命歷年. 知今我初服, 宅新邑, 肆惟王其疾敬德. 王其德之, 用祈天永命. 其惟王勿以小民淫用非彛, 亦敢殄戮, 用乂民若有功. 其惟王位在德元, 小民乃惟刑用于天下, 越王顯. 上下勤恤, 其曰: 我受天命, 丕若有夏歷年, 式勿替有殷歷年, 欲王以小民受天永命."; 『尙書今古文注疏』 「多士」. 王若曰: "爾殷多士! 今惟我周王丕靈, 承帝事, 有命曰: '割殷!'告勑于帝. 惟我事不貳適, 惟爾王家我適. 予其曰: '惟爾洪無度, 我不爾動, 自乃邑.'予亦念天卽于殷大戾, 肆不正." 王曰: "猷, 告爾多士. 予惟時其遷居西爾, 非我一人奉德不康寧, 時惟天命. 無違, 朕不敢有後, 無我怨. 惟爾知惟殷先人有冊有典, 殷革夏命. 今爾又曰: '夏迪簡在王庭, 有服在百僚.'予一人惟聽用德, 肆予敢求爾于天邑商? 予惟率肆爾矜爾, 非予罪, 時惟天命."

본론(ii): 일본 논어학의 중요 개념

하지만 주나라 초에 통치계급이 제기한 정치권력의 합법화로서의 '천명' 개념은 여전히 종교적인 색채를 벗지 못한 측면도 있다. 이러한 주나라 초기의 천도관[5]에 대하여 부사년(傅斯年, 1896-1950)은 다음과 같이 지적하였다.

이 당시 이 사람들의 천도관은 종교적 범주에 머물렀지만 인사(人事)와 지식(知識)의 전개에 따라 이성론의 색채가 현저해졌다. 이에 따라 하늘과 인간의 상응하는 도리, 하늘과 땅의 동일한 속성, 하늘을 알려면 반드시 자신에게서 구하여야 함, 천명의 귀결점을 알고자 한다면 반드시 먼저 인심의 귀착지를 알아야 한다는 것 등등의 논리를 내세우게 되었다. 이것은 바로 서구의 속담에 "상제(上帝)가 너를 돕게 하고 싶으면, 너가 먼저 스스로를 도와야 한다."는 말과 같다. 이러한 말들에는 필연적으로 따라오는 의미가 있으니, 바로 천명(天命)은 무상(無常)하다는 것이다. 천명이 무상하기 때문에 반드시 인사(人事)를 닦아야 되니, 이것이 바로 하늘과 인간은 동일하다는 논리이다. 이는 가히 '하늘의 위엄을 두려워하고 인사를 중요시하는 천명무상론(天命無常論)'이라고 할 수 있다.(此時此輩人之天道觀, 仍在宗教之範疇內, 徒以人事知識之開展, 故以極顯著之理性論色彩籠罩之, 以爲天人相應, 上下一性, 求天必求己, 欲知天命所歸, 必先知人心可歸. 此卽歐洲諺語所謂欲上帝助爾, 爾

4) 徐復觀, 『中國人性論史·先秦篇』, 臺北: 臺灣商務印書館, 1969, 20-21면; H. G. Creel, *The Origins of Statecraft in China, Volume One: The Western Chou Empire*(Chicago: University of Chicago Press, 1970), pp. 81-100.

5) 傅斯年, 『性命古訓辨證』, 『傅孟眞先生全集(三)』, 臺北: 國立臺灣大學, 1952, 109면; 唐君毅, 「中國宗教思想中之天命觀之具體形成在周初」, 『中國哲學原論. 導論篇』, 香港: 東方人文學會, 1966, 1973修訂再版, 504면; 津田左右吉, 「上代支那に於ける天及び上帝の觀念」, 『東洋學報』 第12卷 第3號, 1922年 10月, 24-46면; 宇野哲人, 「儒教の天命觀」, 『斯文』 第4編第2號, 1922年 4月, 1-16면.

宜先自助者也. 此話有必然之附旨, 卽天命無常是也. 惟天命之無常, 故人事之必修,
此一天人論, 可稱之曰畏天威重人事之天命無常論.)-傅斯年,『性命古訓辨證』

　서주(西周) 초기에 형성된 이러한 천명관은『시경』,『서경』 등의 전적
곳곳에 보인다.『시경』 대아「문왕지십」과『시경』 대아「탕지십」 등에서
모두 '천명무상(天命無常)'의 구절을 볼 수 있다.[6] 춘추시대에 이르러서는
인간의 질서를 주재하는 천명의 관점이 매우 유행하였다. 예컨대『춘추
좌씨전』 선공 3년에 초자(楚子)가 정(鼎)에 대하여 묻자, 왕손만(王孫滿)은
"주나라의 덕이 비록 쇠퇴하였으나 천명은 아직 바뀌지 않았으니, 정(鼎)
의 경중(輕重)을 물을 것이 없습니다."고 답하였다. 그리고『춘추좌씨전』
문공 3년에 계문자가『시경』 주송(周頌)의 "하늘의 위엄을 두려워하여 이
에 보호하도다."는 구절을 인용하면서, "하늘을 두려워하지 않으면 장차
무엇을 보호할 수 있겠는가."고 하였다. 또한『춘추좌씨전』 소공 26년에
안자(晏子)는 "천도는 의심할 수 없다."고 하였다. 이 모든 말들은 모두 춘
추시대 사람들의 '천명(天命)'을 경외하는 심리 상태를 드러내어 보여 주
고 있다.

　그럼에도 불구하고 "천도(天道)는 멀어지고, 인도(人道)는 가까워졌다."
(天道遠, 人道邇)는 자산(子産)의 말처럼, 춘추시대에는 이미 인간의 자유의
지에 의거한 인문정신이 약동하고 있었다. 천(天)은 비록 의지가 있어서
화(禍)와 복(福)을 내려줄 수도 있지만, 반드시 인간도 덕(德)을 닦아서 천
의(天意)에 부응해야 된다고 하였다. 진헌공 때 곽언이 "사람을 버리고 도

------

6)『詩經』의 天命觀은 '天命靡常', '天難忱斯'를 강조하고, 또한 사람이 덕을 닦아서 '天命'에
응하기를 요구하면서 '聿修厥德', '自求多福'을 주장하고 있다. 褚斌杰, 章必功,「『詩經』中的
周代天命及其發展變化」,『北京大學學報』, 1983年 第6期, 50-58면 참조.

모함을 잃어버리면, 하늘도 또한 도와주지 않는다."[7]고 하였는데, 이는 춘추시대 인간이 덕을 닦아야 한다는 논의에 있어서 가장 대표적이라 할 것이다. 춘추시대 사람들이 천(天)을 대하는 이러한 두 종류의 자세에 대하여 허탁운(許倬雲)은 인간사는 천명(天命)에 의해 결정된다는 외천론(畏天論)과 천명은 인사에 의해 정해진다는 수덕론(修德論)으로 정리하였다.[8]

이상의 사상사적 배경을 염두에 두고서 우리는 비교적 명확하게 공자 '천명관'의 창조적 의미를 파악할 수 있는데, 다음과 같이 두 가지로 정리할 수 있다.

첫째, 공자는 주(周)나라 초엽 이후 정립된 우주론과 정치론적 의미가 농후한 천명관을 심성론적 의미로 전환하였다.

당군의(唐君毅, 1908-1978)는 "중국 선현들의 명(命)에 관한 논의는 선진(先秦)시대에 가장 성행하였다. 공자는 '지명(知命)'을 말하였고, 묵자는 '비명(非命)'을 말하였으며, 맹자는 '입명(立命)'을 말하였고, 장자는 '안명(安命)', '순명(順命)'을 말하였으며, 노자는 '복명(復命)'을 말하였고, 순자는 '제명(制命)'을 말하였으며, 『역전』, 『중용』, 『예운』, 『악기』 등에서는 '지명(至命)', '사명(俟命)', '본명(本命)', '강명(降命)'을 말하였다. 학자들의 견해는 각기 다르지만, 모두 『시』, 『서』의 종교적인 천명사상에 그 근원이 닿아 있다."고 하였다.[9] 하지만 여기서 주의할 점은, 공자의 '천명(天命)'에는 주나라 초기부터 지속되어 온 정치론적 의미와 우주론적 의미가 쇠퇴하고 심성 수양의 의미로 중시되었다는 것이다.[10] 이른바 '오십

7) 『國語』, 四部叢刊本, 「晉語」第7, 5면. "棄人失謀, 天亦不贊."

8) 許倬雲, 「先秦諸子對天的看法」, 『求古篇』, 臺北: 聯經出版事業公司, 1982, 427면.

9) 唐君毅, 『中國哲學原論・導論篇』, 香港: 新亞研究所, 1974, 501면.

10) 高田眞治, 「道德的天命思想に就いて」, 『支那學研究』第4編, 1935年 2月, 131-207면.

이지천명'은 공자의 생명체험 역정의 중요한 단계로써 제기된 명제인데, 이는 수양과 공부론의 명제이지 정치론적 명제가 아닌 것이다.

둘째, 공자가 말한 '지천명(知天命)'은 주나라 초엽 이후 종교적 의미의 주재천(主宰天)에서 인간사로 그 의미의 변환을 나타내는 명제이다. 이 구절은 인간이 심성 수양의 공부를 통하여 천(天)의 의지와 서로 통하게 되는 것을 강조하는 데로 의미의 전환이 이루어진 것이다. 공자는 주나라 초부터 신비적인 색채를 띠고서 종교적 신앙의 의미가 강했던 '천명(天命)'을, 인간의 심성 수양과 밀접하게 감응하고 상호작용하는 '천명'으로 그 의미를 전환시킨 것이다. 유보남(劉寶楠, 1791~1855)은 『논어정의(論語正義)』에서 '지천명'을 해석하면서, "천심(天心)과 기심(己心)의 상호 소통을 밝혔다."고 하였는데,[11] 이는 인간과 하늘의 합일을 강조한 것으로 매우 좋은 해석이라 할 수 있다. 근대의 학자 서복관(徐復觀)도 이 장을 해석하면서, 공자의 지천명은 맹자의 진심(盡心)과 같은 것으로, 공자의 본심의 전체(全體)와 대용(大用)이 잘 드러난 지점이기에 이는 신비주의라 할 수 없다고 규정하였는데,[12] 이 또한 공자 천명관의 심성론적 전환을 잘 설명한 것이라 할 수 있다.

공자가 '오십이지천명'으로 내면 역정을 기술한 것은 자신의 삶의 과정과 관련이 있다. 『사기』「공자세가(孔子世家)」의 기록에 의거하면, 노(魯)나라 정공(定公) 8년(BC. 502) 공자 나이 50세 되던 해, 공산불뉴(公山不狃)

11) 劉寶楠, 『論語正義』, 北京: 中華書局, 1982, 卷2, 44~45면. "知天命者, 知己爲天所命, 非虛生也, 蓋夫子當衰周之詩, 賢聖不作久矣. 及年至五十, 得『易』學之, 知其有得, 而自謙言無大過. 則知天之所以生己, 所以命己, 與己之不負乎天, 故以知天命自任. 命者, 立之於己而受之於天, 聖人所不敢辭也. 他日桓魋之難, 夫子言天生德於予, 天之所生, 是爲天命矣. 惟知天命, 故又言知我者其天, 明天心與己心得通也."

12) 徐復觀, 「有關中國思想史中一個基題的考察—釋論語五十而知天命」, 『中國思想史論集續編』, 臺北: 時報文化出版公司, 1982, 388면.

가 비읍(費邑)을 차지하고서는 계씨(季氏)에게 반기를 들었다. 이때 공산 불뉴는 공자를 불러 정치를 도모하려 하였는데, 당시 공자는 가서 자신의 정치적 포부를 실천에 옮기려다가 결국 실행에 옮기지 못하였다. 당시 공자의 심정에 대하여, 허동래(許同萊, 1881-?)는 『공자연보(孔子年譜)』를 편찬하면서 이렇게 말하였다.

공자께서는 하늘을 슬퍼하고 사람을 불쌍히 여겨 태왕(太王), 왕계(王季), 문왕(文王)의 도를 추종하기를 생각하지 않은 때가 없었다. 공산불뉴가 부르러 온 것은 참으로 공자의 가려운 곳을 긁어 주었다고 이를 만하다. 그 말한 정황이 어떠했는지는 비록 알 수 없지만, 공자께 영합한 심리는 쉽게 상상할 수 있다. 그러나 공자께서는 인륜의 지극한 분인데, 어찌 헛된 말로 속일 수 있는 분이겠는가. 이 때문에 가시려고 하였지만 끝내 실행에 옮기지 못하였다. 공자께서는 오십에 천명을 알았다고 스스로 일컬으셨는데, 이것을 가지고 증명해 보면 진실로 그러하다.(夫子悲天憫人, 無時不思追踪太王王季文王之道. 公山不狃來召, 眞可謂搔著夫子之癢處. 其措詞如何, 雖不可知, 其爲迎合夫子之心理, 則不難想像而得也. 然夫子人倫之至, 豈虛言所可欺者, 是以欲往而卒不果也. 夫子自稱五十而知天命, 卽此證之, 其信然矣.)-許同萊, 『孔子年譜』

허씨의 견해는 매우 옳다. 공자의 '오십이지천명'이란 말은 실로 당시의 정치적 배경 및 개인적 경험과 관련이 있다. 그러나 공자는 인간사로부터 '천명'을 유추하고, 개인의 특수한 처지에서 보편적 명제를 깨달았으니, '지천명'이란 단어는 실로 정치적 명사로만 한정할 수는 없다.[13]

(2) 공자 '천명(天命)'설의 두 가지 해석 양상

2000년 동안 동아시아 유학자들이 『논어』를 읽으면서 공자의 '오십이지 천명'에 대하여 다른 독법을 지닌 경우가 많았기에, 의론이 분분하여 일 치된 결론을 내릴 수 없었다. 이러한 다양한 해석의 양상을 크게 '결정 론'과 '자유의지론', 두 가지로 나눌 수 있다.

① 결정론(決定論)

'오십이지천명(五十而知天命)'에서 '천명(天命)'은 한(漢)나라 이래로 항상 인간의 힘으로 변화시킬 수 없는 확정적인 운명으로 해석되어 왔다. 이 장에 대한 하안(何晏, 190-249)과 황간(皇侃, 488-545)의 주석은 대표적이 라 할 만하다.

> 하안(何晏)의 주(註): "공안국(孔安國)이 말하기를 '천명(天命)의 시종(始終) 을 알았다'고 하였다."
> 황간(皇侃)의 소(疏): "'50세에 천명을 알았다'에서 천명은 궁통(窮通)의 분 수를 이른다. 하늘을 일러 명(命)이라고 한 것은 사람이 천기(天氣)를 품부 받아 태어나는데, 이 궁통(窮通)은 모두 하늘이 명한 것을 말미암아 얻기 때 문에 이르는 말이다. 하늘은 본래 말이 없지만 명한 바가 있다고 이른 것은 가설(假設)한 말이다. 사람이 나이 50이 되기 전에는 여전히 멋대로 꾀함이

---

13) 근래 于承武는 "天命은 바로 統治權을 가리킨다. '知命'이란 天意에 순종하여 統治權을 빼앗는 것이다. 공자가 말한 '知天命'은 실재는 政治名詞로 이 단어에는 정치적 의의가 매우 선 명하다."라고 하였다. 이 학설은 무언가 미진한 감이 있다. 于承武, 「釋'知命'——孔子思想新探 之一」, 『天津社會科學』 1983年 第5期, 73면.

끝이 없지만, 50에 비로소 쇠하게 되면 자기 분수의 가부(可否)를 스스로 살핀다. 그러므로 왕필(王弼)이 이르기를 '천명의 흥폐(興廢)에는 기한이 있어 도가 끝내 행해질 수 없음을 알았다'고 하였다. 또한 손작(孫綽)이 이르기를 '대역(大易)의 수 50에는 천지만물의 이치가 궁구된다. 명을 아는 나이로서 명을 다할 도를 통하여 학문과 수를 다하면 그것을 얻을 수 있으니, 반드시 생이지지(生而知之)해야 되는 것은 아니다'고 하였다. 이것은 학문을 권면한 지극한 말이다. 웅매(熊埋)가 이르기를 '인사(人事)의 성패를 이해하고 나서 드디어 천명의 기운(期運)을 추론하는데, 가부(可否)로써 그 다스려짐을 연계하지 않고 궁통(窮通)으로 그 뜻을 바꾸지 않는다'고 하였다."(何晏註: "孔安國曰: '知天命之終始也.'" 皇侃疏: "五十而知天命者, 天命謂窮通之分也. 謂天爲命者, 言人稟天氣而生, 得此窮通皆由天所命也. 天本無言, 而云有所命者, 假之言也. 人年未五十, 則仍猶有橫企無崖, 及致五十始衰, 則自審己分之可否也. 故王弼云: '天命廢興有期, 知道終不行也.' 孫綽云: '大易之數五十, 天地萬物之理究矣. 以知命之年, 通致命之道, 窮學盡數, 可以得之, 不必皆生而知之也.' 此勉學之至言也. 熊埋云: '旣了人事之成敗, 遂推天命之期運, 不以可否繫其理治, 不以窮通易其志也.'")-何晏 注, 皇侃 疏,『論語集解義疏』

황간(皇侃)은 공자의 '천명(天命)'을 '궁통(窮通)'의 분수로 해석하여, '인(人)'은 '천(天)'에 의해 주재를 당하는 객체로 보았다. 북송의 형병(邢昺, 932-1010)은 하안의 해석을 부연 설명하면서, "'오십이지천명'에서 '명(命)'은 하늘에서 부여받은 것이다. 공자는 47세에『역』을 배워서 50세에 이치를 궁구하고 본성을 다하여 천명의 시종(始終)을 알았다."고 하였다.[14] 이러한 주석은 일종의 결정론(決定論)에 근거한 해석으로 '인간'이 '인간' 밖의 '천(天)'에 의해 규정됨을 주장하는 것이다.

이러한 결정론적 해석은 17세기 이후 일본에서도 흔히 볼 수 있다. 예를 들어 17세기 일본의 고학파 유학자 이등인재는 '오십이지천명'을 해석하면서 다음과 같이 말하였다.

천(天)이란 하지 않으려 해도 하게 되는 것이며 명(命)이란 부르지 않아도 이르는 것이니, 모두 다 사람의 힘으로 미칠 수 있는 것이 아니다. 오직 선(善)하여야만 천을 얻을 수 있고 오직 덕(德)이 있어야만 명(命)에 응할 수 있다. 이것을 안다면 스스로 닦음에 힘써서 털끝만치도 바라는 마음을 싹틔워서는 안 된다. 이것이 지혜는 그 정밀함을 다하고 학문은 지극한 곳에 이른다는 것이다.(天者, 莫之爲而爲. 命者, 莫之致而至. 皆非人力之所能及. 惟善可以獲乎天, 惟德可以膺乎命. 知此則務於自修, 而不萌一毫希望之心. 此智致其精, 而學到至處也.)—伊藤仁齋, 『論語古義』

이등인재가 '천명(天命)'이란 말을 해석하면서 '천(天)이란 하지 않으려 해도 하게 되는 것이며 명(命)이란 부르지 않아도 이르는 것'이라 한 것은, 실로 결정론적 해석의 전형을 보여 주고 있다. 한편 이등인재는 『어맹자의(語孟字義)』에서 다음과 같이 말하였다.

공씨(孔氏)의 소(疏)에 다음과 같이 말하고 있다. "명(命)은 영(令)과 같으니, 영(令)이란 즉 사령(使令)과 교령(敎令)의 의미이다. 대개 길흉과 화복, 빈부와 요수(夭壽)는 모두 하늘이 명령한 것으로 인력(人力)이 미칠 수 있는 바가 아니기 때문에 명(命)이라 이른다. 왜 하늘이 명령한 것이라 이르는가? 인력(人力)이 초치(招致)한 바가 아니고 스스로 이른 것이기 때문에 모

---

14) 何晏等 注, 邢昺 疏, 『論語注疏』, 上海: 中華書局, 1927—1935, 卷二, 2면. "五十而知天命者, 命, 天之所稟受者也. 孔子四十七學『易』, 至五十窮理盡性, 知天命之終始也."

본론(ii): 일본 논어학의 중요 개념

두 하늘에 돌리고 명이라 이른다. 대개 천도의 지성은 털끝만 한 거짓도 용납하지 않는다."(孔氏疏曰: "命猶令也. 令者, 卽使令敎令之意. 蓋古凶禍福, 貧富天壽, 皆天之所命, 而人力之所能及, 故謂之命也. 何謂天之所命, 以其非人力所致而自至, 故總歸之于天, 而又謂之命. 蓋以天道至誠, 不容一毫僞妄也.")-伊藤仁齋, 『語孟字義』

이등인재는 공씨의 소의 '명(命)이란 영(令)과 같다'는 말을 인용하였는데, 이러한 훈고는 공자 당시의 언어적 환경으로 돌아가려고 시도한 것으로, 실로 고대 언어학적 근거를 지니고 있다.[15] 하지만 최근에 자안선방(子安宣邦)이 지적한 것처럼, 이등인재의 '천명'에 대한 이러한 해석은 송학(宋學)을 겨냥한 것으로, 일종의 이학(理學, 특히 주자학)의 사상세계를 해체하려는 책략이라고 할 수 있다. 그는 다음과 같이 말하였다. "이등인재는 자기 인생의 필연적 지점을 가리켜 천(天)이라 하였다. 이 천(天)에서 명(命)이 나온다. 천(天)은 우리 인생의 귀결점이며 명(命)은 피할 수 없는 정문(正門)으로, 나에게 생명을 부여한 존재로 높고도 높은 곳에 있는 초월자이다."[16] 이등인재가 해체하려는 주자학적 '리(理)'는 보편적 필연성으로서의 우주적 이치이다. 그는 '천명(天命)'의 개념을 이러한 이치에서 벗어난 지점에 정초하였으니, 바로 인간의 세계에서 인간이 받드는 개념으로 '천명'을 재규정하였다.

....

15) 傅斯年, 『性命古訓辨證』, 『傅孟眞先生集』, 臺北: 國立臺灣大學, 1951, 第3册, 中編中, 1면. "命之一字, 作始於西周中葉, 盛用於西周晚期, 與令字僅爲一文之異形. 其天命一義雖肇端甚早, 然天命之命與王命之命在字義上亦無分別."

16) 子安宣邦, 「伊藤仁齋「人文時代」的「論語」解──從知天命說談起」, 『東亞儒學: 批判與方法』, 臺北: 臺大出版中心, 2004, 43면; 子安宣邦, 「天命を知るということ──伊藤仁齋『語孟字義』の一講義」, 『伊藤仁齋の世界』, 東京: ぺりかん社, 2004, 310~330면.

이등인재 이후 적생조래의 '지천명'에 대한 주석도 '결정론'적 해석을 따르고 있다. 그는 일관되게 '선왕의 도(先王之道)'의 입장에서 공자를 이해하였다.[17]

공자께서 50세에 천명을 아셨다는 것은 하늘의 명을 아신 공자께서 후세에 선왕의 도를 전하신 것이다. 공자께서 또 말씀하시기를 "아래를 배워 위에 이른다.", "나를 아는 이는 아마도 하늘일 것이다."고 하셨는데, 이에 공자께서 나는 아래를 배워 위로 통달하였다고 몸소 말씀하신 것이다. 또한 하늘이 전도(傳道)의 임무를 나에게 명령하였다고 여기셨기에 나를 알아주는 이는 하늘이라고 하셨다. 다른 것은 의봉인(儀封人)의 말과 같으니, 공자께서는 선왕의 도를 배워 천명을 기다렸으나 나이 50이 되어서도 작록(爵祿)이 이르지 않았다. 그러므로 하늘이 명령한 것은 당세에 도를 행하는 데에 있지 않고 후세에 전하는 데 있음을 아신 것이다. 그렇지 않다면 공자께서 천명을 아심이 어찌 50을 기다렸겠는가. 후유(後儒)들의 해석은 그 일을 곧바로 가리키지 못하고 한갓 그 마음만 논하였는데, 예를 들면 인재 선생이 "의심하지 않을 뿐이고, 편안할 뿐이다."고 말한 것이 이것이다. 아아! 성인

---

17) 荻生徂徠, 『辨名』, 『荻生徂徠』, 東京: 岩波書店, 1982, 『日本思想大系』36), 上册, 「天命帝鬼神」第7條, 236-237면. 荻生徂徠의 '命定論'에 관한 자료는 매우 많다. 『論語徵』, 5-6면. "蓋先王之道, 敬天爲本, 禮樂刑政, 皆奉天命以行之, 故知命安分, 爲君子之事矣." 적생조래는 탕왕과 무왕의 방벌론적 혁명관을 반대하면서, '天命'과 '敬天爲本'의 설을 내세웠다. 『論語徵』, 306면. "夫自思孟言知天, 而後儒欲知天, 或曰天理也, 或曰天無心也, 豈非不敬之甚邪? 聖人尊天之至, 唯曰: '天知我'(「憲問」篇), 而未嘗曰知天焉. 思孟亦言知性之爲天界, 而未嘗論天爲何物焉. 後儒狃見莊列等書, 乃其心傲然而謂天不足敬矣, 道之所以不明也. 殊不知先王之道, 敬天爲本, 聖人千言萬語, 皆莫不本於是者焉. 詩書禮樂, 莫非敬天, 孔子動言天, 先王之道如是矣, 君子之道如是矣. ……湯武奉天命而行之, 亦奚疑哉? 孟子所以謂一夫紂者, 以明民之所棄卽天之所命也, 非惡紂之惡也. 祇好辨之至, 其言激烈, 遂致主畏不明矣. ……古之務人事者, 本於敬天焉, 故古人未有天人並言焉者, 敬天故也. 自思孟好辨, 以天人並言, 而後敬天之義荒矣."

본론(ii): 일본 논어학의 중요 개념

의 마음을 어찌 엿볼 수 있겠는가? 또 인재의 설과 같은 것은 단지 명리(名利)에 의해 그 마음이 움직여지지 않음만 말한 것이다. 아아! 명리로써 그 마음을 움직이지 않음이 어찌 성인을 다 나타낼 수 있겠는가? 자기의 마음으로 성인을 엿본 것일 뿐이다. 비루하고 참람하도다! 참람하고 비루하도다!(孔子五十而知天命, 知天之命孔子傳先王之道於後也. 孔子又曰: "下學而上達.", "知我者其天乎!", 是孔子自言我能下學而上達, 故天命我以傳道之任者, 爲知我也. 他如儀封人言亦爾, 孔子學先王之道, 以待天命, 五十而爵錄不至, 故知天所命, 不在行道當世, 而在傳諸後世已. 不爾, 孔子知天命, 何待五十乎? 後儒之解, 不能直斥其事, 而徒論其心, 如仁齋先生不疑而已矣, 安而已矣是也. 嗚呼! 聖人之心, 安可窺乎? 且如仁齋之說, 徒言不以名利動其心已, 嗚呼! 不以名利動其心, 豈足以盡聖人乎, 亦以己心窺聖人已. 陋哉僭哉!, 僭哉陋哉!)-荻生徂徠, 『辨名』

적생조래는 송유(宋儒)의 '지천명'에 대한 이등인재의 비판에 대하여 불만을 지녔다. 그는 공자가 행한 일을 논하고 공자의 마음을 논하지 않았다. 왜냐하면 성인의 마음은 엿볼 수 없는 것이고 '천명'도 당연히 엿볼 수 없는 것이며, 오로지 '천(天)'의 '명(命)'을 받아들일 수밖에 없다는 것이다.[18] 요컨대 적생조래의 사상은 이등인재보다 더 '천명은 정해져 있다'는 결정론적 해석 성향을 지니고 있다.

이등인재는 '천명'을 사람의 힘으로 미칠 수 없는 것으로 여겼고, 적생조래는 '지천명'을 하늘이 나에게 전도(傳道)의 임무를 명해준 것을 아는 것이라고 하였다. 이는 모두 인간은 '천(天)'의 '명(命)'에 의해 결정된다

---

18) 이 점에 대하여 荻生徂徠는 『辨道』(202면)에서 다음과 같이 말하기도 하였다. "先王之道, 安天下之道也. 其道雖多端, 要歸於安天下焉. 其本在敬天命, 天命我爲天子爲諸侯爲大夫, 則有臣民在焉;爲士則有宗族妻子在焉, 皆待我而後安者也. 且也士大夫皆與其君共天職者也."

고 여긴 것이다. 일본의 유학자 개천기원(皆川淇園, 1734-1807)도 유사한 입장에서 '오십이지천명'을 다음과 같이 해석하였다.

지(知)란 마음이 그 오는 물(物)을 깨닫는 것이다. 천(天)이란 나의 밖에서 전생(轉生)하여 보이는 것을 일컬을 것이다. 명(命)이란 나로 하여금 이어 받들어, 이 일이 저것에서 말미암는 것이다. 이에 이를 '명(命)'이라 한다. 천명을 안다는 것은 사람이 지금 달갑게 여기지 않으면 다른 날 반드시 후회하고, 지금 생각하지 않으면 다른 날 반드시 부끄러워하며, 지금 근심하지 않으면 다른 날 반드시 곤궁하게 됨을 안다는 것이다. 게다가 다른 날 이르는 것이 매우 아프고 극히 고통스러워 스스로 감당하기 어렵게 될 것이다. 또 지금 혹 어려운 바가 있더라도 다른 날에는 반드시 편안하게 여기며, 지금 약간 싫증이 나도 다른 날 반드시 사모하며, 지금 혹 싫어하는 바가 있더라도 다른 날 반드시 좋아하며, 지금 혹 군색한 바가 있더라도 다른 날 반드시 즐거울 것이다. 게다가 다른 날 이른 것이 매우 즐겁고 기뻐서 스스로 유지하기 어렵게 될 것이다. 그러니 다른 날 이르는 것을 지금 살펴서 미리 그 취사의 마땅함을 잃지 않는 것, 이것이 이른바 지천명(知天命)이다. 공자께서는 『시』, 『예』에 이미 통달하시어 때에 맞추어 행함에 의혹이 없었고, 또한 『시』, 『예』를 따랐을 때 훗날 이를 것과 따르지 않았을 때 훗날 이를 것을 깨달아서 힘쓰셨다. 이것이 50세에 천명을 알았다는 뜻이다.(知者, 心之喩其來物也. 天者, 以其轉生於我外而見焉者稱之也. 命者, 所使我承載, 而其事由彼者, 謂之命也. 知天命者, 蓋人有今之所不屑, 而異日必悔之. 今之所不思, 而異日必恥之. 今之所不虞, 而異日必困之. 且其異日之所至, 亦甚痛切極苦, 難自堪之者焉矣. 又有今之所或難, 而異日必安之. 今之所稍厭, 而異日必慕之. 今之所或惡, 而異日必好之. 今之所或窘, 而異日必樂之. 且其異日之所至, 亦甚怡極懌, 難自持之者焉矣. 然能當今, 以察異日所至, 而預無失其趨捨之宜者, 是亦所謂知天命之類也. 夫子已

達『詩』,『禮』, 而時行無惑, 又能覺循『詩』,『禮』者, 異日之所至, 與不循者異日之所至, 而以勉焉. 是五十知天命之義也.)-皆川淇園,『論語繹解』

18세기 일본의 한학자 편산겸산(片山兼山, 1730-1782)도『논어일관(論語一貫)』에서 '천명(天命)'은 인력으로 할 수 있는 것이 아니라고 하였다.

무릇 천명이란 인력(人力)으로 할 수 없고, 인지(人智)로 알 수 없는 것이다. 그런데도 '그것을 안다'라고 말하는 것은 어째서인가? 그 어찌할 수 없음을 알고서 몸을 닦고 도를 실천하여 편안하게 기다리는 것을 이름이다.(夫天命者, 不可以人力爲, 不可以人智知, 然而日知之者, 何也? 知其不可奈何, 修身履道, 安靜而俟之之謂也.)-片山兼山 遺敎, 葛山壽 述,『論語一貫』

이상에서 보듯이 개천기원과 편산겸산은 천명이란 인력으로 어찌할 수 없고 거역할 수 없는 '주재천(主宰天)'이 사람에게 정한 운명이라고 생각하였다. 한편 중정리헌도 "'명(命)'이란 천의(天意)이다. 옛사람들이 명(命)이라 한 것은 화(禍)와 복(福)을 받는 측면에서 말한 것이다."[19]고 하였으니, 천명을 이렇게 해석하는 것은 모두 결정론적 주석의 전형적인 양상이다.

이러한 결정론적 해석에는 또 다른 변형이 있다. '천(天)'을 '주재천' 혹은 '의지천(意志天)'으로 해석하는 것은 아니지만, 우주에 보편적이고 필연적 규율 혹은 이치가 있어 만물을 생성하는데, 이 규율이 만사만물의 근원이라고 보는 관점이다. 이 해석 양상은 '천명'이 바로 우주만물의

---

19) 中井履軒,『論語逢原』, 收入關儀一郎編,『日本名家四書註釋全書』, 第6卷,「爲政」, 30면. "命, 猶言天意也. 古人稱命, 必在禍福遭遇上."

'소이연(所以然)'으로서의 규율을 가리킨 것이라고 여긴다. 이른바 '지천명'은 바로 이 규율을 이해하고 순응하는 것이다. 주자의 '오십이지천명'에 대한 해석이 바로 이런 해석의 대표적 경우라고 할 수 있다. 주자는 『논어집주』에서 이 장을 해석하면서 '천명'에 대하여 다음과 같이 해석하였다.

천명(天命)은 바로 천도(天道)가 유행(流行)하여 사물(事物)에 부여된 것으로, 바로 사물의 당연한 원리이다. 이것을 알면 앎이 그 정미함을 다할 것이니, 불혹(不惑)은 또한 말할 것도 없다(天命, 卽天道之流行, 而賦於物者, 乃事物所以當然之故也. 知此, 則知極其精, 而不惑又不足言矣.)-朱熹, 『論語集注』

주자는 공자의 '천명'을 '천도가 유행하여 사물에 부여된 것'으로 해석하면서, 이는 우주 만물의 당연한 원리라고 하였다. 이런 원리는 인격신이나 '주재천'이 아니지만, 모종의 결정론적 색채를 지니고 있다.

여기서 주자가 말하는 만물의 '소이연'으로서의 '천명'(즉 理)은 모든 객관적 존재의 질서 혹은 법칙을 가리킨다. '리(理)' 자체는 오로지 존재하기만 하고 활동하지 않지만,[20] '리'인 '천명'은 '소이연'이자 '소당연(所當然)', 즉 자연이자 필연이다. 이 점에 관하여 진덕수(眞德秀, 1178-1235)는 『논어집편(論語集編)』을 편찬하면서 특히 『논어혹문』 중의 주자의 다음과 같은 말을 인용하였다.[21]

---

20) 牟宗三, 『心體與性體』, 臺北: 正中書局, 1968-1973, 第一冊, 第一部, 「綜論」, 49-51면.
21) 朱子의 『論語或問』에서 '知天命'과 관련이 있는 問答은 眞德秀가 인용한 이 문장보다 많은데, 『論語或問』, 『朱子全書』, 上海與合肥: 上海古籍出版社與安徽教育出版社, 2002, 卷二, 641-644면에 실려 있다.

혹자가 묻기를 "이른바 천명을 안다는 것은 무엇입니까?"고 하였다. 대답하기를 "천도(天道)가 운행하여 만물에 부여함이 지선무망(至善無妄)의 이치가 아님이 없이 그치지 않으니, 이것이 이른바 천명이다. 물(物)이 얻은 바를 성(性)이라 하고, 성(性)이 갖춘 바를 리(理)라고 하는데, 그 이름은 비록 다르나 그 실제는 하나일 뿐이다."고 하였다. "정자(程子)가 곧바로 궁리(窮理)와 진성(盡性)으로 말한 것은 어째서입니까?" 대답하기를 "정자의 뜻은 대개 리(理)와 성(性)과 명(命)이 애초부터 다른 것이 아니라서 이 말씀을 한 것이다. 무릇 이 세 가지는 참으로 다른 것이 아니지만, 그 소재한 바를 따라 말하면 약간의 분별이 없을 수 없다. 대개 리(理)는 일에 따라 구별되고, 성(性)은 사람에 따라 달라지며, 명(命)은 천도의 온전함이니, 성(性)이 성(性)이 되고 리(理)가 리(理)가 되는 소이연이다. 하늘이 명한 것으로부터 보면 성리(性理)라고 이른 것은 조그만 덕이 냇물처럼 흐르는 것이요, 성(性)으로부터 보면 천명이라 이른 것은 큰 덕의 돈독한 교화이다. 그러므로 궁리(窮理)와 진성(盡性)으로부터 지천명(知天命)에 이르기까지 말로 표현할 만한 점진적 단계가 있는 것은 아니지만, 그 선후는 잠시도 없을 수 없다." "혹자는 천명(天命)을 궁달(窮達)의 명(命)이라 여기니, 아는 바 운운한 것은 별도로 소속된 바가 있는 듯합니다. 그렇다면 명(命)은 두 가지가 있는 것입니까?" 다음과 같이 대답하였다. "명(命)은 한 가지이다. 단지 성현의 말씀은 그 리(理)로써 말한 것도 있고 그 기(氣)로써 말한 것도 있다. 리(理)로써 말한 것은 이 장에서 말한 것이 이것이고, 기(氣)로써 말한 것은 궁달(窮達)에 명(命)이 있다고 이른 것이 이것이다. 읽는 자들이 각각 그 말뜻에 따라 추론을 하면 각기 그 마땅함을 얻어 혼란스럽지 않을 것이다."(或問: "所謂知天命者, 何也?" 曰: "天道運行, 賦與萬物, 莫非至善無妄之理, 而不已焉, 是則所謂天命也. 物之所得, 是之謂性, 性之所具, 是之謂理. 其名雖殊, 其實則一而已." "程子直以窮理盡性言之, 何也?" 曰: "程子之意, 蓋以理也, 性也, 命也, 初非二物而有是言

耳. 夫三者固非二物, 然隨其所在而言, 則亦不能無小分別. 蓋理以事別, 性以人殊, 命則天道之全. 而性之所以爲性, 理之所以爲理者也, 自天命者而觀之, 則性理云者, 小德之川流, 自性者而觀之, 則天命云者, 大德之敦化也. 故自窮理盡性而知天命, 雖非有漸次階級之可言, 然其爲先後, 亦不能無眇忽之間也.""然或者又以天命爲窮達之命, 則所知云者又若別有所屬者. 然則命有二乎?"曰:"命一也, 但聖賢之言, 有以其理而言者, 有以其氣而言者. 以理言者, 此章之云是也. 以氣言者, 窮達有命云者是也. 讀者各隨其語意而推之, 則各得其當而不亂矣.")－眞德秀,『論語集編』

주자는 '천명(天命)'은 천도가 유행하여 만물에 부여한 원리이고 이런 원리는 또 일종의 '지선(至善)'의 이치라고 하였다. 다시 말해 주자의 해석에서 '리'로써의 '천명'은 우주 운행의 규율이고 또한 인사의 규범으로, 천리(天理)의 '자연(自然)'과 인사(人事)의 '당연(當然)'은 동일한 것이다.[22]

한편 주자의 '지천명'에 대한 해석은 조선에서 다른 독법과 반향을 일으켰다. 조선의 유학자들은 주자를 존중하는 색채가 농후하며 주자의 주장을 따르는 이가 많았으며, 육상산과 왕양명의 심학을 추종하는 이가 적었다. 이는 곧 주자의 결정론적 해석으로 '지천명'을 이해하는 자가 많고, '심(心)'의 자유의지로 '지천명'을 해석하는 자가 적음을 의미한다. 예를 들어 박문일(朴文一, 1822-1894)은 다음과 같이 말하였다.

....

22) Wing-tsit Chan, "Neo-Confucianism: New Ideas in Old Terminologies," Philosophy East and West. 17: 1-4(Jan., 1967), pp. 15-35; Wing-tsitChan "Chu Hsi's Completion of Neo-Confucianism," in tudes Song in Memorian tienne Balazs, edit es par Fran oise Aubin, S rie II, # I (Paris: Mouton & Co. and cole Pratique des Hautes tudes, 1973), pp. 73-80; "The Evolution of the Neo-Confucian Concept of Li Principle," Tsing-hua Journal of Chinese Studies, N.S; vol. 2(Feb., 1962), pp.123-149. 이 글의 中譯本은, 陳榮捷, 「理的觀念之進展」, 『宋明理學之概念與歷史』, 臺北: 中央研究院中國文哲研究所, 1996.

50세에 천명을 알았다면 공부의 깊이에 또 한 품격을 얻음이다. 사물이 옴에 의심이 없도록 분석할 뿐만 아니라 곧바로 사리(事理)의 소종래(所從來)를 밝게 봄이다. 천명이란 바로 천도의 유행이니, 사물에 있어서는 리(理)가 되고 사람에게 있어서는 성(性)이 되는데 지(知)는 그 지극함을 다함이다. 그러므로 성리(性理)의 측면에서 어떠한가를 알고 리(理)가 됨이 어떠한가를 터득하여 성(性)이 됨을 알게 된다면, 앞서 말한 불혹(不惑)은 또 말할 것도 없다.(五十而知天命, 則工夫淺深又長得一格也. 其於事物之來, 不惟剖判無訝, 而直是有以灼見事理之所從來也. 蓋天命者卽天道之流行, 而在諸物則爲理, 在諸人則爲性, 而知極其至, 故能於性理上, 有以知得如何, 而得爲理如何, 而得爲性也, 而向所謂不惑又不足道矣.)-朴文一, 『經義-論語』

박문일의 이러한 말은 완전히 주자의 격물치지설을 따르고 있다. 그는 천명의 유행을 믿으며 만물에는 하나의 '리(理)'가 있는데 이는 인간에게는 '성(性)'으로 부여되어 있으며, 성인처럼 '지천명'의 경지에 도달하려면 반드시 궁리진성(窮理盡性)의 후천적 공부가 있어야 한다고 하였다. 이러한 주장은 모두 앞서 말한 결정론적 의미를 지니고 있는 것으로, 일반인들은 단계를 뛰어넘어 나아갈 수 없는 것이다.

한편 전우(田愚, 1841-1922)는 '학(學)'자를 해석하면서 "『논어』를 펼쳤을 때 첫 글자는 바로 '성(性)'을 배우는 것을 가리킨다. 『맹자』의 첫 장의 인의(仁義)도 또한 성(性)이며, 『대학(大學)』의 첫 장의 '머무르는 바의 지선(至善)'도 또한 '성(性)'이고, 『중용』의 첫 구절도 곧바로 성(性)을 말하고 있다. 성현의 말씀은 이 '성(性)'를 버려두고 이른바 '학(學)'이란 것은 없는 것이다."[23]라고 하였다. 또한 전우는 '본천(本天)'과 '본심(本心)'을 구분하고, '심학(心學)'을 비판하는 입장을 지녔다.

왕씨(汪氏)가 말하기를 "이 장에서는 심(心)자를 중시하지 않고, 또 절마다 모두 정밀한 뜻이 있으니, 단지 본심을 잃지 않는다는 것으로 흐리멍덩하게 개괄할 수 있는 것이 아니다."라고 하였다. 이 설은 상세하게 궁구하여야 한다. 마음을 전한 심학(心學)으로 말을 삼아 드디어 성학(聖學)과 멀어졌다고 운봉(雲峰)을 논박한 것은 지극히 옳다. 여씨(呂氏)는 다음과 같이 말하였다. "심(心)이 성(性)과 천(天)에서 합일되어야만 지선(至善)이 되고 성학(聖學)이 되니, 심(心) 위에 존재하는 것이 있음(性理가 존재하고 있음)을 알아야 한다. 그러므로 성학(聖學)을 일러 모두 심(心)의 측면에 치중하여 공부를 한다고 하면 옳지만, 성학(聖學)을 일러 심학이라고 한다면 옳지 않다." 또 말하기를 "법도를 넘지 않았다고 말하는 것은 성인의 마음속에 시시각각 천칙(天則)이 있음을 알 수 있다. 이는 마음이 바로 도라는 것은 아니니, 이것이 본천(本天)과 본심(本心)의 구별이다."라고 하였다. 이 설은 더욱 지극하게 정밀하니, 배우는 자들은 마땅히 자기를 반성하여 삼가 본심의 구덩이에 떨어지지 않도록 하여야 한다.(汪氏曰: "此章不重心字, 且節節皆有精義, 非可只以不失本心儱侗括之也." 此說宜細究之, 其駁雲峰定宇, 以傳心心學爲言, 而遂與聖學遠者, 極是. 呂氏曰: "心於性天合一, 方爲至善, 方是聖學, 可知心上更有在(謂有性理在也). 故謂聖學都在心上用工夫則可, 謂聖學爲心學則不可." 又曰: "說個不踰矩, 可知聖人心中, 刻刻有個天則在, 不是卽心是道, 此本天, 本心之別也." 此說尤極精覈, 學者宜反己自省, 愼勿墮本心之科也.)-田愚, 『讀論語』

전우의 이른바 '본심을 잃지 않음'(不失本心)은 주자의 『논어집주』에 인용된 호인(胡寅, 1098-1156)의 해석을 비판한 것이다.[24] 위에서 인용한 자

---

23) 田愚, 『讀論語』, 153-154면. "『論語』開卷一字, 是指學性言; 『孟子』首章仁義, 亦是性; 『大學』首章所止之至善, 亦是性; 『中庸』首句又直言性. 聖賢之言, 舍性字無所謂學."

료에서 알 수 있듯이, 조선 유학자 전우는 '심학'을 비판하고, 심(心) 위에 성리(性理)가 있으며, 마음속에 시시각각 천칙(天則)이 있다고 주장하였다. 다시 말해 '심(心)' 위에 또 하나의 '성(性)' 혹은 '천(天)', '리(理)'가 있으니, 이것이 바로 '본심'과 '본천'의 구별이다. '본심'과 '본천'의 구별은, '지천명'의 장을 주석할 때, 마치 '결정론' 혹은 '자유의지'로 해석할 때의 차이와 유사하다.

② 자유의지론

공자의 '오십이지천명'에 대한 두 번째 해석 양상은 '자유의지론'이다. 이런 해석 양상은 '심(心)'의 각성이 '지천명'의 기초라는 것을 강조하고 있는데, 남송의 육상산(陸象山, 1139-1192)에 의해 시작되었다. 그는 다음과 같이 말하였다.

> 학문에 뜻을 두고서 부귀와 빈천과 환난에 마음이 움직이지 않고 이단과 사설(邪說)에 흔들려 빼앗기지 않음은 30세까지 공부한 연후에 확립할 수 있다. 이미 확립하였으나 천하 학술의 이동(異同)과 인심의 추향의 차별은 그 시끄러운 소리가 서로 비슷하여 사이비한 곳에서는 다소의 의문이 남게 된다. 그러니 여기에서 10년을 더 공부한 연후에야 의혹되지 않는다. 또 여기에서 10년을 더 공부한 연후에야 혼연히 한 덩어리가 되기 때문에 "50세에 천명을 알았다."라고 한 것이다.(志於學矣, 不爲富貴貧賤患難動心, 不爲異端邪

---

24) 朱熹,『四書章句集注』, 卷一, 55면. "聖人之教亦多術, 然其要使人不失其本心而已. 欲得此心者, 惟志乎聖人所示之學, 循其序而進焉. 至於一疵不存, 萬理明盡之後, 則其日用之間, 本心瑩然, 隨所意欲, 莫非至理."

說搖奪, 是下工夫至三十然後能立. 旣立矣, 然天下學術之異同, 人心趨向之差別, 其
聲訛相似, 似是而非之處, 到這裏多少疑在, 是又下工夫十年, 然後能不惑矣, 又下工
夫十年, 方渾然一片, 故日: "五十而知天命."）-陸九淵, 『象山全集』

　　육상산은 공자의 학문에 뜻을 두어 도를 구하는 마음의 역정을 '심
(心)'의 주체성이 건립되는 과정으로 해석하여, '심(心)'이 외재하는 부귀,
빈천, 환난 등의 변화에 흔들리지 않게 하여야 한다고 하였다.
　　육상산이 개척한 이러한 인간의 '심(心)'의 자주성을 긍정하는 해석 양
상은 '오십이지천명'을 해석할 때 '심성론의 변화'를 제기하였다. 이 같
은 해석 양상을 따라 진일보한 관점에서 설명하는 사람이 적지 않다.
송대의 포운룡(鮑雲龍, 1226-1296)은 "이 마음은 천명과 서로 소통하여
간격이 없다."[25]라고 하였으며, 명나라 말기의 고헌성(顧憲成, 1550-
1612)은 '인심(人心)'과 '천명(天命)'이 상호 소통하는 정신 상태를 '인
(人)'과 '천(天)'이 서로 '지기(知己)'라고 해석하였다. 고헌성은 다음과 같
이 말하였다.

　　배움이 지천명(知天命)에 이르면 지극해진다. 이 지(知)는 보통의 지(知)가
아니다. 공자께서 "나를 아는 것은 아마도 하늘일 것이다."고 또 말씀하시
지 않았는가? 이 때문에 '천명을 안다'는 것은 공자가 하늘을 지기(知己)로
삼은 것이며, '나를 아는 것은 아마도 하늘일 것이다'는 것은 하늘이 공자를
지기(知己)로 삼은 것이다. 그러므로 공자는 혼연히 자신이 하늘과 일체가
된 것이다. 혼연히 자신과 하늘이 일체가 되면, 무릇 모든 뼈와 아홉 구멍이

25) 鮑雲龍, 『天原發微』, 臺北: 臺灣商務印書館, 1983年景印文淵閣四庫全書本, 卷五下, 67,
68면. "此心與天命相流通, 無間然也."

느끼면 바로 응하고 접촉하는 그 즉시 통하지 않음이 없게 된다.(學至知天命, 至矣. 知非尋常之知也. 孔子又云: "知我其天乎?" 是故知天命, 孔子以天爲知己也, 知我其天, 天以孔子爲知己也. 夫然孔子渾身一天矣. 渾身一天, 則凡百骸九竅, 無不感之卽應, 觸之卽通矣.)-顧憲成, 『涇皐藏稿』

고헌성이 '지천명'을 해석하면서 '인(人)'과 '천(天)'을 서로 '지기(知己)'라고 한 것은 실로 남다른 지혜로운 식견이라고 할 수 있다.

이렇게 사람의 자유의지를 긍정하고 인심(人心)의 자주적 능력을 긍정하는 해석 양상은 명대에 이르러 크게 번창하였는데, 담약수(湛若水, 1466-1560), 호직(胡直, 1517-1585), 채청(蔡淸, 1453-1508), 장세순(章世純, 1575?-1644?) 등의 견해가 비교적 창의적이다. 담약수는 말하였다.

이 장은 성인께서 덕에 나아가는 순서를 스스로 말씀하시면서 이것으로 시작하신 것이다. 그러나 이것으로 시작하고 또한 이것으로 끝마쳤다. 무릇 학문은 뜻을 세우는 것보다 앞서는 것이 없고 뜻한 바는 도보다 큰 것이 없으니, 학문에 뜻을 둠은 바로 도에 뜻을 둠이다. 사람이 도에 뜻을 둠은 나무에 뿌리가 있는 것과 같으니, 그루터기와 줄기와 꽃과 열매는 모두 뿌리와 일관된 것이다. 30세에 섰다는 것은 뜻이 섬이요, 40세에 의혹되지 않았다는 것은 뜻이 의혹되지 않음이요, 50세에 천명을 알았다는 것은 이 뜻의 온축됨을 궁구하여 알았다는 것이다. 이순(耳順)과 종심(從心)은 그 변화를 다하여 뜻한 바가 비로소 마쳐짐이다. 그렇다면 뜻이란 것은 그 성학(聖學)의 시종(始終)의 요지인 것이다. 그러므로 세상의 학자들 중에 그 뜻을 먼저 정하지 않고서 막중한 임무를 감당하고 먼 길을 갈 수 있는 자는 있지 않다. 그러나 뜻을 가지는 데에는 요지가 있는데, 잊어버리면 미치지 못하고 조장하면 지나치니, 모두 잘 배우는 것이 아니다. 잊어버리지도 말고 조장하지

도 말라는 것은 맹자가 그 뜻을 잘 지킨 방법이니, 학자들이 마땅히 종사해야 될 것이다.(此章聖人自言其進德之序, 而始之以此也. 然以此而始, 亦以此而終. 夫學莫先於立志, 而所志莫大乎道, 志於學卽志於道也. 人之志道, 如木之有根, 然株幹花實, 皆與根一貫者也. 三十而立, 志之立也. 四十不惑, 志之不惑也. 五十而知天命, 窮知此志之蘊也. 耳順從心, 則極其變化, 而所志始畢矣. 然則志也者, 其聖學始終之要乎! 故世之學者, 未有不先定其志, 能任重而道遠者也. 然而持志有要焉, 忘則不及, 助則過, 皆非善學也. 勿忘勿助, 此孟子之所以善持其志, 而爲學者之所當從事歟?)-湛若水, 『格物通』

담약수는 학문하는 것은 바로 뜻을 세우는 것이라고 여겼다. 그는 '이 뜻의 온축을 궁구하여 앎'을 '지천명'으로 해석하였는데, 여기서 '지(知)'는 견문(見聞)의 '지(知)'가 아니고 일종의 덕성(德性)의 '지(知)'이다.

한편 명대 유학자 호직은 인심은 원래 맑고 투명하다는 입장을 지녔으며, '지천명'은 바로 '인심(人心)' 본래의 명징한 원초적 상태로 되돌아가는 것이라고 주장하였다. 호직은 다음과 같이 말하였다.

"50에 천명을 알았다는 것은 무슨 말입니까?"라고 묻자, 다음과 같이 대답하였다. "하늘의 명은 사람이 그것을 얻으면 성(性)이 되는데, 성(性)은 바로 인심(人心)의 본래 밝은 것이다. 공자께서는 그 본래 밝은 것을 이미 밝히시어 불혹(不惑)에 이르렀고, 또 10년 동안 힘을 썼으니 이치를 궁구하고 성(性)을 다해 명(命)에 이르셨다. 이미 명(命)에 이르러서는 스스로 명(命)을 아셨는데, 비유하면 태산에 올라 거주하는 자가 스스로 능히 태산을 두루 아는 것과 같은 것이다. 이 지(知)는 '건지(乾知)'와 '대시(大始)'의 지(知)와 같으니, 지(知)는 바로 주재(主宰)하는 것이다. 바야흐로 섰다는 것은 이 명(命)을 세웠다는 것이다. 불혹(不惑)이 되면, 명(命)에 이를 수 있다. 여기에 이르면 천명을 주재하여 조화가 나에게 있게 된다. 조화가 나에게 있게 되면 궁통(窮通)이 없지 않겠지만 궁(窮)도 통(通)이고, 치란(治亂)이 없지 않겠지만 난(亂)도 치(治)이며, 사생(死生)과 고금(古今)이 없지 않겠지만 사(死)도 생(生)이며 금(今)도 고(古)이다. 바로 『역(易)』에서 말한 '하늘보다 먼저 하면서도 어긋나지 않는다'라고 하는 것과 『중용』에서 말한 '천덕(天德)을 달성한다'는 것이 이것이다. 그러므로 '천명을 안다'고 한 것이다."

묻기를 "이와 같으면 공자의 학문은 선유(先儒)들이 훈(訓)한 '물리(物理)를 궁구하여 이른다'라는 것과 동일하니 어찌하여 이리도 현격한 차이가 납니까?"라고 하였다. 다음과 같이 대답하였다. "유자(儒者)들은 반드시 말하기를 '지(知)를 앞세우고 행(行)을 뒤로 한다'라고 한다. 그런데 공자께서는 15세에 학문을 하시고 30세에 자립하셨으니 이는 행(行)을 앞세운 것이고, 40세에 이르러서야 미혹되지 않으셨다. 그렇다면 이것은 지(知)를 앞세우고 행(行)을 뒤로 한다는 훈(訓)과 또한 저절로 어긋나는 것이다. 유자(儒者)들은 물리(物理)를 궁구하여 이르는 것을 입문처로 삼아서 그 당연함과 그 소이연을 궁구하는 것이라고 하면서, 이를 모두 처음 배울 때의 일로 여긴다. 그런데 지금 불혹(不惑)을 훈(訓)하면서 그 '당연한 바를 아는 것'이라 하고, 지천명(知天命)을 훈(訓)하면서 그 '소이연(所以然)을 아는 것'이라 하니, 이것은 공자께서 40, 50세의 나이에 처음 배우는 일을 했다는 것이다. 배우는 자들에게 있어서는 너무 이르고 공자에게 있어서는 너무 늦으니 어긋남이 심하지 아니한가. 지금 붓을 잡은 어린 아이들이 '나의 본성의 인(仁)이 하늘의 원(元)임을 알겠고, 나의 본성의 체(體)가 하늘의 형(亨)임을 알겠다'라고 말하지 않음이 없으니, 이것을 두고 지천명(知天命)이라 한다. 붓을 잡은 어린 아이가 공자보다 훨씬 현명한 것이 되니, 이런 이치가 통하겠는가." 대답하기를 "알겠습니다."라고 하였다.("五十而知天命, 何也?" 曰: "維天之命, 而人得之爲性, 性卽人心本明者是也. 孔子旣能明其本明者, 而至不惑, 又用力十年,

則窮理盡性以至於命矣. 旣至命, 則自能知命, 辟如登泰山而居者, 自能周知泰山者也. 此知, 猶乾知, 大始之知, 知卽主也. 方其立, 則立此命也. 不惑, 則可以至命. 至是, 則主宰天命, 而造化在我矣. 造化在我, 則非無窮通而窮亦通也, 非無治亂而亂亦治也, 非無死生古今, 而死亦生今亦古也, 卽『易』所謂先天弗違, 『中庸』所謂達天德者是也. 故曰 "知天命." 曰: "若是, 則孔子之學, 與先儒所訓窮至物理者一, 何其徑庭也?" 曰: "儒者必曰, 先知後行. 夫子十五而學, 三十而立, 則爲先行, 四十不惑, 其與先知後行之訓, 又自悖矣! 儒者以窮至物理爲入門, 所謂窮其當然與其所以然, 皆始學事也. 今訓不惑, 則謂知其所當然, 訓知天命, 則謂知其所以然, 是孔子以四五十之年, 乃得爲始學之事, 則在學者爲過早, 而在孔子爲過晚矣, 不又悖之甚乎? 今操筆童子莫不曰: 吾性之仁, 知其爲天之元, 吾性之體, 知其爲天之亨, 以此爲知天命, 是操筆童子賢於仲尼遠矣, 其又可通乎?" 曰: "然.")－胡直, 『衡廬精舍藏稿』

명대 유학자 채청은 다음과 같이 말하였다.

천명은 천도가 유행하여 사물에 부여된 것이니, 바로 사물의 당연한 이치이다. 어째서인가? 대개 리(理)는 모두 한 마음에 모여 있는데, 마음에 모여 있는 이 리(理)를 성(性)이라 한다. 그 강령을 들어 보면 인의예지(仁義禮智)인데, 내 마음의 인의예지(仁義禮智)는 인위(人爲)에서 나온 것이 아니고 바로 하늘의 원형이정(元亨利貞)이 사람에게 내려온 것이다. 맹자는 공자의 40의 경지인 불혹(不惑)에 주석하기를 '부동심(不動心)에 이르는 것이다'고 하였는데, 지금 40세의 불혹(不惑)과 이순(耳順), 지명(知命)을 편벽되게 지(知)의 영역으로 한정하니, 의심건대 얽매임이 있는 듯하다. 대개 부동심(不動心)은 도가 밝고 덕이 확립되는 것을 겸한 것이다. 50세에 천명을 알았다고 하는 것은, 모든 행실이 지극하지 않음은 지(知)가 지극하지 않은 것에서 말미암는 것으로, 이는 지(知)의 지극함을 가지고 말한 것이다. 여기에 행실의

본론(ii): 일본 논어학의 중요 개념

지극함은 말할 여지가 없는데, 배우는 자들은 도리어 말거리로 삼아 의심하니, 어째서인가?(天命卽天道之流行而賦於物者, 乃事物所以當然之故也. 何哉? 蓋理悉聚於一心, 理之聚於心者, 謂之性, 總其綱, 曰仁義理智, 而吾心之仁義理智, 非出於人爲也, 卽天之元亨利貞之降於人者也. 孟子註孔子四十而不惑, 亦不動心之謂, 則今以四十不惑與耳順知命, 皆爲偏主知者, 疑亦有泥, 蓋不動心兼道明德立也. 五十而知天命, 蓋凡行之未至者, 亦由知之未至也. 此以知之至言, 而行之至有不假言矣. 學者反以專言爲疑, 何哉?)-蔡淸,『四書蒙引』

위에서 인용한 자료 중에서 호직의 해석의 뛰어난 지점은, 주자 이후 '선지후행(先知後行)'의 주장에서 벗어나 인심이 원래 천명과 서로 통한다고 주장한 데 있다. 그리고 채청(蔡淸)은 '리(理)'가 '심(心)'에 모여 있다는 사실을 강조하였는데, 이들은 모두 주자 해석의 특징인 지식론적 관점을 철저히 심성론적 입장으로 전환시켰다.

이러한 자유의지를 중시하는 해석의 양상은 '자유(自由)'가 바로 '필연(必然)'이라는 가설이 잠재되어 있으며, 인심(人心)이 완전히 맑고 투명하게 되면 '천명(天命)'의 필연(必然)을 선명하게 관찰할 수 있다고 여긴다. 한편 명대 유학자 장세순은 다음과 같이 말하였다.

사람이 천명을 알지 못하면 천하의 일을 모두 인력(人力)으로 할 수 있는 것으로 생각한다. 이와 같이 하면 반드시 시세(時勢)에서 다툼을 힘껏 하고 권모술수에서 구함이 깊을 것이니, 인의(仁義)와 도덕(道德)을 편안하게 지킬 수가 없을 것이다. 그 명(命)을 믿으면 구함도 근심도 없게 되니, 구함도 근심도 없게 되면 이후에 편안하게 바르고 큰 이치에서 자득하여 도를 따름이 매우 순조롭게 된다. 천하 사람들이 어찌 모두 명(命)을 모르겠는가. 그러나 그 마음에 아직 의심이 있어서이니, 마음에 여전히 의심이 있으면 모르는 것일 뿐이다. 비록 성인이라 할지라도 반드시 안정된 이후에 통달하며 오랜 시간을 거친 이후에 믿게 되며 마음이 점점 이해(利害)에 통달하게 된 뒤에 조화에 의탁할 수 있다. 이에 세상에 보이는 것에서 구해도 얻지 못하는 경우가 있으며, 구하지 않아도 얻는 경우가 있은 뒤에야 천명의 기필(期必)함을 알아서 혹시나 하는 생각을 두지 않는다.(人不知天命, 則以天下事皆力所能爲. 如是, 其爭之於時勢也必力, 其求之於智詐也必深, 則仁義道德有不能安守者矣. 信之其命, 則無求無憂, 無求無憂而後安然自得於正大之理, 所以從道甚循也. 夫天下豈盡不知命哉? 其心猶有疑也, 心猶有疑, 則亦不知而已矣. 雖以聖人, 必心定而後達, 歷久而後信, 心有以漸達於利害矣. 然後能付之造化, 而所見於世, 求而不得者有矣, 不求而得者有矣, 而後知天命之必爾, 而不存或然之意.) ─ 章世純, 『四書類書』

　　장세순의 해석은 '심(心)'의 각성을 전제로 한다. 마음의 '자유(自由)'와 천명의 '필연(必然)'을 통합하여, 다시는 사람을 '천명'에 의해 통제되는 객체가 되도록 규정하지 않았다. 여기에서 한대 유학자들 이후의 '정명(定命)'설은 철저하게 버려졌다.

　　한편 조선의 유학자들은 비록 주자학을 따르는 이가 많았지만, 심학(心學)으로 '지천명'을 해석하는 학자들도 드물지 않았다. 예컨대 유건휴(柳健休)는 대산(大山) 이상정(李象靖)의 말을 인용하면서 다음과 같이 말하였다.

　　대산(大山)은 다음과 같이 말하였다. "천명, 천도, 천리의 천(天)자는 아마도 형체의 천(天)을 가지고 말한 것 같다. 형체의 천(天)은 비록 도(道) 가운데 일물(一物)이나 이 형체를 가지고 있으면 도리가 또 그 속에 온전하게 갖추어져서 그 운용은 모두 하늘이 하는 것이다. 그렇다면 천도, 천리, 천명이라 말하더라도 무슨 불가함이 있겠는가? 이 리(理)가 있은 이후에 이 사람이 있는 것과 같다. 그러나 이미 이 사람이 있으면 도리가 그 마음에 온전하게 갖추어지기 때문에 인도(人道), 인리(人理), 인성(人性)이라 이른다."(大山曰: "天命天道天理之天字, 恐以形體之天言之. 形體之天, 雖是道中之一物, 然旣有是形體, 則道理又全具於其中, 而其運用皆天之所爲, 則謂之天道天理天命, 何不可之有? 如有是理而後有是人, 然旣有是人, 則道理全具於其心, 故謂之人道人理人性.")-柳健休, 『東儒四書解集評』

이 말의 중점은 분명히 '심학'을 강조하는 데 있으니, 유건휴는 '심즉리(心卽理)'의 사유에 마음이 쏠렸다고 할 수 있다. 그는 일체의 인도(人道), 인리(人理), 인성(人性)은 모두 '심(心)'을 통하여 천명(天命), 천도(天道), 천리(天理)와 상통한다고 하였는데, 이는 천명에 대한 전형적인 자유의지론적 해석 양상이라 할 것이다. 한편 양응수(楊應秀)는 주자의 주석에 인용된 호인(胡寅)의 '본심을 잃지 않는다'(不失本心)는 입장에서 이 구절을 다음과 같이 해석하였다.

주석에 호씨(胡氏)가 말하기를 "가르침에도 방법이 많지만, 요체는 사람으로 하여금 그 본심을 잃지 않도록 하는 것이다."라고 하였는데, 이에 대하여 감히 묻겠습니다. "이 본심(本心)은 성(性)을 이르는 것입니까?" 다음과 같이 대답하였다. "심(心)과 성(性)은 비록 서로 떨어질 수 없지만, 곧바로 성(性)을 심(心)이라 할 수는 없다. 여기에서 이른바 본성(本性)이라는 것은 바로 『대학』에서 말한 '명덕(明德)'이고, 『대학장구』에서 해석한 '사람이 하늘에서 얻는 바로 허령불매(虛靈不昧)하여 뭇 이치를 갖추고 만사에 응하는 것'이라는 것이다. 대개 하늘에 있는 신(神)이 사람에게는 심(心)이 되니, 그 본체는 순수하고 지선(至善)하다. 그러므로 호씨(胡氏)가 이미 말하기를 '사람으로 하여금 그 본심을 잃지 않도록 한다'라고 하였다. 또 말하기를 '하나의 하자도 없이 온갖 리(理)가 밝게 다함에 이른다면, 그 일상생활의 사이에 본심이 환하여 욕망하는 바를 따르더라도 지극한 이치가 아님이 없다'라고 하였다. 주자가 말하기를 '호씨의 그 본심을 잃지 않는다는 한 단락은 매우 훌륭하다. 자세하게 완미해 보면 성인의 천 마디 만 마디는 단지 사람에게 본심을 수습하도록 하여 일상생활의 사이에 힘을 다해 사욕을 물리치고 이 마음을 부지하도록 한 것이다'라고 하였다. 이로부터 보면 사람의 본심은 순수한 선이 아님이 없음을 알 수 있다. 그러나 지금 호중(湖中)의 일종의 의론은 다음과 같이 주장하고 있다. '성인과 중인(衆人)의 마음은 각각 스스로 달라서 발동하기 전에 선악의 종자가 자재(自在)하고 있다' 이들은 머리를 치고 함부로 부르짖으면서 성선설(性善說)을 주장하는 사람을 헐뜯고 배척함에 여력(餘力)이 없다. 이것은 무슨 견해인가! 가소롭도다."(『註』胡氏曰: "敎亦多術, 然要使人不失其本心"云云. 敢問: "此本心者, 性之謂歟?" 曰: "心與性雖相離不得, 然不可直以性爲心也. 此所謂本心者, 卽『大學』所謂明德而『章句』所釋人之所得乎天, 而虛靈不昧以具衆理而應萬事者也. 蓋在天之神, 在人爲心, 而其本體純粹至善, 故胡氏旣曰: '要使人不失其本心.' 又曰: '至於一疵不存, 萬理明盡之後, 則其日用之間, 本心瑩然, 隨所意欲, 莫非至理.' 朱子曰: '胡氏不失其本心一段, 極好. 儘用仔細玩味, 聖人千言萬語, 只是要人收拾得箇本心, 日用之間著力屛去私欲, 扶持此心出來.' 由是觀之, 則人之本心之莫不純善可知也. 而今湖中一種議論, 以爲聖人衆人之心, 各自不同, 而未發之前, 善惡種子自在, 拍頭胡叫, 譏斥人之爲心本善之說者, 不遺餘力, 此何所見, 可笑也.")-楊應秀, 『論語講說』

앞에서 우리는 주자의 입장을 '결정론'이라고 지적하였다. 하지만 조선의 유학자 양응수는 주자의 논의를 인용하고 있지만 오히려 '자유의지론'에 가깝다고 할 수 있다. 주자는 『논어집주』에서 호인의 '심학(心學)'을 인용하여 이 장을 해석하였기에, 주자의 주석에는 '결정론'과 '자유의지

본론(ii): 일본 논어학의 중요 개념

론'의 두 가지 해석의 공간이 있는 것을 알 수 있다. 때문에 주자는 결정론의 입장을 대표하는 정이(程頤)와 자유의지론[26]에 가까운 호인의 해석을 인용하였다. 하지만 주자는 분명히 정이의 입장에 기울었다고 할 수 있다. 조선 유학자들은 이 장에 대하여 논할 때, 각별히 정이와 호인의 해석의 다른 점에 주의하였는데,[27] 양응수는 여기서 자유의지론적 입장을 선택하였다. 그렇기는 하지만 조선의 유학자들은 주자를 고도로 존숭하는 원칙에서 심학을 논하곤 하였다.

③ 공자 천명관의 현대적 해석

공자의 '오십이지천명'에 대하여, 위에서 논했듯이 동아시아 사상사에서는 '결정론'과 '자유의지론'의 두 가지 해석 양상이 있었다. 그런데 근래에 이 두 양상을 융합하는 새로운 해석이 제기되었다.

이 문제에 대하여 일본의 학자 궁기시정(宮崎市定, 1901-1995)은 먼저 사상사의 궤적을 따라가면서 공자에서 묵자를 경과하여 맹자에 이르는 '천(天)' 및 '천명(天命)' 사상의 발전을 다음과 같이 정리하였다.

묵자는 공자의 '천명' 사상을 넘어서서 '천(天)'은 선(善)한 이에게는 상

---

26) 주자의 주석에 인용된 정이천의 말은 다음과 같다. 朱熹, 『四書章句集注』, 卷一, 54-55면. 朱註引程伊川曰: "孔子生而知者也, 言亦由學而至, 所以勉進後人也. 立, 能自立於斯道也. 不惑, 則無所疑矣. 知天命, 窮理盡性也. 耳順, 所聞皆通也. 從心所欲, 不踰矩, 則不勉而中矣." 又曰: "孔子自言其進德之序如此者, 聖人未必然, 但爲學者立法, 使之盈科而後進, 成章而後達耳."

27) 朴知誡는 『箚記-論語』 (225면)에서 다음과 같이 말하였다. "志學章圈註胡氏不可躐等之說, 與程子成章後達之說, 皆是進就知工程也; 不可半途廢之說, 與程子勉進後人之說, 皆是勸勉之意, 而『集註』旣載程說, 又存胡說, 何也?" 曰: "程說爲未學者言, 胡說爲已學者說, 二說自不同也. 爲未學者言, 故先之以勸勉之意, 而後示以進就之工程; 爲已學者言, 故先之以進就之工程, 而後示以勸勉之意."

을 주고 악(惡)은 징벌하는 정의의 신이라고 주장하였고, 맹자는 천명설(天命說)을 받아들여 민심을 근거로 하는 혁명사상을 창조하였다. 공자에서 맹자까지의 사상의 발전은 반드시 묵자의 존재를 고려해야만 정확한 이해에 도달할 수 있다. 공자에게 '천'과 '천명'은 모두 인간이 엿볼 수 없는, 이지(理智)로 파악할 수 없는 존재이다. 공자가 주장하는 '인(仁)'은 인도(人道), 즉 인간사의 대부분은 불가지한 '천명'의 영향을 받는데, 이것이 바로 이른바 '지명(知命)'이다. 묵자는 '천명'을 말하지 않고 '천지(天志)'를 말하면서, '천(天)'을 정의의 신으로 보고 집권자의 선과 악에 대해 상벌을 내릴 수 있는 존재로 여겼다. 하지만 이러한 이론은 현실적으로 증명할 수 있는 것이 많지 않다. 한편 맹자는 정치혁명은 비록 '천명'에 의해 일어나지만 '인심(人心)'의 귀추에 의해 결정되며, 천명과 역사 현상은 불가분의 것이라고 여겼다. 이러한 혁명론은 역사주의적 요소가 있기에, 시간 관념을 돌출시켜 '천시(天時)'의 중요성을 강조하는 특징이 있다.[28]

금곡치(金谷治, 1920-)는 공자의 천명관에 대하여 다음과 같이 해석하였다. 공자 이전 중국의 지식인들은 '인간'의 각성의 역정에 대하여 언급할 때, 자연학적 생물학적 의의보다는 사회적 정치적 존재로서의 인간에 대하여 주목하였다. 공자에 이르러서 사회적 정치적 존재로서의 인간은 신 혹은 자연계와 연계된 존재로 파악된다. 이러한 사상은 곧 노장(老莊)과 도가(道家) 사상에서 싹트고 발전하였으며, 한 발짝 더 나아가 중국 의학의 독특한 전통을 형성하였다.

한편 금곡치는 공자 사상에서 '천(天)'이 불가지적 존재인 이상 '천명'도 역시 불가지한 것이라고 지적하였다. 그렇기 때문에 공자의 이른바

28) 宮崎市定,「中國古代における天と命と天命の思想──孔子から孟子に至る革命思想の發展」,『論語の新しい讀み方』, 東京: 岩波書店, 2000, 164-204면.

'오십이지천명'의 의미는 응당 '생명의 불가지한 영역을 깨우치는 것'이라고 주장하였다.[29] 공자의 '천명'은 송명 이래 줄곧 '하늘이 부여해 준 덕성'으로 해석되어 왔다. 그런데 금곡치는 『논어』, 『맹자』에 들어 있는 '명(命)'에 대한 다양한 용례의 분석을 통해, 공자와 맹자가 말하는 천명은 '하늘이 부여해 준 덕성'이 아니라, '불가항력적 운명'임을 증명해 냈다. 이는 공자와 맹자가 인성(人性)의 활동에 제한이 있음을 심각하게 자각한 것이다. 그렇다고 공자와 맹자가 인간적 노력을 포기한 것은 아니다. 금곡치는 공자 사상에서 '천(天)'은 이중적 면모가 있다고 파악하였다. 그 첫 번째는 인간을 지지하는 존재로서 인간의 활동을 적극 지지하면서 인간의 신뢰를 얻고 있는 면모를 지닌다. 그 두 번째는 인성(人性)의 활동을 제한하면서 인간에게 제약과 두려움을 주는 면모를 가지고 있다. 이러한 상호 모순적인 '천(天)'의 이중성은 '성(性)', '명(命)'과 일관된 관계를 가질 수 없는 것이다. 그렇다면 천명은 인간의 본성과 대립하고 인성의 자체적 활동을 방해하는 것으로, 인간의 한계를 지어 주는 존재인 것이다. 공자의 '오십이지천명'은 바로 이러한 인간의 유한성에 관한 자각의 독백인 것이다.[30]

이 외에 일본 학자 대빈호(大濱皓, 1904-)는 다음과 같이 지적하였다. 공자는 인류 역사의 기저에 인력으로 어찌할 수 없는 것을 보았기에, "도가 행해지는 것도 천명이며, 도가 폐지되는 것도 천명이다."라고 하였다.

---

29) 金谷治, 「人間觀の覺醒」, 『中國古代の自然觀と人間觀』, 金谷治中國思想論集【上卷】, 東京: 平河出版社, 1997, 274면.

30) 金谷治, 「孔孟の命について──人間性とその限界──」, 『死と運命』, 東京: 法藏館, 1987, 106-107면; 金谷治, 「天について──孔子の宗敎的立場──」, 『死と運命』, 118-135면; 「知命について──人間存在の自覺──」, 『死と運命』, 136-166면.

천명이 '도(道)'의 흥패를 좌지우지한다. 때문에 공자는 '도(道)'를 사고할 때 '명(命)'을 뛰어넘을 수 없다고 여겼기에, '천(天)'이 자신에게 부여한 운명에 대해 마음을 편안히 가졌다.

한편 공자의 '천(天)'에 대한 견해는 두 가지 방면이 있다. 공자가 '하늘을 원망하지 않는다'(不怨天)라고 할 때의 '천(天)'은 '자연적 법칙'을 가리키고, '나를 알아주는 이는 하늘이다'(知我者其天乎!)라고 할 때의 '천(天)'은 오히려 '인격신(주재신)'을 가리킨다. 공자는 천명을 신임하는 동시에, '지천명'이 군자가 되는 조건이라고 강조하였다. 천명을 아는 자는 자연과 역사의 유래와 기원, 그리고 이것을 유지하고 관통하는 근원과 필연성을 이해한다. 때문에 천명을 아는 자는 숙명의 쇠사슬이 아닌 필연 중의 가능성을 발견하고자 한다. 이에 공자의 '오십이지천명'은 자연 및 역사의 필연적인 이치에 대한 인식이자, 시공의 흐름에서 자신의 위치를 자각하는 것이다. 대빈호는 공자의 이러한 점을 이성의 극치라고 여기고 있다. 공자의 이른바 '지천명'은 근원을 향한 전향점인데, 이러한 지점이 운명에서 노니는 경계로 바로 '락(樂)'의 경지인 것이다. 누추한 거리에 사는 것을 사람들이 견디지를 못하지만 이런 곳에 살면서도 자신의 즐거움을 추구한 안회, 즐거움으로 근심을 잊어버리고 마침내 늙음이 오는 줄도 모르는 공자, 그들이 즐거움으로 삼은 것, 그것이 바로 '도(道)' 인 것이다.[31]

20세기 일본의 문학자 정상정(井上靖, 1907-1991)은 공자의 전기를 쓰면서 '오십이지천명'의 경지에 대하여 다음과 같이 말하였다.

----

31) 大濱皓, 「孔子思想の三支點——道, 命, 樂」, 『中國古代思想論』, 東京: 勁草書房, 1977, 3-39면.

지천명(知天命)은 무슨 뜻인가? 그 첫 번째는 하늘이 자신에게 부여한 임무를 깨닫는 것이다. 그 두 번째는 근엄한 천도(天道)의 운행 중에 사업과 공적이 이미 확정되어 있어서, 일마다 순조롭기를 기대할 방법이 없으며 수시로 불시의 곤란을 종종 만나게 됨을 깨닫는 것이다. …… 이 두 종류의 깨달음을 합하면 천명(天命)의 의미를 알 수 있다.(所謂知天命, 是否卽是這個意思? 其一是領悟到上天賦予自身的差遣, 再就是悟及此項事功旣然置於上天嚴謹的天道運行之中, 遂也無法期望事事順利, 隨時都會遭遇意想不到的種種困難. …… 合此兩種領悟, 應該就是知天命之意罷.)-井上靖 著, 劉慕沙 譯,『孔子』

정상정은 비록 전문적인 학자는 아니지만, 7년(1981-1988)에 걸쳐 많은 노력을 기울여『공자』를 집필하였다. 그 결과 그의 붓끝에서 공자 문하의 사제 간이 생동감 있게 표현되었으며, 공자의 정신은 글 속에서 선명하게 살아났다. 이 책에서 정상정은 '오십이지천명'을 해석하면서, 사람이 천명을 받아 태어나기에 응당 생명의 직책을 짊어져야 한다고 하면서 또한 인생의 유한성을 역설하였다. 이는 바로 '자유의지론'과 '결정론'의 해석에서 그 중도를 얻었다고 할 수 있다.

20세기 일본의 한학자 길천행차랑(吉川幸次郎, 1904-1980)은 '오십이지천명'을 해석하면서 "문화의 건설에 힘을 바치는 것은 하늘이 자기에게 부여한 사명이기 때문이다. 혹은 문화의 건설은 하늘이 인류에게 부여한 반드시 해야 하는 숙명이라고 할 수 있다."고 하였다.[32] 길천행차랑의 해석도 '오십이지천명'에 내포된 주체의 자유와 객관적 제한을 동시에 고려한 것이라 할 수 있다.

....

32) 吉川幸次郎,『論語』(上), 中國古典選3, 東京: 朝日新聞, 1959-1963, 52면.

현대 중국의 학자들 중 공자의 '오십이지천명'에 대한 새로운 해석은 전목(錢穆, 1895-1990), 서복관(徐復觀, 1902-1982), 노사광(勞思光), 유술선(劉述先, 1934-) 등의 견해가 대표적이다.

전목은 '천명'을 해석하면서 "천명이란 인간의 삶에 있어서의 일체의 당연한 도의와 직책을 가리키는 것이다. 이러한 도의와 직책은 알기 어려운 점이 있는데, 이 도의를 지키고 이 직책을 실천하는 데도 곤궁한 자가 있기 때문이다. 왜 당연한 것을 행하는데 이렇게 곤궁하며, 왜 이렇게 곤궁해지는 데도 이것을 당연히 해야만 하는 것인가? 그 의미를 알기가 어렵다. 이러한 경계에 부딪혔을 때, 바로 천명의 학문이 요청되는 것이다."[33]고 하였다. 또 전목은 공산불뉴가 공자를 부른 대목을 해석하면서 "사람은 마땅히 도를 행하는 것을 직분으로 삼아야 하는데, 이것이 바로 천명이기 때문이다. 이 천명으로 도를 행해야 하지만, 도에는 행해서는 안 될 때가 있는데 이 또한 천명인 것이다. 양화와 공산불뉴가 모두 공자를 모셔 벼슬을 주려 하였지만 공자는 끝내 나아가지 않았다. 그 할 만한 기틀이 있었지만, 마침내 굳게 거절하고 하지 않았다. 이는 이 무리들과 무엇을 도모하기에 부족하며, 자신을 굽혀 그들을 바로 잡으려다 종내 바로잡지 못할 것을 아셨기 때문이다."고 하였다.[34] 천명에 대한 전목의 이러한 해석은 도를 실천하는 인간의 자유의지를 긍정하면서도 또한 도가 행해지지 않는 객관적 제한을 인지한 것이다.

서복관은 『논어』에서 공자가 말한 '성(性)'과 '천도(天道)'는 모두 '오십이지천명'의 '천명'에서 나온 것이라고 지적하였다. 공자는 '옛것을 좋아하여 민첩하게 구하는 것'(好古敏求), '믿어서 옛것을 좋아하는 것'(信而

---

33) 錢穆, 『論語新解』, 『錢賓四先生全集』 3, 臺北: 聯經出版事業公司, 1998, 35면.
34) 錢穆, 『孔子傳』, 『錢賓四先生全集』 4, 33면.

好古) 등 외적 경험에서 지식을 추구하였지만, '오십이지천명'에 이르러서는 이러한 외적 경험에 대하여 내재적이고 선천적인 근거를 부여하였다. 이 천명은 전통적인 "죽고 사는 것은 명(命)이 있고, 부유하고 귀한 것은 하늘에 달려 있다."(死生有命, 富貴在天.)라고 할 때의 천명이 아니다. 또한 주자가 사물에 부여한 사물의 당연한 이치로서의 천명도 아니다. 이 천명은 도덕의 선천적인 속성을 가리키는 것으로, 바로 『중용』에서 말한 "하늘이 명한 것을 성(性)이라 한다."(天命之謂性)라고 할 때의 천명이다.[35]

노사광은 공자의 철학을 분석하면서 '의(義)'와 '명(命)'을 구분하고 '자각(自覺)하는 주체'와 '객관적 제한'에 대하여 동시에 고려하면서 각자의 영역을 확정하였다. 다음으로 주체가 가치의 표준과 문화적 이념을 세우는 데 있어서, 모든 객관적 제한은 그 자료에 불과하다고 보았다. 초월적 주재자를 숭배할 필요도 없고, 사실(事實)로 가치(價値)를 대체할 필요도 없으며, 자연(自然)으로 자각(自覺)을 대체할 필요도 없고, 자각하는 주체는 또한 초탈(超脫)을 추구할 필요도 없다. 이에 '명(命)'에서 '의(義)'를 드러내는 것이 이러한 정신 방향의 주요한 특색이다. 공자는 신권을 받들지도 않았고, 사물의 변화에 몰입하지도 않았으며, 버리고 떠나감을 추구하지도 않았다. 다만 자각하는 주체는 자연적 사실 위에 질서를 건립하고자 노력하는데, 이것이 바로 공자의 '인문주의(人文主義)'이다.[36]

유술선은 최근 이 문제에 대하여 새로운 해석을 제기하였다. 그는 공자 사상에 내포한 '천인합일(天人合一)', '일관지도(一貫之道)'에 대하여 다음과 같은 새로운 해석을 제기하였다.

....

35) 徐復觀, 「中庸的地位問題」, 『中國思想史論集』, 臺北: 臺灣學生書局, 1975, 77면.
36) 勞思光, 『新編中國哲學史』(一), 臺北: 三民書局, 1981–1988, 139–140면.

① 전통적인 신귀(神鬼) 및 천(天)의 신앙에 대하여 공자는 다른 태도를 지녔다.

② 유가 사상의 '일관지도'는 두 개의 다른 방향으로 전개되었다.

③ 공자는 천도(天道)에 의거하여 인사(人事)를 논하였다.

유술선은 공자의 사상에서 '도(道)'는 '명(命)'에 의해 결정된다고 매우 강하게 지적하였다. 공자가 "도가 행해지는 것도 천명이며, 도가 폐지되는 것도 천명이다."라고 하였듯이, '명(命)'은 항상 외재의 운명이지만, '천명'은 내재(內在)와 관련되며 종종 매우 깊은 경외심을 지니게 한다. 이 '천명'의 원천은 하늘에서 온 것이기에, 우리는 우리에게 내재하는 '천명'을 이해할 수도 있지만, 또한 하늘에서 온 외재의 운명이기에 이해할 수 없는 지점도 있다. 그러하기에 반드시 이 두 방면의 요소를 결합해서 이해하여야만 '천명'의 심각한 함의를 파악할 수 있다. 유술선은 '지천명'이란 반드시 천명의 천품과 외재의 운명을 동시에 체득하는 데 있으며, 자신은 단지 하나의 유한생명이라는 사실을 받아들이고 자신이 장악할 수 없는 시간 내에 자기 내재의 천품을 발양하여 열심히 도를 행하는 것이라고 지적하였다. 이렇게 하면 외재적 운명의 제한을 자각하여 선과 악을 막론하고 모두 평온한 태도로 받아들일 수 있다고 하였다.[37]

이상에서 살펴본 현대 중국과 일본 학자들의 '오십이지천명'에 대한 해석은 대체로 다음과 같이 정의할 수 있다. 공자는 객관적 요소의 제한을 인식하였지만, 인간에게 내재된 천품으로 회귀하여 '도(道)'를 자신의 임무로 삼고 실천하고자 하였다. 인간은 완전히 '천명(天命)'에 굴종하지

---

37) 劉述先,「論孔子思想中隱涵的天人合一──一貫之道──一個當代新儒學的闡釋」,『儒家思想義涵之現代闡釋論集』, 臺北: 中央研究院中國文哲研究所籌備處, 2000, 22~24면.

는 않지만 인간의 자유를 제약하는 객관적 요소를 인식하기도 한다. 이
것이 바로 '하늘을 즐기고 명을 아는 것'(樂天知命)이다.

3. 일본 유학자들의 경전 해석 방법(一): '맥락화'의 해석 방법과 그 문제

이제 우리는 일본 유학자들이 '오십이지천명'을 해석할 때에 취한 해석
방법을 분석해 보고자 한다. 앞에서 언급한 '오십이지천명'의 해석에 관
한 자료를 보면, '결정론'과 '자유의지론' 두 가지의 해석 양상으로 구분
할 수 있는데, 일본 유학자들의 해석은 비교적 '결정론'에 가깝다는 것을
알 수 있었다. 한편 일본 유학자들은 '오십이지천명'을 해석할 때 취한
두 가지 방식이 있었다. 그 첫째는 '오십이지천명'을 경전을 해석하는 학
자가 속해 있는 시대적 사상 맥락에 놓아두고 해석하는 것이며, 둘째는
인간의 실존 상황과 긴밀히 연결시켜 이 말의 원시적인 함의를 파악하는
것이다. 이 양자는 각기 그 방법론적 문제를 지니고 있는데, 먼저 첫 번째
해석 방법에 대하여 살펴보기로 하겠다.

  이른바 '맥락화'의 해석 방법은 '오십이지천명'을 경전 해석자가 처한
시공의 맥락에 놓아두고 이해하는 것이다. 이것은 맹자가 제창한 '인간
을 알고 세상을 논함'(知人論世)(『맹자』 「만장 하」)의 방법과 표면적으로 유
사해 보이지만 그 실상은 다르다. 맹자의 방법은 경전을 경전과 그 지은

---

38) 黃俊傑, 「孟子運用經典的脈絡及其解經方法」, 『臺大歷史學報』 第28期, 2001年 12月,
193-206면; Chun-chieh Huang, "Mencius' Hermeneutics of Classics," Dao: A Journal
of Comparative Philosophy, vol. 1, no. 1(Winter, 2001), pp. 15-30.

이가 처한 시공의 맥락 속에 놓아 해석하는 것임에 비해,[38] 우리가 여기서 논하고자 하는 것은 경전 주석자가 경전을 자신의 시대 혹은 자기의 사상적 맥락에 놓아두고 해석하는 것이다.

일본 유학자들은 운명이 정해져 있다는 '결정론'으로 공자의 '오십이 지천명'을 해석하였는데, 이는 동한(東漢) 이후 유행한 하안, 황간,[39] 순열[40] 등의 명정론(命定論)을 계승한 것이다.

17세기 이등인재 이후 일본 유학자들은 항상 인력이 미치지 못하는 어떤 지점으로 공자의 '천명'을 해석하였다. 18세기 회덕당의 유학자 중정리헌이 옛사람들이 말하는 명(命)은 반드시 화(禍)와 복(福)을 만나는 지점에서 언급된 것이다라고 규정한 것도 여기에 해당된다고 할 수 있다. 덕천시대 일본 유학사에서 비록 반주자학자들이 줄기차게 일어나지만, 그들은 대부분 이러한 결정론을 수용하였다. 구미정재(久米訂齋, 1699-1784)의 다음과 같은 두 단락의 말에서 그 결정론의 흔적을 살펴보기로 하자.

수양하여 수명을 연장하며 나라의 복이 영원하리라는 말을 보통 사람이 들어 보면 명(命)은 변화시킬 수 있다고 여길 것이다. 그래서 생이 있기 전에 명이 정해진다는 말을 의심한 것이다. 맹자는 "구함에 도가 있고 얻음에 명이 있다."고 하였고, 주자는 "하늘에서 부여받은 바를 온전히 하여 인위(人爲)로써 해치지 않는다."고 하였다. 또 공자께서는 "명(命)을 기다리지 않고

---

39) 위의 책 주석, 12면. 何晏: "知天命之終始也."; 皇侃: "五十而知天命者, 天命謂窮通之分也. 謂天爲命者, 言人稟天氣而生, 得此窮通皆由天所命也."

40) 荀悅, 『申鑒』, 臺北: 臺灣中華書局, 1981年據漢魏叢書本校刊, 四部備要本, 면11-12. "或問天命人事. 曰: 有三品焉. 上下不移其中, 則人事存焉爾. 命相近也, 事相遠也, 則吉凶殊也. 故曰: '窮理盡性以至於命.'" 荀悅의 思想과 背景에 관한 分析과 硏究로는, Chi-y n Chen, Hs n Y eh(A.D. 148-209): The Life and Reflections of an Early Medieval Confucian(New York: Cambridge University Press, 1974).

재산을 증식했다."고 하셨고, 정자(程子)는 "조화(造化)의 기미를 훔친다."
고 하였으며, 주자는 "비록 부귀의 극치라도 품절(品節)과 제한이 있으면 이
것 또한 명(命)이 있음이다."고 하였다. 만약 이 뜻을 깊이 안다면 생이 있는
시초에 정해진다는 말을 어찌 의심하겠는가.(修養延壽, 國祚永命, 常人見之,
以爲命可變, 而疑定有生之初之言. 孟子曰: "求之有道, 得之有命." 朱子曰: "全其天
之所付, 不以人爲害之." 故夫子曰: "不待命而貨殖." 程子曰: "竊造化之機" 朱子
曰: "雖富貴之極, 亦有品節限制, 則是亦有命也." 若深知此義, 定有生之初者, 何疑
乎?)
하늘이 명한 바에는 순역(順逆)은 있지만 바르고 바르지 않음은 없다. 대덕
(大德)이 지위와 복록과 장수를 가짐이 이른바 순(順)이며, 공자와 안자가 지
위와 복록과 장수를 가지지 못함은 이른바 역(逆)이다. 사람에게는 바르고
바르지 않음이 있기 때문에 그 바름을 순순하게 받아들이면 질곡을 당하더
라도 죽지 않는다.(天之所命有順逆, 而無正不正. 大德有位祿壽, 所謂順也. 孔顏
不有位祿壽, 所謂逆也. 在人有正不正, 故順受其正, 而桎梏而不死.)－久米訂齋, 『晚
年漫錄』

　구미정재가 "하늘이 명한 바에는 순역(順逆)은 있지만 바르고 바르지
않음은 없다."라고 말한 것은 '오십이지천명'을 해석할 때 일본 유학계의
'결정론'의 사상적 분위기를 반영한 것이다.
　이런 '맥락화'의 해경 방법은 물론 고금(古今)을 두 개로 갈라놓지 않고
고인의 사상과 현대의 경전 해석자가 친절하게 대화할 수 있게 하지만,
대화의 주체가 경전이 아닌 경전 해석자에 있기에 일정한 방법론의 문제
를 파생시켰다. 그중 가장 중대한 것이 바로 경전 해석자가 경전의 원본
을 자신의 시대 혹은 개인적 사상 맥락에 놓고 읽는다는 점이다. 이러한
점은 경전 해석자의 사상과 경전의 본래적 '맥락'이 다르기에, 옛사람들

의 견해를 자신의 사상에 억지로 끼워 맞추었다는 비판을 면할 길이 없다. 이는 일종의 '해석의 무정부주의'를 조성하였다고 할 수 있다.

이런 '해석의 무정부주의' 문제를 탐구하기 위하여 우리는 주자의 말로부터 토론을 해보기로 하겠다. 주자는 "성현의 말씀을 해석하기 위해서는 의리로 이해하는 것이 중요하다. 이는 마치 물이 서로 이어져서 흘러가면 물의 흐름이 막히지 않는 것과 유사하다."라고 하였다.[41] 주자가 "경전을 해석하기 위해서는 의리로 이해하는 것이 중요하다."라고 한 말은 매우 중요한 지적이다. 하지만 문제는 누구의 의리로 경전 중의 성인의 말을 이해할 것인가라는 점이다. 해답은 매우 명확하다. 경전 해석자 자신의 마음속 의리로 이해하는 것이다. '오십이지천명'이란 말을 예로 들어 보자. 주자는 공자의 '천명'을 그 자신의 '리(理)'를 중심으로 하는 철학계통에서 수용하여 해석을 하였기에, '천명(天命)'은 곧 바로 우주만물운행의 '리'로 이해되었다. 주자의 이러한 해석 방법은 그 후학들에 이르러 더욱 심해진 경향이 있다. 이는 결과적으로 『논어』의 본래적 의미의 왜곡을 불러왔다고 할 수 있다. 17세기 일본 고학파의 이등인재는 주자와 그의 제자인 진순(陳淳, 1159-1223)의 '오십이지천명'에 대한 해석에서 이 문제를 정확히 지적하였다.

성인께서는 이미 '천도'를 말씀하셨고 또 '천명'을 말씀하셨는데, 가리키는 바는 각각 다르다. 학자들은 그 말을 가지고 성인의 입언(立言)의 본뜻을 각각 이해하여야 한다. 대개 일음(一陰)과 일양(一陽)이 왕래하며 그치지 않는 것을 천도(天道)라 하고, 길흉과 화복이 부르지 않아도 저절로 이르는 것을

---

41) 黎靖德 編, 『朱子語類』, 卷19, 347면. "解說聖賢之言, 要義理相接去, 如水相接去, 則水流不礙."

명(命)이라 하니, 그 이치는 본래 분별되고 환하다. 송(宋)나라 유학자들은 이를 살피지 않고 혼합하여 하나로 만들었는데, 성경(聖經)에서 특히 심하였다. 진순의『자의(字義)』에서 말하기를 "'명(命)'이란 한 글자에는 두 가지 뜻이 있는데, 리(理)로써 말한 것도 있고 기(氣)로써 말한 것도 있다."라고 하였다. 이 설은 주자에게서 나왔는데, 함부로 해석함이 특히 심하다. 이른바 리(理)의 명(命)이라는 것을 살펴보면, 바로 성인이 말한 천도라는 것이다. 유독 성인이 말한 명(命)에 대해서만 기(氣)의 명(命)으로 미루었기 때문에 천도와 천명이 섞여 하나가 되었다. 그런데 성인이 말한 명(命)을 도리어 명의 치우친 것으로 삼음이 옳은가? 성인께서는 천도를 이미 말씀하셨고 또 천명을 말씀하셨으니, 천도와 천명이 저절로 분별됨이 있음을 알 수 있다. 진순은 리(理)의 명(命)이 있고 또 기(氣)의 명이 있다고 일렀다. 그리고 기의 명에는 또 두 가지가 있다고 하였다. 아! 성인의 말씀을 지루하고 다단(多端)하게 하여 사람으로 하여금 알기 어렵게 함이 어찌 이와 같은가.(聖人 旣曰天道, 又曰天命, 所指各殊. 學者當就其言各理會聖人立言之本旨. 蓋一陰一陽 往來不已之謂天道, 吉凶禍福不招自至之謂命, 理自分曉. 宋儒不察, 混而一之, 於聖 經特甚矣. 陳北溪『字義』曰: "命一字有二義, 有以理言者, 有以氣言者." 其說出於考 亭, 杜撰特甚. 觀其所謂理之命者, 卽聖人所謂天道者. 而獨於聖人所謂命者, 推爲氣 之命. 故天道天命混而爲一. 而聖人所謂命者反爲命之偏者, 可乎? 聖人旣曰天道, 又 曰天命, 則可知天道與天命自有別. 北溪又謂有理之命, 又有氣之命. 而氣之命中, 又 有兩般. 嗚呼! 聖人之言奚支離多端, 使人難曉若此邪?)-伊藤仁齋,『語孟字義』

이등인재는 그의 고학적 입장에서 공자가 발언한 당시의 원시적 의미를 환원하려고 시도하였다. 이등인재가 공자의 '오십이지천명'의 원시적 의미를 장악했는지의 여부는 더 검토해야만 할 것이다. 하지만 이등인재가 주자와 진순의 해석이 공자가 말한 원시적 언어 맥락에서 이탈하였다고 지적한 것은 충분한 이유가 있다고 할 것이다.

일본 유학자들은 공자의 '오십이지천명'을 그들 시대의 결정론적 맥락에 두고서 해석을 가하였는데, 이런 해석 방식에는 '해석의 무정부주의' 문제가 잠재되어 있다. 만약 경전 해석자들이 모두 자기 시대의 사상적 맥락에서 경전의 원문을 해석하면, 매 시대마다 경전 해석자들은 자기만의 해석을 들인 저술들을 창작하게 될 것이다. 이렇게 되면 각자 다른 표준이 생겨서 사람마다 자신의 마음으로 경전을 해석(心解)[42]하게 될 것이다. 이러한 성향에 대하여 서광계(徐光啓, 1562-1633)는 "옛사람의 책을 읽을 때 왕왕 자신의 견해로써 이해하는데, 이럴 경우 여러 사람의 견해를 빌릴 필요도 없고 여러 저술에서 인용할 필요도 없다."[43]고 하였는데, 이러한 언급은 해석의 무정부주의라는 비판을 면할 수 없게 만든다. 이런 문제를 어떻게 해결할 것인가라는 점은 실로 '맥락화'의 경전 해석 방법이 반드시 직면하는 과제이다.

요컨대 '맥락화'의 경전 해석 방법이 경전 원문에서 개발해 낸 '의미'는 경전 자체의 '의미'보다 훨씬 큰 것이다. 그러기에 이러한 '맥락화'의 방법을 거쳐 해석된 경전 주석은 경전 주석자 개인 및 그 시대의 사상을 반영하였다는 점에서, 옛것이 현재를 위해 쓰였다고 할 만하다.

---

42) '心解'는 張載가 사용한 언어이다. 『經學理窟』, 「張載集」, 北京: 中華書局, 1978, 276면. "心解則求義自明, 不必字字相校"; 「張子語錄」, 「張載集」, 309면. "誦詩雖多, 若不心解而行之, 雖授之以政則不達, 使於四方, 言語亦不能, 如此則雖誦之多悉以爲?"

43) 「四庫全書總目提要」, 臺北: 臺灣商務印書館, 1971, 卷107(杜知耕『幾何論約』에서 인용한 徐光啓의 말임). "讀古人書, 往往各有所會心. 當其獨契, 不必喩諸人人, 并不必引諸著書之人."

4. 일본 유학자들의 경전 해석 방법(二): 존재에 나아가서 본질을 논함

(1) 의미

'오십이지천명(五十而知天命)'의 해석사를 보면, 일본 유학자를 포함한 동아시아 유학자의 주요 해석 방식으로 '존재에 나아가서 본질을 논함'을 들 수 있다. 이러한 해석 방식은 다양한 해석 방법으로 경전의 본문을 해독하는데, 여기에는 모두 하나의 공통된 가설이 있다. 바로 경전 원문의 의의는 다만 실존적 환경에서만 정확하게 해독될 수 있다는 것이다. 다시 말해서 이런 방법은 경전 원문의 추상적인 개념 혹은 명제는 다만 구체적인 시공의 환경 혹은 실천 속에서만 진실하게 이해될 수 있다고 가정하는 것이다.

(2) 실례

우리는 이런 경전 해석 방식의 실례를 일본 사상사에서 반주자학파의 유학자들 중에서 선명하게 찾아볼 수 있다. 주자를 비판하는 데 힘을 아끼지 않은 이등인재를 예로 들어 보기로 하자.

공자가 '오십이지천명'이라고 말하였을 때, '지(知)'는 어떻게 해석해야 할 것인가? 이 문제는 경전 해석 방법의 이동(異同)을 탐구하는 하나의 중요한 지표이다. 주자는 제자의 질문에 대하여 다음과 같이 답하였다.

지천명(知天命)은 이 도리의 소이연을 아는 것이다. 부자 간의 친함에 있어서도 그 친한 소이연을 알아야 하니, 원래 단지 동일한 사람일 뿐이다. 모든 일과 물(物)마다 그 본원(本源)의 동일한 줄기가 바로 천명임을 모름지기 보아야 할 것이다.(知天命, 是知這道理所以然. 如父子之親, 須知其所以親, 只緣元是一箇人. 凡事事物物上, 須是見它本原一線來處, 便是天命.)-黎靖德 編,『朱子語類』

주자는 '지천명(知天命)'을 '이 도리의 소이연을 아는 것'으로 해석하였는데, 이는 일종의 인지 지식적 측면이 있다. 천명(天命)을 알 수 있고 이해할 수 있는 도리의 소이연으로 보았기 때문이다.

주자의 '지(知)'에 대한 해석에 대하여, 대비적 관점을 지닌 이등인재는 '지'에 대하여 독특한 견해를 표명하였다.

성인이 말한 지(知)는 후대의 유학자들이 말한 지(知)와 매우 다르다. 이른바 지(知)는 수기(修己)로부터 치인(治人)에 미치고, 제가(齊家)로부터 평천하(平天下)에 미치니 모두 유용한 실학이다.(聖人所謂知者, 與後儒所謂知者, 亦奐然不同. 所謂知也者, 自修己而及乎治人, 自齊家而及于平天下, 皆有用之實學.)-伊藤仁齋,『語孟字義』

이등인재는 수신, 제가, 치국, 평천하 등 이른바 '유용한 실학'적 맥락에서 '지(知)'의 함의를 이해하였다. 이등인재는 공자의 '지(知)'를 일종의 실천론적 의미의 '지(知)'로 해석하였는데, 이는 결코 지식론적 의미의 '지'가 아니다. 이등인재는 여기에서 유추하여 공자가 말한 '지천명(知天命)'을 "공자께서는 이미『시경』,『서경』의 뜻을 통달하여, 실행하심에 유감이 없으셨다."[44]라고 해석하였다. 이등인재의 이러한 해석에는 일종의 가설이 잠재되어 있다. 경전 원문의 '본질(本質)'은 단지 구체적 실천의 '존재(存在)'에서만 정확하게 해독될 수 있다는 점이다. 중국의 전통적 어

본론(ii): 일본 논어학의 중요 개념

휘로 표현해 보면, 이등인재 및 많은 고학파 유학자들은 '이치는 일 가운 데 있다'(理在事中)는 가설을 기본적으로 공유하였다고 할 수 있다.

'이치는 일 가운데 있다'는 가설을 이론적 기초로 하여 이등인재 및 그의 제자들은 고전에 새로운 의미를 부여할 수 있었고, 주자학의 해석 전범에 심각한 타격을 주었다. 이등인재의 아들 이등동애(伊藤東涯, 1670-1736)는 주자를 비판하면서 다음과 같이 말하였다.

"50세에 천명을 알았다."는 것은 "명(命)을 알지 못하면 군자가 될 수 없다."는 말과 같은 뜻이다. 선배 유학자들은 "성인의 물격(物格)과 지지(知至)의 경지는 전체(全體)와 대용(大用)이 밝지 아니한 일이 없는 것으로, 이는 깨달을 수 없는 것이다."고 하였다. 이 설은 학술적 측면에서 보면 『대학』과 부합하니, 단지 주해의 차이일 뿐만이 아니다.(五十知天命與不知命無以爲君子也同意. 先儒以爲聖人物格知至之境, 全體大用無不明之事, 是不可曉. 其說蓋自學術上來, 以與『大學』符, 不徒注解之差也.)-伊藤東涯, 『閑居筆錄』

고학파 유학자는 주자를 대표로 하는 송유(宋儒)들이 『대학(大學)』을 기반으로 『논어』를 해석하였는데 이는 공자의 본지에 부합되지 않는다고 여겼다. 고학파 유학자들은 공자의 본지는 다만 구체적 존재의 실천 행동과 활동 가운데에서만 장악할 수 있다고 생각하였다. 이등인재는 공자가 말한 '오도일이관지(吾道一以貫之)'에 대하여 다음과 같은 해석을 제기하였다.

---

44) 伊藤仁齋, 『論語古義』, 16면. "夫子已達『詩』, 『禮』, 而實行無惑."

성인의 도는 이륜(彝倫)과 강상(綱常)의 사이에 지나지 않지만, 사람을 구제하는 것이 크다. 그러므로 증자(曾子)께서는 충서(忠恕)로써 공자의 일이관지(一以貫之)의 뜻을 발휘하셨다. 아! 성인의 도를 전하여 후학들에게 알려주니 그 뜻이 분명하고 다 표현되었다. 공자께서는 일찍이 번지(樊遲)의 인(仁)에 대한 물음에 답하시기를 "남과 함께 함에 충성스러워야 한다."고 하셨고, 자공의 "종신토록 행할 만한 한 마디 말이 있습니까?"라는 물음에 공자께서는 "아마도 서(恕)일 것이다."고만 대답하셨으며, 맹자께서도 "억지로라도 서(恕)하여 행하면 인(仁)을 구함에 이보다 더 가까운 것이 없을 것이다."고 하셨으니, 충서(忠恕) 두 글자는 인(仁)을 구하는 지극한 요체이고 성학(聖學)의 처음과 끝을 이루는 것임을 알 수 있다. 대개 충서(忠恕)는 일이관지(一以貫之)를 실천하는 도이지, 충서(忠恕)로써 일이관지(一以貫之)를 풀이한 것은 아니다. 선배 유학자들이 주장하기를 "공자의 마음은 하나의 이치가 혼연(渾然)하여 두루 응하고 세부적으로도 들어맞는다. 오직 증자만이 이것을 보았으니, 일반 학자들이 함께 알 수 있는 것이 아니다. 그러므로 일반 학자들의 충서의 조목을 빌려서 일이관지의 뜻을 깨우쳐 주었다."고 하였다. 어찌 그러하겠는가.(聖人之道, 不過彝倫綱常之間, 而濟人爲大. 故曾子以忠恕, 發揮夫子一以貫之之旨. 嗚呼! 傳聖人之道, 而告之後學, 其旨明且盡矣. 夫子嘗答樊遲問仁曰: "與人忠." 子貢問曰: "有一言而可以終身行之者乎?" 夫子唯曰: "其恕乎." 孟子亦曰: "强恕而行, 求仁無近焉." 可見忠恕二者, 乃求仁之至要, 而聖學之所成始終終者也. 蓋忠恕所以一貫之道也, 非以忠恕訓一貫也. 先儒以爲: "夫子之心, 一理渾然, 而泛應曲當, 惟曾子有見於此, 而非學者之所能與知也. 故借學者忠恕之目, 以曉一貫之旨." 豈然乎哉?)-伊藤仁齋,『論語古義』

이등인재는 위의 해석에서 보듯이 "충서는 일이관지를 실천하는 도이지, 충서로써 일이관지를 풀이한 것은 아니다."라고 주장하였다. 즉 이등

본론(ii): 일본 논어학의 중요 개념

인재는 오로지 '충(忠)' '서(恕)'와 같은 구체적인 실천 활동을 통해서야만 공자의 '도(道)'의 일관성을 나타낼 수 있다고 생각한 것이다. 그의 이러한 주장은 존재에 나아가서 본질을 논하는 경전 해석 방법을 충분하게 표현하였다고 할 수 있다.

고학파 유학자 이외에 주자학을 비판한 적생조래도 존재에 나아가서 본질을 논하는 경전 해석 방법을 채용하였다. 그는 공자의 '오십이지천명'을 이렇게 해석하였다.

50세에 명을 받들어 대부가 되고(「내칙(內則)」), 50세에 작위를 받들어(「왕제(王制)」) 그 나라에서 선왕의 도를 행한다. 학문의 효과는 이에 이르러 극에 달한다. 50세에 비로소 쇠하기 때문에(「왕제(王制)」) 이 이후에는 다시 영위할 만한 것이 없다. 그러므로 50세에 작위가 이르지 않으면 그것으로 천명을 알 수 있다. 공자가 또 이르기를 "나를 아는 이는 아마도 하늘일 것이다.(「헌문(憲問)」)"라고 함은, 하늘이 나에게 명하여 선왕의 도를 후세에 전하라는 것을 안 것이다. 송대 유학자들의 해석은 지나치게 고묘(高妙)하여 성인의 도와 어긋나 불로(佛老)로 흐른 것이다.(五十命爲大夫(「內則」), 五十而爵(「王制」), 以行先王之道於其國. 學之效, 至是而極矣. 然五十始衰(「王制」), 故自此之後, 不可復有所營爲. 故五十而爵不至, 有以知天命也. 孔子又曰: "知我者其天乎?"(「憲問」) 知天之命我以傳先生之道於後也. 宋儒之解, 過乎高妙, 所以盭乎聖人之道而流乎佛老也.)-荻生徂徠, 『論語徵』

적생조래는 『예기』 등의 고전을 인용하여 "50세에 명을 받들어 대부가 된다."고 하면서, 구체적인 인생 역정으로부터 '오십이지천명'의 의의를 설명하였다.

(3) 문제

이처럼 존재에 나아가서 본질을 논하는 경전 해석 방법은 주자학에 대해 유력한 비판을 가하고 더 나아가 주자가 '인간'의 세계 위에 또 다른 '천리'의 세계를 축조한 경전 해석의 전범을 전복할 수 있었다. 그러나 이러한 경전 해석 방법은 또 다른 문제를 야기하였다. 그것은 바로 인간 존재의 초월적 특성을 실추시킨 것이다. 이등인재를 비롯한 일본의 고학파는 '도(道)'를 '인륜'과 '일상'의 '도'로 이해하고 '인도(人道)'에서 '천도(天道)'를 찾는 것을 강조하였다. 이러한 경전 해석 방법은 유가경전에 등장하는 '인(人)'을 평면적 인간, 혹은 좁은 공간에 위치한 인간으로 만들면서 그 인간 존재의 초월성을 실추시켜 버렸다. 때문에 이러한 존재에 나아가서 본질을 논하는 경전 해석 방법은 유가경전에 내포된 다양한 초월성에 관련된 의미 있는 부분을 다룰 때 매우 무기력하며, 더 나아가 그 깊고도 심각한 의미에 대해서는 전혀 논하지 않게 되었다.

이러한 경전 해석 방법에 잠재된 인간 존재의 초월성의 실추 문제를 설명하기 위하여, 『맹자』 「진심 상」 2장의 해석을 예로 들어 보기로 하자.

『맹자』 「진심 상」 2장(孟子曰: "盡其心者, 知其性也. 知其性, 則知天矣.")의 말은 간결하나 내재된 의미는 무궁무진하다. 맹자 사상에서 '진심(盡心)'에서 '지성(知性)', '지천(知天)'에 이르는 길은, '심(心)'의 '확충(擴充)'에서 더 나아가 남과 나를 관통하고 하늘과 인간을 관통하며 궁극적으로 천지와 더불어 함께하는 경지에 이르는 것이다. 맹자의 이러한 사상은 공자의 사상에서 제기된 인간 존재의 초월적 특징을 충분하게 발휘하였다. 2000년 동안 동아시아 유학자들의 맹자의 이 말에 대한 해석은 분분한데, 각종 해석은 해석자의 입장을 명확하게 반영하였다. 주자는 『대학』의 '격물치지(格物致知)'의 입장에서 이 말을 해석하면서 다음과 같이 말하였다.

심(心)은 사람의 신명(神明)이니, 모든 리(理)를 갖추어 있고, 만사(萬事)에 응하는 것이다. 성(性)은 심(心)에 갖추어져 있는 리(理)요, 천(天)은 또 리(理)가 따라서 나오는 것이다. 사람이 가지고 있는 이 마음은 전체(全體) 아님이 없으나 리(理)를 궁구하지 않으면 가리워진 바가 있어 이 심(心)의 양(量)을 다하지 못하는 것이다. 그러므로 심(心)의 전체(全體)를 지극히 하여 다하지 않음이 없는 자는 반드시 리(理)를 궁구하여 알지 못함이 없는 자이니, 이미 그 리(理)를 알면 따라서 나오는 것도 여기에서 벗어나지 않을 것이다. 『대학(大學)』의 순서로써 말하면 지성(知性)은 물격(物格)을 이르고, 진심(盡心)은 지지(知至)를 이른다.(心者, 人之神明, 所以具衆理而應萬事者也. 性則心之所具之理, 而天又理之所從以出者也. 人有是心, 莫非全體, 然不窮理, 則有所蔽而無以盡乎此心之量. 故能極其心之全體而無不盡者, 必其能窮夫理而無不知者也. 旣知其理, 則其所從出, 亦不外是矣. 以『大學』之序言之, 知性則物格之謂, 盡心則知至之謂也.)-朱熹,『孟子集注』

주자는 '리(理)'를 내세워 '심(心)', '성(性)', '천(天)'을 해석하여 일본과 조선 유학자들의 비판을 받았는데, 조선의 유학자 정약용(丁若鏞, 1762-1836)은 주자를 비판하면서 다음과 같이 말하였다.

『대학』의 '격물치지'에 이르러서, 궁구되는 바는 '물유본말(物有本末)'의 물(物)이고 이루어지는 바는 '지소선후(知所先後)'의 지(知)이다. 수신(修身)의 신(身)과 격물(格物)의 물(物)이 본말(本末)이 되고, 수신(修身)의 수(修)와 치국(治國)의 치(治)가 선후(先後)가 된다. 이는 지성(知性), 지천(知天)이라고 논하는 말과는 원래 무관한 것이다. 또 이른바 지성(知性)이란 내 성(性)이 선을 즐거워하고 악을 부끄러워하는 것을 알아서, 한 생각이 싹틀 때 그것의 선악을 살펴 성(性)대로 따르고 닦아서 천덕(天德)에 이르고자 하는 것이다. 만약 리(理)를 성(性)이라고 하여 궁리(窮理)를 지성(知性)이라고 여기고, 리(理)의 소종출(所從出)에 대해 아는 것을 지천(知天)이라고 해서 드디어는 리(理)의 소종출(所從出)을 아는 것을 진심(盡心)이라고 여긴다면, 우리 인간의 일생의 사업은 오직 궁리(窮理) 한 가지 일만이 있을 따름인데, 궁리(窮理)를 어디에 쓸 것인가? 리(理)를 성(性)으로 여기면 천하 만물의 수화 · 토석 · 초목 · 금수의 리(理)도 모두 성(性)이니, 필생토록 이 리(理)를 궁구하여야만 이 성(性)을 알 것이다. 그렇다면 사친(事親), 경장(敬長), 충군(忠君), 목민(牧民), 예악(禮樂), 형정(刑政), 군려(軍旅), 재부(財賦) 등 실천과 실용의 학문에 대해서는 많은 결함이 없을 수 없을 것이니, 지성(知性)이나 지천(知天)이 고원한 것에 가까워서 실(實)이 없는 것이 아니겠는가? 선성(先聖)의 학문은 결코 이와 같지 않았을 것이다.(至於大學之格物致知, 所格者, 物有本末之物, 所致者, 知所先後之知. 身與物爲本末, 修與治爲先後, 此與知性知天之論原不相干. 且所謂知性者, 欲知吾性之能樂善恥惡, 一念之萌, 以率以修, 以達天德也. 若以理爲性, 以窮理爲知性, 以知理之所從出爲知天, 遂以知理之所從出爲盡心, 則吾人一生事業惟有窮理一事而已, 窮理將何用矣? 夫以理爲性, 則凡天下之物, 水火土石草木禽獸之理皆性也. 畢生窮此理而知此性, 仍於事親敬長忠君牧民禮樂刑政軍旅財賦實踐實用之學, 不無多小缺欠. 知性知天, 無或近於高遠而無實乎? 先聖之學斷不如此.)−丁若鏞,『孟子要義』

정약용은 주자의 이학(理學)을 비판하였는데, 그 요지는 인간의 실존 환경인 인륜과 일상생활 이외에 별도의 '리'를 세워 이 세속 세계의 위에 군림시킨 것을 반대한 것이다. 정약용의 이러한 견해는 17세기 일본의 유학자 이등인재의 주장과 유사하다. 이등인재는 다음과 같이 말하였다.

마음을 다한다는 것은 사단(四端)의 마음을 확충하여 그 극에 이름을 이른

본론(ii): 일본 논어학의 중요 개념

것이다. 성(性)을 안다는 것은 자신의 성(性)이 선하고 악이 없음을 스스로 아는 것을 이른 것이다. 스스로 그 마음을 다할 수 있는 자는 그 성(性)의 선을 확충할 수 있음을 아는 것을 말함이다. 진실로 그 성의 선함을 알 수 있으면, 하늘도 저절로 그 중에 있음을 알 것이다. 대개 성(性)은 하늘이 명한 것으로 선하고 악이 없기 때문에 성(性)을 알면 하늘을 안다고 말하는 것이다.(盡心者, 謂擴充四端之心, 而至於其極也. 知性者, 謂自知己性之善而無惡也. 言自能盡其心者, 知其性之善可以擴充也. 苟能知其性之善, 則知天亦自在其中矣. 蓋性則天之所命, 善而無惡, 故曰知性則知天矣.)－伊藤仁齋,『孟子古義』

이등인재는 하늘이 명한 것은 오직 인간의 '심(心)'에서 추구할 수 있다고 강조하면서, 또 다음과 같이 말하였다.

『맹자』라는 책은 처음부터 끝까지 하나의 뜻으로 관통되어 별도의 다른 학설이 없다. 이른바 '지성(知性)'이라는 것은 성(性)의 선함을 아는 것을 이름이요, '양성(養性)'이란 성(性)의 선함을 기르는 것을 이름이니, 모두 성(性)의 선함을 가지고 말한 것이다. '성(性)의 리(理)를 안다'라는 설은 하나도 없다. 이른바 '심(心)'이란 모두 인의(仁義)의 양심(良心)을 가리켜 말한 것이고, '마음의 헤아림'을 가지고 말한 것은 없다. 대체로 『맹자』라는 책을 읽고자 하는 이들은 마땅히 맹자의 말을 가지고 증명해야지 자기의 뜻을 가지고 해석해서는 안 된다. 예전 해석에서 말한 것은 모두 억측한 견해로 맹자의 본뜻이 아니다.(孟子之書, 自首至終, 通貫一意, 別無他說. 所謂知性者謂知性之善, 養性者謂養性之善, 皆以性之善而言. 一無知性之理之說. 所謂心者, 皆指仁義之良心而言, 又無以心之量而言者也. 大凡欲讀孟子之書者, 當以孟子之言相證. 不可以己之意解之, 若舊解所說者, 皆臆度之見, 非孟子之本旨也.)－伊藤仁齋,『孟子古義』

이 말은 이치가 정당하고 날카로워 주자의 이학(理學)을 비판하는 데 웅장하고 힘차지만, 맹자 성선론의 초월적 근거를 두고 말하면 미흡하다고 할 수 있다. 이등인재가 오로지 인간의 실존적 방면에서만 인간을 보고 그 외에 인간의 초월적 방면을 소홀히 하였기 때문이다.

이상에서 말한 것을 종합하면, 존재에 나아가서 본질을 논하는 경전 해석 방법은 일본의 유가경전 해석사에서 흔히 볼 수 있으며, 이는 동아시아 문화권에서 구체적 사유 전통의 표출이라 할 수 있다. 동아시아 문화권의 사상가는 종종 구체적이고 특수한 사물 현상으로부터 추상적이고 보편적인 명제를 추론하였다. 이러한 사유 전통에서 일본 유학자들을 포함한 많은 유학자들은 늘 구체적인 실존 환경에서 경전 본문의 의의를 찾고자 하였다. 그들은 오로지 구체적인 시간과 공간이 엇갈리는 환경 혹은 조건에서만 경전 본문의 추상적인 개념 혹은 보편적인 명제의 의미를 정확하게 파악할 수 있다고 주장한 것이다. 이러한 경전 해석 방법은 이른바 실학적 성격을 지니고 있지만 인간의 초월성에 관한 부분을 소홀히 함을 면하지 못하였다.

5. 결론

이상으로 공자가 말한 '오십이지천명'에 대한 중국, 일본, 조선 유학자들의 견해를 검토하여 보았다. 여기서 우리는 '결정론'과 '자유의지론'의 두 갈래 해석 양상을 발견하였다. 당대 중국과 일본 학자에 이르러 이 두 가지 해석 양상은 하나로 융합되었는데, 그들은 공자의 이 말이 '필연'의 국한에서 인간의 '자유'를 보았다는 것으로 이해하였다.

이어서 일본 유학자들이 '오십이지천명'을 해석할 때 취한 두 가지 해

본론(ii): 일본 논어학의 중요 개념

석 방법을 분석하였다. 첫 번째는 '맥락화'의 해석 방법이고, 두 번째는 존재에 나아가서 본질을 논하는 해석 방법이다. 첫 번째 해석 방법은 '해석의 무정부주의'의 위기가 잠재되어 있고, 두 번째 해석 방법은 늘 인간의 초월성에 관한 부분을 소홀히 하는 문제를 안고 있었다.

이 중 '맥락화' 방법은 경전 원문을 경전 해석자가 처한 시공의 맥락 속에 두고서 해석하는 방식인데, 이는 일종의 '구체성'의 사유 습관이라 할 수 있다. 그리고 존재에 나아가서 본질을 논하는 해석 방법은 경전 원문에 내재된 사상의 실존적 성격을 강조하는데, 이것도 또한 일종의 전형적인 구체성의 사고방식이라 할 수 있다. 이상에서 토론한 내용을 종합하면, 구체성 사유 경향은 일본 유학자를 포함한 동아시아 유가경전 해석 전통에서 실로 중요한 지위를 차지하고 있다고 결론내릴 수 있다.

일본의 『논어』 해석학과 실학

결론

일본의 『논어』 해석학과 실학

1. 머리말

이 책에서 우리는 이질적인 문화를 지닌 지역으로 『논어』가 전파 수용되는 양상을 살펴보았다. 이 책의 서두에서 나는 이 책의 두 가지 관심사를 다음과 같이 지적한 적이 있다.

(1) 『논어』가 일본에 전해진 후, 일본 유학자들의 손에서 어떠한 해석의 변화가 일어났는가?

(2) 덕천시대 논어학의 변천 과정은 어떤 경전해석학적 의미를 지니는가?

이 책에서 나는 위의 두 가지 문제를 둘러싸고 다음과 같은 논의를 전개하였다.

① 서론 제1장: 중국과 일본의 유학사적 맥락에서 중일 유학자들의 경전 해석에는 사회정치적 측면, 형이상학적 측면, 심성론적 측면이 포함되어 있음을 분석하였다. 송명의 이학가(理學家)들은 인성론, '이일분

수(理一分殊)' 및 '위미정일(危微精一)'의 16자 심전(心傳)을 삼대지표로 삼고 있었으며,[1] 일본 유학자들이 인지한 정통유학은 사회정치적 성향이 강렬하였는데 인륜과 일상생활을 통한 실천을 중시하는 '실학'에 있었다.

② 서론 제2장: 유가경전의 중요 개념('중국(中國)', '도(道)', '천명(天命)' 등)이 일본에 전해진 후 모종의 '의미의 변환'을 겪었는데, 이를 통해 중국의 경전은 일본의 문화 풍토에 더욱 적응하게 되었다. 이는 또한 일본 유학의 '실학'적 특징의 표출이다.

③ 서론 제3장: 『논어』와 『맹자』가 일본에 전해진 후 공맹의 혁명론적 정치사상은 일본의 정치체제에 잠재적인 위협으로 작용한 면이 있다. 이에 적생조래를 중심으로 하는 유학자들은 '선왕의 도'로 공자의 '도(道)'를 해석하여 공자 정치사상의 뇌관을 제거하여(이 시도는 완전히 성공하지 못하였다), 『논어』를 일본의 정치와 사회 속에 더 잘 융합하게 하고자 하였다. 이 밖에 『논어』에 보이는 화이(華夷)의 가치 이념도 일본 유학자들에 의해 새롭게 해석됨으로써, 일본의 독자들이 『논어』를 읽을 때 마음의 방해 요인을 제거하였다. 공자에 비해 맹자의 정치적 입장은 일본의 천황체제와 충돌이 컸다. 이에 다수의 일본 유학자들은 맹자를 비판하는 데 힘을 아끼지 않았다. 고송방손(高松芳孫)은 맹자가 "성인의 도를 어지럽혔다."고 비판하였고,[2] 맹자를 "인의(仁義)의 도적이자, 성인의 대죄인이다."고 호되게 질타하였다.[3] 심지어 20세기 한학자인 우야철인은 맹자를

---

1) John B. Henderson, "Touchstones of Neo-Confucian Orthodoxy," in Ching-I Tu ed., Classics andI nterpretations: the Hermeneutic Traditions in Chinese Culture(New Brunswick, NJ: Transaction Publishers, 2000), pp. 77–84.

2) 高松芳孫, 『正學指要』, 『日本儒林叢書』, 第11卷, 37면.

3) 高松芳孫, 『正學指要』, 『日本儒林叢書』, 第11卷, 46면.

438   결론

통해 '중국 역성혁명의 불행'을 뼈저리게 느꼈다고 하였다.[4] 맹자는 만세 일관을 위주로 하는 일본의 천황체제와 고도의 긴장 관계를 유지하였다. 이는 중일교류사에서 『논어』가 『맹자』보다 훨씬 더 일본 유학자들에게 잘 수용된 원인이기도 하였다.

④ 본론(1) 제1장: 17세기 이등인재의 『논어』 해석을 호교학적 독법으로 분석하였다.

⑤ 본론(1) 제2장: 17세기 말엽 적생조래의 『논어』 해석을 정치학적 독법으로 분석하고, 이는 덕천시대 일본 『논어』 해석학의 전형을 대표하는 것으로 파악하였다.

⑥ 본론(2) 제1, 2, 3장: 『논어』의 중요 구절인 '학이시습지(學而時習之)', '오도일이관지(吾道一以貫之)', '오십이지천명(五十而知天命)'에 대한 일본 유학자들의 해석을 분석하고, 그들의 공자사상에 대한 이해 및 그 사상적 경향이 '실학'에 있음을 구체적으로 보여 주었다.

일본 유학자들이 『논어』를 다시 해석한 이유는 각 유학자마다 다르다. 하지만 이등인재 이후로 비록 차이는 있지만 대부분 주자학에 대하여 맹렬한 비판을 전개하였으며, 그들은 경전을 새롭게 해석하는 것을 통하여 12세기 이후 정주학파가 건립한 '리(理)'의 형이상학적 세계를 타파하고자 하였다. 또한 그들은 경전에 대한 새로운 해석을 통하여 '실학'을 특색으로 하는 일본 유학을 구축하였다.

....

4) 宇野哲人 著, 張學鋒 譯, 『中國文明記』, 北京: 光明日報出版社, 1999, 194면.

2. 이학(理學)의 반명제로서의 일본의 실학:『논어』해석학의 반주자학적 경향

일본 유학자들은 『논어』해석에서 어떻게 그 실학적 특징을 전개하였는가? 앞에서 제기한 것처럼, 유가의 '경전성'은 세 가지의 중요한 성향―사회정치적 내포, 형이상학적 내포, 심성론적 내포―을 포함하고 있다. 유가의 '경전성'은 이 세 방향에 따라 정의되고, 유가의 경전은 이 세 가지 사고를 통해 해석된다. 일본 유학자들의 『논어』해석 성향을 보면, 주로 사회정치적 측면에서 『논어』의 경전성을 파악하고, 사회정치성을 바탕으로 경전의 형이상학적 경향을 해부하고 경전의 심성론적 측면을 다시 읽어냈다.

중국 유학은 이정자와 주자에 이르러 불교, 도교의 사상 자원을 받아들여 새로운 국면을 창출하였는데, '리(理)'를 중심으로 하는 형이상학과 우주론의 사상세계를 구축하였다. 정주(程朱)의 이학(理學)체계에서 전통 유가의 많은 경전과 가치 이념은 모두 새로운 해석을 얻게 되었다. 주자가 새로 개편한 사서(四書)는 오경(五經)의 권위를 대치하였으며, '리' 혹은 '도'는 우주만물 운행의 최고원리이자 일상 행동의 도덕적 규범으로 자리 잡게 되었다.

하지만 17세기 이후 동아시아 사상계에서는 주자학을 비판하는 소리가 끊이지 않고 일어났다. 주자가 심혈을 기울여서 구축한 '리'를 중심으로 하는 형이상학적 세계는 한중일 삼국에서 동아시아 유학자들의 냉혹한 비판과 공격을 받았다. 이 중 대표적인 학자는 일본의 17세기 고학파인 이등인재와 고문사학파(古文辭學派)인 적생조래, 18세기 중국의 대진(戴震) 그리고 18세기 후반 중정리헌 등이다. 그들의 주자학에 대한 비판은 늘 유가경전에 대한 새로운 해석을 통하여 진행되었는데, 『논어』는 이들(특히 일본 유학자)이 가장 중시하는 경전이었다.

일본 『논어』 해석학의 첫 번째 유형은 호교학(護敎學)적 경전해석학이고 이등인재를 대표로 한다. 이등인재는 『논어』에 대한 새로운 해석을 통해, 악을 물리치고 선을 권장하며 경전의 원의를 다시 구축하고 이단을 비판하는 목적에 도달하고자 하였다. 이에 이등인재는 송유(宋儒)를 비판하면서 다음과 같이 말하였다

> 공맹(孔孟)의 학문이 주석가에 의해 재앙을 받은 지가 오래되었다. 한(漢) 진(晉) 사이에는 대부분 노장(老莊)으로 해석하였고, 송(宋) 원(元) 이래로는 또 선학(禪學)을 뒤섞었다. 배우는 자들이 이런 주석들을 오랫동안 익히고 익숙해져서 날로 변화하고 달로 변천되면서 마침내 유학이 전부 선학(禪學)의 견해가 되었다. 그리하여 공맹(孔孟)의 뜻이 본래 어떤 것인지를 아득하게 알지 못하게 되었다. 비록 큰 지혜와 분별을 가진 사람이 있어 그들을 위해 결박을 풀어 주고 못을 뽑아 주었지만, 끝내는 그들로 하여금 머리를 돌리게 할 수 없었다. 아! 내가 매번 학생들을 가르칠 때 문의(文意)가 이미 통한 뒤에는 송대 유학자들의 주석을 모두 폐기하고, 특히 『논어』와 『맹자』의 본문을 2~3년 동안 숙독하고 완미하도록 하였다. 이렇게 하면 아마 틀림없이 자득함이 있을 것이다.(孔孟之學, 厄於註家久矣. 漢晉之間, 多以老莊解之. 宋元以來, 又以禪學混之. 學者習之旣久, 講之旣熟, 日化月遷, 其卒全爲禪學見解. 而於孔孟之旨茫乎不知其爲何物, 雖有大智辨, 爲之解其縛, 拔其釘, 而終不能使其回首焉. 噫! 余每敎學者, 以文義旣通之後, 盡廢宋儒註脚, 特將語孟正文熟讀翫味二三年, 庶乎當有所自得焉.)-伊藤仁齋, 「同志會筆記」, 『古學先生詩文集』

이등인재의 논어학은 일종의 호교학적 특징을 지닌 경전해석학인데, 방법적 측면에서 보면 훈고학의 조작을 통하여 경전해석학의 문제를 해

결하고자 하였다. 그의 훈고학의 구체적인 특징은 공자 당시의 원시적 언어 환경으로 돌아가, 『논어』에 등장하는 한자와 한자어의 '고의(古義)'를 밝히는 것이었다. 이 과정에서 송유(宋儒)의 해석이 고대 유학의 맥락을 벗어났다고 비판하면서, 특히 주자의 해석은 일종의 '원시적 언어 환경에 대한 오류'라고 지적하였다. 이등인재는 원시적 언어 환경으로의 귀환을 통하여 『논어』의 관건인 글자와 단어—예컨대 '도(道)' 혹은 '인(仁)'—의 고의를 밝히고, 주자의 해석 계통을 비판하면서 고학파의 경전 해석의 전범을 구축하였다. 이등인재는 '오도일이관지(吾道一以貫之)'의 '관(貫)'자를 주자가 해석한 '통(通)'에서 충서(忠恕)의 도로 환원시켰으며 여기에 인륜의 일상생활의 덕행을 포괄시켰다. 이등인재는 청대 유학자들보다 100년 앞서 '일이관지'에 대한 해석에서부터 주자의 『논어』 해석을 타파하고, 주자학의 '리(理)'에 반하는 유력한 논리를 전개하였다. 이등인재의 논어학은 불교와 도가를 물리치고 송유에 대한 비판을 통하여 공자의 '도(道)'의 고의를 재건하고자 하였다. 이러한 점에서 보자면 이등인재의 『논어』 해석학은 실로 호교학적 특징을 농후하게 지니고 있다고 할 수 있다.

일본 유학자들의 『논어』 해석 전통에 보이는 반이학(反理學)적 해석 방법은 매우 다양하지만, 그중 가장 중요한 것이 바로 구체적 존재에 나아가서 본질을 논하는 것이다. 공자가 말한 '오십이지천명'에 대한 후대의 해석이 분분하였지만, 대체로 '결정론'과 '자유의지론' 두 가지의 계통에 포함된다. 20세기 중국, 일본 학자에 이르러 이 두 가지 해석 경로는 하나로 융합되었는데, 공자가 '필연'의 국한에서 인간의 '자유'를 보았다고 이해하였다. 한편 나는 이 책에서 일본 유학자들이 '오십이지천명'을 해석할 때, 대체로 취하는 두 가지 경전 해석 방법을 지적하였다. 첫째는 맥락화의 방법이고 둘째는 존재에 나아가서 본질을 논하는 방법이다. 이 방법에는 각기 우월한 점이 있지만, 첫째 방법에는 '해석의 무정부주의'라는 위기가 잠재되어 있고, 둘째 방법에는 '인간 존재의 초월성 상실'의 문제가 자주 드러난다. '맥락화'의 경전 해석 방법은 원문을 경전 해석자가 처한 시공의 맥락, 혹은 사상적 맥락에 놓아두고서 해석하는 것이다. 이는 '구체성'을 지향하는 사고의 사유 습관인데, 동아시아문화의 한 특색이라 할 수 있다. 다음으로 존재에 나아가서 본질을 논하는 방법은 경전 원문에 들어 있는 사상의 실존적 성격을 강조하는데, 이 또한 일종의 전형적인 구체성을 중시하는 사고방식이다. 때문에 구체성을 중시하는 사고는 일본의 유가경전 해석 전통에서 실로 중요한 특징이며, 일본의 유학자들은 이를 주자의 이학(理學)에 반대하는 사상적 기반으로 삼았다.

3. 정치학적 해석학으로서의 일본 실학: 『논어』 해석학의 경세적 성격

일본 유학자들의 『논어』 해석학의 두 번째 유형은 바로 정치학적 해석학이다. 이는 매우 강렬한 경세적 성격을 지니고 있는데, 바로 일본 실학사상의 또 다른 표현이다.

공자는 『논어』에서 두 번이나 '일이관지'라는 말로 자신이 지닌 '도(道)'를 형용하였는데, 일본 유학자들의 이 말에 대한 해석을 분석해 보면 정치학적 해석 성향이 뚜렷하다. '오도일이관지' 해석의 역사에서 주자(朱子)의 해석은 실로 분수령의 위치를 점유하고 있다. 주자는 '통(通)'으로 '관(貫)'을 해석하면서, 먼저 사물의 '현상적 원리'(分殊之理)를 파악해야만 '일이관지(一以貫之)'할 수 있으며 이를 바탕으로 '근원적 이치'(一本

之理)를 깨달을 수 있다고 주장하였다. 주자의 이러한 해석은 확실히 개신(改新)의 면모가 있어서, 주자 이후 유학의 종사적 위치를 차지하게 하였을 뿐 아니라, 『논어』 해석사에서도 중추적 지위를 점유하게 하였다. 그런데 13세기로 접어들면서 주자의 이러한 해석을 추종하는 이가 많았지만, 한편에서는 비판하고 공격하는 자도 적지 않았다. 이러한 비판의 진영은 양명학과 고증학이 그 주체를 형성하였다. 왕양명(王陽明)과 그의 제자들은 먼저 하나의 근본을 확립하면 자잘한 것은 절로 알 수 있다고 하면서, '한 근본'(一本)이 '다양한 현상'(萬殊)보다 우선이고 중요하다고 주장하였다. 청대 유학자들은 추상적 본질은 구체성 안에 있고 구체성에 의해 결정된다고 주장하면서, '일관지도(一貫之道)'는 단지 '충(忠)' '서(恕)' 등 구체적인 행위에 내재하고 이 속에서만 찾아볼 수 있다고 주장하였다.[5]

한편 일본의 유학자들은 공자의 '일이관지'의 '도(道)'를 '선왕의 도(先王之道)'로 해석하면서, 이는 구체적인 제도와 인위적 조작이지 추상적이고 보편적 필연성을 지닌 형이상학적 이치가 아니라고 주장하였다. 또한 일본 유학자들은 주자처럼 '통(通)'으로 '관(貫)'을 해석하지 않고, '통(統)'으로 '관'을 해석하였다. 그리고 '인(仁)'으로 '일(一)'을 해석하면서, 인간 상호간의 작용을 중시하고, 형이상학적 이치가 인간과 만사만물에 대하여 통제하는 위치에 놓이는 것을 반대하였다.

일본 유학자들의 '오도일이관지'에 대한 해석은, 존재에 나아가 본질을 논하는 경전 해석 방법을 부분적으로 체현하였다. 이러한 방법은 경전 원문의 개념 혹은 명제를 구체적 실천의 환경 속에서 파악해야만 그

---

5) 黃俊傑, 「孔子心學中潛藏的問題及其詮釋之發展: 以朱子對吾道一以貫之的詮釋爲中心」, 『法鼓人文學報』, 創刊號, 2004年 7月, 19~38면.

진정한 함의를 이해할 수 있다고 주장한다. 한편 이런 경전 해석 방법은 일본 사상사에서 반주자학적 유학자에 의해 가장 선명하게 제시되었다. 그들은 선왕이 창제한 제도와 예의의 사회정치적 맥락에서 공자의 '도(道)'의 구체적 함의를 파악하는 경향이 있었다. 일본 유학자들은 인간의 주체성 혹은 주체적 도덕은 군체성(群體性)에서만 충분히 발전할 수 있으며 의미를 얻을 수 있다고 주장하고 있다. 그런데 이러한 해석 방법은 적생조래의 『논어』 해석학에서 가장 심각하고 절실하게 표현되었다. 적생조래는 정치적 관점을 근간으로 공자의 사상을 이해하였다. 그의 정치적 독법에 의하면, 공자가 말하는 '성인(聖人)'은 정치지도자인 '선왕(先王)'이며 예악형정(禮樂刑政)을 중심으로 하는 정치제도의 창시자이다. 이처럼 적생조래는 『논어』의 기본 성격을 일종의 정치적 해석학으로 규정하였는데, 이는 일본 유학의 실학적 정신의 표현이라 할 만하다.

4. 결론

일본의 유학자들은 각기 문호를 세우고 상호간에 비판을 격렬하게 하였다. 그러나 한편으로 상대방 학파의 견해를 다양하게 받아들이기도 하였다. 이 책을 통해 나는 일본 유학자들의 『논어』 해석을 다양한 각도에서 분석하여, 그들의 『논어』 해석이 형식적으로는 주자학의 해석 전범에 대한 비판 및 지양과 초월로 표현되고, 내용적으로는 주자학의 '자연'(nature)과 '문화'(culture)를 동일시하는 사상에서 '자연'과 '문화'가 갈라지는 길을 따라 발전하였음을 발견할 수 있었다. 일본 유학자들은 『논어』에 대한 재해석을 통하여 구축한 유학에서, '인간(人)'과 '하늘(天)'의 연계가 끊어지고, '천명(天命)'과 '인심(人心)'은 서로 통하지 않으며, '하늘

(天)'은 더는 사람이 알 수 있고 감각할 수 있는 초월적인 실체가 아니라고 하였다. 이 때문에 공자가 말한 "나를 아는 자는 하늘일 것이다.", "50세에 천명을 알았다." 등의 언급은 일본 유학자들에 의하여 모두 체인하기 어려운 명제 혹은 논의하기 어려운 명제로 되었다. 이에 그들은 공자의 '도'에서 초월적 성격을 제거하였는데, 이등인재는 "성인이 말씀하신 도는 모두 인도(人道)이니, 도란 바로 인륜과 일상생활에서 마땅히 가야만 되는 길이다."[6]고 하였고, 또 "사람 밖에 도가 없고 도 밖에 사람 없다."[7]고 하였으며, 도는 세속에 있다고 하였다. 이등인재의 이러한 언급은 모두 '도'의 인간성과 사회성을 강조한 것이다. 적생조래는 한 발짝 더 나아가서 "공맹의 도는 바로 선왕의 도이다."[8]고 선언하였고, 또한 "선왕의 도는 외재적인 것으로 그 예(禮)와 의(義) 등은 모두 대부분 인간에게 베풀어지는 것이다."[9]고 하였다. 이러한 언급은 정치학적 의미가 농후한 경전해석학이다.

결론적으로 말해, 일본의 『논어』 해석사를 관통한 것은 이른바 실학적 사상 경향이다. 이등인재의 말로 표현해 보면, 이른바 '실학'은 바로 '실제적 언어로 실제적 이치를 증명하는 것'이다.[10] 바로 이러한 일본 문화

6) 伊藤仁齋, 『孟子字義』, 井上哲次郎, 蟹江義丸 編, 『日本倫理彙編』, 東京: 育成會, 1901, 卷上, 「道」, 18-19면. "凡聖人所謂道者, 皆以人道而言之. 道者, 人倫日用當行之路."

7) 伊藤仁齋, 『童子問』, 『近世思想家文集』, 東京: 岩波書店, 1966, 1988, 205면. "人外無道, 道外無人."

8) 荻生徂徠, 『論語徵』, 62면. "孔子之道, 卽先王之道也."

9) 荻生徂徠, 『辨名』, 「恭敬莊愼獨」, 第6條, 228면. "大抵先王之道在外, 其禮與義, 皆多以施於人者言之."

10) 伊藤仁齋, 『同志會筆記』, 『古學先生文集』, 卷5, 11면. "吾聖賢之書, 以實語明實理, 故言孝言弟言禮言義, 而其道自明矣, 所謂正道不待多言是矣. 若二氏之學, 專以虛無空寂爲道, 無形影, 無條理, 故謂有亦得, 謂無亦得, 謂虛亦得, 謂實亦得, 至於縱橫捭闔, 不可窮詰, 正足以見其非正學也."

적 특색을 지닌 실학적 정신이 300년간 일본의 논어학을 지탱하였고, 동아시아 유학 전통에서 경세적 성격을 재건하고 강화하였다. 그 득(得)은 바로 여기에 있다. 그러나 한편으로는 인간 가치의 존재론적 근원을 약화시킨 결점이 있다. 그 실(失)은 또한 여기에 있다.

『논어』와 자본주의: 삽택영일(澁澤榮一)의 『논어』 해석학

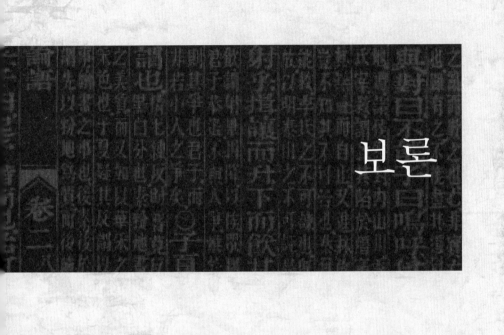

보론

『논어』와 자본주의:
삽택영일(澁澤榮一)의 『논어』 해석학

1. 머리말

『논어』는 2000년 동안 중국 지식인과 일반 백성들의 마음속 경전이었을 뿐만 아니라, 일본 사회에서도 극히 존숭을 받았다. 17세기의 일본 고학파 유학자 이등인재 이후로 『논어』는 일본 지식인들 사이에서 줄곧 가장 숭고한 지위에 있었다. 이들은 비록 서로 파별이 다르고 상호 비판하였지만, 『논어』에 대해서는 공통적으로 매우 중시하였다. 때문에 『논어』에 해설을 내거나 전문적인 주석서를 저술한 것은 여름밤의 뭇별처럼 다 셀수가 없었다. 임태보(林泰輔, 1854-1922)가 삽택영일(澁澤榮一)의 77세 생일을 축하하기 위하여 편찬한 『논어연보(論語年譜)』[1]에서 『논어』가 일본 지식계의 중시를 받은 정도를 짐작할 수 있다.

20세기 명치유신 이후, 일본은 '아시아를 벗어나 서구로'(脫亞入歐), '문명개화(文明開化)'의 조류에 휩쓸려 서양의 사조가 동양으로 들어오는

---

1) 林泰輔, 『論語年譜』, 東京: 龍門社, 1916.

것을 막을 수 없었다. 그러나 한편으로 『논어』에 관한 저술은 우후죽순처럼 여기저기서 지어졌다. 특히 동경의 '사문회(斯文會)' 학자들의 저작 외에[2] 경도(京都)의 '지나학(支那學)' 파의 한학자들에 의해 『논어』 주석서[3]가 매우 많이 지어졌다.

20세기 일본에서 출판된 『논어』에 관한 저작 중에, 삽택영일이 1928년에 편찬한 『논어와 주판(論語與算盤)』[4]은 매우 특수한 위치를 지니고 있다. 삽택영일은 20세기 일본 현대사의 중요한 인물로서 '일본 근대화의 아버지'[5] 혹은 '일본 자본주의의 지도자'[6]라는 칭호를 갖고 있다. 그는 일생 동안 『논어』를 제창하면서, 『논어』를 기업 경영의 지도경전으로 삼을 것을 주장하였다. 이 『논어와 주판』은 바로 삽택영일이 그의 주장을 발휘한 대표적인 저작으로 일본사회 각계에 끼친 영향이 매우 크다.

우리는 여기서 삽택영일이 『논어와 주판』에서 공자 사상을 해석하는 두 개의 뚜렷한 경향을 분석하고자 한다. 먼저 삽택영일이 『논어』를 파악

....

2) 陳瑋芬,「斯文學會の形成と展開──明治期の漢學に關する一考察」,『中國哲學論集』, 九州大學中國哲學會出版, 1995年12月, 86-99면;「和魂與漢學: 斯文會及其學術活動史」, 陳少峰 主編,『原學』第5輯, 北京: 中國廣播電視出版社, 1996, 368-381면; 氏著,「服部宇之吉の孔子敎論──その儒敎非宗敎說, 易姓革命說及び王道立國說を中心に──」,『季刊日本思想史』, 第59號, 近代儒學の展開).

3) 狩野直喜(1868-1947),『論語孟子硏究』, 東京: 筑摩書房, 1977; 和辻哲郎(1889-1960),『孔子』, 東京: 岩波書店, 1938; 倉石武四郎(1897-1975),『論語』, 東京: 日光書院, 1949; 宮崎市定(1901-1995),『論語の新硏究』, 東京: 岩波書店, 1974; 貝塚茂樹(1904-1987),『孔子』, 東京: 岩波書店, 1951.『論語』, 東京: 講談社, 1964; 桑原武夫(1904-1988),『論語』, 東京: 筑摩書房, 1974; 武內義雄(1886-1966),『論語の硏究』, 東京: 岩波書店, 1939; 吉川幸次郎(1904-1980),『論語』, 東京: 朝日新聞社, 1959-62.

4) 澁澤榮一,『論語と算盤』, 東京: 國書刊行會, 1985, 2001. (中譯本) 洪墪謨 譯,『論語與算盤』, 臺北: 正中書局, 1988.

5) 山本七平,『近代の創造──澁澤榮一の思想と行動』, 東京: PHP硏究所, 1987.

6) 土屋喬雄,『日本資本主義史上の指導者たち』, 東京: 岩波書店, 1939.

하는 특징에 대하여 정리하고자 하는데, 그는 『논어』의 이념을 실학적 사상으로 파악하였다. 다음으로 삽택영일은 공자의 의리관(義利觀)에 대한 새로운 관점을 제시하였는데, 그는 공자 사상에서 의리(義理)와 이익(利益)의 합일을 강조하였다. 이상의 논의를 바탕으로 삽택영일의 『논어』 해석의 위상을 일본 『논어』 해석사의 관점에서 고찰해 보기로 하겠다.

2. 수양은 이론이 아니다: 실학적 논어학

『논어』는 공자 문하 사제 간의 마음의 대화이고 그중 대부분은 일상생활에 관한 사소한 말이지만, 또한 심각한 초월성의 문제 혹은 생명의 체험을 언급하며,[7] 후대에 심각한 해석의 여지를 남겨 두었다. 이 때문에 2000년 동안 동아시아 각지의 유학자들의 『논어』에 대한 해석은 늘 해석자 개인의 사상 경향과 시대적 분위기를 반영할 수 있었다. 예를 들면 정현(鄭玄, 127-200), 하안(何晏, 193?-249)에서 왕필(王弼, 226-249)까지 『논어』 해석의 차이는, 실로 '천도(天道)'에 대한 다른 이해의 기초 위에 건립된 것이다. 세 해석자는 모두 '인간이 하늘과 합치한다'(以人合天)는 우주론적 사고를 통해 점차 형이상학적 사고로 기울어졌다.[8]

한편 주자(1130-1200)의 『논어집주』는 송대 성리학의 성숙함을 표출한 주석서라고 할 수 있다. 동아시아 논어학사에서 주자는 분수령에 해당하

---

7) 『論語』「爲政」4장, '五十而知天命'章; 『論語』「里仁」8장, '朝聞道'章; 『論語』「里仁」15장, '一以貫之'章; 『論語』「公冶長」13장, '夫子言性與天道'章.

8) 蔡振豐, 「何晏 『論語集解』思想特色及其定位」, 黃俊傑 編, 『中日四書詮釋傳統初探』(上), 臺北: 臺大出版中心, 2004, 81-108면.

는 인물이며, 그가 지은 『사서집주』는 이전의 각종 해석의 낡은 것을 없애고 새로운 것을 창조하였다. 때문에 주자 이후의 동아시아 유학자들이 새로운 해석을 제기할 때, 모두 주자의 해석을 중심으로 전개하였다.

삽택영일은 일생 동안 『논어』의 교훈을 숭상하고 실천하였는데, 그는 다음과 같이 말하였다.

나는 명치(明治) 6년(1873)부터 관직을 사직하고서 이전부터 마음속에 그리던 실업계로 진출하였다. 이때부터 나는 『논어』와 뗄 수 없는 연분을 맺었다. 처음 상인이 되었을 때 다음과 같이 마음으로 생각하였다. 오늘부터 조그만 이익으로 생계를 꾀하고 날짜를 보내려고 하는데, 내가 어떤 포부를 가져야만 좋겠는가? 이 문제에 대해서 한 번 생각을 하게 되자, 이전에 읽었던 『논어』가 생각났다. 이 책은 일상적인 수기(修己), 대인(待人)과 유관한 교훈적인 말이다. 『논어』는 교훈에 관한 결점이 가장 적은 책이기는 하지만, 이 책으로 기업 경영을 할 수 있을까? 나의 답은 긍정적이었다. 상인이 만약 『논어』의 교훈을 가지고 경영한다면, 큰 전략을 반드시 광범위하게 펼칠 수 있을 것이다.[9]

삽택영일은 『논어』는 모든 사람들이 실제로 응용할 수 있는 경전이라고 강조하였다. 그 자신의 인생철학이 바로 『논어』에 기재된 공자의 일상생활에서 계발을 받은 것이라고 하였다. 특히 삽택영일은 『논어』의 특색은 그 추상적인 이치에 있는 것이 아니라 일상의 실용성에 있다는 것을 지적하면서 다음과 같이 말하였다.

---

9) 澁澤榮一 著, 洪墩謨 譯, 『論語與算盤』, 10-11면.

나는 근래에 특별하게 부지런히 『논어』를 연구하고는 매우 오래전에 알듯 모를 듯하던 부분을 비로소 돈오(頓悟)하였다. 이 때문에 나는 감히 단정하기를 『논어』는 결코 심오한 학문이 아니고 그것은 원래 중생을 위해 쓰인 것이며, 간단명료하여 알기 쉬운 것이라고 생각한다. 단지 후대의 학자들이 현허(玄虛)의 관점으로 고의로 심오하게 해석하였기 때문에 도리어 그것을 어렵게 변화시켰을 뿐이다. 그 결과 농, 공, 상 계급으로 하여금 『논어』를 그들과 무관하다고 인식하게 만들었고, 끝내는 공경하되 멀리하게 하였다. 이것은 매우 큰 착오이다. 이러한 학자는 말이 통하지 않는 완고한 문지기와 매우 비슷한데, 이런 사람들이 공자에 대해 말하는 것은 일종의 장애이다. 그런데 이런 유형의 문지기를 거쳐 공자를 보려고 하는 것은 지극히 불가능한 일이다. 공자는 세상물정을 모르는 극단적인 사람이 결코 아니고, 매우 쉽게 친근해질 수 있는 선지자이다. 상인이나 농민 혹은 어떠한 사람을 막론하고 모두 그를 향해 가르침을 청할 수 있는데, 공자의 가르침은 우리들에게 확실히 매우 유용하다.[10]

삽택영일은 『논어』의 원문을 읽어 보면 공자 가르침의 일상성은 결코 후세 유학자들이 해석한 것처럼 그렇게 고원하지 않음을 체득할 수 있다고 주장한다.

이에 삽택영일은 '수양은 이론이 아니다'고 강조하면서, 반드시 몸소 체험하고 힘써 실천해야 하고 실제 생활에 적용해야 한다고 하였다. 이런 점에서 『논어』의 사상은 바로 실학이라고 강조하면서, 주자의 이학(理學)은 실제에 무익하다고 비판하였다.

---

10) 澁澤榮一 著, 洪墩謨 譯, 『論語與算盤』, 24면.

중국에서 가장 숭배와 존중을 받은 공맹(孔孟)의 유교는 경학이나 실학으로 일컬어진다. 그렇지만 유교는 중국의 기타 시인이나 문인이 글재주를 부림을 독점한 문학과는 그 지취(志趣)를 크게 달리한다. 경학을 연구함에 가장 영향력이 있었고, 아울러 그것을 광대(光大)하게 발양(發揚)시킨 이는 송대 말기의 주자였다. 주자는 매우 박학하였으며 아울러 열심히 이 학문을 제창하였다. 그러나 주자 시대의 중국은 정치가 퇴폐하고 병력이 미약하며 국위가 떨쳐지지 않을 때여서 털끝만치도 경학이 실효를 발휘하지 못했다. 가령 경학은 매우 발달했다 하더라도 정치는 도리어 매우 혼란스러웠다. 이것이 이치와 실제가 완전히 동떨어지게 된 이유이다. 중국에 연원을 두고 있는 경학은 비록 송나라 때에 크게 진흥되었지만, 조정에서 채택하여 시행하지 못해 시행할 방법이 없었다. 이에 비록 이치는 있었지만 끝내 실제 현실에는 도움이 되지 못하였다.[11]

삽택영일은 또한 덕천(德川)시대 막부(幕府)가 비록 주자학을 채용하였지만 앞뒤로 등원성와(藤原惺窩), 임라산 등을 고용하여 유학을 적극적으로 실제 방면에 응용하면서 이론과 실천을 상호 접근시켰다고 지적하였다.[12] 그는 또한 덕천시대 말기에 이르러서는 실천정신을 보유한 유학자가 결코 많지 않았는데 이는 덕천시대 말기에 일본이 쇠퇴하고 부진한 때문이라고 지적하였다.[13]

삽택영일의 『논어』의 실학적 특징에 대한 강조 및 주자학의 형이상학적 경향에 대한 배제로부터, 우리는 그가 일본 논어학의 전통을 어느 정도 계

---

11) 澁澤榮一 著, 洪墩謨 譯, 『論語與算盤』, 152면.
12) 澁澤榮一 著, 洪墩謨 譯, 『論語與算盤』, 141면; 澁澤榮一, 『論語と算盤』, 153면.
13) 澁澤榮一 著, 洪墩謨 譯, 『論語與算盤』, 142면; 澁澤榮一, 『論語と算盤』, 153-154면.

보론

승하였다고 볼 수 있다. 17세기 이등인재 이후부터 20세기 중국 문학 연구가 길천행차랑(1904-1980)에 이르기까지, 일본 지식인이 『논어』를 해석하면서 『논어』의 실용성과 일상성을 강조하지 않은 적이 없다. 이등인재는 『논어』를 해석함에 있어 공자 당대의 원시적인 언어 환경으로 돌아갈 것을 강조하며, 『논어』에 나오는 용어의 '고의'를 명확하게 하고 송유(宋儒, 특히 주자)의 해석이 고대 유학의 맥락을 이탈하였다고 비판하였다. 이등인 재는 경전의 원시 언어 환경으로의 환원을 통하여, 『논어』의 관건이 되는 어휘(예를 들어 '도(道)' 혹은 '인(仁)')의 고의(古義)를 명확하게 하고 『논어』를 여러 경전과 하나로 융합하는 가운데, 주자의 해석 계통을 비판하고 고학파의 경전 해석 전범을 구축하였다. 이등인재는 섬세하고 정교하게 공자가 말한 '오도일이관지'의 '관(貫)'자를 주자가 해석한 '통(通)'에서 탈피하여, '충서(忠恕)'의 도(道)에서 오륜과 일상생활 등 인륜의 범위로 되돌아가고자 하였다. 일본 유학자들의 『논어』 해석은 외적으로는 주자학적 해석 전범에 대한 비판 내지 지양과 초월로 표현되고 내적으로는 주자학의 '자연'(nature)이 바로 '문화'(culture)라는 사상적 도식에서 탈피하여 '자연'과 '문화'는 각기 갈 길을 따라 발전하였다고 지적하였다.

앞에서 살펴본 것처럼 일본의 『논어』 해석사를 관통한 것은 이른바 실학적 사상 경향이다. 이러한 일본 문화적 특색을 지닌 실학 정신이 전근대 일본의 논어학을 지탱하였으며, 이는 다시 일본 유학의 경세적(經世的) 성격을 구축하고 강화하였다.

한편 전근대 일본 유가의 논어학에 보이는 실학적 전통은 길천행차랑의 손에서 다시 살아났다. 길천행차랑은 청년시절에 교토 대학에서 공부할 때, 청목정아(靑木正兒, 1887-1964)를 비롯한 선생들이 공자를 비판하는 것을 자주 듣고 호기심이 생겨 『논어』를 읽었다.[14] 그는 "힘들게 읽어나갔다. 특히 삽택영일 선생께서 이 책을 중시한 것도 나로 하여금 흥취를 사라지게 하였다."[15]고 하였지만, 그로부터 『논어』에 대해 지대한 흥미를 가지게 되었다. 1952년 공자 사상을 중심으로 책을 편찬하여 중국의 지혜를 논하였고, 1954년부터 1962년까지 차례로 『논어』를 해석하였으며,[16] 1971년에 NHK에서 고전 강좌를 방송할 때 『논어』를 강의하였다.[17] 이러한 일련의 연구를 통해 길천행차랑은 중국의 경전은 현실의 생활에 대한 지대한 관심이 주된 내용을 이루고 있고 초월적인 문제에 대해서는 거의 다루고 있지 않다고 강조하였다.[18]

　이상의 논의를 다음과 같이 정리할 수 있다. 삽택영일은 『논어』의 일상성과 실용성을 강조하였는데, 이는 실로 전근대 일본 사상계의 실학적 전통을 계승한 것이며, 자신도 모르는 사이에 일본 유학자들이 '리(理)' 중심의 주자학이 구축한 형이상학적 세계에 대한 배척의 태도를 계승한 것이다.

3. 도덕과 이익의 합일[19]: 의리(義利)관계의 새로운 해석

삽택영일이 『논어』를 해석하는 두 번째 지점은 바로 '의리와 이익의 합일'(義利合一)이다. 『논어와 주판』의 서문에서 삽택영일은 이 점에 대하여

---

14) 吉川幸次郎 著, 錢婉約 譯, 『我的留學記』, 北京: 光明日報出版社, 1999, 23-24면.

15) 吉川幸次郎 著, 吳錦裳 譯, 『中國之智慧──孔子學術思想』, 臺北: 協志工業叢書出版公司, 1965, 1968, 20면.

16) 吉川幸次郎, 『吉川幸次郎全集』, 東京: 筑摩書房, 1980, 第4卷.

17) 吉川幸次郎, 『論語について』, 東京: 講談社, 1976.

18) 吉川幸次郎 著, 林景淵 譯, 『中國之古典學術與現實生活』, 臺北: 寰宇出版社, 1996.

19) 澁澤榮一 著, 洪墩謨 譯, 『論語與算盤』, 2면.

다음과 같이 말하였다.

주판은 『논어』에 근거함으로써 더욱 정밀하게 놓을 수 있고, 『논어』도 주판
으로 말미암아 그 부에 대한 의의를 발양시킬 수 있다. 이 때문에 『논어』와
주판의 관계는 멀고도 가깝다고 나는 생각하였다. …… 살아가면서 세상
에 기반을 세우려고 한다면 반드시 무사정신을 갖추어야 한다고 나는 생각
한다. 그러나 단지 무사정신만 소중하게 생각하고 상재(商才)가 없다면, 경
제적으로 쉽게 자멸을 불러들일 것이다. 그러므로 사혼(士魂)을 가지려면
반드시 상재(商才)가 있어야 한다. 사혼(士魂)을 배양하려면 참고할 만한 수
많은 책이 있지만, 『논어』는 무사(武士)를 배양하기 가장 좋은 책이다. 그렇
다면 상재(商才)는 또 어찌하여야 하는가? 상재(商才)도 『논어』에서 충분히
학습할 수 있다. 비록 표면적으로 보면 도덕적인 책과 상재(商才)는 조금의
관계도 없지만, 상재(商才)의 근본은 도덕을 근저를 삼는다. 도덕을 떠난
시기, 부화함, 경박 등은 소인의 행위에 속하여 절대로 진실한 상재(商才)
가 아니다. 이 때문에 상재(商才)와 도덕은 떨어질 수 없는 것이다. 당연히
상재(商才)는 도덕을 탐구하는 『논어』로부터 양성될 수 있다. 이것은 의심
의 여지가 없다. 인생에 있어 처세하는 도는 지극히 어렵지만 『논어』를 숙
독하고 『논어』를 감상한 이후에 당신은 틀림없이 예상치 못한 장점을 느
낄 것이다. 이 때문에 나는 평생 공자의 가르침을 받드는 동시에 『논어』를
처세의 금과옥조로 삼아 잠시라도 그것을 나의 몸에서 떨어지게 하지 않
았다.[20]

---

20) 澁澤榮一 著, 洪墩謨 譯, 『論語與算盤』, 1–3면.

삽택영일은 『논어』를 근간으로 하여 새로운 세기의 사업경영자가 '사혼상재(士魂商才)'를 배양할 것을 제창하였다.

『논어와 주판』을 관통하는 가장 선명한 주제는 바로 '인의(仁義)', '왕도(王道)'와 '화식(貨殖)', '부귀(富貴)'가 서로 모순되지 않고 합일되어야만 한다는 것이다.[21] 이에 삽택영일은 의리와 이익의 합일을 주장하며, 여러 학자들이 공맹(孔孟)은 의리와 이익을 배치되는 것으로 보았다고 주장하는 것에 대하여 엄중하게 비판하면서, 후세에 나쁜 결과를 미쳤다고 지적하였다.

공맹(孔孟)의 가르침의 근본 도리를 잘못 전한 결과는 다음과 같다. 이용후생(利用厚生)에 종사하는 실업가 정신이 완전한 이기주의로 변하여 인의에 대한 관념도 없어졌고 도덕적 포부도 없어졌다. 심지어는 수단과 방법을 다해 법률의 허점을 파고들어 큰돈을 벌기도 한다. 이 영향으로 오늘날의 실업가들은 대부분 돈을 벌기에 급급하여 다른 사람이 어찌 되었건 세상이 어찌 되었건 간에 죄다 나와는 아무 상관이 없는 걸로 여긴다. 만약 사회적으로 법률적으로 제재가 없으면, 함부로 탈취하고 하지 않는 악행이 없는 깊은 수렁으로 그들은 틀림없이 빠져들 것이다. 이대로 나아가면 앞으로의 사회는 빈부격차가 날로 증가할 것이고 사회의 인심도 더욱 비열해질 것이라는 것은 상상하기 어렵지 않을 것이다. 이는 공맹(孔孟)의 가르침을 잘못 전한 학자가 수백 년 동안 학술계에서 횡행하고 발호한 결과가 사회에 끼친 해독이다.[22]

---

21) 澁澤榮一 著, 洪墩謨 譯, 『論語與算盤』, 77–102면.
22) 澁澤榮一 著, 洪墩謨 譯, 『論語與算盤』, 104–105면.

삽택영일은 '의리'와 '이익'의 합일의 관점에서, 사회의 대중이 부유해지는 방법과 수단을 택할 때 공익을 우선으로 해야 하고 인간을 학대하고 해치고 괴롭히고 속이는 행위를 해서는 안 된다고 하였다. 이처럼 각자가 자신의 직분을 다하면서 재부를 늘릴 때 도리를 어기지 말고, 자신의 발전을 도모할 때 다른 사람을 침해하지 말 것을 호소하였다.[23] 이에 삽택영일은 "나의 기업 경영에 대한 이념은 개인이 이익을 얻게 하기 보다는 사회 다수인이 혜택을 보게 하는 것이며, 이 목표에 도달하기 위하여 응당 전력을 다하여 기업을 경영하고 사업을 발전시키며 장사를 번영하게 해야 한다."[24]고 강조하였다. 그는 임라산 이후 도덕을 강론하는 사람과 도덕을 실천하는 사람이 판연하게 두 갈래로 나누어지며, '국가를 사랑하고 도덕을 중시하는 등의 관념이 완전히 결여되는 사회'를 야기하였다고 비판하였다.[25] 이에 정인(町人, 商人)이 소정인(素町人, 純商人)으로 불리면서 멸시를 받고 선비와 동렬에 설 수 없었으며, 상인은 비굴하고 결국 이익만 꾀하는 무리로 변하였다고 지적하였다.[26] 그는 이런 상황을 개선하는 데 가장 효과적인 방법이 의리와 이익의 합일이라고 단정 지으면서,[27] 이런 신념이 바로 공자의 화식부귀관(貨殖富貴觀)이라고 주장하였다.[28]

이제부터 삽택영일의 '의리합일(義利合一)'의 관점을 중국과 일본의 비교사상사의 시야 속에서 고찰해 보기로 하겠다. '의리지변(義利之辨)'은

---

23) 澁澤榮一 著, 洪墩謨 譯, 『論語與算盤』, 124면.

24) 澁澤榮一 著, 洪墩謨 譯, 『論語與算盤』, 177면.

25) 澁澤榮一 著, 洪墩謨 譯, 『論語與算盤』, 201면.

26) 澁澤榮一 著, 洪墩謨 譯, 『論語與算盤』, 114면.

27) 澁澤榮一 著, 洪墩謨 譯, 『論語與算盤』, 90~93면.

28) 澁澤榮一 著, 洪墩謨 譯, 『論語與算盤』, 81면.

중국사상사의 중요한 과제인데, 나는 이전에 선진시대에 공자가 서주(西周) 이래의 낡은 가치 관념을 인습하여, '의리'와 '이익'을 수신의 문제로 제기하였다고 지적한 적이 있다.[29] 맹자는 전국시기 양주(楊朱)와 묵적(墨翟)의 말이 천하에 팽배한 사상적 상황에 직면하여, 의리(義利)의 차별에 특히 엄격하였다.

순자에 이르러 '의(義)'의 함의는 중대한 변환을 겪게 되었는데, 자율성의 내재천품을 가리키는 데서 외재의 강제성의 도구로 그 의미가 변환되었다. 이러한 순자의 '의리지변'은 공맹과 완전히 다른 사상적 함의를 가진다. 공자사상에서 '의(義)'는 두 가지 측면이 있다. 첫째, '의(義)'는 대부분 '적의(適宜)', '적당(適當)', 혹은 '정상(正常)'으로 해석되는데, 이는 사물 혹은 현상의 가장 적절한 상태를 가리킨다. 그것은 동태적인 행위 원칙이지 경직된 교조적 이념이 아니다. 이 함의는 서주 이후 '의'의 옛 의미를 인습하였기에 춘추시대 '의'의 개념과 서로 호응된다. 둘째, '의'는 공자사상에서 '타인'과 상대적인 '자아(自我)'를 가리키는 개념으로, 이때 '의'는 이상적 인격을 구성하는 도덕적 천품이다. 공자의 의리(義利) 사상에서 '리(利)'는 개인의 재산을 늘리는 사리(私利)를 가리켜 말한 것인데, 공자는 이 '사리(私利)'의 모색을 반대하였다. '공리(公利)'에 관해서 공자는 반대하지 않을 뿐만 아니라 심지어 제창하고, '공리'가 바로 '의'의 표현이라고 여겼다. 서한(西漢)의 지식인들은 정부가 백성들과 더불어 이익을 다투지 말아야 하고 이 의(義)를 발휘해야 한다고 논하였으며, 한나라 명신들의 상소에는 이러한 주장들이 누차 피력되어 있다.

남송(南宋)에 이르러 주자는 '의'와 '리', '천리(天理)'와 '인욕(人欲)',

---

29) 黃俊傑, 『孟學思想史論(卷一)』, 臺北: 東大圖書公司, 1991, 第5章「義利之辨及其思想史的定位」, 111-159면.

'공(公)'과 '사(私)' 등을 하나로 합치시켰다. 주자는 『맹자』 「양혜왕 상」의 '맹자견양혜왕(孟子見梁惠王)' 장을 주석하면서 "인의(仁義)는 마음의 고유한 바에 근원을 두고 있으니, 천리의 공변된 것이다. 이익을 추구하는 마음은 타인과 나를 서로 형상화하여 나누는 것과 인욕의 사사로움에서 생겨나는 것이다."[30]라고 말하였다. 주자의 동학 장식(張栻, 1133-1180) 등은 의(義)와 리(利)의 구분에 더욱 엄격하였다. 삽택영일이 비판한 것이 바로 이처럼 송유(宋儒) 이후에 의와 리를 엄격하게 두 개로 나누는 사상 전통이었다.[31]

다시 일본 유학자들의 의리에 대한 견해를 살펴보자. 『논어』 「이인(里仁)」 16장(子曰: "君子喻於義, 小人喻於利.")에 대하여, 18세기 고문사학파의 대가 적생조래는 다음과 같이 말하였다.

의(義)를 말하는 모든 이가 비록 이(利)와 상대적 개념으로 말하지는 않았지만, 백성을 안정시키는 인(仁)에 귀결시키지 않음이 없는 것은 이 때문이다. 그러므로 의(義)란 사군자(士君子)가 힘쓸 바이고, 이(利)란 백성이 힘쓸 바이다. 따라서 사람을 깨우치는 도는 군자에 있어서는 의(義)로써 하고, 소인에게 있어서는 이(利)로써 한다. 비록 군자라고 하더라도 어찌 이(利)를 바라지 않겠는가. 비록 소인이라고 하더라도 어찌 의(義)를 즐거워하지 않겠는가. 힘쓰는 바가 다른 것이다.(凡言義者, 雖不與利對言, 然莫不歸於安民之仁者, 爲是故也. 故義者士君子之所務, 利者民之所務. 故喻人之道, 於君子則以義,

....

30) 朱熹, 『孟子集註』. "仁義根於心之固有, 天理之公也, 利心生於物我之相形, 人欲之私也."
31) 黃俊傑, 「東亞近世儒者對公私領域分際的思考: 從孟子與桃應的對話出發」, 黃俊傑, 江宜樺 編, 『公私領域新探: 東亞與西方觀點之比較』, 臺北: 臺大出版中心, 2005, 117-136면.

於小人則以利. 雖君子豈不欲利乎? 雖小人豈不悅義乎? 所務異也.)-荻生徂徠,『論語徵』

적생조래는 비록 "송유(宋儒)들은 심학(心學)을 귀하게 여겨서 걸핏하면 모든 것을 자신에게서 구하였다. 의(義)와 이(利)의 분별에 있어 세밀하게 분석하면서 은미한 심(心)을 탐색하기에 힘썼다. 그 귀결점을 살펴보면, 헛되이 논평하는 데 힘쓸 뿐이었다."[32]고 비판하였지만, 그가 의(義)와 이(利)로 통치자와 피통치자를 구분하는 사상적 입장은 매우 명확한 것이다. 이것이 바로 삽택영일이 비판하는 지점이다.

18세기에 이르러 대판(大阪)지역에 경제가 발달하였을 때, 회덕당(1724-1869)이 흥기하였다. 회덕당은 원래 대판에 있는 사립학교(私塾)였는데, 후에 다섯 명의 상인(소위 '오동지(五同志)')의 지원하에 사숙(私塾)에서 공개적인 학문을 강의하는 장소로 바뀌었다.[33] 회덕당의 학자들은 공자의 사상을 해석할 때 '의(義)'와 '이(利)'의 합일이라는 입장을 취하였다. 회덕당이 어린이를 교육하는 교재인 『동몽편(蒙童篇)』에 "상인의 이익은 바로 선비의 의리이다."라고 하였다. 이 문구는 18세기 대판에서 경제가 부흥하면서 일어난 상인들의 새로운 윤리를 반영하는 것이다. 회덕당의 유학자 오정난주(1697-1762)는 더욱 명백하게 『주역』 건괘(乾卦)의 「문언전(文言傳)」과 『춘추좌씨전』 등의 전적에 보이는 "이익이란 의리의 조

....

32) 荻生徂徠, 『論語徵』, 86면. "宋儒貴心學, 動求諸己, 於義利之辨, 剖毫析釐, 務探心術之微. 究其歸, 不過於徒評論是務耳."

33) Tetsuo Najita, Visions of Virtue in Tokugawa Japan: The Kaitokudo Merchant Academy of Osaka(Chicago: University of Chicago Press, 1987), p. 8. (日譯本)子安宣邦 譯, 『懷德堂: 18世紀日本の「德」の諸相』, 東京: 岩波書店, 1992, 1998; 陶德民, 『懷德堂朱子學の研究』, 大阪: 大阪大學出版會, 1994.

화로움이다."라는 입장에서 자신의 견해를 제시하기도 하였다.[34]

사상적 맥락에서 보면 삽택영일의 '의리'와 '이익'의 합일을 주장하는 관점은 회덕당 유학자들의 사상과 일맥상통한다. 하지만 삽택영일은 여기에 새로운 의미를 부여하여 『논어』를 20세기 일본 자본주의의 도덕적 경전으로 만들었다.

4. 결론

삽택영일의 『논어와 주판』 초판은 1928년에 출판되었다. 대정(大正, 1912-1926)과 소화(1926-1989) 초기의 일본은 명치유신(1868)이 성공한 후에 아시아를 업신여기고 자국을 존귀하게 생각하였는데, 이 시기는 일본이 중국을 가장 깔보는 때여서 중일관계는 상당한 긴장 관계에 놓여 있었다.[35] 삽택영일은 이런 역사적 배경에서 『논어』를 크게 추앙하였으니, 확실히 식견이 높고 원대하다고 할 만하다. 20세기 초에 중국에 유람온 일본 한학자처럼,[36] 삽택영일도 중국의 사상세계와 현실세계의 거대한 차이를 발견하였다. 그는 "나는 역사책을 읽으면서 중국을 존경하였다. 주로 당우(唐虞) 삼대(三代) 말엽의 상(商), 주(周)시대였는데, 그 당시는 중국 문화가 가장 발달하고 찬란한 시대였다."고 말하였다.[37] 하지만 삽택영일은 중국에 여행 갔을 때, "내가 중국의 땅을 처음 밟고 풍속민정에

----

34) 陶德民, 『懷德堂朱子學の硏究』, 47면.

35) 山根幸夫, 『大正時代における日本と中國のあいだ』, 東京: 硏文出版, 1998.

36) 黃俊傑, 「二十世紀初期日本漢學家眼中的文化中國與現實中國」, 『東亞儒學史的新視野』, 臺北: 臺大出版中心, 2004, 265-312면.

37) 澁澤榮一 著, 洪墩謨 譯, 『論語與算盤』, 190면.

대하여 관찰하였을 때, 비로소 사실이 결코 그렇지 않다는 것을 발견하였다. 중국은 개인주의, 이기주의가 매우 발달하였고 국가 관념이 부족하며, 우국(憂國) 우민(憂民)의 마음이 전혀 없었다. 이 나라는 사회의 중간 계층이 존재하지 않고 국민 전체도 국가 관념이 부족한데, 이는 현재 중국이 지닌 큰 결점이라고 할 수 있다."[38]고 비판하였다. 하지만 이런 문제점에도 불구하고 결코 그의 공자와 『논어』에 대한 숭모의 감정은 약화되지 않았다. 『논어』에 대한 이러한 숭모는 당시 경도대학교에서 공부하는 청년 길천행차랑의 불만을 사기도 하였다. 그러나 삽택영일은 평생 각종 언어로 이루어진 『논어』와 여러 판본의 『논어』를 수집하였다. 이 수집서들은 비록 제2차 세계대전의 불길 속에서 훼손되었지만, 그의 후인들은 이러한 수집을 계속하였다. 현재 수집된 이 책들은 도쿄 도시도서관의 '청연문고(靑淵文庫)'에 수장되어 있는데, 여전히 연구의 가치가 풍부하다.

우리는 『논어와 주판』을 통해 삽택영일의 『논어』에 관한 해석을 살펴보았다. 또한 20세기에 삽택영일의 논어학이 일본 논어학에 미친 영향을 고찰하여 보았다. 그 결과 삽택영일의 공자사상에 대한 해석은 일본 논어학의 실학적 전통을 계승하였으며, 그의 논어학은 일본의 『논어』 대중화에 큰 공헌을 하였음을 알 수 있었다. 때문에 『논어와 주판』은 이등인재가 말한, '도는 세속에 있다'(道在俗中)는 말의 20세기적 구현이라고 볼 수 있다.

『논어와 주판』은 두 방면에서 '도는 세속에 있다'(道在俗中)는 명제에 대한 20세기적 재해석을 진행하였다. 첫째, 삽택영일은 공자사상을 해석

....

38) 澁澤榮一 著, 洪墩謨 譯, 『論語與算盤』, 191면.

하면서, 윤리(ethics)는 형이상학(metaphysics)위에 건립된 것이 아니라 '실학(praxis)'에서 구축된 것이라고 거듭 강조하였다. 그는 『논어』에 표현된 것은 바로 '실학'의 세계라고 여겼다. 둘째, 삽택영일은 공자에게 있어서 '의(義)'와 '이(利)'는 결코 대립적인 것이 아니라고 하면서, '도덕'과 '이익'의 합일을 주장하였다. 그리고 그는 『논어』의 이 같은 원칙을 현대의 기업 경영에 적용할 것을 고취하였다.

결론적으로 19세기 이후부터 『논어』는 일본 사회의 보급 도서가 되었다. 『논어』의 이러한 보급화 운동에서 삽택영일의 『논어와 주판』은 매우 특수하고도 중요한 위치에 놓여 있었다. 삽택영일은 『논어와 주판』을 통해, 『논어』에 들어 있는 인륜과 일상의 이념으로 20세기 자본주의의 새로운 시대를 맞이하여 '사혼상재(士魂商才)'[39]의 새로운 윤리전범을 건립하였다.

---

39) 中國近世史에서 '士魂'과 '商才'의 합류에 대해서는, 余英時, 「近世中國における儒教倫理と商人精神」, 2004年澁澤國際儒教研究セミナー : 『比較視野のなかの社會公益事業報告集』, 東京: 澁澤榮一記念財団, 2004年 9月24日-25日, 3-12면 참조.

『2009년 1월 21일에서 2009년 2월 21일까지 한 달 동안, 대만대학교(臺灣大學校) 인문사회고등연구원(人文社會高等研究院)의 방문학자로서 대만에 체류할 기회를 얻게 되었다. 그것은 내가 처음 겪게 된 외국 생활이었다. 비록 한 달이라는 짧은 기간이었지만 참으로 다사다난하였다. 대만에 도착한 그 다음 날 심한 복통으로 응급실에 실려 가기도 하였고, 일주일 뒤부터 시작된 설날 연휴로 7일 간의 끼니를 주로 만두집과 편의점에서 해결하는 등 매우 불편한 경험을 한 것이다. 겨우 한 달이라는 시간이었지만, 뜻하지 않은 이런저런 고생으로 인하여 유학하여 학위를 받은 연구자들의 어려움을 새삼 느꼈다.

만약 이런 고초들만 있었다면 한 달이라는 대만 체류 기간은 헛된 시간으로 끝났을 것이다. 하지만 그렇게 되지 않은 건 내가 얻은 세 가지의 소득이 있기 때문이었다. 그 첫째는 부산스러운 삶의 단절에서 마주한 청정한 내면이었다. 한 달의 체류 기간을 마치고 한국에 돌아왔을 때, 나의 동료들은 내 얼굴에 깃든 맑은 기운에 감탄하였다. 그것은 일상의 소란스러움에서 벗어나 내 안의 나를 만나는 시간이 가져다 준 선물이었

468

다. 그 다음으로는 대만대학 중문과의 채진풍(蔡振豐) 교수와 알게 된 것이다. 채 교수는 대만대학에서 정약용(丁若鏞)을 연구하여 두툼한 연구서를 낸 한국유학 연구자이다. 그 학문적 이력에서도 호감을 느꼈지만, 멀리서 온 동학을 진심으로 대접해 주는 데 이르러서는 감격하지 않을 수 없었다. 마지막으로 이 책『일본 논어 해석학』을 번역하게 된 인연이라고 할 수 있다. 대만대학교에서 나를 초청해 준 이는 이 학교 인문사회고등연구원의 원장인 황준걸(黃俊傑) 교수였다. 황 교수와 대담을 하면서 그가 지닌 학문적 열정에 귀를 기울였고, 그의 최근 저술인『덕천일본논어전석사론(德川日本論語詮釋史論)』을 접하게 되었다. 그즈음 나는 한국의 논어학과 더 나아가 동아시아의 논어학에 관심을 기울이고 있었기에, 매우 강한 호기심으로 이 책을 살펴보다 번역하기로 결정하였다. 이후 줄곧 이 책의 번역에 골몰하였는데, 그 결과물이 이제야『일본 논어 해석학』이라는 제목으로 나오게 되었다.

대만의 체류 기간 동안 내가 얻은 이 세 가지 소득은 아직도 현재진행형이다. 수양, 인간, 학문이라는 세 틀 속에서 평생을 살아가려는 한 항상 현재진행형이 될 것이다.

이 책의 번역에는 많은 동학들의 도움이 있었다. 먼저 중국 해양대학 한국어과 정선모 교수에게 감사를 전한다. 정 교수의 주선으로 대만의 학인들과 학문적 인연을 맺을 수 있게 되었기 때문이다. 더불어 이 책이 나올 수 있도록 초역과 교정에 힘을 써 준, 박영, 강설금, 정세영, 노경희, 이성민, 남성현, 김효동 동학에게도 감사의 마음을 전한다.

역자 삼가 씀.

참고문헌

1. 중문(中文)

1) 저술(著述)

『國語』, 四部叢刊本.

『爾雅, 廣雅, 方言, 釋名淸疏四種合刊』, 上海: 上海古籍出版社, 1989.

大庭修 著, 徐世虹 譯, 『江戶時代日本秘話』, 北京: 中華書局, 1997.

大庭修 著, 戚印平等 譯, 『江戶時代中國典籍流播日本之硏究』, 杭州: 杭州大學
　　出版社, 1998.

井上靖 著, 劉慕沙 譯, 『孔子』, 臺北: 時報文化出版公司, 1990.

方東樹, 『漢學商兌』【江藩, 方東樹, 『漢學師承記(外二種)』】, 北京: 生活, 讀書, 新
　　知三聯書局, 1998.

王先謙, 『漢書補註』, 臺北: 藝文印書館影印光緖26年長沙王氏刊本.

王肯堂, 『論語義府』, 四庫全書存目叢書第161冊, 臺南: 莊嚴文化事業, 1997.

王國瑚, 『四書窮鈔』, 四庫全書存目叢書第181冊.

王陽明, 『王文成公全書』, 臺北: 臺灣商務印書館景印文淵閣四庫全書珍本, 1986.

王陽明, 『王陽明全集』, 上海: 上海古籍出版社, 1992.

司馬光, 『司馬文正公傳家集』, 萬有文庫薈要本.

司馬遷, 『史記』, 北京: 中華書局, 1985.

皮錫瑞, 『經學通論』, 臺北: 河洛圖書出版社, 1974.

皮錫瑞, 『經學歷史』, 北京: 中華書局, 1973.

任啓運, 『四書約旨』, 四庫全書存目叢書 第178册.

朱熹, 『大學或問』, 京都: 中文出版社影印和刻近世漢籍叢刊本, 1977.

朱熹, 『大學章句』, 收入『四書章句集注』, 北京: 中華書局, 1982.

朱熹, 『四書或問』, 上海: 上海古籍出版社, 2001.

朱熹, 『四書章句集注』, 北京: 中華書局, 1982.

朱熹, 『朱子文集』, 臺北: 財團法人德富文敎基金會, 2000.

朱熹, 『孟子或問』【『朱子遺書』】, 臺北: 藝文印書館影印淸康熙中禦兒呂氏寶誥堂
刊本.

朱熹, 『孟子集註』【『四書章句集註』】, 北京: 中華書局, 1982.

朱熹, 『論語集注』【『四書章句集註』】, 北京: 中華書局, 1983.

朱熹, 『論語精義』, 臺北: 臺灣商務印書館景印文淵閣四庫全書珍本, 1986.

朱謙之, 『日本的朱子學』, 北京: 人民出版社, 2000.

牟宗三, 『心體與性體』, 臺北: 正中書局, 1968-1973.

何晏 注, 皇侃 疏, 鮑廷博 校, 『論語集解義疏』, 臺北: 藝文印書館景印知不足齋
叢書本, 1966.

何晏 注, 邢昺 疏, 『論語注疏』, 上海: 中華書局, 1927-1935.

余英時, 『中國知識階層史論(古代篇)』, 臺北: 聯經出版事業公司, 1980, 1997.

余英時, 『宋明理學與政治文化』, 臺北: 允晨文化出版公司, 2004.

呂柟, 『四書因問』, 臺北: 臺灣商務印書館景印四庫全書珍本, 1971.

呂留良, 『論語講義』, 無求備齋論語集成第二十函.

宋濂, 『元史』, 四部備要本.

李光地, 『讀論語剳記』, 臺北: 臺灣商務印書館景印文淵閣四庫全書本, 1986.

李明輝, 『四端與七情: 關於道德情感的比較哲學探討』, 臺北: 臺大出版中心,
2005.

李明輝, 『儒家視野下的政治思想』, 臺北: 臺大出版中心, 2005.

沙畹, 伯希和 著, 馮承鈞 譯, 『摩尼敎流行中國考』, 上海: 商務印書館, 1931,
1933.

汪榮寶,『法言義疏』, 北京: 中華書局, 1987.

邢昺,『論語注疏』, 臺北: 中華書局據阮刻本校刊, 1966.

阮元,『十三經注疏』, 臺北: 文化圖書公司, 1970.

阮元,『研經室集』, 四部叢刊初編縮本.

周光慶,『中國古典解釋學導論』, 北京: 中華書局, 2002.

周宗建,『論語商』, 臺北: 臺灣商務印書館景印四庫全書珍本, 1973.

周振甫 注, 劉勰,『文心雕龍注釋』, 臺北: 里仁書局, 1984.

杭世駿,『道古堂集. 李義山詩注序』, 清乾隆五十七年杭賓仁校刊本.

胡宏,『五峰集』, 臺北: 臺灣商務印書館, 1969-70年景印四庫全書珍本.

胡直,『衡廬精舍藏稿』, 臺北: 臺灣商務印書館, 1983年景印文淵閣四庫全書本.

胡厚宣,『甲骨學商史論叢』, 成都: 齊魯大學國學研究所, 1944.

胡廣,『四書大全 · 論語集註大全』, 臺北: 臺灣商務印書館景印文淵閣四庫全書本,
    1986.

范寧 注, 張華,『博物志校證』, 臺北: 明文書局, 1984.

唐君毅,『中國哲學原論 · 導論篇』, 香港: 新亞研究所, 1974.

唐明貴,『『論語』學的形成, 發展與中衰 —— 漢魏六朝隋唐『論語』學研究』, 北京:
    中國社會科學出版社, 2005.

孫星衍,『尚書今古文注疏』, 北京: 中華書局, 1986.

孫詒讓,『墨子閒詁』, 北京: 中華書局, 1986.

徐復觀,『中國人性論史 · 先秦篇』, 臺北: 臺灣商務印書館, 1969.

徐復觀,『中國思想史論集』, 臺北: 臺灣學生書局, 1975.

徐復觀,『中國思想史論集續編』, 臺北: 時報文化出版公司, 1982.

徐復觀,『儒家政治思想與民主自由人權』, 臺北: 八十年代出版社, 1979.

班固,『漢書』, 北京: 中華書局, 1987.

眞德秀 撰, 劉承 輯,『論語集編』, 臺北: 臺灣商務印書館, 1983年景印文淵閣四庫
    全書本.

荊門市博物館 編,『郭店楚墓竹簡』, 北京: 文物出版社, 1998.

荀悅,『申鑒』, 臺北: 臺灣中華書局, 1981年據漢魏叢書本校刊, 四部備要本

郝敬,『論語詳解』, 續修四庫全書第153冊, 上海: 上海古籍出版社, 1995.

馬一浮, 『復性書院講錄』, 臺北: 廣文書局, 1971.

高志仁 譯, Bloom, Harold 著, 『西方正典』, 臺北: 立緒文化事業公司, 1998.

高拱, 『日進直講』, 四庫全書存目叢書第157冊.

張居正, 『論語直解』, 無求備齋論語集成第八函.

張栻, 『癸巳論語解』, 臺北: 臺灣商務印書館景印文淵閣四庫全書本, 1986.

張崑將, 『日本德川時代古學派之王道政治論: 以伊藤仁齋與荻生徂徠爲中心』, 臺北: 臺大出版中心, 2005.

張載, 『經學理窟』〔『張載集』〕, 北京: 中華書局, 1978.

許謙, 『讀論語叢說』, 續修四庫全書第153冊.

郭沫若, 『先秦天道觀之進展』, 上海: 中法文化出版委員會, 1936.

陳淳, 『北溪大全集』, 臺北: 臺灣商務印書館景印四庫全書珍本, 1971.

陳祥道, 『論語全解』, 臺北: 藝文印書館景印無求備齋論語集成本, 1966.

陳榮捷, 『王陽明傳習錄詳注集評』, 臺北: 臺灣學生書局, 1983.

陳榮捷, 『宋明理學之概念與歷史』, 臺北: 中央研究院中國文哲研究所籌備處, 1996.

陸九淵, 『陸九淵集』, 臺北: 里仁書局, 1981.

陸九淵, 『象山全集』, 臺北: 中華書局, 1966.

陸九淵, 『象山語錄』, 臺北: 臺灣中華書局, 1966.

章一陽 輯, 『金華四先生四書正學淵源』, 四庫全書存目叢書第163冊.

章世純, 『四書留書』, 臺北: 臺灣商務印書館, 1973年景印文淵閣四庫全書本.

章學誠, 『文史通義』, 臺北: 華世出版社, 1980.

傅偉勳, 『道元』, 臺北: 東大圖書公司, 1996.

傅斯年, 『性命古訓辨證』, 『傅孟眞先生全集(三)』, 臺北: 國立臺灣大學, 1952.

勞思光, 『新編中國哲學史』, 臺北: 三民書局, 2001三版.

智旭 注, 江謙 補註, 『論語點睛補註』, 『四書蕅益解』, 南投: 中台山佛敎基金會, 1997.

湛若水, 『格物通』, 臺北: 臺灣商務印書館, 1983年景印文淵閣四庫全書本.

湯子方 輯, 『四書明儒大全精義』, 四庫未收書輯刊/壹輯第捌冊, 北京: 四庫未收書輯刊編纂委員會, 2000.

焦循, 『雕菰集』, 百部叢書集成本.

程樹德, 『論語集釋』, 北京: 中華書局, 1990.

童長義, 『伊藤仁齋研究 —— 以實概念爲中心』, 臺北: 臺灣大學歷史學研究所博士論文, 1999.

賀復徵 編, 『文章辨體彙選』, 臺北: 臺灣商務印書館, 1983年景印文淵閣四庫全書本.

馮從吾, 『少墟集』, 臺北: 臺灣商務印書館景印四庫全書珍本, 1979.

黃宗羲, 『宋元學案』, 臺北: 河洛圖書出版社, 1975.

黃俊傑, 『孟學思想史論』(卷一), 臺北: 東大圖書公司, 1991.

黃俊傑, 『孟學思想史論』(卷二), 臺北: 中央研究院中國文哲研究所, 1997.

黃俊傑, 『東亞儒學史的新視野』, 臺北: 臺大出版中心, 2004.

黃俊傑 編, 『中日四書詮釋傳統初探』(上, 下), 臺北: 臺大出版中心, 2004.

黃俊傑 編, 『東亞儒者的四書詮釋』, 臺北: 臺大出版中心, 2005.

楊伯峻, 『論語譯註』, 臺北: 明倫出版社, 1977.

楊簡, 『慈湖遺書』, 臺北: 臺灣商務印書館景印文淵閣四庫全書本, 1986.

熊十力, 『讀經示要』, 臺北: 廣文書局, 1970.

劉宗周, 『論語學案』, 臺北: 臺灣商務印書館景印文淵閣四庫全書本, 1986.

劉琴, 『四書順義解』, 四庫全書存目叢書第178冊.

劉寶楠, 『論語正義』, 北京: 中華書局, 1990.

潘乃德 著, 黃道琳 譯, 『文化模式』, 臺北: 巨流圖書公司, 1976.

蔡清, 『四書蒙引』, 臺北: 臺灣商務印書館, 1975年景印文淵閣四庫全書本.

蔡節 編, 『論語集說』, 臺北: 臺灣商務印書館, 1983年景印四庫全書珍本.

鄭汝諧, 『論語意原』, 臺北: 臺灣商務印書館景印文淵閣四庫全書本, 1986.

黎靖德 編, 『朱子語類』, 北京: 中華書局, 1986.

蕭公權, 『中國政治思想史』, 臺北: 聯經出版事業公司, 1982, 1983.

錢時, 『融堂四書管見』, 臺北: 臺灣商務印書館景印四庫全書珍本, 1969-70.

錢穆, 『孔子傳』【『錢賓四先生全集』第4冊】, 臺北: 聯經出版事業公司, 1998.

錢穆, 『朱子新學案』(二)【『錢賓四先生全集』第12冊】, 臺北: 聯經出版事業公司, 1998.

錢穆,『國史大綱』【『錢賓四先生全集』第27冊】, 臺北: 聯經出版事業公司, 1998.

錢穆,『論語新解』【『錢賓四先生全集』第3冊】, 臺北: 聯經出版事業公司, 1998.

鮑雲龍,『天原發微』, 臺北: 臺灣商務印書館, 1983年景印文淵閣四庫全書本.

嚴紹璗 編撰,『日本藏宋人文集善本鉤沉』, 杭州: 杭州大學出版社, 1996.

蘇輿,『春秋繁露義證』, 臺北: 河洛圖書出版社, 1974年景印淸宣統庚戌刊本.

顧憲成,『涇皐藏稿』, 臺北: 臺灣商務印書館, 1978年景印文淵閣四庫全書本.

2) 논문(論文)

于承武,「釋知命 —— 孔子思想新探之一」,『天津社會科學』, 1983年第5期.

王爾敏,「中國名稱溯源及其近代詮釋」,『中國近代思想史論』, 臺北: 作者自印, 1977.

李明輝,「孔子論學: 儒家的文化意識」,『儒家視野下的政治思想』, 臺北: 臺大出版中心, 2005.

邢義田,「天下一家 —— 傳統中國天下觀的形成」,『秦漢史論稿』, 臺北: 東大圖書公司, 1987.

邢義田,「漢代中國與羅馬關係的再省察」,『西洋古代史參考資料』, 臺北: 聯經出版事業公司, 1987.

屈萬里,「仁字涵義之史的觀察」,『書傭論學集』, 臺北: 開明書店, 1969.

胡厚宣,「論五方觀念與中國稱謂之起源」,『甲骨學商史論叢』, 成都: 齊魯大學國學研究所, 1944, 冊2.

容肇祖,「明太祖的『孟子節文』」,『讀書與出版』, 第2年第4期, 上海: 生活書局, 1947年 4月.

徐復觀,「中庸的地位問題」,『中國思想史論集』, 臺北: 臺灣學生書局, 1975.

梁啓超,「中國史敍論」,『飮冰室合集』, 上海: 中華書局, 1960.

許倬雲,「先秦諸子對天的看法」,『求古篇』, 臺北: 聯經出版事業公司, 1982.

陳昭瑛,「先秦儒家與經典詮釋問題」,『儒家美學與經典詮釋』, 臺北: 臺大出版中心, 2005.

陳昭瑛, 「孟子知人論世說與經典詮釋問題」, 『儒家美學與經典詮釋』, 臺北: 臺大出版中心, 2005.

陳瑋芬, 「和魂與漢學: 斯文會及其學術活動史」, 陳少峰 主編, 『原學』第5輯, 北京: 中國廣播電視出版社, 1996.

陳榮捷, 「朱熹集新儒學之大成」, 『朱學論集』, 臺北: 臺灣學生書局, 1982.

陳榮捷, 「理的觀念之進展」, 『崇基學報』, 第4卷第1期, 1964年 11月.

陳榮捷, 「傳習錄拾遺」, 『王陽明傳習錄詳註集評』, 臺北: 臺灣學生書局, 1993.

陳榮捷, 「新儒學理之思想之演進」, 『王陽明與禪』, 臺北: 無隱精舍, 1973.

陳榮捷, 「論朱子之仁說」, 『朱學論集』, 臺北: 臺灣學生書局, 1982.

傅樂成, 「中國民族與外來文化」, 『漢唐史論集』, 臺北: 聯經出版事業公司, 1977.

湯用彤, 「文化思想之衝突與調和」, 『往日雜稿』, 臺北: 彙文堂出版社, 1987.

黃俊傑, 「孔子心學中潛藏的問題及其詮釋之發展: 以吾道一以貫之的詮釋爲中心」, 『法鼓人文學報』, 創刊號, 2004年 7月.

黃俊傑, 「伊藤仁齋對孟子學的解釋: 內容, 性質與涵義」, 『儒家思想在現代東亞: 日本篇』, 臺北: 中央研究院中國文哲研究所, 2000.

黃俊傑, 「孟子運用經典的脈絡及其解經方法」, 『臺大歷史學報』, 第28期, 2001年 12月.

黃俊傑, 「中國古代儒家歷史思維的方法及其運用」, 黃俊傑, 楊儒賓 編, 『中國古代思維方式探索』, 臺北: 正中書局, 1996.

楊儒賓, 「人倫與天理 —— 伊藤仁齋與朱子的求道歷程」, 黃俊傑 編, 『儒家思想在現代東亞: 日本篇』, 臺北: 中央研究院中國文哲研究所, 2000.

楊儒賓, 「朱子的格物補傳所衍生的問題」, 『史學評論』, 第5期, 1983.

楊儒賓, 「格物與豁然貫通 —— 朱子格物補傳的詮釋問題」, 鍾彩鈞 編, 『朱子學的開展 —— 學術篇』, 臺北: 漢學研究中心, 2002.

褚斌杰, 章必功, 「『詩經』中的周代天命及其發展變化」, 『北京大學學報』, 1983年 第6期.

劉述先, 「論孔子思想中隱涵的天人合一一貫之道 —— 一個當代新儒學的闡釋」, 『儒家思想義涵之現代闡釋論集』, 臺北: 中央研究院中國文哲研究所籌備處, 2000.

蔡振豐, 「何晏『論語集解』思想特色及其定位」, 黃俊傑 編, 『中日『四書』詮釋傳統初探』(上), 臺北: 臺大出版中心, 2004.

錢穆, 「朱子學流衍韓國考」, 『新亞學報』, 第12卷, 1977年 8月.

錢穆, 「從朱子論語注論程朱孔孟思想歧點」, 『孔子與論語』, 『錢賓四全集』 第4冊, 臺北: 聯經出版事業公司, 1998.

2. 일문(日文), 한문(韓文)

1) 저술(著述)

上月專庵, 『徂徠學則辨』【『日本儒林叢書』】, 東京: 鳳出版, 1978, 第4卷.

久米訂齋, 『晚年謾錄』【『日本儒林叢書』】, 東京: 鳳出版, 1978, 第2卷.

大鹽中齋, 『洗心洞箚記』【相良亨 等校注, 『佐藤一齋·大鹽中齋』】, 東京: 岩波書店, 1983, 『日本思想大系』 46.

大鹽中齋, 『增補孝經彙註』【井上哲次郎, 蟹江義丸 共編, 『日本倫理彙編』】, 東京: 育成會, 1901, 1908, 陽明學派之部(下).

大鹽中齋, 『儒門空虛聚語 附錄引』【井上哲次郎, 蟹江丸 共編, 『日本倫理彙編』】, 東京: 育成會, 1901, 1908, 陽明學派之部(下).

子安宣邦, 『事件としての徂徠學』, 東京: 靑土社, 1990.

子安宣邦, 『伊藤仁齋の世界』, 東京: ぺりかん社, 2004.

山田方準 編, 『山田方谷全集』, 東京: 明德出版社, 2000.

中井履軒, 『孟子逢源』【關儀一郎 編, 『日本名家四書註釋全書』】, 東京: 鳳出版, 1973, 第6卷.

中江藤樹, 『雜著』【『藤樹先生全集』】, 東京: 岩波書店, 1940.

井上順理, 『本邦中世までにおける孟子受容史の研究』, 東京: 風間書局, 1972.

太宰春台, 『論語古訓外傳』, 江戶: 嵩山房, 延享二年, 1745.

日尾荊山, 『管仲非仁者辨』【『日本儒林叢書』】, 東京: 鳳出版, 1978, 第5卷.

片山先生 遺敎, 葛山壽 述, 『論語一貫』, 京都: 京都大學圖書館藏靑羅館木刻本, 未著日期.

片山兼山, 『論語徵廢疾』【『崇文叢書』】, 東京: 崇文院, 1930, 第2輯.

古屋愛日齋, 『愛日齋隨筆』, 京都: 愛日書院, 寬政八年1796) 木刻本, 卷26.

田原嗣郎, 『徂徠學の世界』, 東京: 東京大學出版會, 1991.

田愚, 『讀論語』, 『韓國經學資料集成』, 서울: 成均館大學校大東文化研究院, 1988, 第30冊.

矢吹邦彦, 『炎の陽明學 —— 山田方谷傳 —— 』, 東京: 明德出版社, 1996.

石川麟洲, 『辨道解蔽』, 出版地不明, 京都大學準貴重書庫館藏, 1775年版.

石田一良, 『伊藤仁齋』, 東京: 吉川弘文館, 1960, 1973.

休靜, 『三家龜鑑』【魏常海 主編, 『韓國哲學思想資料選輯』】, 北京: 國際文化出版公司, 2000.

伊藤仁齋, 『同志會筆記』【相良亨 等編, 『近世儒家文集集成』】, 東京: 株式會社ぺりかん社, 1985, 第5卷.

伊藤仁齋, 『孟子古義』【關儀一郎 編, 『日本名家四書註釋全書』】, 東京: 鳳出版, 1973, 第9卷, 孟子部一.

伊藤仁齋, 『童子問』【『近世思想家文集』】, 東京: 岩波書店, 1966, 1988.

伊藤仁齋, 『語孟字義』【『日本儒林叢書』】, 東京: 鳳出版, 1978, 第6卷.

伊藤仁齋, 『論語古義』【關儀一郎 編, 『日本名家四書註釋全書』】, 東京: 鳳出版, 1978, 第3卷.

伊藤東涯, 『閒居筆錄』【『日本儒林叢書』】, 東京: 鳳出版, 1978, 第1卷.

吉川幸次郎, 「中國の知慧 —— 孔子について」, 『吉川幸次郎全集』, 第5卷. (中譯本)吳錦裳 譯, 『中國之智慧 —— 孔子學術思想』, 臺北: 協志工業叢書出版公司, 1965, 1968.

吉川幸次郎, 『支那人の古典とその生活』, 東京: 岩波書店, 1943, (中譯本)林景淵 譯, 『中國之古典學術與現實生活』, 臺北: 寰宇出版社, 1996.

吉川幸次郎, 『吉川幸次郎全集』, 東京: 筑摩書房, 1980, 第4卷.

吉川幸次郎, 『論語』, 東京: 朝日新聞社, 1959-63.

吉川幸次郎, 『論語について』, 東京: 講談社, 1976.

吉川幸次郎 著, 錢婉約 譯, 『我的留學記』, 北京: 光明日報出版社, 1999.

吉田松陰, 『講孟餘話』【『吉田松陰全集』】, 東京: 岩波書店, 1986, 第2卷.

宇士新, 『論語考』共6卷, 1-3卷 大阪 河內屋, 江戶 須原屋, 京都 菱屋 出版; 4-6卷 尾洲 和泉屋 出版, 出版年代 1789-1801年.

宇野哲人, 『支那文明記』, 東京: 大東館, 1912【小島晉治 編, 『幕末明治中國見聞錄集成』』, 東京: ゆまに書房, 1997, 第8卷. (中譯本)張學鋒 譯, 『中國文明記』, 北京: 光明日報出版社, 1999.

托托 等, 『宋史』, 臺北: 鼎文書局, 1980.

朴文一, 『經義 —— 論語』, 『韓國經學資料集成』, 서울: 成均館大學校大東文化 研究院, 1988, 第29册, 論語十二.

朴宗永, 『經旨蒙解—論語』, 『韓國經學資料集成』, 서울: 成均館大學校大東文化 研究院, 1988, 第29册, 論語十二.

朴知誠, 『剳錄 - 論語』, 『韓國經學資料集成』, 서울: 成均館大學校大東文化研究 院, 1988, 第10册, 論語一.

佐久間太華, 『和漢明辨』『日本儒林叢書』, 東京: 鳳出版, 1978, 第4卷.

佐藤一齋, 『言志錄』『佐藤一齋·大鹽中齋』, 東京: 岩波書店, 1980, 『日本思想 大系』46.

尾藤正英, 『日本封建思想史研究』, 東京: 靑木書店, 1961.

李元培, 『經義條對 - 論語』, 『韓國經學資料集成』, 서울: 成均館大學校大東文化 研究院, 1988, 第26册.

李滉, 『陶山全書』 1, 서울: 退溪學研究院, 1988, 『退溪學叢書』 第II部第1卷.

李嶔, 『經義問對 論語』, 『韓國經學資料集成』, 서울: 成均館大學校大東文化研究 院, 1988, 第30册.

貝原益軒, 『愼思錄』『益軒全集』, 東京: 國書刊行會, 1973, 卷1.

貝塚茂樹, 『孔子』, 東京: 岩波書店, 1951.

貝塚茂樹, 『論語』, 東京: 講談社, 1964.

並河天民, 『天民遺言』『日本儒林叢書』, 東京: 鳳出版, 1978, 第5卷, 卷上.

和辻哲郎, 『孔子』, 東京: 岩波書店, 1938.

奇學敬, 『御製經義條對 —— 論語』, 『韓國經學資料集成』, 서울: 成均館大學校 大東文化研究院, 1988, 第26册.

岡龍洲, 『論語徵批』, 臺北: 藝文印書館, 1966.

岩橋遵成, 『徂徠研究』, 東京: 關書院, 1934.

服部蘇門 編, 『燃犀錄』『岸上操 編, 『少年必讀日本文庫』』, 東京: 博文館, 1891.

東條弘, 『論語知言』『關儀一郎 編, 『日本名家四書註釋全書』』, 東京: 鳳出版, 1973, 第8卷.

林泰輔,『論語年譜』, 東京: 龍門社, 1916; 麓保孝 修訂版, 東京: 國書刊行會, 1976.

林羅山,『林羅山文集』, 京都: 京都史蹟會編纂, 1979.

林羅山,『神道傳授』【平重道, 阿部秋生同 校注: 『近世神道論 前期國學』】, 東京: 岩波書店, 1982, 『日本思想大系』39.

林羅山,『聖敎要錄』【井上哲次郎, 蟹江義丸 編, 『日本倫理彙編』】, 東京: 育成會, 1903.

松川建二,『宋明の論語』, 東京: 汲古書院, 2000.

松川建二 編,『論語の思想史』, 東京: 汲古書院, 1994.

松宮觀山,『學論』【『日本儒林叢書』】, 東京: 鳳出版, 1978.

武內義雄,『論語の研究』, 東京: 岩波書店, 1939.

金謹行,『論語劄疑』,『韓國經學資料集成』, 서울: 成均館大學校大東文化研究院, 1988, 第23冊.

柳健休,『東儒四書解集評』,『韓國經學資料集成』, 서울: 成均館大學校大東文化研究院, 1988, 第28冊.

狩野直喜,『中國哲學史』, 東京: 岩波書店, 1953.

狩野直喜,『論語孟子研究』, 東京: 筑摩書房, 1977.

皆川淇園,『論語繹解』【關儀一郎 編, 『日本名家四書註釋全書』】, 東京: 鳳出版, 1973, 第5卷.

倉石武四郎,『論語』, 東京: 日光書院, 1949.

冢田大峰,『隨意錄』【『日本儒林叢書』】, 東京: 鳳出版, 1978, 第1卷.

冢田虎,『聖道合語』【『日本儒林叢書』】, 東京: 鳳出版, 1971, 第11冊.

原念齋,『先哲叢談』, 江戶: 慶元堂, 擁萬堂, 文化13年, 1816.

宮川透,『近代日本思想の構造』, 東京: 東京大學出版會, 1988.

宮崎市定,『論語の新研究』, 東京: 岩波書店, 1974.

徐俊輔,『魯論夏箋』,『韓國經學資料集成』, 서울: 成均館大學校大東文化研究院, 1988, 第28冊.

徐基德,『論孟經義問對 —— 論語』,『韓國經學資料集成』, 서울: 成均館大學校大東文化研究院, 1988, 第29冊.

桑原武夫,『論語』, 東京: 筑摩書房, 1974.

高田貞治, 『論語文獻 注釋書』, 東京: 春堂陽書店, 1937.

高廷鳳, 『御製經書疑義條對 ── 論語』, 『韓國經學資料集成』, 서울: 成均館大學校大東文化研究院, 1988, 第26冊.

高松芳孫, 『正學指要』【『日本儒林叢書』】, 東京: 鳳出版, 1978, 第11冊.

荻生徂徠, 『中庸解』【『日本名家四書註釋全書』】, 東京: 鳳出版, 1973, 第1卷, 學庸部.

荻生徂徠, 『孟子識』【『甘雨亭叢書』】, 天保間日本板滄氏刊本 第5集.

荻生徂徠, 『荻生徂徠』, 東京: 岩波書店, 1972, 『日本思想大系』36.

荻生徂徠, 『論語徵』【關儀一郎 編, 『日本名家四書註釋全書』】, 東京: 鳳出版, 1973, 第7卷.

荻生徂徠, 『護園隨筆』【『日本儒林叢書』】, 東京: 鳳出版, 1978, 第1冊.

野口武彦, 『王道と革命の間: 日本思想と孟子問題』, 東京: 筑摩書店, 1986.

陶德民, 『懷德堂朱子學の研究』, 大阪: 大阪大學出版會, 1994.

富永滄浪, 『古學辨疑』, 出版地不明, 筑波大學貴重書庫館藏, 1834版.

森省齋, 『聖學或問』【『日本儒林叢書』】, 東京: 鳳出版, 1978, 第6卷.

渡邊浩, 『近世日本社會と宋學』, 東京: 東京大學出版會, 1985.

楊應秀, 『論語講說』, 『韓國經學資料集成』, 서울: 成均館大學校大東文化研究院, 1988, 第23冊.

源了圓, 『近世初期實學思想の研究』, 東京: 創文社, 1980.

照井全都, 『論語解』【『日本名家四書註釋全書』】, 東京: 鳳出版, 1973, 第12卷.

葛山壽 述, 片山兼山 遺敎, 『論語一貫』, 京都: 靑蘿館, 未載刊行年代, 京都大學藏本.

蔡志忠 畫, 和田武司 譯, 『マンガ孔子の思想』, 東京: 講談社, 1989, 講談社十 文庫, 1994.

龜井南冥, 『論語語由』【關儀一郎 編, 『日本名家四書註釋全書』】, 東京: 鳳出版, 1973, 第4卷.

龜井昭陽, 『讀辨道』【賴惟勤 校注, 『徂徠學派』】, 東京: 岩波書店, 1972, 『日本思想大系』37.

韓國哲學會 編, 龔榮仙 譯, 『韓國哲學史』(中卷), 北京: 社會科學文獻出版社, 1996.

藤田幽谷,「幽谷隨筆」【菊池謙二郎 編,「幽谷全集」】, 東京: 康文印刷所, 1935.

藤塚鄰,「論語總說」, 東京: 國書刊行會, 1949, 1988.

蟹養齋,「非徂徠學」【「日本儒林叢書」】, 東京: 鳳出版, 1978年, 第4卷.

澁澤榮一(述), 草柳大藏(解說),「論語と算盤 - 創業者を讀む」, 東京: 大和出版, 1985.

澁澤榮一, 竹內均(解說),「孔子 ―― 人間, 一生の心得」, 東京: 三笠書房, 1993.

澁澤榮一,「論語と算盤」, 東京: 國書刊行會, 1985, 2001; (中譯本)洪墩謨 譯,「論語與算盤」, 臺北: 正中書局, 1988.

2) 논문(論文)

三浦叶,「我國近世に於ける華夷論の概觀」(一),(二),「東洋文化」第137, 138號, 1935年 12月, 1936年 1月, 東京.

大木彌生,「荻生徂徠『論語徵』についての一考察 ―― 孔子が古言を引くとする 說を中心に ―― 」,「櫻美林大學中國文學論叢」第13號, 1987.

大野出,「林羅山『春鑑抄』と『論語』―― 統治論の開陳 ―― 」松川健二 編,「論 語の思想史」, 東京: 汲古書院, 1994.

大槻信良,「四書集註章句に現れた朱子の態度」,「日本中國學會報」5, 1953. (中 譯本)黃俊傑 譯,「從四書集註章句論朱子爲學的態度」,「大陸雜誌」, 60卷 6期, 1980年 6月.

大濱皓,「孔子思想の三支點 ―― 道, 命, 樂」,「中國古代思想論」, 東京: 勁草書 房, 1977.

子安宣邦,「仁齋古義學與激進主義」,「臺灣東亞文明研究學刊」, 創刊號, 2004年 6月.

子安宣邦,「伊藤仁齋對人文時代的『論語』解 ―― 從知天命說談起」,「東亞儒學: 批判與方法」, 臺北: 臺大出版中心, 2004.

子安宣邦,「先王の道は禮樂のみ」,「江戶思想史講義」, 東京: 岩波書店, 1998.

山下龍二,「荻生徂徠の經書觀」,「東方學論叢」, 東京: 東方學會, 1987.

中村春作,「古文辭の學から『政談』へ」,「中國古典學研究」第32號, 1987.

友枝龍太郎,「續仁齋初年の思想 ―― その朱子學脫却の過程について ―― 」, 「宇野哲人先生白壽祝賀紀念東洋學論叢」, 東京: 宇野哲人先生白壽祝賀紀念會, 1975.

片岡龍, 「荻生徂徠の天命說」, 『日本思想史學』第29號, 1997.

市川安司, 「朱子哲學における物の意義」, 『朱子哲學論考』, 東京: 汲古書院, 1985.

市川安司, 「朱子哲學に見える知一考察 ── 『大學章句』致知の注を中心にして」, 『朱子哲學論考』, 東京: 汲古書院, 1985.

末木恭彦, 「荻生徂徠の學解釋」, 『中國古典學研究』第32號, 1987.

石田一良, 「仁齋學形成過程 ── 靑壯年時代の仁齋の思想と環境 ── 」, 『人文學』, 同志社大學人文學會出版, 20號, 1955年 10月.

伊東藍田, 「藍田先生湯武論」, 『日本儒林叢書』, 東京: 鳳出版, 1978, 第4卷.

宇野哲人, 「儒敎の天命觀」, 『斯文』第4編第2號, 1922年 4月, 頁1-16.

宇野精一, 「五經から四書へ ── 經學史覺書」, 『東洋の文化と社會』, 京都, 1952, 第1輯.

安藤昌益, 「世世聖人皆盜自然論」, 『安藤昌益全集』, 東京: 農山漁村文化協會所, 1995, 卷20.

安藤昌益, 「論語評」, 『安藤昌益全集』, 東京: 農山漁村文化協會所, 1995, 卷18.

余英時, 「近世中國における儒敎倫理と商人精神」, 『比較視野のなかの社會公益事業報告集』, 東京: 澁澤榮一記念財團, 2004年 9月 24日-25日.

李秉休, 「論語一貫說」, 『韓國經學資料集成』, 서울: 成均館大學校大東文化研究院, 1988, 第23册.

武內義雄, 「孟子と春秋」, 『武內義雄全集』第二卷, 東京: 角川書店, 1978.

河村義昌, 「江戶時代における尊孟非孟の爭論について」, 『都留文科大學研究紀要』第5集, 1968, 山梨.

近藤正則, 「王安石における孟子尊崇の特色 ── 元豐の孟子配享と孟子聖人論を中心として」, 『日本中國學會報』第36集, 1984年.

金谷治, 「人間觀の覺醒」, 『中國古代の自然觀と人間觀』〔金谷治中國思想論集(上卷)〕, 東京: 平河出版社, 1997.

金谷治, 「孔孟の「命」について-人間性とその限界-」, 『死と運命』, 東京: 法藏館, 1987.

津田左右吉, 「上代支那に於ける天及び上帝の觀念」, 『東洋學報』第12卷 第3號, 1922年 10月.

相良亨,「人倫日用における 超越－伊藤仁齋の場合」,『相良亨著作集』, 東京: 株式會社ペクかん社, 1996, 第2冊.

相良亨,「德川時代の誠」,『日本の儒敎Ⅱ』,『相良亨著作集』第2卷), 東京: ペクかん社, 1996.

倉田信靖,「仁齋學批判にみる徂徠學の構造 ── 護園隨筆を中として ── 」,『大東文化大學漢學會誌』23, 1984.

宮崎市定,「中國古代における天と命と天命の思想－孔子から孟子に至る革命思想の發展」,『論語の新しい讀み方』, 東京: 岩波書店, 2000.

栗田直躬,「學と敎との觀念 ── 上代ツナの典籍に於いて」,『中國上代思想の研究』, 東京: 岩波書店, 1948.

高松芳孫,「正學指要序」(1852年序),『日本儒林叢書』, 東京: 鳳出版, 1978, 第11卷.

淺見絅齋,「中國辨」, 收入西順藏 等校注,『山崎闇齋學派』, 東京: 岩波書店, 1982,『日本思想大系』31.

深谷公幹,「駁斥非」,『日本儒林叢書』, 東京: 鳳出版, 1978, 第4卷.

渡邊浩,「儒者 讀書人・兩班 ── 儒學的敎養人の存在形態」,『東アジアの王權と思想』, 東京: 東京大學出版會, 1997.

陳瑋芬,「斯文學會の形成と展開 ── 明治期の漢學に關する一考察」,『中國哲學論集』, 九州大學中國哲學會出版, 1995年 12月.

陳瑋芬,「服部宇之吉の孔子敎論 ── その儒敎非宗敎說, 易姓革命說及び王道立國說を中心に ── 」,『季刊日本思想史』第59號, 近代儒學の展開.

堀敏一,「古代アジア國際關係をめぐる若干の問題 ── 史學會のシンポジウムを聽いて」,『歷史學研究』286號, 1964, 東京.

堀敏一,「近代以前の東アジア世界」,『歷史學研究』281號, 1963.

黑住眞,「徂徠における道の樣態」,『日本思想史學』10, 1978.

猪飼敬所,「論語里仁篇一貫章講義」,『日本儒林叢書』, 東京: 鳳出版, 1978, 第14卷.

藤本雅彥,「『論語』の聖典性の喪失」,『季刊日本思想史』15, 1980.

1. 영문(英文)

1) 저술(著述)

Chan, Wing-tsit, Chu Hsi: Life and Thought, Hong Kong: The Chinese University Press, 1987.

Chen, Chi-y n, Hs nY eh(A.D.148-209): The Life and Reflections of an Early Medieval Confucian, New York: Cambridge University Press, 1974.

Creel, H. G., The Origins of Statecraft in China, Volume One: The Western Chou Empire, Chicago: University of Chicago Press, 1970.

Fairbank, John K., ed., The Chinese World Order, Cambridge, Mass: Harvard University Press, 1968.

Geertz, Clifford, The Interpretation of Cultures, New York: Basic Books, Inc., 1973.

Hirsch, E. D., Jr., Validity in Interpretation, New Haven: Yale University Press, 1967.

Makeham, John, Transmitters and Creator: Chinese Commentators and Commentaries on the Analects, Cambridge and London: Harvard University Asia Center, 2003.

Ooms, Herman, Tokugawa Ideology: Early Constructs, 1570-1680, Princeton: Princeton University Press, 1984. 日譯本: ヘルマソ オームス, 黒住眞ほか 譯, 『德川イデオロギ』, 東京: ぺりかん社, 1990.

Searle, John R., Speech Acts: An Essay in the Philosophy of Language, Cambridge: Cambridge University Press, 1969.

Tetsuo, Najita, Visions of Virtue in Tokugawa Japan: The Kaitokudo Merchant Academy of Osaka, Chicago: University of Chicago Press, 1987. 日譯本: 子安宣邦 譯, 『懷德堂: 18世紀日本の德の諸相』, 東京: 岩波書店, 1992, 1998.

Watababe, Hiroshi, "Jusha, Literati and Yangban: Confucianists in Japan, China and Korea," in Tadao Umesao, Catherine C.Lewis and Yasuyuki Kurita, eds., Japanese Civilization in Modern World V: Culturedness, Senri Ethnological Studies28, Osaka: National Museum of Ethnology, 1990, pp. 13-30.

Wright, Arthur F. and Denis Twitchett eds., Perspectives on the T'ang, New Haven and London: Yale University Press, 1973, "Introduction," pp. 1–46.

Yasunaga, Toshinobu, (1929–), Ando Shoeki, Social Ecological Philosopher of Eighteenth–century Japan, NewYork: Weatherhill, Inc., 1992.

2) 논문(論文)

Chan, Wing–tsit, "Chu Hsi's Completion of Neo–Confucianism," in tudes Song in Memoriam tienne Balazs, Edit es par Fran oise Aubin, S rie2n.I, Paris: Mouton & Co. and cole Practique de Haute tudes, 1973.

Chan, Wing–tsit, "Neo–Confucianism: New Ideas in Old Terminologies," Philosophy East and West. 17: 1–4, Jan., 1967, pp.15–35.

Chan, Wing–tsit, "The Evolution of the Neo–Confucian Concept of Li Principle," Tsing–hua Journal of Chinese Studies, N.S; vol.2, Feb., 1962, pp.123–149.

Fogel, Joshua A., "Confucian Pilgrim: Uno Tetsuto's Travels in China, 1906," in his The Cultural Dimension of Sino–Japanese Relations: Essays on the Nineteenth and Twentieth Centuries, New York: M. E. Sharp, 1995.

Henderson, John B., "Touchstones of Neo–Confucian Orthodoxy," in Ching–I Tu ed., Classics and Interpretations: the Hermeneutic Traditions in Chinese Culture, New Brunswick, NJ: Tran–saction Publishers, 2000, pp.77–84.

Huang, Chun–chieh, "Mencius' Hermeneutics of Classics," Dao: A Journal of Comparative Philosophy, vol. 1, no. 1, Winter, 2001, pp. 15–30.

Huang, Chun–chieh, "Historical Thinking in Classical Confucianism: Historical Argumentation from the Three Dynasties," in Chun–chieh Huang and Erik Z rcher eds., Time and Space in Chinese Culture, Leiden: EJ. Brill, 1995, pp. 72–88.

Liu, James T. C., "How Did a Neo–Confucian School Become the State Orthodoxy?" Philosophy East and West, 23.4, Oct., 1973, pp. 483–505.

Loewe, Michael, "The Heritage Left to the Empires," in Michael Loewe and Edward I. Shaughnessy eds., The Cambridge History of Ancient China,

From the Origins of Civilization to 221B.C., Cambridge: Cambridge
University Press, 1999, pp. 992-995

Searle, John R., "A Taxonomy of Illocutionary Acts," in K. Gunderson ed.,
Language, Mind, and Knowledge, Minneapolis: Min-nesota University
Press, 1975, pp. 334-369.

Tu, Weiming, "The Way, Learning, and Politics in Classical Confucian
Humanism," Occasional Papers, Singapore: Institute of East Asian
Philosophies, 1985, no. 2. 中譯本, 杜維明 著, 錢文忠 等譯, 『道, 學, 政 論儒
家知識份子』, 上海: 上海人民出版社, 2000.

찾아보기